U0563310

中国社会科学院重大课题

国家“十五”重点出版项目

列国志

GUIDE TO THE WORLD STATES

中国社会科学院《列国志》编辑委员会

克罗地亚

◉左 娅 编著

社会科学文献出版社
SOCIAL SCIENCES ACADEMIC PRESS (CHINA)

威尼斯湾
卢布尔雅那
萨格勒布
里耶卡
奥西耶克
巴尼亚卢卡
波斯尼亚和黑塞哥维那
萨拉热窝
斯普利特
杜布罗夫尼克
佩斯卡拉
安科纳

克罗地亚行政区划图

克罗地亚国旗

克罗地亚国徽

克罗地亚国家歌剧院

卡帕托尔（萨格勒布市）

萨格勒布市下城

萨格勒布市上城

赫瓦尔岛

托米斯拉夫国王雕像

里耶卡大教堂

克罗地亚艺术展览馆

奥帕蒂亚海滨浴场

斯普利特海滨

收藏有古代中国文物的米马拉博物馆（萨格勒布）

普拉竞技场

什特罗斯马耶尔走廊

萨格勒布城市一瞥

“十六湖”国家公园

布里俄尼群岛海滨

兹林涅瓦茨广场

前言

自1840年前后中国被迫开关、步入世界以来，对外国舆地政情的了解即应时而起。还在第一次鸦片战争期间，受林则徐之托，1842年魏源编辑刊刻了近代中国首部介绍当时世界主要国家舆地政情的大型志书《海国图志》。林、魏之目的是为长期生活在闭关锁国之中、对外部世界知之甚少的国人"睁眼看世界"，提供一部基本的参考资料，尤其是让当时中国的各级统治者知道"天朝上国"之外的天地，学习西方的科学技术，"师夷之长技以制夷"。这部著作，在当时乃至其后相当长一段时间内，产生过巨大影响，对国人了解外部世界起到了积极的作用。

自那时起中国认识世界、融入世界的步伐就再也没有停止过。中华人民共和国成立以后，尤其是1978年改革开放以来，中国更以主动的自信自强的积极姿态，加速融入世界的步伐。与之相适应，不同时期先后出版过相当数量的不同层次的有关国际问题、列国政情、异域风俗等方面的著作，数量之多，可谓汗牛充栋。它们

对时人了解外部世界起到了积极的作用。

当今世界，资本与现代科技正以前所未有的速度与广度在国际间流动和传播，“全球化”浪潮席卷世界各地，极大地影响着世界历史进程，对中国的发展也产生极其深刻的影响。面临不同以往的“大变局”，中国已经并将继续以更开放的姿态、更快的步伐全面步入世界，迎接时代的挑战。不同的是，我们所面临的已不是林则徐、魏源时代要不要“睁眼看世界”、要不要“开放”问题，而是在新的历史条件下，在新的世界发展大势下，如何更好地步入世界，如何在融入世界的进程中更好地维护民族国家的主权与独立，积极参与国际事务，为维护世界和平，促进世界与人类共同发展做出贡献。这就要求我们对外部世界有比以往更深切、全面的了解，我们只有更全面、更深入地了解世界，才能在更高的层次上融入世界，也才能在融入世界的进程中不迷失方向，保持自我。

与此时代要求相比，已有的种种有关介绍、论述各国史地政情的著述，无论就规模还是内容来看，已远远不能适应我们了解外部世界的要求。人们期盼有更新、更系统、更权威的著作问世。

中国社会科学院作为国家哲学社会科学的最高研究机构和国际问题综合研究中心，有11个专门研究国际问题和外国问题的研究所，学科门类齐全，研究力量雄厚，有能力也有责任担当这一重任。早在20世纪90年代初，中国社会科学院的领导和中国社会科学出版社就提出编撰“简明国际百科全书”的设想。1993年3月11日，时任中国社会科学院院长的胡绳先生在科研局的一份报告上批示：“我想，国际片各所可考虑出一套列国志，体例类似几年前出的《简明中国百科全书》，以一国（美、日、英、法等）或几个国家（北欧各国、印支各国）为一册，请考虑可行否。”

中国社会科学院科研局根据胡绳院长的批示，在调查研究的基础上，于1994年2月28日发出《关于编纂〈简明国际百科全书〉和〈列国志〉立项的通报》。《列国志》和《简明国际百科全书》一起被列为中国社会科学院重点项目。按照当时的计划，首先编写《简明国际百科全书》，待这一项目完成后，再着手编写《列国志》。

1998年，率先完成《简明国际百科全书》有关卷编写任务的研究所开始了《列国志》的编写工作。随后，其他研究所也陆续启动这一项目。为了保证《列国志》这套大型丛书的高质量，科研局和社会科学文献出版社于1999年1月27日召开国际学科片各研究所及世界历史研究所负责人会议，讨论了这套大型丛书的编写大纲及基本要求。根据会议精神，科研局随后印发了《关于〈列国志〉编写工作有关事项的通知》，陆续为启动项目

拨付研究经费。

为了加强对《列国志》项目编撰出版工作的组织协调，根据时任中国社会科学院院长的李铁映同志的提议，2002年8月，成立了由分管国际学科片的陈佳贵副院长为主任的《列国志》编辑委员会。编委会成员包括国际片各研究所、科研局、研究生院及社会科学文献出版社等部门的主要领导及有关同志。科研局和社会科学文献出版社组成《列国志》项目工作组，社会科学文献出版社成立了《列国志》工作室。同年，《列国志》项目被批准为中国社会科学院重大课题，国家新闻出版总署将《列国志》项目列入国家重点图书出版计划。

在《列国志》编辑委员会的领导下，《列国志》各承担单位尤其是各位学者加快了编撰进度。作为一项大型研究项目和大型丛书，编委会对《列国志》提出的基本要求是：资料详实、准确、最新，文笔流畅，学术性和可读性兼备。《列国志》之所以强调学术性，是因为这套丛书不是一般的“手册”、“概览”，而是在尽可能吸收前人成果的基础上，体现专家学者们的研究所得和个人见解。正因为如此，《列国志》在强调基本要求的同时，本着文责自负的原则，没有对各卷的具体内容及学术观点强行统一。应当指出，参加这一浩繁工程的，除了中国社会科学院的专业科研人员以外，还有院外的一些在该领域颇有研究的专家学者。

现在凝聚着数百位专家学者心血、约计200卷的《列国志》丛书，将陆续出版与广大读者见面。我们希望这样一套大型丛书，能为各级干部了解、认识当代世界各国及主要国际组织的情况，了解世界发展趋势，把握时代发展脉络，提供有益的帮助；希望它能成为我国外交外事工作者、国际经贸企业及日渐增多的广大出国公民和旅游者走向世界的忠实“向导”，引领其步入更广阔的世界；希望它在帮助中国人民认识世界的同时，也能够架起世界各国人民认识中国的一座“桥梁”，一座中国走向世界、世界走向中国的“桥梁”。

《列国志》编辑委员会

2003年6月

CONTENTS

目 录

CONTENTS

目 录

CONTENTS

目　录

CONTENTS

目录

CONTENTS

目　录

CONTENTS

目　录

CONTENTS

目 录

CONTENTS

目　录

CONTENTS

目　录

前　言

克罗地亚共和国是位于欧洲中南部的亚得里亚海东岸的一个小国，国土总面积为 56610 平方公里，现有人口 443.7 万人(2001 年)。克罗地亚的国土轮廓近似新月形，一部分位于阿尔卑斯山区和亚得里亚海沿岸，大部分的国土属于潘诺尼亚平原。克罗地亚海岸线绵长、海水清澈、港湾众多、交通旅游业发达。世界上很少有国家像克罗地亚一样，有那么多的岛屿。这些岛屿如同数条珍珠项链一样，沿着海岸伸展开来，它们的延伸方向与海岸是大体平行的。大大小小的岛屿和岩礁共计一千多个，因而有“千岛之国”之称。

克罗地亚民族是欧洲古老的民族之一，历史上长期受异族统治。同时，克罗地亚又是一个年轻的独立国家。20 世纪 80 年代末和 90 年代初，随着国际形势的急剧变化，南斯拉夫联邦共和国解体，克罗地亚 1991 年成为独立国家。独立后，克罗地亚未能立即实现独立国家的有效运转，而是卷入了大规模的地区战争，直到 1996 年才实现全面和平。独立后的克罗地亚，对政治、经济、外交以及军事等方面进行了激进的改革。如今，克罗地亚把加入欧盟作为外交政策的战略目标，努力把自己建设成一个现代化的欧洲国家。

中国政府于 1992 年 4 月 27 日宣布承认克罗地亚为独立国家，5 月 13 日建立外交关系。随后两国实现了高层领导的互访，签订了一系列政府间协议。双方的经贸关系经历了十来年的磨合后，已逐步形成平稳发展、稳中有升的局面。

迄今为止，我国尚无一部全面介绍克罗地亚的专著。随着中国和克罗地亚两国友好往来的不断增加，中国读者渴望更多地了解克罗地亚。本书作为中国社会科学院编著的列国志丛书之一，是一本克罗地亚志。为了尽量科学、系统、全面地向中国读者介绍克罗地亚的基本国情，笔者查阅了大量克罗地亚本国、欧盟、联合国等编辑出版的资料。然而，由于所搜集的资料庞杂，加上笔者能力有限，时间仓促，本书一定有不少疏漏甚至错误之处，敬请批评指正。

在写作本书过程中，笔者得到了中国社会科学院有关领导、科研局、俄罗斯东欧中亚研究所领导、所科研处、图书馆的同事和其他单位的同行们的指导和帮助，谨表示衷心感谢。

最后还要感谢社会科学文献出版社的领导和编辑为本书出版所付出的辛勤劳动。

作　者

2006 年 8 月

第一章
国土与人民

第一节　自然地理

一　地理位置

克罗地亚共和国位于欧洲中南部的亚得里亚海东岸，巴尔干半岛的西北部，介于北纬42°23′~46°23′和东经13°30′~19°27′之间，领土最北端的城市是梅吉穆列州（Međimurska）的圣马丁（Sveti Martin），最南端是斯普利特—达尔马提亚州（Splitsko-Dalmatinska）的科米扎（Komiža），最东端是武科瓦尔—斯里耶姆州（Vukovarsko-Srijemska）的伊洛克（Ilok），最西端是伊斯特拉州（Istarska）的乌马格（Umag）。[①] 以东一时区的时间为标准时（比格林尼治时间提前一小时）。

克罗地亚西北部与斯洛文尼亚毗邻（边界长501公里），东北部同匈牙利接壤（边界长329公里），东部边界的北端和南端分别是塞尔维亚（边界长241公里）和黑山（边界长25

① 克罗地亚统计局：《克罗地亚统计信息》（Statistical Information），萨格勒布，2003，第11页。

公里），东部中间是波黑（边界长 932 公里），西南部濒临亚得里亚海，与意大利隔海相望。国土面积为 56542 平方公里，领海面积 31067 公里，陆地边界线全长 2028 公里，海岸线长 1777.3 公里（陆地）和 4058 公里（岛屿），有 1185 个岛屿，其中 47 个岛屿上有居民居住。①

二 行政区划

1991 年 6 月 25 日，克罗地亚宣布从南斯拉夫联邦社会主义共和国独立出来。当时，全国分为 102 个区，还没有建立州这一行政单位。1992 年 12 月，重组为 21 个州（含萨格勒布市），下分为 419 个区、70 个市和 2 个自治区（在塞尔维亚族区）。此后，克罗地亚的行政区划经历了几次变更。1995 年 9 月，萨格勒布市并入萨格勒布州。1997 年 2 月，克宁（Knin）周围地区由扎达尔—克宁州划归希贝尼克州，两州的名字同时也改为扎达尔州和希贝尼克—克宁州，同时撤销了自治区，萨格勒布市也重新从萨格勒布州分离。根据 1999 年萨格勒布城市条例，萨格勒布市划分为 17 个市区，享有直辖市的地位。克罗地亚州、市和区的名称由克罗地亚议会确定。

目前，克罗地亚全国共有 20 个州、1 个直辖市（首都萨格勒布）、424 个区、123 个市和 6767 个村镇。根据 2001 年的人口普查结果，10 万居民以上的城市有萨格勒布、斯普利特、里耶卡；4 万居民以上的城市有奥西耶克、扎达尔、斯拉沃尼亚布罗德、普拉、卡尔洛瓦茨、塞斯韦泰（Sesvete）、瓦拉日丁。

---

① 克罗地亚统计局：《克罗地亚统计年鉴》（Statistical Yearbook），萨格勒布，2002，第 4 页。

表 1－1

州	人口（2001）	面积（km^2）	首　府	人口（2001）
萨格勒布市（Grad Zagreb）	779145	640	萨格勒布（Zagreb）	691724
别洛瓦尔—比洛戈拉（Bjelovarsko-Bilogorska）	133084	2638	别洛瓦尔（Bjelovar）	27783
杜布罗夫斯克—内雷特瓦（Dubrovačko-Neretvanska）	122870	1782	杜布罗夫尼克（Dubrovnik）	30436
伊斯特拉（Istarska）	206344	2813	帕津（Pazin）	
卡尔洛瓦茨（Karlovačka）	141787	3622	卡尔洛瓦茨（Karlovac）	49082
科普里夫尼察—克里热夫齐（Koprivničko-Križevačka）	124467	1734	科普里夫尼察（Koprivnica）	24809
克拉皮纳—扎戈列（Krapinsko-Zagorska）	142432	1230	克拉皮纳（Krapina）	
利卡—塞尼（Ličko-Senjska）	53677	5350	戈斯皮奇（Gospić）	
梅吉穆列（Međimurska）	118426	730	察科韦茨（Čakovec）	
奥西耶克—巴拉尼亚（Osječko-Baranjska）	330506	4149	奥西耶克（Osijek）	90411
波热加—斯拉沃尼亚（Požeško-Slavonska）	85831	1821	波热加（Požega）	20943
滨海和山区（Primorsko-Goranska）	305505	3590	里耶卡（Rijeka）	143800
希贝尼克—克宁（Šibensko-Kninska）	112891	2994	希贝尼克（Šibenik）	37060
锡萨克—莫斯拉维纳（Sisačko-Moslavačka）	185387	4448	锡萨克（Sisak）	36785
斯拉沃尼亚布罗德—波萨维纳（Brodsko-Posavska*）	176765	2027	斯拉沃尼亚布罗德（Slavonski Brod）	58642
斯普利特—达尔马提亚（Splitsko-Dalmatinska）	463676	4524	斯普利特（Split）	188694

续表 1-1

州	人口（2001）	面积（km^2）	首府	人口（2001）
瓦拉日丁（Varaždinska）	184769	1260	瓦拉日丁（Varaždin）	41434
维罗维蒂察—波德拉维纳（Virovitičko-Podravska）	93389	2021	维罗维蒂察（Virovitica）	
武科瓦尔—斯里耶姆（Vukovarsko-Srijemska）	204768	2448	武科瓦尔（Vukovar）	30126
扎达尔（Zadarska）	162045	3643	扎达尔（Zadar）	69556
萨格勒布州（Zagrebačka）	309696	3078	萨格勒布（Zagreb）	

资料来源：Republic of Croatia Central Bureau of Statistics，Statistical Information，Zagreb，2003，p. 12.

首都萨格勒布　萨格勒布是全国第一大城市，位于克罗地亚西北部，坐落在梅德韦德尼察（Medvednica）山坡上，海拔 135 米，南面是萨瓦河。该市面积 640 平方公里，人口 77.91 万（2001 年），是克罗地亚政治、经济、文化中心；交通发达，是西欧和中欧通向亚得里亚海岸和巴尔干半岛的重要交通枢纽；普莱索机场有航班通往欧洲大部分地区；气候温和，1 月平均气温 0℃，7 月平均气温 21.7℃，年降水量 979.8 毫米（2002 年）。

1093 年见于史籍，当时为天主教布道点。后来兴起两座分开的城堡，一座是平民居民点格拉代茨（Gradec），另一座是教会居民点卡普托尔（Kaptol）。直到 19 世纪两座城堡才连接起来。古城堡所在的地区现称“上城”，城堡间的新建城区称“下城”。在格拉代茨的入口处，耸立着高大的德瓦奇钟楼，钟楼后面为著名的圣·马克教堂，金碧辉煌，为全市代表性建筑。在建于 14 世纪哥特式的船形的建筑物上方，耸立着 1660 ~1725 年修建的巴洛克式的尖塔，雄伟壮观。城市中心建有共和国广场，从广场向西延伸的伊利查大街为城市的中轴，沿街商店林立。广场向南至中央火车站之间，是一大片延伸约1公里的绿地，两侧相间分布着科学院、现代艺术陈列馆、考古博物馆等高大建筑，广场西北和东北面，分别是两座古城堡遗址。

萨格勒布作为政治中心在克罗地亚历史上起过重要作用，先是领导抗击奥斯曼帝国，后是抵制奥地利的日耳曼化企图。19世纪克罗地亚民族复兴时期，萨格勒布是泛南斯拉夫运动和克罗地亚独立运动的中心。1918年10月，在这里举行的克罗地亚国民议会会议，曾决定同奥匈帝国断绝一切关系，宣布克罗地亚、斯拉沃尼亚及达尔马提亚为独立国家。当年12月，新克罗地亚国同塞尔维亚、斯洛文尼亚及门的内哥罗建立邦联。两次世界大战之间，萨格勒布是克罗地亚农民党城市成员的一个活动中心。1941年4月，萨格勒布成为轴心国统治下的克罗地亚傀儡国的首都，直到1945年5月被铁托元帅领导的南斯拉夫游击队解放。社会主义时期，萨格勒布是克罗地亚共和国的首府，共和国的主要党政机构都设在这里。1991年6月25日，克罗地亚议会在萨格勒布通过决议，宣布克罗地亚脱离南斯拉夫社会主义联邦共和国独立。

萨格勒布是全国最大的制造业中心和贸易中心。该市电子、制药、印刷、纺织、化工、食品、皮革等工业很发达，全市所完成的国内生产总值占全国总产值的30%以上。每年春秋两季在这里举办大型的国际博览会，尤以秋季博览会著名。在50万平方米的展场里展出各国的经济和技术新成果，其规模在世界上名列第4位。该市是克罗地亚的文化中心，在1607年就开办了中学，1669年创办了第一所大学即今日的萨格勒布大学。该市的科学艺术院创立于1867年。萨格勒布有数所美术馆，收藏有古今作品。市内还有各种博物馆和美术、戏剧、音乐学院。许多建筑由中世纪保存至今。

重要城市

里耶卡：克罗地亚第一大港口。由于是地处克罗地亚、匈牙利、奥地利、捷克等国最近的出海口，本身又有良好的建港条件，里耶卡很早就发展成为国内第一大港。里耶卡位于宽阔的克瓦尼亚湾内，它背靠高山，外围又有茨雷斯（Cres）、克尔克（Krk）两个岛作屏蔽，港阔水深，腹地辽阔，已发展成为一个大型的国际性港口。全港包括 6 个港区，一次可停泊 30 艘远洋轮船，货物吞吐量超过国内其他各港的总和，其中外国的转口货物约占 2/5。里耶卡的发展充满了曲折，曾经历了奥地利、匈牙利、法国等多国的统治。1919 年，它又被合并于意大利，直到 1947 年才归属克罗地亚。里耶卡因自古以来就同濒临亚得里亚海的意大利诸城交易频繁，因此受意大利的影响很深。目前，这座城市在外观上仍保有历史上的古老遗迹和典型的意大利风貌，如古罗马时代的城堡及凯旋门等。里耶卡是一座繁荣的城市，人口 14 万多（2001 年）。它的工业除发达的造船和食品业外，石油提炼加工也很发达，市内建有两座大型的炼油厂。

斯普利特：克罗地亚历史名城，疗养和游览胜地，坐落在亚得里亚海的达尔马提亚海岸中心。城市建筑以罗马皇帝戴克里先的夏宫为核心发展起来。戴克里先夏宫建于 305 年，占地 3 万平方米，宫墙高达 17～21 米，宽 2 米，宫殿正门 6 根大理石柱是远涉重洋从中东运来的，工程浩繁，建筑宏伟壮丽。附近萨洛纳城是罗马达尔马提亚王朝的古都，现在还保存着有价值的历史遗迹。至今戴克里先夏宫的列柱廊、戴克里先大帝的陵墓、朱庇特庙都完好无损地保存于市中心。人口约 19 万（2001 年），在克罗地亚所有的海滨城市中居第 1 位。其工业、运输业和旅游业都很发达，是全国最大的客运港口，造船和水泥等工业部门也规模可观。

杜布罗夫尼克：克罗地亚最大的旅游中心和疗养胜地，位于亚得里亚海滨的达尔马提亚半岛上，面积979平方公里。杜布罗夫尼克市形状像一个狭长的梭子，它背靠圣·塞尔季奥山，面临亚得里亚海，海水冲击着它的城墙脚，整个市区有3/4的面积被海水包围，因而被誉为“亚得里亚海明珠”和“城市博物馆”。杜布罗夫尼克人口不多，仅3万多人（2001年），但它每年接待的游客十倍于此。杜布罗夫尼克全市由三部分组成：海港、旧城和新城。海港位于城市北部，这里绵延着一段海拔数十米的山脊，从西南一直伸向西北海中，形成天然的海湾，海阔水深，可容纳八九条万吨以上的轮船。旧城建于7世纪，是一座依山傍水的大城堡，建在一块突出海面的巨大岩石上。城堡用花岗岩砌成，围墙厚5米、高22米、长1940米，墙外有护城河环绕，东面是陆地，西面临海，可以防范从海、陆两个方向来犯的敌人。城墙上修有许多角楼和炮楼。城内完好地保存着14世纪的药房、教堂、修道院、古老而华丽的大公宫及壮观的钟楼。每天中午12时和晚6时，城堡内36间教堂的钟声齐鸣，钟声回响在古城堡内外，悠扬悦耳。新城建于旧城北侧的缓坡上，有现代化剧院、富丽堂皇的旅馆以及其他旅游设施。杜布罗夫尼克也是一座文化城市，从1950年起，每年的7月10日到8月25日都要举办一次盛大的夏季艺术节。在长达45天的“杜布罗夫尼克之夏”戏剧节期间，有40多个露天剧场，以文艺复兴时期的古建筑为布景，上演国内外的古典戏剧等精彩节目。杜布罗夫尼克是世界上保存欧洲中世纪风貌最为完整的一座城市，这是它能吸引八方来客的一个最重要因素。

普拉：位于伊斯特拉半岛的南端，是这个半岛上最大的城市和经济中心，也是重要的军港和商港。普拉历史悠久，传说是克罗地亚最古老的城市，早在公元前3世纪即已建立，现在还保存有许多古罗马和拜占庭时代的历史遗迹，其中罗马时代的椭圆形竞技场，虽然是1世纪时所建，但至今风貌犹存，轮廓仍较完整。该竞技场拥有 2.3 万个座位，以供当时的贵族们观看沦为奴隶的角斗士们同野兽搏斗和互相残杀。普拉市现有人口 5 万多，工商业和旅游业都很发达，除著名的造船业外，木材加工、纺织、水泥、玻璃等工业也有相当规模。距普拉外海 11 公里的布里俄尼群岛是克罗地亚著名的风景区之一。这里有许多珍贵奇异的动植物，也有许多不同历史时期的文物古迹，现在已发展成一个旅游和疗养胜地。

三　地形特点

克罗地亚的国土轮廓近似新月形，部分位于阿尔卑斯山区和亚得里亚海沿岸，但大部分的国土属于乌纳河（Una）、库帕河（Kupa）、萨瓦河（Sava）、德拉瓦河（Drava）和多瑙河（Danube）之间的潘诺尼亚（Panonija）平原，因此，可分成三个地理区域：平原、山区和沿海区。

（1）北部和东北部是克罗地亚最大的三条河流——萨瓦河、德拉瓦河和库帕河——流经的平原地区，东部宽广平坦，属潘诺尼亚平原西南部，由斯拉沃尼亚和巴拉尼亚以及中克罗地亚平原组成，其西北部为平缓的丘陵地带。这里经济发达，人口密集，也是产粮区，西南部还有著名的旅游胜地普利特维采湖风景区。整个平原地区占全国面积的 49% 和人口的 62%。

（2）西北和中部是从西北向东南延伸的迪纳拉山脉（Dinara）前半段，克罗地亚大部分的土地海拔都超过了 500 米，海拔超过 1000 米的山峰共有 22 座，但没有超过 2000 米的山峰，最高的迪纳拉山峰海拔 1831 米。这里人口稀少，以林牧业为主，占全国面积的 20% 和人口的 11%。该地区地质构造非常复杂，地形十分崎岖，是世界上最著名的岩溶（又称喀斯特）区之一。最大的岩溶地区是利卡地区，面积达 465 平方公里，海拔 565 ~ 590 米。这里的年降水是克罗地亚最多的，降水促进石灰岩的溶解，发生充分的岩溶作用，使这里的岩溶地貌形态相当丰富，常见的岩溶地貌形态有溶沟、漏斗、竖井、落水洞、溶洞、岩溶洼地、坡立谷和岩溶侵蚀平原。它们的形状和规模各不相同。其中溶沟极为普遍，竖井也很多。竖井是流水沿着石灰岩地层的垂直方向裂隙进行化学侵蚀和机械侵蚀而成的井状岩溶地形，其直径一般为几米，甚至上百米，深度为几米、几十米，甚至几百米。就竖井的数目和密度而言，克罗地亚在欧洲名列前茅。地下溶洞是最常见的岩溶地貌景观，常沿岩体裂隙发育，在地下曲折蜿蜒，有的还形成地下暗河。克罗地亚境内共有1500多个溶洞，其中格拉查茨（Gračac）附近的采罗瓦茨溶洞和比舍沃（Biševo）岛上的莫德拉溶洞最为有名。莫德拉溶洞虽然很小，但它独特的艳丽令人神往。这个溶洞长仅36米，宽和高均为8米左右，只有在风平浪静时游客才能从海上进入洞内。克罗地亚的无数溶洞在战争期间曾作为人们的隐蔽场所或存放武器弹药和衣物食品的仓库，现在对发展旅游事业具有特殊的经济意义。岩溶洼地和坡立谷都是一种盆地式的封闭岩溶地貌，只是其规模不同。前者一般只有几百米长，底部是干的；而后者则可长达几公里，有的底部常受到周期性的淹没，甚至成为湖泊。无论岩溶洼地还是坡立谷，由于底部平坦，土层较厚，水源又很丰富，都是岩溶区农业最发达的地方。

（3）西南部是亚得里亚海与迪纳拉山之间的沿海地区，由北部的伊斯特拉半岛、中部的众多岛屿和南部狭长的达尔马提亚海岸组成。该地区占全国面积的31%和人口的27%。这里海岸曲折（呈锯齿状，其曲折程度在欧洲仅次于挪威海岸）、海水清澈、港湾众多，交通旅游业发达。沿岸的一些天然良港，在国家的运输中起着重要的作用。里耶卡港是亚得里亚海北部四大国际港口之一，还有斯普利特、什贝尼克、扎达尔、普拉、普洛切和杜布罗夫尼克等主要港口。沿岸还有一些美丽的半岛和海湾。该区又可分为伊斯特拉半岛和达尔马提亚海岸两大部分。伊斯特拉半岛和迪纳拉山脉垂直，占地4700平方公里，除西北角属于斯洛文尼亚外，其余均属克罗地亚。半岛的东岸陡峭，西岸较缓，有极其曲折的海岸线。达尔马提亚海岸平地较少，石灰岩裸露，区内港口、城镇很多。达尔马提亚海岸为典型的纵向沉降型海岸。

在欧洲和世界上，很少有国家像克罗地亚一样，有那么多的岛屿。这些岛屿如同数条珍珠项链一样，沿着海岸伸展开来，它们的延伸方向与海岸是大体平行的。大大小小的岛屿和岩礁共计一千多个，因有“千岛之国”之称。这些岛屿和岩礁普遍呈狭长形，有的长度要超过宽度的十几倍，而且在排列上常常是首尾相连。各岛多由浅色石灰岩构成，岛上土层瘠薄，洞穴裂隙相当发达。按这些岛屿的地理位置，可分为：西伊斯特拉诸岛、克瓦尔奈尔诸岛、北达尔马提亚诸岛、中达尔马提亚诸岛和南达尔马提亚诸岛。某些岛屿的面积相当大。最大的克尔克岛（Krk）和茨雷斯岛（Cres）面积同为405.78平方公里。面积在200平方公里以上的岛屿有：布拉奇岛（Brač）394.57平方公里，赫瓦尔岛（Hvar）299.66平方公里，帕格岛（Pag）284.56平方公里，科尔丘拉岛（Korčula）276.03平方公里，等等。①

克罗地亚的地质构造使它成为一个地震多发的国家。地质学家的研究证明，亚得里亚沿海地区是世界受地震威胁最严重的地带之一。萨格勒布和杜布罗夫尼克等许多重要城镇都曾多次遭地震破坏。从20世纪70年代至今，6级以上的地震共发生过31次，1996年在斯拉诺（Slano）地区更出现了8级的大地震，持续了20个小时有余震。

---

① 克罗地亚统计局：《克罗地亚统计年鉴》，萨格勒布，2002，第5页。

四　河流、湖泊和海湾

1. 海湾

克罗地亚是亚得里亚—地中海国家。里耶卡海湾是中欧和多瑙河流域的大陆国家（奥地利、匈牙利、捷克）通向海洋的最便利的出口。亚得里亚海位于亚平宁半岛和巴尔干半岛之间，是地中海的一个海湾，呈东南—西北走向，从奥特朗海峡大门到的里雅斯特海湾全长783公里，平均宽度177公里，最宽的地方达215公里。总面积13.8万平方公里，其中大部分属于克罗地亚。亚得里亚海的海岸线总长度为7874公里，是欧洲的暖海洋之一，各港口均为不冻港，沿岸海滨浴场景色宜人。在夏季，海水表层温度为25～27℃，8月海水温度最高。夏季的高温一直保持到秋季，这对于延长游泳和旅游季节十分有利。亚得里亚海是沿海地带重要的“气候调节器”，它调和了冬季的严寒和夏季的炎热。海上经常刮起布拉风（bura）、尤戈风（jugo）和密斯托拉风（maestrale）。布拉风强烈而迅猛，有时达到飓风的强度，经常在冬季出现，在北部沿海掀起的波浪最大、最强。尤戈风一般来说风力不太强，然而，它可以掀起最大的波浪，因为它从开阔的公海上均匀地沿水平方向吹来。密斯托拉风相对地来说是弱风，它持续时间不长，也掀不起大浪。亚得里亚海被认为是世界上最美丽的海之一。由于其盐分含量相对较高，再加上水深、日照多，海水普遍清澈透明且呈美丽的蓝色，但不同海域的透明度不尽相同。它是世界咸海之一，海内有约380种鱼类。

2. 河流

克罗地亚的河流分属亚得里亚海和黑海水系。黑海流域的主要河流有：多瑙河（Danube）、德拉瓦河（Drava）和萨瓦河（Sava）。亚得里亚海水系的主要河流有：兹尔马尼亚河（Zrmanja）、克尔卡河（Krka）和采蒂纳河（Cetina）。内陆的河流宽阔而平静，如萨瓦河、德拉瓦河和多瑙河，沿海的河流较小，并带有一定的落差。最长的沿海河流是伊斯特拉半岛的米尔纳河（Mirna）与拉沙河（Rasa），达尔马提亚的兹尔马尼亚河、克尔卡河和采蒂纳河。

克罗地亚境内最大的河流水系是萨瓦河、德拉瓦河和库帕河。萨瓦河是克罗地亚国内最大的一条河流，也是多瑙河一条水源最丰富的支流，全长945公里，在克罗地亚境内有562公里。德拉瓦河是多瑙河的另一大支流，它发源于阿尔卑斯山脉海拔3000米左右的地方，全长707公里，其中有505公里流经克罗地亚。库帕河全线都在克罗地亚境内，总长296公里，最后汇入萨瓦河。多瑙河是中欧和东南欧最长的河流，它在欧洲是仅次于伏尔加河的第二大河，也是唯一从中欧流入东南欧的河流，总长2857公里，流经克罗地亚的长度为188公里，这一段全部可以通航。兹尔马尼亚河发源于韦莱比特山（Velebit）南侧山麓，海拔395米的一个强喀斯特泉。克尔卡河发源于克宁以东4公里处的一个强喀斯特泉。克尔卡河以它的瀑布、激流而著称。克尔卡河河床断裂多，落差大，适宜建立水力发电站。采蒂纳河发源于海拔382米高的采蒂纳坡立谷的边缘，它的发源地是由几个喀斯特泉构成的。采蒂纳河的落差很大，在它的上游修建了一个面积13平方公里，深达64米的大型水库，库水推动着“佩鲁恰”水电站的水轮发电机。在其下游，兴建了第二座较大的水电站“斯普利特”。采蒂纳河如同克尔卡河一样，以瀑布闻名。

3. 湖泊

克罗地亚的湖泊主要是侵蚀湖，即岩溶湖或潜洼地湖。在茨雷斯岛（Cres）上的弗拉纳湖（Vrana）是个典型的潜洼地湖，面积5.8平方公里，湖面高出海平面16米，而湖的最大深度为74米，这就是说，湖底低于海平面58米。该湖容水2亿立方米，是克罗地亚境内天然湖中水量最大的一个。尽管弗拉纳湖在海岛上，但湖水仍是淡水，可供岛上居民饮用。

普利特维采湖（Plitvice），又名十六湖，因为它由高山峡谷中16个相互连接的天然湖泊组成而得名。位于普列舍维察山（Plješevica）和小卡佩拉山（Mala Kapela）之间，属于库帕河（Kupa）的支流科拉纳河（Korana）流域。其总面积198平方公里，海拔高度为503～636米，深度为3～46米。这一组湖由上部湖群和下部湖群组成，首尾相接，前后绵延8公里。由于湖水富含碳酸钙质的石灰岩沉积物，使水质清莹、碧绿，构成一道独特的自然生态景观。湖区总面积近2万多公顷，该湖因呈阶梯式排列，故湖水形成了一连串的急流瀑布。由于普利特维采湖具有独特奇景，从1949年起，这里和周围地区被辟为国家公园。该国家公园1979年被列入联合国教科文组织自然遗产保护名录。

克罗地亚没有大湖，占地10平方公里以上的湖有5个。最大的湖是位于比奥格勒（Biograd）附近的弗拉纳湖（Vrana），占地30.7平方公里。湖面高于海平面0.7米，而湖底则在亚得里亚海平面5米以下。由于开挖了一条渠道，把它和大海沟通，使得该湖变成一个富饶的渔场。

莫德罗湖（Modro）位于伊莫斯基（Imotski）附近，处于一个200米深的漏斗里。湖水的深度在20～70米之间。湖水的颜色呈蓝色，是世界上罕见的喀斯特景观。

最著名的人造湖是戈尔斯基科塔尔（Gorski Kotar）山区的洛克瓦尔湖（Lokve）和巴耶尔湖（Bajer），这些湖水推动着维诺多尔水电站的水轮发电机。除此之外，还有扎戈列地区（Zagorje）的特拉科什恰恩湖（Trakoscan）和沿着采蒂纳河的佩鲁奇科湖（Peruca）。人工湖对于电力生产、灌溉、防洪、给居民和工业供水都有十分重要的意义。

克罗地亚地下还蕴藏着大量的温矿泉水，现探明的温泉有

15个，许多温泉水的温度高，矿物含量丰富。最负盛名的是扎戈列地区的瓦拉日丁托普利采温泉（水温57.6℃），它早就被罗马人开发利用，当时兴建了许多引水装置和浴室。其他较为著名的温泉还有卡尔洛瓦茨（Karlovac）附近的托普斯科温泉（59℃）和斯图比察温泉（63℃）等等。目前，这些温泉被广泛用于医疗保健、娱乐旅游以及装瓶出口。

五　气候

受经纬度和海陆位置的制约，克罗地亚大体上处在东欧温带大陆性气候和南欧亚热带地中海气候的过渡带上。但是，受迪纳拉山脉的影响，这种过渡性又主要表现在短距离内的急剧变化上。

高大、绵长且同亚得里亚海岸平行的迪纳拉山脉恰似一道屏风，自西北向东南斜贯全境，把整个国土一分为二，形成了对比鲜明的两大气候类型：即内陆的过渡型大陆性气候和沿海的亚热带地中海式气候。位于迪纳拉山脉东北部的广大内地，基本上常年都受盛行于亚欧大陆内部的温带气团影响，因其所处纬度相对较低，离海也不远，因此在气候上表现出较强的过渡性，虽属温带大陆性气候，但并不像东欧平原那样典型。内地的夏季温度较高。克罗地亚山区的冬季多雪而寒冷，气温可降到-25℃。夏天也较凉爽，戈斯皮奇（Gospić）的年平均气温仅为9.8℃。该区的降水量较大，有利于森林生长。尤其在戈尔斯基科托尔，年降水量多达1700~3500毫米。而狭长的亚得里亚沿海地带属于典型的亚热带地中海式气候。天空云量较少，光照时间较长。实际上，达尔马提亚的日照水平可与安达卢西亚（Andalucia）[①]相媲美。如赫瓦尔的年光照时间长达2718小时，杜布罗夫尼克为

---

① 位于西班牙南部，被认为是欧洲阳光最充足的地区。

2584 小时。① 夏季漫长、炎热而干燥，空气湿度保持在 58% ~ 59% 左右，对身体健康十分有益。该地区平均气温比内陆地区高出 2 ~3℃。岛屿上比沿海地区的气温稍低。8 月是沿海地区最炎热的月份，斯普利特该月的平均气温为 27.7℃（2001 年）。冬季短促而温和，月平均气温不低于 5℃。赫瓦尔和杜布罗夫尼克 1 月的平均气温分别为 8.7℃ 和 9.2℃。秋季明显比春季温暖。春季常刮燥热的西洛科风，使天气变得晴朗暖和。冬季常刮暴风。由于沿海地带地处迪纳拉山脉的迎风坡，降水量较大。

第二节　自然资源

一　矿物

克罗地亚的主要矿产是石油、天然气、煤、铝矾土和泥灰石等。水利资源较丰富。亚得里亚海底蕴藏有丰富的石油，巨大的石油管道从克尔克岛上的奥米什通往克罗地亚、波黑、斯洛文尼亚、塞尔维亚、匈牙利、捷克和斯洛伐克的炼油厂。从斯拉沃尼亚—布罗德（Slavonski Brod）到梅久穆尔耶（Međumurje）的广阔地带有许多油田。这些油田中除了石油外，还有大量的天然气。克罗地亚煤的储量大，但优质煤储量少，埋藏深，开采难，而褐煤及其他劣质煤开采方便，有些地方甚至可以露天开采。扎戈列、斯拉沃尼亚和德拉瓦河流域盛产褐煤。在拉沙和伊斯特拉半岛有十分丰富的石炭矿。铝矾土矿主要分布在伊斯特拉半岛、帕格岛（Pag）、拉布岛（Rab）以及达尔马提亚。同时，克罗地亚还出产优质的泥灰石，其他矿产还有：铁、锰、石墨。

① 杜布罗夫科·霍尔瓦蒂奇：《克罗地亚》，萨格勒布，1992，第9页（Dubrovko Horvati ć，《Croatia》，Zagreb，1992. p. 9.）。

二　植物

克罗地亚的气候形态多种多样，植物受气候和土壤条件的影响，数量众多，品种繁杂，克罗地亚分为三个植物地理区：亚得里亚地区的植物群、山区的植物群、潘诺尼亚地区的植物群。

亚得里亚地区的植物群　亚得里亚沿海地带地中海地区的常绿植被十分茂盛。这一地区的植物适应地中海的气候条件。这里夏季炎热，尤其在植物生长的季节里更为炎热，秋季潮湿，冬季温和。在冬季由于布拉风经常袭来，亚得里亚沿海植物群落虽没有明显的地中海特征，但地中海植物群落的基本特征还是具备的。由于夏季赤日炎炎，蒸发量大，而冬季降水量又十分丰富，这里的植物是以厚而硬的树皮和树叶来自卫以求生存的。克罗地亚沿海的植物明显的特征是：除了花香之外，它的树枝、树叶也具有香味。在沿海地带极少有真正的森林，保留下来的森林极少，但有很多低矮的带刺灌木丛。马基群落（Macchia）是地中海植被的主要特征。它生长在森林被砍伐了的地方，由稠密的常绿灌木丛组成。所有的达尔马提亚岛屿，特别是那些外部岛屿上都分布着大量的常绿植物，常见的种类有：各类松树、野生油橄榄、柏树、月桂树、桃金娘、西班牙金雀花、不雕花、熏衣草等等。还有的地中海植物被培育成观赏植物，如夹竹桃。有些亚热带观赏植物，如龙舌兰、芦荟和棕榈树也在克罗地亚沿海地区种植，使得这一地区显现出典型的沿海风光。在沿海地带，仅局部有较大面积的可耕地，而在沿海和陡峭岩石丛山之间的狭长地带，则适宜种植橄榄树、葡萄和南方果树。

山区的植物群　克罗地亚的中部地区分布着山地植物群落。海拔600～1000米地带的橡树林带是山区与亚得里亚地区和潘诺尼亚平原之间的气候和植被界线的最好的显示器。在橡树林带之上是山毛榉树林，和山毛榉一起生长的有大槭树、榆树和其他落叶树。再往上走，气候和其他条件发生了变化，落叶树林消失，开始出现针叶林（冷杉、云杉）。

潘诺尼亚地区的植物群　潘诺尼亚地区的植物群是独具特征的，它适应了夏季的炎热干旱和冬季的严寒。在德拉瓦河和萨瓦河之间地带的橡树林和柞树林生长特别茂盛。这就是在世界上享有盛誉的著名的斯拉沃尼亚大森林。这里的古树有的高达40米，树干粗达3米，树龄有500多年。在斯拉沃尼亚大森林中除了生长橡树和柞树之外，还有山毛榉树、槲树、榆树、栗树、枫树、冷杉和槭树。河流沿岸还生长着芦苇、莎草。肥沃的土壤的天然条件，干热的夏季，使得潘诺尼亚地区能够更为充分地发展农业生产。这里特别适合种植谷类作物、马铃薯、水果和经济作物（甜菜、向日葵、大麻、南瓜、油菜子），欧洲最大的苹果园之一也位于此地。从罗马时代开始，潘诺尼亚地区就开始生产高质量的葡萄酒。

三　动物

克罗地亚的动物群种类繁多，地中海地区和陆地的动物在这里都可找到。节肢动物门（蜘蛛、蜈蚣、螃蟹）、蜗牛、大型的地中海蝴蝶，以及地中海的典型动物——蝉都非常普遍。亚得里亚海沿岸也是各种蛇类的故乡，如艾斯库累普蛇，它是欧洲最大的蛇，其身长可超过2米，所幸的是它是无毒的。最著名的本地黑蜥蜴生活在亚得里亚海中的亚布卡岛（Jabuka）和帕拉格鲁扎群岛（Palagruža）上。鸟类中的雨燕、阿尔卑斯雨燕、山鹑、鹰、黄鹀、白颊鸟和五子雀是很典型的。亚得里亚海中也生活着哺乳动物，最常见的是海豚，而最稀少的是僧海豹。在亚得里亚海水里还生活着各种贝壳、红珊瑚、头足纲动物（鱿鱼、墨斗鱼、章鱼）、水母、海星、海绵以及各种鱼类。最有名的海鱼有沙丁鱼、金枪鱼、鲭鱼等等。这些洄游性鱼类，从地中海进入克罗地亚海域。定居在亚得里亚海的定居性鱼类主要有：刀鱼、鲻鱼、茄巴茨鱼、特尔利亚鱼、利本鱼。①

潘诺尼亚地区的河流中盛产鲤鱼、鲶鱼、梭子鱼、鲟鱼、鲑鱼。斯拉沃尼亚森林是多种鸟类的栖息地，如篦鹭、苍鹭、黑鹳、白鹭。辽阔的田野和草地给大、小牲畜的发育提供了适宜的条件。养殖数量最多的家畜有：牛、羊、猪，还有大量的家禽。萨瓦河及德拉瓦河流域出产的牛肉和奶制品非常有名。

山地动物群的种类繁多，常见的有：狼、野猫、棕熊、貂鼠、鹿、野兔。这些动物已习惯于岩石山地、森林、寒冬大雪、潮湿而漫长的春天和干燥而炎热的夏天这样的生活环境。有些动物在冬季到山脚下暖和的地方过冬。这一地区还有不少珍稀动物，如：阿尔卑斯火蜥蜴、黑松鼠。

第三节　居民和宗教

一　人口

克罗地亚第一次人口普查是在1857年，当时人口数量为218.2万人。之后，每隔10年左右，克罗地亚进行一次人口普查，到1900年人口增加到316万人。南联邦建立后，克罗地亚的人口达到约近378万人（1948年）。1991年6月25日，克罗地亚共和国脱离南联邦成为独立国家，当年就进行了独立后的第一次人口普查，全国总人口为478.4万。据最新一

① 〔南〕德拉甘·P. 罗迪奇：《南斯拉夫自然地理》，商务印书馆，1987，第266页。

次人口普查（2001 年）的统计，克罗地亚的总人口和家庭数量都出现了下降的趋势。统计数字表明，克罗地亚现有人口 443.7 万人，比 1991 年减少了 34.6 万人，现有家庭 147.7 万多户，比 11 年前减少了 6.7 万多户。人口密度 78.5 人/平方公里，出生率 9.2‰，死亡率 11.2‰，人口的自然增长呈负数。[①] 男女比例 0.94∶1，婴儿死亡率 6.92‰，其中女婴死亡率 6.01‰，男婴死亡率 7.78‰，人口平均寿命 74.37 岁，平均 1 名妇女生育 1.93 个孩子。[②]

表 1-2　克罗地亚人口状况

年份	人口（万人）	人口密度（人/平方公里）	平均年龄（岁）		预期寿命（岁）		家庭（万户）
			男	女	男	女	
1948	377.9	66.9	28.95	31.11	—	—	95.99
1953	393.6	69.6	29.34	31.91	59.05	63.20	103.19
1961	415.9	73.6	30.53	33.26	64.28	69.02	116.76
1971	442.6	78.3	32.44	35.48	65.65	72.33	128.93
1981	460.1	81.4	33.80	37.14	66.64	74.15	142.39
1991	478.4	84.6	35.37	38.71	65.59	75.95	154.43
2001	443.7	78.5	37.5	41.0	—	—	147.74

资料来源：Republic of Croatia Central Bureau of Statistics，Statistical Information，Zagreb，2003，p. 18.

从历年的人口普查结果显示，克罗地亚的人口从成熟期向老龄化发展，老年人口比例迅速上升。导致人口老龄化的原因有三：首先是生育率的下降，20 世纪上半叶，两次世界大战结束后，生育率急剧提高，之后出生率大幅度下降；其次是人口预期寿命的延长；第三，大量青年移民国外也加速了总人口老龄化的

① 克罗地亚统计局：《克罗地亚统计信息》，萨格勒布，2003，第 18 页。

② http：//www. theodora. com/wfb2003/croatia/croatia_ people. html

进程。

克罗地亚人口年龄结构的基本特征是少年儿童的人数较少，人口最多的年龄段为40～49岁，这一组的人口有67万。2001年人口普查显示，克罗地亚居民的平均年龄是39.25岁，而在1981年人口普查中，居民平均年龄为35.47岁，1991年为37.04岁。1981年在克罗地亚60岁以上的老人数占人口总数的14.8%，1991年已占17.5%，2001年为21.6%。其中，75岁以上老人占总人口的5.4%。同时，20岁以下的年轻人占总人口的比重，1981年为28.3%，1991年为26.2%，2002年为23.7%。

表1－3　克罗地亚人口结构（年龄、性别）

单位：万人

	1961年		1971年		1981年		1991年		2001年	
	男	女	男	女	男	女	男	女	男	女
总　数	198.6	217.3	213.9	228.7	222.7	237.5	231.9	246.6	213.6	230.2
0～19岁	72.3	70.2	71.1	68.4	66.4	63.6	64.1	61.1	53.9	51.4
20～39岁	64.8	68.4	68.1	64.9	69.1	66.0	71.3	69.1	61.1	60.2
40～59岁	41.3	49.6	46.1	56.1	58.7	64.5	60.5	61.6	59.2	60.5
60岁以上	20.0	28.9	27.4	38.4	26.8	41.5	32.6	50.9	38.6	57.0

克罗地亚半数以上的人口居住在城市，农业人口占8.5%。各地区人口的分布也大不相同。克罗地亚中部的人口密度最大，为110人/平方公里，山区的人口密度最小，为14.9人/平方公里，其他地区为：北部沿海地区82.8人/平方公里，东部地区73.9人/平方公里，南部达尔马提亚地区71.4人/平方公里。各州从人口最稀疏的利卡—塞尼（10人/平方公里）到最稠密的梅吉穆列（162.4人/平方公里），差距更达到十几倍。其中萨格勒布市的人口密度高达1214.9人/平方公里。

受南联邦解体后引发的战争及其他因素的影响，人口自然增长率迅速下降，1996 年实现和平后人口自然增长率才恢复到 1990 年的增长水平——0.7‰。1997 年后，又开始出现负增长，并且呈逐年扩大的趋势。

有大量的克罗地亚人生活在其他国家和地区。据估计，共有约 200 万克罗地亚人生活在其他国家和地区。由于南联邦时期民族混居通婚现象十分普遍，所以在克罗地亚境外的原南斯拉夫地区生活着大量的克罗地亚人：在波黑约有 80 万克罗地亚人；其次是在塞尔维亚，主要是在伏伊伏丁那自治省；还有几千克罗地亚人在黑山居住，特别是博卡—科托尔海湾地区；斯洛文尼亚也有至少 5 万克罗地亚人在那里定居。从 19 世纪末匈牙利人统治克罗地亚、奥地利人统治达尔马提亚的时候开始就有大批的克罗地亚人从克罗地亚迁往海外。两次世界大战期间，又有许多克罗地亚人离开塞尔维亚人—克罗地亚人—斯洛文尼亚人王国。从 20 世纪 60 年代开始，在大塞尔维亚政策的压迫下，大量的克罗地亚人为逃避失业而到国外寻求发展，估计有近 100 万克罗地亚劳工及他们的子孙后代一直生活在西欧国家。还有一些克罗地亚人陆续移居到了美洲和大洋洲。1991 年克罗地亚实现独立后，由于克罗地亚战争和波黑战争的爆发，克罗地亚的人口移居情况发生了一些变化，主要是塞族居民的大量涌出，而克族人也纷纷逃往国外。1996 年克罗地亚彻底实现和平后，移居国外者大大减少，人口移居情况逐渐稳定下来。

二 民族

克罗地亚的民族构成相当复杂。克罗地亚族是主体民族，占总人口的 89.63%，塞尔维亚族是克罗地亚最大的少数民族，占 4.54%，但克罗地亚的塞族居民对这一数字提出了异议，认为塞族人的实际数量要比这一数字多。此外还有匈牙利族、意大利族、斯洛文尼亚族、捷克族、阿尔巴尼亚族等

少数民族。

克罗地亚主体民族与少数民族的地区分布是在一个很长的历史时期内，由巴尔干地区的自然、社会、历史、经济、文化发展等因素的影响而形成的。南联邦的解体、民族间的冲突以及局部战争的爆发又导致某些民族与种族的分布产生新的变化。克罗地亚人本是欧洲古老的民族，从12世纪起从属于匈牙利。15世纪中期，克罗地亚沿岸的绝大部分地区落入威尼斯之手，所以沿岸诸城市及其岛屿都呈现出一派意大利风貌，同时意大利人也纷纷迁到此处，这就使得克罗地亚境内存在为数不少的意大利人。14世纪，奥斯曼帝国兴起，克罗地亚的大片土地被土耳其人所占。奥斯曼的入侵引起了大规模的人口迁徙。为了加强边防，抵御土耳其人，奥匈帝国沿多瑙河和萨瓦河北岸，在克罗地亚境内的大片土地建立抵御奥斯曼军队入侵的“边屯区”，塞族人为逃避奥斯曼迫害而大批北迁，成为“边屯区”居民。这就造成了塞尔维亚人和克罗地亚人地域相连、交错杂居的局面。久而久之，这些塞族人定居在克罗地亚的广大地区，并形成了塞族人的宗教和文化社团，保留了自己的语言和民族属性。这一地区也成为塞族聚居区。在克罗地亚和塞尔维亚之间的波斯尼亚，于12世纪末建立了以库林为首的封建国家，14世纪末进一步扩大，把克罗地亚的部分土地纳入了自己的疆域，形成你中有我、我中有你的局面。使得在现今的波黑境内有大量克罗地亚人居住，同样在克罗地亚也存在有众多的波斯尼亚人。在南联邦时期，各族人民生活在一个国家之内，人口的流动十分方便和频繁，不同民族通婚的现象也时有发生，所以有许多其他民族的居民移居到克罗地亚。但是，自从克罗地亚独立以来，尤其是前南战争爆发之后，其他民族在克罗地亚所占比重有所减少，特别是由于塞、克两族的尖锐冲突，塞族人在克罗地亚的数量更是锐减，从1991年的12.16%减少到2001年的4.54%。

1991 年克罗地亚开始发生难民危机，1992 年波黑战争爆发后，大量难民涌入克罗地亚。1992 年底，克罗地亚难民人数达 70 万人，30 万人来自当时被占领的克罗地亚领土，40 万人来自波黑。1995 年代顿协议签订后，大量农民要返回家园。政府投入了大量的财力用于难民遣返，尤其是财产返还，这是保护基本人权，尤其是财产所有权的关键因素之一。2001 年底政府启动了财产返还体制的全面改革。从 1995 年开始，共有 301828 人回归克罗地亚，其中 205294 人（主要是克罗地亚人）生活在被占领的克罗地亚地区，96534 人是克罗地亚的塞族公民。据 2003 年统计，在塞尔维亚和黑山、波黑有 13241 名难民要求返回克罗地亚，还有从波黑或南联盟逃到克罗地亚的约 21000 人占有了他人的财产。①

表 1-4　克罗地亚人口的民族构成

	人口(万)				构成(%)			
	1971 年	1981 年	1991 年	2001 年	1971 年	1981 年	1991 年	2001 年
总　数	442.6	460.1	478.4	443.7				
克罗地亚人	351.3	345.4	373.6	397.7	79.38	75.08	78.10	89.63
阿尔巴尼亚人	0.417	0.6	1.20	1.5	0.09	0.13	0.25	0.34
波斯尼亚人*	—	—	—	2.075	—	—	—	0.47
黑山人	0.9706	0.981	0.972	0.492	0.22	0.21	0.20	0.11
捷克人	1.900	1.506	1.308	1.051	0.43	0.33	0.27	0.24
匈牙利人	3.5488	2.543	2.235	1.659	0.80	0.55	0.47	0.37
马其顿人	0.562	0.536	0.628	0.427	0.13	0.12	0.13	0.10
吉普赛人	0.1257	0.3858	0.6695	0.9463	0.03	0.08	0.14	0.21
斯洛伐克人	0.6482	0.6533	0.5606	0.4712	0.15	0.14	0.12	0.11
斯洛文尼亚人	3.2497	2.5136	2.2376	1.3173	0.73	0.55	0.47	0.30
塞尔维亚人	62.6789	53.1502	58.1663	20.1631	14.16	11.55	12.16	4.54
意大利人	1.7433	1.1661	2.1303	1.9636	0.39	0.25	0.45	0.44

* 在 1971、1981 和 1991 年的人口普查中没有把波斯尼亚人作为少数民族来统计。

① 《克罗地亚加入欧盟国家纲领》，（Nacionalni Program Republike Hrvatske za Pridruživanje Europskoj Uniji.），2003，第 27 页。

保护少数民族及提高其地位是克罗地亚政府的基本政治任务之一，并把它作为民主稳定的关键因素。克罗地亚宪法第15条规定，克罗地亚共和国公民，不论其种族、肤色、性别，均享有一切权利和自由；在克罗地亚共和国，所有大小民族的成员都是平等的，对所有大小民族的成员均保障其表达民族属性的自由，保障自由使用自己的语言和文字，并保障文化自治。少数民族权利，一方面在宪法保护的人的自由与权利范围内得到保障，另一方面也在国际法确认的人权范围内受到法律保护。2000年5月，随着宪法的修订，出台了两个保护少数民族权利的关键性法律：一是《在克罗地亚共和国使用民族语言文字法》[①]，二是《用民族语言及文字教学法》[②]。2002年12月，议会以2/3多数通过少数民族权利的宪法性法律。[③] 该法不仅保证了少数民族在国家和地方级选举机构中的代表权，而且保证了在司法和国家行政机构中的代表权。

克罗地亚相关选举法也保证了在议会、委员会、军队高层和其他政府机构中有一定比例的少数民族代表，保障少数民族代表数与其人数成比例。根据威尼斯委员会的建议，1998年成立了少数民族委员会，作为各少数民族协会之间协调合作的共同机构。根据国际人权和少数民族权利的相关标准，克罗地亚制定了关于少数民族权利的宪法性法律。在克罗地亚的吉普赛人有9460人，他们面临极大的经济和社会困难：高失业率、恶劣的居住条件、受教育程度低、医疗福利状况不令人满意等。为改善

---

① 《关于宣布在克罗地亚共和国使用民族语言文字法的决定》，《国家公报2000年第51期》（Odluku o Proglašenju Zakona o Uporabi Jezika i Pisma Nacionalnih Manjina U Republici Hrvatskoj），“Narodne Novine”，br. 51/2000。

② 《关于宣布用民族语言及文字教学法的决定》，《国家公报2000年第51期》。

③ 《关于少数民族权利的宪法法》，《国家公报2002年第155期》（Ustavni Zakon o Pravima Nacionalnih Manjina，“Narodne Novine”，br. 155/2002）。

克罗地亚的吉普赛人的地位及促使他们更好地融入克罗地亚社会，克罗地亚政府成立了专门制定吉普赛人新的民族战略的专家工作小组，该小组制定的战略于2002年底通过。2002年9月，克罗地亚政府、欧洲委员会、东南欧稳定公约在克罗地亚召开了关于吉普赛人教育问题的国际研讨会，特别关注吉普赛儿童的学龄前教育问题。

三　语言

克罗地亚的官方语言是用拉丁字母拼写的克罗地亚文字语言。法律规定，在少数民族占多数的地区，在使用克罗地亚语的同时，也可以在法律规定的条件下使用其他语言以及基里尔字母或其他任何字母。

当公元6世纪克罗地亚人从白克罗地亚（或称大克罗地亚，今天波兰和捷克的一部分）迁出的时候，他们操古克罗地亚语，属古斯拉夫语的一支。在早期克罗地亚历史中，斯拉夫世界中的语言区别并不明显，例如克罗地亚方言同捷克方言的区别相当于现今英式英语和美式英语的区别。9世纪，拜占庭选派了两位出生于萨洛尼卡的学者——基里尔和美多德兄弟二人到摩拉维亚（当时的大摩拉维亚帝国包含克罗地亚的部分疆土）。基里尔是一位在外交和传教方面富有经验的人，其弟美多德则是研究斯拉夫人及其语言的行家。兄弟二人以斯拉夫语传教，并借鉴希腊文，创造了新的文字（格拉果尔文字），翻译了某些最重要的祈祷文，从而为斯拉夫文字奠定了基础，并为以后斯拉夫文化的发展开创了崭新的前景。后来，他们的学生克利门特又创造了新的斯拉夫文字基里尔字母。最早的一篇用古克罗地亚语书写的重要文献是有关1100年兹沃尼米尔国王向克尔克岛上一所本笃会女修道院捐赠的记载。该文献使用格拉果尔文字，尽管也曾发现过更早期用格拉果尔文字书写的碑文的断篇残句，但这篇文章奠定

了克罗地亚文学发展的基础。1054 年基督教分为东西两派后，所有西部斯拉夫国家都不再使用教会的斯拉夫语（格拉果尔文字），唯一例外的是克罗地亚的教会斯拉夫语在 13 世纪经历了复兴。中世纪晚期，克罗地亚的法律文本、条约，以及圣经故事、传说、新约和西方中世纪文学的译著都是用格拉果尔文字书写的。

11 世纪，克罗地亚人改信天主教后，接受了天主教正式用语并改用拉丁文字。拉丁语不仅是罗马教会的正式语言，而且是西欧文化富有表达力的共同手段。除在一些地区是用斯拉夫语举行宗教仪式而外，一切典礼、神学和教典著作均使用拉丁文。行政公文、公务往来书函以及法律记录也如此。在克罗地亚仍保留了格拉果尔文字，在随后的许多世纪，这种文字被看做是“克罗地亚文字”，再往后，它甚至被认为是克罗地亚文化的本质特点之一。

南联邦时期，塞尔维亚—克罗地亚语是三大官方语言（另外两种是马其顿语和斯洛文尼亚语）之一。实际上，克罗地亚语和塞尔维亚语是同一种语言的两种变体。这两种标准语在读音、词汇和修辞方面有些差别，并且塞尔维亚人使用希腊语系的基里尔字母，克罗地亚人使用拉丁字母。19 世纪中叶，塞尔维亚和克罗地亚两地的改革者签订协议，将它定名为塞尔维亚—克罗地亚语（或克罗地亚—塞尔维亚语）。1954 年 12 月，塞尔维亚、克罗地亚以及门的内哥罗（即黑山）、波黑等共和国的文化协会达成一项协议，计划制定一种全国性的标准读音，编纂一部权威性塞—克语词典。可是当词典的前两卷于 1967 年出版后，引起了克罗地亚知识界的强烈不满。在他们看来，许多最普通的克罗地亚词汇和语汇不是被排斥在外未予收录，就是被当做方言处理，而每一个词都以塞尔维亚读音为正宗，克罗地亚读音被视为异出。因此，克罗地亚语言学家严厉批评该词典的倾向性，认为这是塞尔维亚文化沙文主义的表现，是企图消灭克罗地亚的语言文化，抹杀克罗地亚的民族性。他们发表了一个书面抗议，要求把塞尔维亚—克罗地亚语看做两种不同的语言写进宪法，政府要保证在学校、新闻出版、公共事业、政治生活和广播电视等方面使用克语的连贯性。之后，克罗地亚学者着手编纂一部新的克罗地亚语音标及词典，并于1971年正式出版。①

克罗地亚语属于印欧语系斯拉夫语族南支，分为三大方言：即"什托"（što）方言，"卡伊"（kaj）方言和"查"（ča）方言。克罗地亚扎戈列、梅吉穆列、普里戈尔列（Prigorje）、波库普列（Pokuplje）和戈尔斯基科塔尔地区说"卡伊"方言。伊斯特拉半岛、克罗地亚北部沿海地区、从克瓦尔内里奇海峡（Kvarnerić）到拉斯托沃海峡（Lastovo），以及克罗地亚南部诸岛屿、利卡的西北部地区、斯普利特及扎达尔附近地区的克罗地亚人说"查"方言，其余的地方都说"什托"方言。克罗地亚语中有较多的捷克语和俄语词汇。克罗地亚语有30个音位，每个音位都有相应的字母，其中有5个元音和25个辅音；有4种重音：长扬重音（ˊ），短扬重音（ˋ），长抑重音（ˆ），短抑重音（"）；元音无软化现象。克罗地亚语使用拼音文字，口语和书面语是一致的。简单地说，就是怎样说就怎样写，怎样写就怎样读。克罗地亚语是曲折型语言，语法变化复杂。名词、代词和形容词都有单、复数和阳、阴、中性之分。有7个格：主格、属格、与格、宾格、呼格、工具格和前置格。动词有7个时态：过去时、过去先行时、过去完成时、过去未完成时、现在时、将来时和将来先行时，有6种人称变化，有完成体和未完成体之分，有不定式、形动词、副动词、命令式、虚拟式等。

---

① 张世满：《南斯拉夫联邦时期的"克罗地亚"问题》，《东欧中亚研究》1997年第4期。

四　宗教

公元800年左右，克罗地亚人从宗主国法兰克帝国接受了基督教。1054年基督教分裂为天主教和东正教（16世纪又分裂出了新教）后，克罗地亚人接受了天主教。由于克罗地亚是个多民族国家，各民族的宗教信仰不尽相同。克罗地亚族人主要信奉罗马天主教，除克罗地亚族外，匈、意、斯、捷等少数民族信奉天主教，塞尔维亚居民信奉东正教，波黑穆斯林和阿尔巴尼亚少数民族信奉伊斯兰教。穆斯林占人口的1.2%，新教徒占0.4%。萨格勒布还有少量的犹太教徒。东正教与天主教的主要差别在于，在教义上东正教认为"圣灵"只源于"圣父"，天主教则认为"圣灵"也源于"圣子"；东正教的教权与世俗皇权密切联系或政教合一，天主教实行政教分离；东正教认为只有修道院僧侣才应独身，天主教规定神职人员必须独身。[①]克罗地亚宪法规定，所有宗教团体在法律面前都是平等的，并与国家相分离。宗教团体依法自由地公开进行宗教仪式，可以建立学校、其他机构以及社会和慈善机构，并对它们进行管理，在其活动中还享受国家的保护和帮助。

在克罗地亚遭受奥斯曼帝国和奥匈帝国长期统治时期，教会在保持克罗地亚的文化和民族属性方面起过重要的作用，后来它又在民族解放运动中成为革命者的活动场所和反对异族统治的旗帜。第二次世界大战后，南斯拉夫社会主义联邦共和国实行政教分离，将教会所有财产收归国有，政府还采取一些限制措施，使宗教和教会在社会生活中的影响减弱。1998年10月，克罗地亚政府与梵蒂冈签订协约，规定克政府归还天主教会1945年之后所有被没收的财产，如果财产不能归还，天主教会将得到补偿。

---

① 〔南〕《通俗百科》，贝尔格莱德，1976，第887页。

由于民族间的仇视情绪，克罗地亚发生过不止一次东正教十字架被毁和天主教堂遭亵渎的案件。

第四节　民俗和节日

一　民俗

正如气候和经济状况因地区差异而表现出不同的特点一样，在多种不同文化（伊里利亚、希腊—罗马、克罗地亚、欧洲）的影响下，克罗地亚各地的民俗文化也各具特色。由于地理位置以及异族统治所造成的分裂状态，使得克罗地亚的领土分为几个区域（阿尔卑斯山区、亚得里亚海沿岸地区、迪纳拉山区和潘诺尼亚平原），每个区域都呈现出与众不同的特性。例如迪纳拉地区的典型民宅是用石头砌成，而阿尔卑斯和潘诺尼亚平原地区的居民们则习惯于用木材搭建房屋。另外，在迪纳拉地区羊毛是人们制衣的主要材料，但在潘诺尼亚平原地区人们更多地采用亚麻布。

服饰　克罗地亚民族服装被认为是民族文化和传统的一部分。克罗地亚人传统服装多用家织亚麻布（潘诺尼亚地区）、毛料（迪纳拉地区）以及绸料（沿海地区）缝制。男子服装为衬衣和长裤以及短外套、坎肩、披肩、斗篷、镶有金属饰品的腰带、软皮鞋、皮靴。女子服装为饰有各种花边、刺绣和细窄花纹的长短衬衣、短上衣、坎肩、腰带、各色围裙、宽大的褶裙、斗篷等。节日里穿装饰着鲜艳的花边、刺绣、金属小片的服装，这在迪纳拉地区尤为流行。他们偏爱蓝色，认为蓝色象征着宁静、安定、纯洁、不朽、永恒、坚贞和忠诚。所以，克罗地亚人在生活中的很多方面，都爱用蓝色来点缀或装饰。

各地区的民族服装并不完全相同，大致可分为三类：(1) 内

陆地区的民族服装。由于这里气候寒冷，所以除了用亚麻布和羊毛制成的服装外，还有用毛皮制成的厚背心、外套和斗篷。脚上穿亚麻布做的袜子和系带软底靴。在巴拉尼亚地区，男子还要在长裤外面系上围裙。妇女的服装上饰以植物或动物图案，绣上红色、白色、蓝色的丝线或毛线、佩戴金银珠宝、珊瑚、琥珀项链。头发编成一条或两条辫子，未婚女子戴上红色的缎带，已婚女子则在头上罩上羊毛或丝质方巾。新娘要佩戴王冠和许多金银珠宝。（2）山区的民族服装。由于山区喂养有大量的绵羊，所以羊毛成为制作服装的基本材料，并且被染成红色、黄色、绿色和黑色。男女都穿着黑色或白色的毛袜、系带软底靴和亚麻衬衣。山区人爱戴绣花的红帽子，有时还要在帽子上插一根翎毛以驱邪。已婚妇女穿戴围裙和蓝色的衣服，未婚女子穿白色的衣服，而上了年纪的妇女衣服上还有几何图案。她们把白色的方巾别在帽子上或包在头上。一般佩带银首饰、发夹、耳环等。男子服装通常有衬衣、长及脚踝的蓝色裤子、皮背心、棕色或蓝色的长袖外套。腰间系红带，并把猎枪别在上面。（3）沿海地区民族服装。男子服装为棕色或蓝色，包括长及脚踝的裤子、衬衣、有金色刺绣的背心、宽丝带，红色的软帽、棉短袜和系带软底鞋。（4）伊斯特拉半岛的民族服装。男子穿着由白亚麻布制成的紧身长裤、皮背心、长袖短上衣和无袖长外套。海边的妇女穿着白色有袖的宽松上衣，带褶皱的裙子。从 15 世纪开始帕格岛的传统服装就流行上衣前面和方巾的边缘用蕾丝加以装饰。杜布罗夫尼克的人们喜欢在男子的背心和裤子上绣上金线。不论什么地方，民族服装一般都是在家里手工制作而成，从大自然中寻找材料。服装的款式和考究程度，取决于制作手艺、想象力和家庭的富裕程度。

由于克罗地亚是多民族国家，其他民族的传统服装也各具特色，尽管质料都以羊毛为主，但样式、手工及配色，则因民族的不同而有所差异。既反映出民族历史和宗教信仰的不同，同时也受到地理环境的某些影响。

饮食 克罗地亚的菜肴综合了意大利、匈牙利、奥地利和远东的菜肴，以海鲜和肉类食品为主，有50多种本地菜和本地的奶酪及甜点。篝火烤肉、达尔马提亚熏火腿、羊奶酪等最为驰名。克罗地亚人喜爱稍微油腻些的食物，其特色食品为布莱克(burek)，这是一种用肉和奶酪制成的分层的馅饼。还有一种被称为匹洛斯卡（piroska）的奶酪油炸圈饼，在萨格勒布非常流行。其他的如切瓦比（夹香肠或肉块的饼）、烤肉串、炖肉也非常普及。亚得里亚沿海地区的海鲜产品闻名遐迩：特色菜包括虾、各种贝类、达尔马提亚式炖鱼，海鲜汤以及各种各样从大海中新鲜打捞出的鱼、虾、蟹。而名目繁多的红葡萄酒、白葡萄酒、樱桃酒更是克罗地亚人佐餐的佳品，某些酒还位居世界十大葡萄酒之列。达尔马提亚菜美味与营养并重。传统的达尔马提亚菜包括种类繁多的鱼、贝类、螃蟹、章鱼、鱿鱼、墨鱼、橄榄、蔬菜、野生香草、杏仁、无花果；葡萄、蜂蜜、葡萄干和柑橘类水果。特别美味的是一种在布拉风（东北风）中风干的熏火腿，佐以羊干酪。还有用传统技艺制作的羊肉也很著名。内陆地区著名的菜式有蚕豆和新鲜玉米做成的汤（manistra od bobica）及松软干酪卷。

克罗地亚人对中餐也颇感兴趣，喜爱中国的川菜、京菜。

克罗地亚人一般是早、午餐简单，晚餐丰盛，用餐习惯大多爱先喝汤。喜欢在餐桌上摆放调味品。注重讲究菜肴的香、脆，注重菜肴的营养价值。主食以面包为主。副食爱吃牛肉、羊肉、猪肉、禽类、虾、火腿、鸡蛋等；对蔬菜中的土豆、西红柿、辣椒、葱头、黄瓜、豌豆等也喜欢；调料爱用白醋、芥末面、胡椒粉、沙司、盐、辣椒粉等。偏爱炸、煎、烤、奶汁等烹调方法制作的菜肴。

特产 “克罗地亚”一词在欧洲其他语言（英语、德语、法语、葡萄牙语、意大利语等）中意为“领带”，因为克罗地亚是领带的故乡。几百年前，领带首次出现在克罗地亚人中。据说，当男子被征入伍时他们的女朋友或妻子会给他们系上方巾表示对他们的支持和鼓励。而男子通过佩戴方巾以示对妻子或女朋友的忠贞。这逐渐成为生活在国外的克罗地亚人的民族服装的重要部分。

克罗地亚的领带为世界所知是在17世纪上半叶的三十年战争期间，克罗地亚参加了这场战争。据说克罗地亚轻骑兵技艺高超，引起其他国家的注意，法国皇帝想把克罗地亚士兵拉到自己的一边，于是在巴黎建立了克罗地亚军事区。克罗地亚士兵们脖子上以独特方式系着的方巾引起了巴黎妇女的注意，继而，全世界都接受了这种佩戴方式，并逐渐演变成当今的领带。如今，丝质领带是最知名的克罗地亚纪念物，也是克罗地亚人民文化发展的象征。

称谓 克罗地亚人的姓名一般是名在前，姓在后，但也有把姓放在前面，名字放在后面的。妇女婚后改用夫姓。克罗地亚人在公共场所一般称呼对方为先生、夫人和小姐。关系较密切的同事、朋友直接称呼名字，要好的朋友和同学间称呼爱称或绰号。

礼仪 克罗地亚人民十分好客，热情豪放，能歌善舞。在歌唱富于哀伤气息的民谣时，人们使用风笛、喇叭等各种乐器。民族舞蹈起源很早，在11世纪到14世纪时非常盛行。舞蹈也因地区的不同而呈多样化，但以科罗舞最为流行。这种舞蹈由男女围成一个圆圈，一对对的男女轮流进入圈内跳舞。也有将男女分开，各自组成圆圈，展开舞蹈竞赛。沿海达尔马提亚的科罗舞，节奏较急促，并伴有诗歌朗诵。

在社交场合与客人相见时，一般情况下，克罗地亚人都惯以握手为礼。他们与至亲好友见面时，大多都习惯施传统的拥抱礼。在夫妻之间、情人之间，或长辈对晚辈女人之间，也有施吻手礼的传统习惯。

克罗地亚人在举行结婚典礼时，必须要有一位证婚人，一位宣布婚礼进行程序的司仪和一位站在新郎身边的介绍人，婚礼才能进行。首先到结婚登记处举行结婚仪式，有宗教信仰的人多在教堂举行隆重的婚礼。在日子选择上很有讲究：天主教徒的婚礼忌讳在星期二、五举行，穆斯林的婚礼则必须安排在星期五。婚礼上除吃喝外，宾客和主人还载歌载舞以示庆祝。在有些农村至今仍保留着古老的婚姻习俗，其中有很多地方与中国的婚俗有着惊人的相似之处。通常是在小伙子服完兵役，姑娘满 16 岁后才能考虑婚姻问题。在女儿快到出嫁年龄时，父母早早地就开始为她准备嫁妆。嫁妆往往包括床上用品、衣物、家具、牛羊和现金等等。如果姑娘的父母比较富有，那么还要准备一些不动产，诸如土地、房屋等。婚礼一般都是在秋天到圣诞节之间举行，因为这段时间是农闲季节，人们有更多的时间和精力来举办庆祝活动。新郎的证婚人是给他举行洗礼的人。男傧相一般是新郎的兄弟或朋友。婚礼一般都要持续一周左右，热闹非凡。在婚礼的前一天，会邀请同村人、亲戚、朋友来新娘家做客，村里人送来自己酿造的烈性酒和葡萄酒，以及自制的奶酪、大蛋糕和手工织品等。大家边吃、边喝、边聊，直到深夜。婚礼当天一大早，新郎就去迎接新娘。新郎带着乐队奏起欢快的乐曲，并鸣枪庆祝。按照风俗，新郎要用飞镖击中挂在墙上的苹果方能进屋接新娘。然后，欢庆的人们按着汽车喇叭围着全村转一周，然后开往教堂进行仪式。从教堂出来后，就到了新郎家。按礼节，新娘必须完成几项任务。首先，她进屋时，应轻轻提起长长的白裙，先抬右腿迈进门。进屋后她要先喝一口牛奶。这样她出嫁后的性格会很温和。在厨房里，有几个妇女向她扔一些炊具，看她是否能接住并放到适当的位置上。这是在看她是否能成为好主妇。在这之后，人们入座。女方客人和男方客人分别围坐两张长桌。这时乐队开始奏乐。在两排长桌围成的空场上，大家不分男女老幼随着音乐节拍跳起了欢乐的科罗舞。来宾都排队等候与新娘跳舞。新娘的身边站着一个小姑娘，双手托着一个大扁圆面包。每位来宾与新娘跳完舞都拥抱亲吻一下，然后在大圆面包上放一些钱，有的还在乐师手风琴的风箱上夹一些钞票。婚礼的这种热闹气氛一直持续四五天。

在每年举行盛大的丧葬祭奠时，宗教色彩浓厚，人们要到墓场去呼唤死者的灵魂。在葬礼进行时，有时也会出现许多女子哭坟的情景。在一些民间习俗中，都伴有宗教色彩。

二　节日

克罗地亚一年之中大大小小的节日约有十多个，从其内容上看，大致可分为以下几类：（1）某个历史人物或事件的纪念日，如在克罗地亚争取独立和自由的战争中牺牲者的纪念日（距离5月15日最近的星期日）、克罗地亚议会日（5月30日）[①]、反法西斯日（6月22日）、国庆节（6月25日）、国家感恩节（8月5日）、独立日（10月8日）；（2）宗教节日，如主显节[②]（1月6日）、狂欢节、耶稣复活节[③]、圣体节[④]、圣母升天日（8月15日）、万圣节（11月1日）、圣诞节（12月

① 议会日是为纪念1990年5月30日建立了克罗地亚第一届自由选举的议会，同时为了表彰克罗地亚议会几个世纪以来为保卫克罗地亚国家而作出的历史贡献。

② 纪念耶稣降生和受洗的双重节日，即上帝通过耶稣向世人显示自己。

③ 复活节日期不定，在每年春分月圆之后的第一个星期日，一般在3月22日（公历4月4日）和4月25日（新历5月8日）之间，2004年的复活节是4月11日。

④ 圣体节的日期不定，天主教徒的圣体节是复活节后第8个星期日之后的星期四，一般在5月底至6月中之间，2004年的圣体节是6月10日。

25、26日)；(3) 国际例行节日，如新年 (1月1日)、妇女节 (3月8日) 和劳动节 (5月1日)。

由于克罗地亚是个多民族国家，各民族有着不同的宗教信仰，所以其他宗教还有许多节日。东正教庆祝的节日有：圣诞节①、守护神节②、圣萨瓦节 (1月27日)③。伊斯兰教的主要节日有开斋节 (希吉来历10月1日)④ 和古尔邦节⑤。犹太教的主要节日是赎罪日。⑥

下面主要介绍具有克罗地亚民间特色的狂欢节、复活节、万圣节和圣诞节传统。

---

① 纪念耶稣基督的诞生。因东正教和天主教、新教使用的历法不同，所以纪念耶稣诞生的日期也不同，东正教使用的是儒略历 (16世纪前，欧洲各国都采用儒略历，即公元前46年，罗马统帅儒略·恺撒采用天文学家沙锡齐尼的建议，改革罗马日历，故名)。儒略历的12月25日 (即公历的1月7日) 被东正教会定为圣诞节。

② 即塞尔维亚人祭祀家庭守护神的家庭节日。每个家庭都有自己的守护神，故各家守护神节的日期也不同。这天人们要准备蜡烛、麦粒甜粥、特制面包和红酒。蜡烛象征基督是生命之光，小麦象征基督的死亡和复活，面包象征基督如生活中的面包一样不可缺少，红酒表示耶稣基督宝贵的鲜血。牧师在教堂内主持庆祝活动。

③ 圣萨瓦是塞尔维亚大主教区第一任大主教，塞尔维亚民族的精神和文化领袖。学生以唱歌、跳舞、诗朗诵等形式来庆祝这一节日。

④ 每年伊斯兰教历9月，称为斋月，斋月期间，穆斯林在日出之前都要吃好封斋饭。日出之后的整个白天，不吃不喝，谓之封斋，在这期间，一心只敬真主，戒除一切俗念，经过一个月的斋戒，于伊斯兰教历9月的最后一天，见新月 (月牙) 后的第二天，即行开斋，庆祝斋月圆满结束，故名开斋节。

⑤ 亦称"宰牲节"、"牺牲节"、"忠孝节"，"古尔邦"是阿拉伯语，原意是献牲，"宰牲节"是其意译，时间为伊斯兰教历的12月10日。

⑥ 犹太人一年中最重要的圣日。在新年过后的第10天，犹太人彻底斋戒，停止所有工作，聚集在教堂内祈祷上帝赦免他们在过去的一年中所犯的罪过。在圣经时代，犹太人这一天在圣殿举行献祭仪式，将一头公山羊杀死祭奠上帝，把另一头山羊放逐旷野，让它带走犹太人的一切罪孽。这就是所谓"替罪羊"的来历。

狂欢节 狂欢节一般在2月举行，其传统形成于几个世纪前，根据西方基督教文化和当地人们的风俗，克罗地亚的狂欢节以多姿多彩的大游行著称。在兹沃尼查尔（Zvoncar）地区的狂欢节大游行是最负盛名的，人们身穿条纹上衣，白色长裤，配以鲜红的腰带。服装中最重要的环节是在肩部披一块小羊皮，并在带子上串上铜制的小铃铛，使之互相碰撞，尽量使铃声更响亮些。最后还要戴上由木头、纸板、羊皮或兔子皮做成的造型奇特的面具，有时候还要加上红鼻子和犄角。一般以一个社区为单位，成组排列，不同的铃声代表不同的社区。狂欢节上人们仍然保留着古老的传统，载歌载舞，当欢庆将要结束时，点燃一个身着土耳其服装、脸被涂黑的稻草人，以象征冬天和邪恶的终结。狂欢节从1月17日（圣安东尼日）开始直到复活节前的第7个星期三。

里耶卡的国际狂欢节（2月17日~3月4日）是欧洲最大的狂欢节之一。里耶卡的国际狂欢节吸引着无数狂欢节队伍和世界各地的游客。里耶卡的国际狂欢节是欧洲传统狂欢节，它既具有威尼斯和奥地利特征，又与斯拉夫神话故事奇妙地结合在一起，因此非常著名。

复活节 克罗地亚最古老的复活节传统之一是制作克莱佩塔利科和采格尔塔利科（能够发出格格声的物品和铃舌），尤其在达尔马提亚中部地区这一传统十分盛行，其类型依地区不同而各异。在克尔克岛上，人们将金属盘悬挂于一块30厘米高的木板顶端，当它受到摇晃时就会发出强烈的声响。其他地方也有不同的制作方法，有的是把小齿轮系于木板上，再和金属齿轮相连接，当拉动该装置时，会发出咔嗒咔嗒的声音。另一复活节风俗是饮葡萄酒。该风俗历史悠久，一直流传至今。克罗地亚人相信喝下的葡萄酒会转变成身体中的鲜血，使人更加强壮健康，所以在复活节这天人们往往尽可能多喝葡萄酒。在布拉奇岛上，复活节期间，家庭主妇们通常会把食物做得很咸，使人们容易觉得口渴，就会饮用大量的葡萄酒。据记载，曾经有个人在复活节喝了10升纯葡萄酒。克罗地亚人在复活节还有编织枝条的习惯。由于亚得里亚海沿岸的棕榈树非常罕有，所以人们一般使用橄榄树和迷迭香的枝条和花朵。据斯普利特市志记载，人们通常在复活节这一天聚集在市内唯一的一棵棕榈树下，采集棕榈树枝条。而布拉奇岛的居民则有不同的采集方法，他们到棕榈树资源较丰富的维斯岛上采集枝条再用船运载到本岛上，分发给岛上居民。枝条同丝带、鲜花一起被编织成十字形或圆圈形。一个编好的花冠可以换取一个复活节面包和20个复活节彩蛋。复活节彩蛋恐怕是最为人熟知的复活节风俗了。在克罗地亚制作复活节彩蛋有多种方法，最常见的是用液体蜡和铅笔状的工具给鸡蛋勾画图案，之前，鸡蛋先要在洋葱、胡桃、树根和香草混合的沸水中上色。为了使彩蛋有光泽，要在装篮前用橄榄油擦拭。另外一种流行的制作方法，尤其在克罗地亚的中部地区，是用丝线和毛线进行装饰。第三种方法是使用蚁酸。克罗地亚南部地区的彩蛋一般被染成红色，上面配以白星和玫瑰花的图案。其他地区以松树枝和鲜花为装饰物的也很普遍。最后还有一个和彩蛋有关的风俗——打“蛋仗”。人们把自己的彩蛋撞向对方的彩蛋，最后谁的彩蛋在“战争”结束后仍完好无缺，谁就是胜者。

万圣节　关于万圣节由来的传说最普遍的版本认为，那是源于基督诞生前的古西欧国家，主要包括爱尔兰、苏格兰和威尔士。这几处的古西欧人叫德鲁伊特人，他们的新年在11月1日。新年前夜，德鲁伊特人让年轻人集队，戴着各种怪异的面具，拎着刻好的萝卜灯（南瓜灯系后期习俗，古西欧最早没有南瓜），他们游走于村落间。这在当时实则为一种秋收的庆典；也有说是“鬼节”，传说当年死去的人，灵魂会在万圣节的前夜造访人世，据说人们应该让造访的鬼魂看到圆满的收成并给鬼魂以丰盛的款待。所有的篝火及灯火，一来为了吓走鬼魂，同时也为鬼魂照亮路线，引导其回归。

万圣节流传到今天已经完全没有了宗教迷信色彩，在克罗地亚，它成了一个孩子们的节日，也是年轻人举办化装舞会的节日。万圣节的服装，也是万人万相，不是单调的大鬼小鬼了。有许多渠道教授人们如何制作万圣节服装。比如说制作最简单的鬼服就用一张白床单顶在头上，挖两个洞留出眼睛的地方就是了；若是要扮演魔术师，就穿上黑衣黑裤，再戴上黑礼帽，并在礼帽与头顶之间藏一只绒毛小兔备用；还教大人如何把孩子打扮成小天使，白衣白裤，再从背后绑一个手电筒在头上；也有教如何把孩子打扮成他们喜欢的卡通形象的。孩子们会身着万圣节服装挨家挨户要糖果。在万圣节是不放假的。有时学校出面组织晚会，有时不甘寂寞的学生们也会自己主办小型晚会；而朋友、家人间互寄贺卡祝万圣节快乐则成为每年10月间流行的习俗。

圣诞节 在克罗地亚，不同民族对圣诞节有不同的庆祝方法，这是他们文化遗产的重要部分。节日的准备工作从12月6日和12月13日赠送礼物就开始了。这一传统要追溯到11世纪。还有一个一直沿袭至今的古老传统就是播种圣诞节小麦象征着长命百岁和五谷丰登。12月13日这一天，把麦粒放在一个盛满水的容器或圆盘中让它发芽。到平安夜的时候，给长出的麦芽系上红色、白色和蓝色的丝带，即克罗地亚国旗的颜色。然后再把它种在圣诞树下或房间的角落里。在克罗地亚的戈尔斯基科托尔地区，在小麦中间放上盛有水和油的小玻璃杯，杯里还要放上蜡烛（在克罗地亚语中，蜡烛一词来自于灵魂一词），并使其漂浮在水上。烛光代表每个人的灵魂。圣诞节后，再把小麦分给鸟儿吃掉。

克罗地亚的平安夜的传统包括：寻找三个大树桩、撒麦秆、模拟基督诞生。平安夜要找来三根大树桩，把它们放进壁炉里，代表着圣父、圣灵、圣子三位一体，用它们来点燃屋里所有的蜡烛，还要把圣诞节食品和葡萄酒过一下火炉，意味着给家里所有人带来好运。撒麦秆的传统更为久远。当一家之主把麦秆稻草带进家里时意味着圣诞节庆典正式开始。大部分麦秆被撒在桌子下的地板上，有些放在桌上并用桌布盖住，有些被编成花环。晚饭后，家庭全体成员要坐在麦秆上聊天直到礼拜时间。在有些地区，人们在平安夜要睡在麦秆上而不是床上。把麦秆铺在地板上象征着基督诞生。麦秆被扎成捆和花环象征着人丁兴旺。

多数克罗地亚人在平安夜都不吃肉，而是吃鱼。直到午夜该去教堂的时候，才开始准备丰盛的圣诞节晚餐。传统的圣诞节晚餐的主菜是烤乳猪、火鸡或其他肉类。各地的菜肴并不完全相同，但必不可少的是新鲜的圣诞节面包，由蜂蜜、坚果和干水果制成。还有一种面包是把肉豆蔻、葡萄干、杏仁和面团一起烘烤成圈状。在面包的中央放上蜡烛作为装饰。面包要放在桌上直到主显节（1月6日）时才把它切开吃掉。人们要在平安夜钟声敲响前干完所有的家务活并准备好食品。而在圣诞节这一天即使最穷的家庭也要好好美餐一顿。

圣诞节的时候，克罗地亚人喜欢用绿色植物（常春藤、冬青树、橡树或枫树的树枝、冷杉等）来装饰房间。一般在圣诞树上挂满心形的装饰物。这是一种克罗地亚独有的装饰品，由可食用的材料制成：把生面团做成心形，并染上红色，再画上五彩斑斓的图案，红心的中央还要嵌上一面小镜子。平安夜的时候要摆好圣诞桌，盖上一块或多块桌布，桌布下面铺好麦秆，圣诞节面包放在桌布之上。尽管圣诞节这天要派送礼物，但克罗地亚并不把这一天作为主要的送礼日，他们更多地把圣诞节看作是一种精神庆典的宗教节日。在克罗地亚，每个地区都有自己的保护神，孩子们根据自己居住的地区，从保护神那里获得礼物。在克罗地亚南部和东北部，圣露西给孩子们带去礼物，在克罗地亚北部和中部是圣尼古拉斯。圣尼古拉斯日（12 月 6 日）是主要的派送礼物的节日。根据克罗地亚传统，在圣尼古拉斯日前夕，孩子们把靴子擦亮挂在窗台上，等着圣尼古拉斯把它们装满礼物。圣诞节庆典一直延续到主显节才正式结束，那一天牧师要看望他的教民，保佑他们的家庭，人们拆下圣诞树及上面的装饰物。

第五节　国旗、国歌和国徽

一　国旗与国歌

1990 年 6 月 25 日，克罗地亚停止使用南联邦时期的带社会主义红星的克罗地亚国旗。同年 12 月 22 日正式宣布以现在的国旗为克罗地亚国旗。国旗由上至下依次为红、白、蓝三种颜色的水平带状组成，每种颜色占据国旗宽度的1/3，中央是克罗地亚的国徽，国徽的中心点与国旗对角线的交叉点相重合。红色展现人民的爱国热情，白色象征和平、安宁的生活，蓝色则昭示自由和尊严。国旗的长与宽之比约为 3∶2。克罗地亚共和国的国歌是《我们美丽的祖国》。其歌词于 1835 年首次发表，当时的名称为《克罗地亚祖国》。1846 年一位军校学生为它谱了曲。1891 年首次作为国歌演奏，并更名为《我们美丽的祖国》。

二　国徽

克罗地亚共和国的国徽图案是来自传统的克罗地亚徽章，其下部是 13 个红色方块和 12 个白（银）色方块相间排列的盾形平面，该平面的左上角为红色方块。这是深受克罗地亚人喜爱的一种图案，体现了庄重典雅的拜占庭风格对克罗地亚文化的深刻影响；红、白两色也是泛斯拉夫色彩，和国旗的色彩相同。该国徽早在15世纪就被确定了，当时是一种古老的克罗地亚红白国际象棋棋盘的象征，现在在其上方加上一个状如王冠的图案，分成5个盾牌，象征克罗地亚古老王国的5个省区（最古老的克罗地亚、杜布罗夫尼克、达尔马提亚、伊斯特拉、斯拉沃尼亚）。王冠自左至右分别是：一颗金色的六角星和一弯新月象征克罗地亚；蓝底上两条红色条带象征杜布罗夫尼克；三只头戴王冠的金狮头象征达尔马提亚；红角红蹄的金色山羊象征伊斯特拉；一颗金色六角星和一只黑貂象征斯拉沃尼亚。这些都是克罗地亚古老文化传统的纪念物，展示克罗地亚历史上各个时期的灿烂文明。

第二章

历　史

第一节　建立国家前的克罗地亚地区

克罗地亚民族是欧洲古老的民族。克罗地亚人是在公元 7 世纪迁移到现今的克罗地亚土地上的。据考古学家论证，在旧石器时代，就有人类居住在现今克罗地亚的一些地区。在克罗地亚境内发现了大量的人类生活的遗址，如在多处深浅不等的洞穴发现了残缺的粗磨石质工具，它们属于旧石器时代后期文化遗物，证明了这里曾是旧石器时代人的居住地。这些人被称为伊利里亚人。亚得里亚海地区发掘出的新石器时期的文物表明，当时这一地区的文化已相当发达。

从公元前 8 世纪开始古希腊人，向黑海、地中海和亚得里亚海沿岸各地殖民，他们是最先来到亚得里亚海沿岸的殖民者。公元前 6 世纪至公元前 5 世纪，他们在这里建立了许多殖民地，诸如伊萨（位于维斯岛 Vis）、法罗斯（位于赫瓦尔岛，Hvar）、科尔基拉（位于科尔丘拉岛，Korčula）以及其他地方。

亚得里亚海沿岸的古希腊商人经常受到伊利里亚人的侵扰，于是他们向罗马求助。从公元前 3 世纪末起，随着古罗马的扩张，他们在亚得里亚海岸修筑了一些据点，试图保障海上航运自由和制止伊利里亚人的海盗行径。在公元前2世纪，伊利里亚人的政治中心在南部地区，“伊利里亚国王”根期耶建都于斯科德拉（今天阿尔巴尼亚的斯库台），并经常与罗马人发生冲突。在公元前170~前168年的战争中，伊利里亚人未能战胜力量占优势的罗马人，因此，被称为伊利里亚的国家便臣服于罗马，被占领的伊利里亚的土地成为罗马的一个行省——伊利里克（Ilirik），后来该地区分成以普图伊（Ptuj）为中心的潘诺尼亚（Panonija）和以萨洛纳（Salona）为中心的达尔马提亚（Dalmacija）。

在罗马帝国被分为东西两部分之后，潘诺尼亚和达尔马提亚留在了西罗马帝国境内。自公元前170年至公元9年，罗马人完全控制了现今的克罗地亚领土，并统治了长达5个多世纪。拜占庭帝国（东罗马帝国）于6世纪占领了这片土地。西、东罗马帝国的经济、文化、宗教、建筑艺术等在该地区留下了源远流长的影响。

第二节 克罗地亚中世纪史（6~16世纪）

一 建立克罗地亚公国

关于克罗地亚民族的“祖籍”存在着多种不同的观点。尽管多个学科的研究工作者为此付出过巨大的努力和进行过长期的争论，但至今仍无法形成令人信服的结论。克罗地亚学术界认为，克罗地亚人是南部斯拉夫人，但其名称 Hrvat 一词却非源于斯拉夫语。这一名词最早出现于公元前520年的波斯文献，很可能是阿拉伯的 Hrva 部族征服了部分斯拉夫人后强加给他们的名称，而自己却被斯拉夫化了，接受了斯拉夫人的语言

和习俗。[①]

公元4世纪至7世纪的民族大迁徙中，大批蛮族进入原罗马帝国境内，推翻了西罗马帝国。公元476年，西罗马帝国灭亡，东哥特王国在意大利建立，并向东迁徙，在西罗马帝国的土地上建立起一些蛮族人统治的国家。此后，从4世纪末以来就划归罗马帝国的西部各行省，也摆脱了拜占庭帝国的统治。潘诺尼亚和达尔马提亚划入狄奥多里克国王统治的东哥特王国的版图。

公元7世纪，克罗地亚人从他们最早的聚居地白克罗地亚（或称大克罗地亚，今天波兰和捷克的一部分）迁移到现今的克罗地亚，只有达尔马提亚地区仍归属拜占庭统治，其北部地区（斯拉沃尼亚地区）属法兰克王国管辖，因两地所受影响和发展的不同，所以它们之间存在深刻差别。直到8世纪末，克罗地亚人才首次建立了自己的国家——克罗地亚公国，其第一位大公为维舍斯拉夫。这次的迁移不是自发性的，而是受到拜占庭帝国皇帝 Heraklija（575～641）邀请，目的是共同对抗阿瓦尔（Avar）人[②]。结果，阿瓦尔人败于君士坦丁堡（626年），并被赶出伊利里克。

最初，克罗地亚人迁入萨瓦河和佩塔洛夫山（又称格沃兹达，Gvozda）河以南地区，后来从伊斯特拉半岛迁移到弗尔巴斯河（Vrbas）和博斯纳河（Bosna）以及采蒂纳河（Cetina）沿岸，最终往北到达德拉瓦河（Drava），往东到达德里纳河（Drina），东南边抵博卡－科托尔湾（Boka Kotorska）。

克罗地亚人迁到的地方被称为“白红克罗地亚”，白克罗地亚是指从伊斯特拉半岛的拉沙河（Raša）到潘诺尼亚的采蒂纳

① 〔克〕杜布拉夫科·霍尔瓦蒂奇：《克罗地亚》，萨格勒布，1992，第58页。转引自赵乃斌、汪丽敏主编《南斯拉夫的变迁》，广东人民出版社，2002，第225页。

② 阿瓦尔人是来自黑海草原的部落。

河和博斯纳河之间的辽阔地带。采蒂纳河以南地区被称为红克罗地亚，包括：从采蒂纳河到内雷特瓦河（Neretva）的内雷特瓦地区（Neretvanska Krajina，Krajina，Paganija，Maronia，Pomorje）、从奈雷特瓦河到杜布罗夫尼克（Dubrovnik）的扎胡姆列地区（Zahumlje）、从杜布罗夫尼克到科托尔湾和杜克利亚（Duklja）的特拉武尼亚地区（Travunja）、从科托尔湾到布纳河（Bojana）与德林河（Drim）的交汇处。

克罗地亚人迁移的地区以前曾是罗马帝国的疆土，分为达尔马提亚和潘诺尼亚。达尔马提亚从伊斯特拉半岛一直延伸到德里纳河和今天的阿尔巴尼亚，萨瓦河与德拉瓦河之间是潘诺尼亚南部。罗马人以萨洛纳为中心在达尔马提亚建造了许多城市。手工业生产、贸易往来、文化、艺术，尤其是建筑艺术在城市中迅速发展起来。罗马建筑师有着精湛的技艺，他们的作品被保留至今。

从 7 世纪到 9 世纪达尔马提亚的克罗地亚人逐步接受了基督教。在 1054 年东西方基督教会彻底分裂后，克罗地亚人就成为天主教徒。克罗地亚人归依基督教对他们以后的发展产生了深远的影响，接受了新的信仰使克罗地亚人跨入了基督教文明的范围，有了自己的文字和文学语言。

克罗地亚人在迁移的过程中是以部落为单位的，在接触到古希腊罗马文化后，他们在财产上出现了分化，产生了阶层，出现了私有制和氏族贵族，军事首领的权力日益扩大，部落之间逐渐结成较大的部落联盟，开始向建立国家过渡。

二 克罗地亚公国成为独立的和被承认的欧洲国家

9 ~ 10 世纪，克罗地亚人由部落联盟发展成早期封建小国，并开始向较大的封建国家发展。克罗地亚人聚居的地区处于中欧和南欧、西欧和东欧之间，小部分属于中欧，大部分属于巴尔干半岛。维莱比特山脉（Velebit）、莫索尔山（Mosor）、比奥科夫山（Biokov）把克罗地亚分成内陆地区和沿海地区，这样的地貌特征不利于强大的克罗地亚国家的形成。因为宽广的山区把长长的锯齿状的海滨同辽阔富饶的潘诺尼亚平原分隔开来。除此之外，这里也是侵略者从东到西、从东北到西南的必经之地。由于这样的地形特征，克罗地亚产生了三个相互分离的地理政治区域。它们是：达尔马提亚克罗地亚①、潘诺尼亚或萨瓦克罗地亚②、奈雷特瓦公国③。还有一些克罗地亚人居住在杜布罗夫尼克、克罗地亚公国以东和伊斯特拉半岛。

9 世纪上半叶，达尔马提亚处于法兰克王国的统治之下，但是法兰克王国的政权非常软弱，相比之下，克罗地亚大公的势力日益强大，所以克罗地亚越来越独立。在东方，阿拉伯帝国的力量逐渐强于拜占庭，它在意大利南部得到巩固后，便打入亚得里亚海。在西边，威尼斯人在拜占庭帝国内依靠贸易发财致富，力量也日渐强大。克罗地亚的沿海地区，有便于通航的航线与濒临亚得里亚海的其他国家，特别是与隔海相望的意大利滨海地区和地中海各国相连接。在这一面，克罗地亚的疆土是敞开的，畅通无阻的。9 世纪下半叶，克罗地亚人和威尼斯人之间爆发了战争，结果克罗地亚获胜。845 ~ 864 年，特尔皮米尔大公（Trpimir）建立了幅员辽阔的强大的克罗地亚国家，使公国成为独立的封建制国家。尽管承认法兰克国王的政权，但他完全独立执政，并以法兰克王国为样板来治理自己的国家。

特尔皮米尔大公获得了巴尔干半岛上的斯拉夫人统治者从未有过的强大的统治地位，他建立了克罗地亚族的统治王朝特尔皮米尔王朝。这个王朝断断续续统治克罗地亚直到 11 世纪，奠定

① 从亚得里亚海和采蒂纳河到 Gvozda 河。

② 位于德拉瓦河与 Gvozda 河之间，也称斯拉沃尼亚（Slavonija）。

③ 位于内雷特瓦河与采蒂纳河之间，及布拉奇岛（Brač）、科尔丘拉岛（Korčula）、姆列特岛（Mljet）和赫瓦尔岛（Hvar）。

了克罗地亚国家独立发展的基础。

尽管特尔皮米尔大公有三个儿子，但没有一个能够继位的。另一家族的成员多马戈伊（Domagoj，864～876 年在位）成为继承人。他不但在对付威尼斯人（威尼斯人称他为克罗地亚最坏的摄政王）的战役中建立了赫赫战功，而且他把克罗地亚从法兰克王国最高统治者的手中解放出来。在多马戈伊时代之后，特尔皮米尔大公的儿子兹德斯拉夫（Zdeslav，878～879 年在位）继位。拜占庭皇帝想要拉拢他以巩固自己对达尔马提亚诸城的统治权。出于这个目的，他要求达尔马提亚各城及岛屿向克罗地亚大公而不是向位于扎达尔（Zadar）的拜占庭摄政王上贡。刚从法兰克王国统治下解放出来的克罗地亚人民对拜占庭帝国的政权十分不满，最终爆发了政治宗教动乱。在这场动乱中，兹德斯拉夫大公被赶下台，他的下台使拜占庭帝国对克罗地亚和达尔马提亚的控制不复存在。布拉尼米尔（Branimir，879～892 年在位）随后上台，他依仗最高政治道德权威以及罗马教皇的支持，巩固了克罗地亚的独立。

罗马教皇与布拉尼米尔大公之间的关系对克罗地亚国家及其历史有着非凡的意义。在建立了独立的克罗地亚国家之后，布拉尼米尔大公致信罗马教皇，表示忠诚于他。罗马教皇欣然接受，并赐福布拉尼米尔大公、克罗地亚及其人民。879 年 6 月 7 日，罗马教皇以公文形式承认了布拉尼米尔大公的权力。根据当时的政治惯例，克罗地亚由此成为独立的、获外国承认的主权国家，布拉尼米尔成为合法的克罗地亚统治者。

三　克罗地亚的鼎盛时期——托米斯拉夫（Tomislav）时期

公元 10 世纪最初几十年，克罗地亚公国达到鼎盛时期。它在陆地和海上拥有强大的军事力量。在托米斯拉夫时期（910～930），克罗地亚的疆域越出自己的山区腹地的界限，占领了潘诺尼亚平原。这里早先属于法兰克王国，以后受到保加利亚王国的统治，而从9世纪末以来则遭到匈牙利人的屡次袭击。这一大片土地一直延伸到德拉瓦河，距离匈牙利人仅咫尺之遥。这片新的领土划归克罗地亚公国的版图，为克罗地亚公国的扩张开辟了道路，但同时也使克罗地亚王国同匈牙利人短兵相接，并促使克罗地亚人向沿海扩张。

匈牙利人10世纪迁徙到多瑙河流域中部之后，开始扩张地盘。他们利用保存完好的古罗马道路，迅速挺进德意志、意大利、保加利亚和拜占庭帝国。他们在前往亚得里亚海的道路上，克罗地亚成为他们的障碍。于是他们攻打克罗地亚，却没能取胜。相反，托米斯拉夫率领克罗地亚人把匈牙利人赶到了多瑙河对岸。这次的胜利对克罗地亚具有重要意义。克罗地亚北部的萨瓦河流域和南部的达尔马提亚诸城联合成为统一的克罗地亚国家。克罗地亚的疆土从德拉瓦河到亚得里亚海，从拉沙（Raša）到斯列梅（Srijeme）、德里纳河（Drina）和扎胡姆列（Zahumlje），还包括维斯岛、布拉奇岛、赫瓦尔岛和达尔马提亚诸城。达尔马提亚诸城及岛屿是拜占庭皇帝为了感谢托米斯拉夫帮助他打击保加利亚送给他的，并授予他总督头衔。

克罗地亚有着许多天然良港，这对克罗地亚经济的发展以及克罗地亚人迁入达尔马提亚非常有利。达尔马提亚开始逐渐克罗地亚化。除了领土上的扩张，克罗地亚也日益变得强大，它在陆地和海上拥有强大的军事力量。克罗地亚军队有16万人（10万步兵和6万骑兵），海上有180艘战船（80艘大型船和100艘小型船），每艘船配备10～40名水手。[①] 在当时，这是非常庞大的

---

① 伊万·武伊契奇：《克罗地亚历史》，Hrvatska Povijest，Ivan Vujčić，萨格勒布，2000，第22页。

军队和船队。由于克罗地亚领土的统一，经济、政治和军事力量的强大，以及个人权力的增长，托米斯拉夫被加冕为克罗地亚和达尔马提亚王国的国王（925 年），罗马教皇承认了他的国王称号，克罗地亚公国便成了王国。

达尔马提亚诸城及岛屿同克罗地亚统一后，教会组织及对统一的克罗地亚的管辖权问题被提了出来。达尔马提亚的主教们在组织上还未统一起来，而是在各城内独自活动。其中斯普利特大主教占有优势地位。斯普利特大主教寻求对达尔马提亚主教们的控制权力，而在尼恩还有克罗地亚主教。在斯普利特大主教和尼恩主教之间围绕教会权力问题产生了争执。

除了尼恩主教，扎达尔大主教也是斯普利特大主教的有力竞争对手。扎达尔是达尔马提亚首都，因此扎达尔大主教有权成为达尔马提亚的教会首脑。然而，斯普利特大主教凭借个人威信，还是占据了优势。为了解决争端，托米斯拉夫和达尔马提亚主教们求助于罗马教皇，请求通过斯普利特教会议会来解决。教皇同意了他们的请求。于是，925 年克罗地亚、达尔马提亚和扎胡姆列第一届议会在斯普利特举行。议会决定斯普利特大主教的权力遍及从拉沙到科托尔的广大地区。由于保加利亚军队进攻，议会被迫中断。928 年召开第二次议会，斯普利特大主教被授予管理整个克罗地亚教会的权力，禁止今后用斯拉夫语举行宗教仪式，禁止给操斯拉夫语的神职人员授圣职，而必须用拉丁字母，即克罗地亚民族字母“格拉果尔（glagoljica）”字母，这种古老的语言至今存在于一些宗教仪式和文学作品中。

第二届议会后不久，托米斯拉夫就死了。他统一了克罗地亚领土，奠定了强大的克罗地亚国家的基础，击退了匈牙利人和保加利亚人的入侵，加强了克罗地亚海上贸易，密切了达尔马提亚诸城及岛屿与克罗地亚的关系，促成了统一的教会管辖权的形成。

托米斯拉夫的继承者特尔皮米尔二世（Trpimir Ⅱ）和克雷希米尔一世（Krešimir Ⅰ），保持了克罗地亚的强大力量。但在10世纪中期，王室家族某些成员的野心和外国的利益交织在一起，内部纷争频繁，导致克罗地亚分崩离析，四分五裂。克雷希米尔二世（Krešimir Ⅱ，949～969年在位）时期，克罗地亚丢掉了布拉奇岛、赫瓦尔岛和维斯岛，后来又丢掉了达尔马提亚诸城。克罗地亚国力因此大大衰弱了。克雷希米尔的儿子斯捷潘·德尔日斯拉夫（Stjepan Držislav，969～997年在位）继承了皇位。他与拜占庭关系融洽，并帮助拜占庭共同对付强大的马其顿皇帝萨穆伊洛（Samuil）。作为报答，拜占庭把达尔马提亚诸城及岛屿的治理权交给了德尔日斯拉夫，承认他是达尔马提亚的国王。德尔日斯拉夫死后，克罗地亚爆发了争夺权力的斗争。

四　佩塔尔·克雷希米尔四世和兹沃尼米尔时期

佩塔尔·克雷希米尔四世（Petar Krešimir Ⅳ，1058～1074年在位）期间，南部城市和岛屿均拥有一定的自治权，牧师和贵族们享有各种优惠，封建制得到迅速发展。克罗地亚面向大海，商品生产很早便发展起来，手工业生产和海上贸易给克罗地亚君主带来丰厚的利润。克雷希米尔四世让达尔马提亚实行自治，但向他们收取“和平税”[①]。城市中的经济生活为贸易、手工业、航海业奠定了基础。这使城市居民划分出了阶层，富有者购买动产、不动产，逐渐拥有了一定的权力。

1060年，克雷希米尔加冕为克罗地亚和达尔马提亚国王，克罗地亚被命名为克罗地亚和达尔马提亚王国，它包括达尔马提亚、波斯尼亚、斯拉沃尼亚和奈雷特瓦公国。1074年一支诺曼人组成的远征部队攻陷了达尔马提亚诸城市，并俘虏了克罗地亚

① 市民为了享有城市以外的土地而要缴纳的税。

国王。对抗双方在罗马教皇的调停下订立条约，克罗地亚把斯普利特、特罗吉尔（Trogir）、比奥格勒（Biograd）和尼恩让给诺曼人。诺曼人在克罗地亚沿海的强大不符合威尼斯人的利益，于是威尼斯人向诺曼人宣战，并夺取了斯普利特、特罗吉尔、比奥格勒、扎达尔和尼恩。达尔马提亚再次从克罗地亚分离出去。

克雷希米尔四世没有继承人，于是传位给斯拉沃尼亚总督兹沃尼米尔（Zvonimir，1075～1089 年在位）。兹沃尼米尔面临着收复达尔马提亚和比奥格勒的任务，这些城市实际上处于威尼斯的控制之下。兹沃尼米尔利用威尼斯跟罗马教皇不和，在教皇的支持下夺回了达尔马提亚的统治权。在克罗地亚历代国王中，兹沃尼米尔是统辖拜占庭整个达尔马提亚的第一个克罗地亚国王。从此，克罗地亚王国加入了罗马教皇在整个欧洲建立的教皇附属国体系。

五 阿尔帕德王朝统治下的克罗地亚

兹沃尼米尔没有留下继承人，遂选举斯捷潘二世（Stjepan Ⅱ）为国王，他是特尔皮米尔旧王朝的末代。后来在克罗地亚达官显贵中，以过世国王兹沃尼米尔的遗孀（匈牙利国王之女）为首的一派，唆使匈牙利阿尔帕德王朝（Arpad），以继承权为口实，觊觎克罗地亚王位。11 世纪末，匈牙利人入侵克罗地亚北部，威尼斯也乘机占领了一些沿海城市，克罗地亚的领土完整受到严重侵害，达尔马提亚也面临着被威尼斯和拜占庭占领的危险。本着维护领土完整的愿望，克罗地亚于 1102 年以个人王朝方式与匈牙利合并[①]，并选举匈牙利国王为克罗地亚国王。但是，克罗地亚仍保持它本身的体制，[②] 设有自己

① 1102 年，匈牙利国王科洛曼同时为克罗地亚国王。

② 〔英〕艾伦·帕尔默著《夹缝中的六国——维也纳会议以来的中东欧历史》，商务印书馆，1997，第 11 页。

的议会、军队和货币。内政由总督管辖。担任总督的既有匈牙利王室成员，也有克罗地亚贵族，对外关系则由共同的国王控制。克罗地亚和匈牙利的特殊关系在当时的欧洲是罕见的，克罗地亚和匈牙利的这种关系一直持续到1860年。

12~16世纪的克罗地亚历史与匈牙利历史交织在一起。从12世纪初叶起至14世纪初，全部克罗地亚土地均处于匈牙利阿尔帕德王朝统治之下，只是其中1167~1180年间拜占庭恢复了对达尔马提亚的统治，组建了达尔马提亚—克罗地亚公国。

13世纪，匈牙利阿尔帕德末代王朝衰落了。克罗地亚部分家族的势力趁势兴起。克罗地亚势力最强大的三个家族是：斯拉沃尼亚的巴博涅格家族（Babonegi），克罗地亚沿海地区的弗兰科潘家族（Frankopani Krčki）和达尔马提亚城市后方地区的舒比奇家族（Šubići Bribirski）。舒比奇兼并了周围的疆土，建立了名副其实的国家，他的势力范围从佩塔洛夫山到内雷特瓦河，从亚得里亚海到博斯纳河附近，只剩下威尼斯人控制下的扎达尔。1311年，扎达尔爆发了反对威尼斯的暴动，他们推选舒比奇之子姆拉登二世（Mladen Ⅱ）为大公。达尔马提亚诸城市抱怨姆拉登二世的掠夺政策，而倒向威尼斯。克罗地亚的贵族要求恢复自己旧有的权利，并于1322年联合废黜了姆拉登二世。

14世纪，克罗地亚—匈牙利王国同威尼斯对沿海城市的争斗非常激烈。1409年，威尼斯人以10万金币的价格买下了扎达尔、诺维格勒（Novigrad）、帕格（Pag）等地及达尔马提亚的“一切权力”[①]，如此一来，克罗地亚就没有了通往世界的门户。克罗地亚政治生活重心自此逐渐北移。由于失去了海上市场，克

① 伊万·武伊契奇：《克罗地亚历史》，第44页。

罗地亚便丧失了经济发展的基础。后来，威尼斯又先后取得了伊斯特拉各岛及尼恩、科托尔、布拉奇岛（Brač）、赫瓦尔岛（Hvar）、维斯岛（Vis）、科尔丘拉岛（Korčula）、特罗吉尔（Trogir）、斯普利特（Split）等地。从此，亚得里亚海岸大部分地区都置于威尼斯共和国的统治之下了。威尼斯对达尔马提亚的统治长达几个世纪，更严重的是由于同受奥斯曼统治的内地相隔绝，以及由于实行经济上的限制来保护宗主国的利益的制度，从而造成了达尔马提亚诸城市经济上的倒退。

六 奥斯曼入侵克罗地亚

1463年，奥斯曼帝国正式占领波斯尼亚，对克罗地亚造成极大的威胁。在奥斯曼—威尼斯战争（1463～1479，1499～1503）期间，奥斯曼军队攻陷达尔马提亚和伊斯特拉。1493年克罗地亚同奥斯曼在克尔巴瓦原野（Krvavsko polje）交战，奥斯曼军队尽管受到顽强的抵抗，还是取得了胜利。自此，克罗地亚人开始了长达百年（1493～1593）的抵抗奥斯曼的历史。1526年莫哈奇战役中，匈牙利人被土耳其人击败，克罗地亚大片土地为土耳其人所侵占。奥斯曼军队并没有完全占领克罗地亚，但是克罗地亚的领土大大缩小了，几乎只剩下原来的一半。15～16世纪，许多克罗地亚人被杀或沦为奴隶，或远走他乡（匈牙利、奥地利、意大利）。据估计，到18世纪末，克罗地亚的人口减少了160万。[①] 人口的急剧下降对克罗地亚经济和文化发展及防御能力产生了不利影响。此外，奥斯曼的入侵引起了大规模的人口迁徙，许多非克罗地亚族人沿着奥斯曼边界从巴尔干半岛内陆迁到克罗地亚。这些民族与克罗地亚族有着不同的语言、宗教、生活方式。

---

① 伊万·武伊契奇：《克罗地亚历史》，第49页。

第三节　哈布斯堡君主国内的克罗地亚（16~19世纪）

一　奥斯曼统治的垮台

至16世纪末，克罗地亚只拥有从穆拉河到亚得里亚海北部的一条狭窄地带，其他所有领土（杜布罗夫尼克除外）均被奥斯曼帝国和威尼斯占领。奥斯曼帝国政权对克罗地亚人没有好感，认为他们是“教皇的属民”，所以信天主教的克罗地亚人的处境远不如东正教徒和伊斯兰教徒。在这种情况下，一部分克罗地亚贵族改信伊斯兰教。因为只有那样，才能保住自己的领地和社会地位。天主教徒必须缴纳苛捐杂税，还要被迫把健康的男孩送进伊斯兰学校（被称为血税）[①]。克罗地亚人民不断地同异族占领者进行斗争。1510年在赫瓦尔爆发了反抗威尼斯独裁和殖民统治的起义。同期，广大农民对封建领主的残酷剥削极其愤恨和不满，曾多次举行暴动。1573年由马蒂亚·古贝茨在克罗地亚西北部领导的大规模农民起义和斯洛文尼亚的农民起义遥相呼应，要求废除封建领主的经济特权，承认农民的政治权利。但由于统治者的血腥镇压，起义惨遭失败，马蒂亚·古贝茨被俘，在萨格勒布的广场上被奥斯曼封建领主活活烧死，壮烈牺牲。

面临国势的日渐衰落，克罗地亚大公们不断寻求克罗地亚免受奥斯曼帝国侵略的最佳办法。1526年1月举行的克里热夫齐（Križivci）议会上，他们决定“自由选举一位能保护他们的君主”[②]。1527

① 伊万·武伊契奇：《克罗地亚历史》，第76页。

② 同注①，第64页。

年1月1日，他们推选奥地利国王斐迪南德一世（Ferdinand Ⅰ，1527～1564年在位）为克罗地亚国王。从此，克罗地亚接受了奥地利的统治。这次选举证明克罗地亚贵族们认为克罗地亚是独立的国家，完全独立于匈牙利，而不是它的一部分，所以有权独立决定自己及克罗地亚的命运。此后，克罗地亚既同匈牙利保持联系，又受奥地利统治。克罗地亚的统治权在奥地利和匈牙利之间几度易手。1578年起，奥地利当局为了抵御奥斯曼的入侵，在克罗地亚和斯拉沃尼亚宽广的边境地区设立"边屯区"，招募西迁的塞尔维亚人到"边屯区"定居。"边屯区"不受克罗地亚议会以及总督管辖，直接归奥地利军事长官统治。"边屯区"的居民均被奥地利的军队所武装，成为廉价的军事力量。哈布斯堡在"边屯区"实行中央集权专制统治，推行日耳曼化政策，对此克罗地亚议会极为不满，一再要求把"边屯区"划入克罗地亚行政管理范围，直到1881年，"边屯区"才最后归并克罗地亚。

1593年，奥斯曼在锡萨克（Sisak）败于克罗地亚，这是奥斯曼近百年来在自己边境遭到的最惨重的失败。克罗地亚和整个西欧都欢庆这一胜利。伊斯兰教向意大利的渗透被遏制了。两国在边境地带形成了均势。这场战役抑制了奥斯曼势力在克罗地亚的发展，这是近150年来克罗地亚防御战的转折点，而奥斯曼帝国的军事力量也开始逐渐走下坡路。

当大部分克罗地亚人民遭受连年战乱的时候，杜布罗夫尼克却成为一块自由的绿洲。尽管杜布罗夫尼克人名义上承认各统治者的最高权力，但他们利用灵活的外交手段实际上享有自由与和平，从而远离了那些战争。杜布罗夫尼克人进行着有力的政治、经济和文化活动。特别是16世纪，在奥斯曼苏丹的名义统治下，他们在整个帝国内享有贸易特惠权，建立了第一家海上贸易公司。除了陆上贸易，海上贸易也很发达，尤其是和意大利和西班牙。杜布罗夫尼克商人是巴尔干半岛和西欧的主要桥梁，他们同地中海几乎所有的重要港口都签订了协议，成为亚得里亚海海上从事同奥斯曼土耳其各地区的过境贸易的唯一集散地。杜布罗夫尼克的兴旺一直延续到16世纪下半叶。那以后杜布罗夫尼克开始衰落，主要的原因是地理大发现、地震及其后的火灾（1667年）。新大陆及新的航海路线的发现，使杜布罗夫尼克逐渐丧失了自己在奥斯曼管辖地区的贸易垄断单位。在奥斯曼的港口，英国、法国、荷兰的船只取代了杜布罗夫尼克的商船。1667年灾难性的地震毁掉了城市，造成大量居民死亡（3000~4000人）[①]，损失了全部物质财富。

17世纪和18世纪初，克罗地亚人参加了威尼斯人和奥斯曼帝国之间的诸多战事，这些战事发生在地中海东部、亚得里亚海东部和克罗地亚沿海城市。这些战争加速了奥斯曼帝国的没落。1683年，土耳其大举进攻维也纳，从此开始了一场旷日持久的战争——莫雷亚之战（Morejski rat，1683~1699）。战争在匈牙利、克罗地亚、达尔马提亚境内进行。到1689年，斯拉沃尼亚和克罗地亚的大部分领土都从奥斯曼的统治中得到解放。克罗地亚的西北边界曾推进到维也纳。此后20年内，奥匈帝国的哈布斯堡王朝逐渐把奥斯曼帝国赶回到多瑙河—萨瓦河一带，这两条河最后成为克罗地亚的南部和东部边界。在奥斯曼帝国向西北推进时，一些信奉东正教的塞尔维亚族人也随着在邻近奥地利的边界地带定居，后来奥斯曼帝国向东退却时，他们留下未走。这一地带就是现在克罗地亚境内的塞族聚居地克拉伊纳。长期的战争使哈布斯堡王朝和威尼斯人筋疲力尽，因此双方都乐意接受哈布斯堡的同盟国——英国和荷兰的调停，并于1699年在斯雷姆卡

① 〔南斯拉夫〕伊万·博日奇等著《南斯拉夫史》，赵乃斌译，商务印书馆，1984，第219页。

尔洛瓦茨（Srijemski Karlovac）签署了和平条约。和约使克罗地亚收复了在15～17世纪屡次战争中失去的大部分土地，但是归克罗地亚议会和总督们管理的只有库帕河（Kupa）与乌纳河（Una）之间的地区，而被解放的南方地区则由威尼斯人管理。克罗地亚人对于战争的结果并不满意，一方面由于没有解放韦尔巴斯河与乌纳河之间的地区，另一方面由于不是所有的解放区都由克罗地亚议会和总督管理。

二 哈布斯堡王朝的专制政体改革

根据克罗地亚国事诏书①，玛利娅·特雷萨（Marija Terezija，1740～1780年在位）登上了王位。议会的这一举动是想表明，在国王选举问题上，克罗地亚不受匈牙利左右，有权作出自己的选择。特雷萨及其后继者约瑟夫二世（Josip Ⅱ，1780～1790年在位）开始在社会的许多领域内实行了一系列重大改革，对非德意志民族实行中央集权和日耳曼化政策，包括把奥地利、捷克、匈牙利和克罗地亚的土地合并成一个统一的国家。1764年以后，维也纳宫廷在奥地利的匈牙利部分彻底地推行了专制制度，因此，改革也涉及到克罗地亚的管理体制。特雷萨不召集克罗地亚议会，而是以政府的命令代替议会的决议。她不顾克罗地亚贵族的反对，于1767年建立了经济、政治和军事王国委员会，委员会实际上是克罗地亚的地方政府。原有的贵族议会处处受到排挤，甚至失去了对征收捐税和使用财政资金的影响。由于克罗地亚贵族和匈牙利各阶层代表的不满，1779年王国委员会被取消，而整个克罗地亚从属于匈牙利摄政

① 1712年，克罗地亚议会通过决议，承认统治奥地利、什塔耶尔、卡林西亚以及克拉尼的哈布斯堡王朝的母系继承权，因为国王 Karlo Ⅵ 没有男性继承人。

会议管辖。在18世纪后半期，有两项国家法律对克罗地亚以后的发展产生了不良后果。里耶卡及其附近地区于1776年归还给克罗地亚，但是，它的自治机构被泛泛说成是同匈牙利王国在神圣王冠下联合在一起的“特殊机构”[①]，实际上仍然受匈牙利政府支配。一方面，这意味着克罗地亚在国内事务的管理问题上必须服从于匈牙利政府；另一方面，斯拉沃尼亚同克罗地亚的联系被削弱了。

新国王约瑟夫二世对社会生活的每一个领域进行不断的改革。国王委派了各大区的执政官，原来克罗地亚和斯拉沃尼亚为选举出席匈牙利议会的代表而设的贵族议会解体了，旧贵族的自由也随之不复存在，从里耶卡至维诺多尔（Vinodol）的克罗地亚海岸被从克罗地亚分离出去，变成了一个特区——匈牙利海滨。克罗地亚领土的完整性被分割了。

1785年，约瑟夫二世取消了克罗地亚和匈牙利的劳役制。国王不再让农民成为耕地的占有者，而是使他们成为向封建主交付一定数额的货币或实物的佃农。[②] 1784年国王颁布了关于语言的法令，德语成为所有国家机关的官方语言。

在整个帝国，这些重大改革产生了严重后果。作为社会支柱的贵族阶级受到威胁，他们大部分都转向持反对立场。克罗地亚的贵族大都保守，忠于匈牙利的旧法制。克罗地亚的贵族最初与匈牙利的贵族采取共同行动。他们打出了同匈牙利人是“宪法规定的友好兄弟”的口号。1790年5月，克罗地亚议会采纳了关于加强同匈牙利联系的决定，而把克罗地亚的管理权转交给匈牙利摄政议会。在同一次议会会议上，贵族同意在克罗地亚学校

---

① 〔南斯拉夫〕伊万·博日奇等著《南斯拉夫史》，赵乃斌译，商务印书馆，1984，第263页。

② 同注①，第280页。

中把匈牙利语列为非必修课程。

慑于维也纳宫廷的中央集权化，克罗地亚的贵族想加强同匈牙利贵族的联系，但这种联系是以牺牲克罗地亚部分独立性为代价的。他们要向匈牙利议会承交军事税款，而克罗地亚的行政当局要从属于匈牙利的政府，这样一来，本来由克罗地亚大公发布命令的权力，落到了匈牙利摄政议会的手中。因此，克罗地亚和匈牙利实行了真正的合并，而且克罗地亚对匈牙利贵族的意志俯首听命。合并后，克罗地亚开始匈牙利化。

三 拿破仑与克罗地亚

1789年法国大革命爆发，革命的影响及拿破仑向外扩张的危险使欧洲各君主国的统治者们决定一致反法，其中之一便是奥地利皇帝弗朗西斯二世（Franjo Ⅰ，1792～1815年）。法国皇帝和奥地利皇帝之间的矛盾从1792年延续到1797年。克罗地亚的边防居民参加了第一次奥法战争。1797年10月，奥法签订了《坎波福米奥和约》（Campo Formio），奥地利承认法国对莱茵河左岸和比利时的占领，作为补偿，奥地利得到了威尼斯及其除杜布罗夫尼克外从伊斯特拉到博卡科托尔的克罗地亚沿海领地（称为“第一次奥地利占领”，1797～1805年）。

1797年威尼斯帝国灭亡对达尔马提亚产生了深刻的影响。在这片地区，尤其是希贝尼克、特罗吉尔和斯普利特，农民和底层群众举行了暴乱，并发展为“达尔马提亚并入克罗地亚运动”。[①] 奥地利最终没有同意这种联合。

1805年，在新一轮奥法战争中，奥地利失败，只得把西伊斯特拉、达尔马提亚、博卡科托尔出让给法国。1805年底，法国皇帝拿破仑出于战略上的考虑，将达尔马提亚及沿海地区并入

① 伊万·武伊契奇：《克罗地亚历史》，第102页。

新建立的意大利王国，由他自任国王。克罗地亚被分为三个区域：伊斯特拉、达尔马提亚（到奈雷特瓦河）、杜布罗夫尼克和博卡科托尔地区。拿破仑根据法国立法精神，对克罗地亚进行了改革：取消了贵族特权；实行法律面前人人平等和纳税平等；促进教育发展，在很多城市开设了中学。1806年，发行第一份克罗地亚报纸——《王国与达尔马提亚人》周刊，用意大利语和克罗地亚语印刷。这段时期，克罗地亚经济高度繁荣，努力实现农业现代化，修建了多条公路。

1809年，奥地利和法国之间又爆发了新的战争。根据1809年10月14日签订的《舍布龙和约》（Schonbrun），法国军队夺占了整个伊斯特拉、萨瓦河右岸到乌纳河之间的克罗地亚地区，以及斯洛文尼亚的土地。拿破仑在这些占领区建立了伊利里亚行省（Ilirska Pokrajina）。建立伊利里亚行省的目的在于：阻碍中欧和多瑙河流域同英国的商业联系；确保法国经由波斯尼亚将棉花从萨洛尼卡转运到欧洲纺纱厂的商业通道；为将来实行整顿东方的计划建立的战略基础，同时还可以经常监视奥地利。拿破仑曾说，“伊利里亚是安设在维也纳大门前的岗哨”。伊利里亚各行省的中心是卢布尔雅那，同时各行省划分为6个民政省：克拉尼省、卡林西亚省、伊斯特拉省、克罗地亚民政省、达尔马提亚省和杜布罗夫尼克省。1813年随着法国军队的失败，伊利里亚行省被取消。虽然行省只存在了4年，但它对克罗地亚人乃至所有南部斯拉夫人民族意识的发展起了很大作用。

1814年后，法国撤离，克罗地亚归匈牙利统治，而奥地利军队再度占领了亚得里亚环沿海地区（称为“第二次奥地利占领”）。[①] 许多意大利人迁移到了克罗地亚，随之而来的还有意大利的语言和文化。克罗地亚初等学校的一、二年级用意大利语和

---

① 〔南斯拉夫〕伊万·博日奇等著《南斯拉夫史》，第309页。

克罗地亚语教学，而其他年级只用意大利语。克罗地亚语书籍很少，大部分都是意大利语的。

四 克罗地亚民族复兴——伊里利亚运动（1835～1848）

尽管克罗地亚从法国的占领下解放出来，但仍然没有实现统一。在克罗地亚议会的强烈要求下，萨瓦河流域地区1822年重回克罗地亚政权。梅特涅（Metternich）反对克罗地亚统一，并成为1815年后实行专制的主要人物。他规定，公民要取得选举权和政治权利必须交纳一定的捐税，他还建立了警察机关、情报部门，对持自由思想的人实行流放，禁止有才干的人从事哲学、历史、自然科学研究。

19世纪初，克罗地亚面临如下任务：统一克罗地亚领土；把等级国家改造成现代的公民国家、实现政治活动的组织化和制度化；废除封建主义等。当时的政治家还没有能力完成这些任务，于是年青一代登上了历史的舞台。受伊利里亚行省的启迪以及欧洲浪漫主义的影响，以路德维特·盖伊（Ljudevit Gaj，1809～1872）为首的克罗地亚青年为克罗地亚民族复兴事业奠定了基础。盖伊首先从语言问题着手。1830年他发表了《克罗地亚—斯拉沃尼亚语正字法概要》，从而改革了克罗地亚文的拼写规则。[①] 伊万·德尔科斯（Ivan Derkos，1804～1834）也是克罗地亚文学语言建立中的关键人物之一。他的代表作《祖国沉睡儿女中的天才》（1832）把克罗地亚、斯拉沃尼亚、达尔马提亚

---

① 之前，克罗地亚人民使用7种不同的正字法：在克罗地亚城镇居民中通行卡伊卡夫方言“匈牙利拼写法”，在斯拉沃尼亚通行什托卡夫方言“斯拉沃尼亚拼写法”，而在克罗地亚沿海地区、达尔马提亚、伊斯特拉、杜布罗夫尼克和波斯尼亚的克罗地亚人各自都有特殊的拼写法。

的所有方言都统一为一种文学语言。扬科·德拉什科维奇(Janko Draškovoć)在1832年用民间方言写下了第一篇纲领性文献——《致我王国的合法使者以及将来被派遣出席未来匈牙利议会的受权的立法者的答辩论文，或谈话》。其中提到的政治思想成为1918年以前克罗地亚人的指路明灯，该文献倡导把克罗地亚、斯拉沃尼亚、达尔马提亚、里耶卡、波斯尼亚、斯洛文尼亚统一为一个国家（大伊利里亚）。德拉什科维奇的这篇答辩论文揭示了克罗地亚全境掀起的民族复兴运动的历史意义。伊利里亚主义、伊利里亚运动、克罗地亚主义都代表着克罗地亚民族、政治、文化运动，它为把克罗地亚全民族统一为一个领土、政治和文化的共同体奠定了基础。采用“伊利里亚”这一名称的出发点，是在于用这一名称把没有共同性意识的各异族省份统一起来。1835年，盖伊开始出版《克罗地亚新闻》杂志及文学副刊《克罗地亚、斯拉沃尼亚和达尔马提亚的晨星》。最初的几期杂志使用的是卡伊卡夫方言，而从1836年起改用什托卡夫方言，并且采用“伊利里亚”一词来代替“克罗地亚”。从而确定了克罗地亚人新的、具有深远影响的民族战略。除了文学语言和新闻方面的活动外，伊利里亚运动的目的还在于，要建立统一的文化团体，以便通过它集中地开展这项民族事业。这样，在1838年，在瓦拉日丁、卡尔洛瓦茨和萨格勒布都出现了阅览室。设在萨格勒布的“伊利里亚阅览室”，1842年发展成为“伊利里亚马蒂察”(后称为“克罗地亚马蒂察”)①。1847年克罗地亚议会将克罗地亚语确立为官方语言。通过这些社会性活动，克罗地亚文化民族化了。在这方面，“伊利里亚马蒂察”以及从1847年起出

① “马蒂察”(Matica)一译“文化协会”，或学会，是19世纪在南斯拉夫境内建立的一些民族性的文化教育团体的名称。1842年在萨格勒布建立的“伊利里亚马蒂察”是克罗地亚最早的文学团体。这些团体对于唤醒民族意识起了重大作用。

版的杂志《柯罗舞》和从1852年起出版的杂志《金盏花》居关键性的地位。在这期间，克罗地亚人还创建了克罗地亚—斯拉沃尼亚经济协会、克罗地亚第一储蓄所、国家博物馆、第一所男教师学校等。这些文化活动以萨格勒布为中心，向伊斯特拉和达尔马提亚传播开来。克罗地亚的民族复兴具有政治和文化的性质。克罗地亚民族复兴的基础在于确信克罗地亚只是统一的南斯拉夫民族的一部分。在语言方面，这种民族复兴成功地统一了克罗地亚人的文学语言，但是，在政治方面并不顺利，并且在全南斯拉夫思想下现代克罗地亚民族被同化了。

匈牙利在克罗地亚的霸权主义导致了第一批克罗地亚政党的产生。1841年，出现了亲匈牙利的"克罗地亚—匈牙利党"。该党成员对伊利里亚主义表示怀疑，他们致力于克罗地亚在和匈牙利的共同体中的自治地位。伊利里亚主义者同样创建了自己的政党，这就是"伊利里亚党"，实际上就是后来人民党的最初雏形，他们的目的是把克罗地亚统一成一个整体。

维也纳和布达佩斯对克罗地亚民族复兴运动的兴起并不满意，因此费迪南德国王1843年禁止使用伊利里亚的名称和标志（星和半月）。该禁令并不能削弱民族运动，克罗地亚的名称代替了伊利里亚，并扩散到所有克罗地亚地区成为民族的名称。

五　克罗地亚断绝同匈牙利的联系

1848年3月，克罗地亚总督的职位刚好空缺，斐迪南德皇帝任命了一个对匈牙利深恶痛绝的47岁的边屯区团队上校军官约瑟夫·耶拉契奇（Josip Jelačić）男爵担任此职。耶拉契奇在感情上是彻底的"伊利里亚"分子。3月25日，他在萨格勒布召开"三位一体"王国——克罗地亚—斯拉沃尼亚和达尔马提亚——代表会议。会议正式选举耶拉契奇为国家长官并通过另外一个30点权利宣言。他们要求统一克罗地亚各地区（克罗地亚、斯拉沃尼亚、达尔马提亚和里耶卡），废除阶层代表大会，按新的选举法选举新的议会以及实行责任政府。这是一份民族、政治、文化、经济纲领。它的实现为克罗地亚从封建制度向现代时期的转变提供了可能。这个国民议会向国王提出的改革建议十分广泛，其中包括实际等于承认其自治的体制上的变更，要求教会同意废除独身主义并在祈祷日中使用本国语。这些要求根本不可能全部实现，因为它既涉及匈牙利各县，也涉及奥地利各县，而且自从拿破仑战争以来，达尔马提亚就归维也纳管辖。这些要求也与罗马教廷的传统相抵触。尽管如此，最终还是达到了耶拉契奇召开这次会议的主要目的，他的权威在外表上得到公众的认可，使帝国宫廷相信萨格勒布确已完全与佩斯分离。耶拉契奇宣布他“作为南部斯拉夫运动的首脑人物，依然是皇帝坚定的支持者”。①

克罗地亚的政策在以下 4 个根本问题上同匈牙利有分歧：(1) 克罗地亚和匈牙利之间的法律关系问题；(2) 官方语言问题；(3) 农民的封建依附性和对新教信仰的宽容问题；(4) 里耶卡城的归属问题。早在 1827 年匈牙利议会就认定，克罗地亚是匈牙利的附属国。这件事在克罗地亚引起了反应，为争取与匈牙利的盟国地位，克罗地亚一直斗争到 1848 年。占上风的看法认为，克罗地亚同匈牙利是一种自愿的关系，而匈牙利联席议会不能擅自决定改变这种联盟。对于通过使用匈牙利语实现匈牙利化的企图，克罗地亚贵族作出了让步，议会于 1827 年和 1830 年同意将匈牙利语作为学校必修课程。1844 年匈牙利人又顺利通过了一项法令：从 1853 年起，克罗地亚代表在联席议会上必须讲匈牙利语。

---

① 〔英〕艾伦·帕尔默著《夹缝中的六国——维也纳会议以来的中东欧历史》，商务印书馆，1997，第 73 页。

1848年欧洲革命兴起，是年4月，耶拉契奇借机中断了克罗地亚地方政权与匈牙利政府的一切公务联系，并向克罗地亚所有地区发布通告，规定在克罗地亚议会召开前，任何地方都不能听从匈牙利政府的命令，只许服从地方最高长官。这一通告意味着克罗地亚实际上中断了同匈牙利几百年来的联系。同年5月，耶拉契奇成立了总督委员会。这实际上是独立的克罗地亚政府，其中有分管司法、内务、军事、同奥匈关系、财政等部门。同时，在克罗地亚和斯拉沃尼亚举行第一次克罗地亚议会选举，所有纳税人都有选举权。6月5日，举行了议会第一次会议，这是克罗地亚第一届选举产生的人民议会。会议作出了若干决定：耶拉契奇被授予永久总督的头衔；在克罗地亚废除封建制度；将达尔马提亚置于议会和总督管理之下。议会还通过了纳税总则，并且提出了在联邦基础上改组帝国的具有深远意义的纲领。这次议会确定了现代克罗地亚国家的发展道路。

耶拉契奇的举动引起匈牙利人的不满，于是耶拉契奇前往维也纳，同匈牙利政府代表举行谈判试图化解矛盾。匈牙利政府代表不接受克罗地亚关于联邦制结构的建议，不承认克罗地亚的独立。耶拉契奇意识到用和平的方式无法解决问题，离开维也纳后便开始集结军队。9月，克罗地亚向匈牙利政府宣战。耶拉契奇率军渡过德拉瓦河，他欲占领布达（Budim）未果后，又挥师突向处于动乱之中的维也纳，协同温狄什格雷茨（Windischgraetz）于1848年11月1日占领了维也纳。胜利并未持续多长时间，1849年春，匈牙利人转而采取攻势。国王约瑟夫一世（Josip I，1848～1916年在位）任命耶拉契奇为里耶卡和达尔马提亚省长，这样耶拉契奇得以名义上暂时管理这些地区，但实际上克罗地亚没能实现统一。

为了复兴奥地利帝国那样的集权，国王约瑟夫一世颁布新宪法（1849年3月9日），根据这项新宪法，帝国变成了中央集权

的国家。各个省都成了互不相干、各自为政的皇室领地。达尔马提亚、斯拉沃尼亚也是皇室领地，中央政权设在维也纳。宪法规定所有民族平等，承认他们的语言和民族权利，承认克罗地亚是特殊国家，但没有实现克罗地亚的统一。克罗地亚语成为克罗地亚的官方语言，而伊利里亚阅览室被关闭。

六　巴赫专制制度和“十月公告”

新宪法取消了封建主义，农民成为土地所有者。但在1851年皇族取消了该宪法，代之以新的专制制度，称为“巴赫（Bach）的专制制度”。新的制度是以官僚机构高度集中在政府手中为指导思想的。这种政治制度的基本特点是，废除过时的司法机构，通过政治上的中央集权制建立一个奥地利新社会，防止建立各个独立的民族社会或者单一的南斯拉夫社会。国家严格实行中央集权制，但是行政上划分为各省，它们都设立自己的地方政府。教会变成了这种制度的支柱之一。1852年，克罗地亚的教会从匈牙利的教会中分离出来，萨格勒布主教获得了大主教的称号。巴赫专政时期，克罗地亚由“王国摄政”代替政府，议会会议被迫取消。国家机关的官方语言为德语，掌握政权的是德意志人、捷克人、斯洛文尼亚人。政府实现书刊检查制度，把盖伊的报纸变为官方刊物。1859年，专制制度解体。

1860年，国王约瑟夫一世在维也纳召开会议，讨论国家君主制度的建设问题。会议通过了“十月公告”，决定建立一个联邦制国家，成立一个中央议会，恢复了宪法。在克罗地亚，绍克切维奇（Šokčević）总督召集有55人参加的“总督代表大会”。会上除要求在行政事务方面使用民族语言和在维也纳设立克罗地亚的专门办事机构外，还要求将达尔马提亚、克瓦尔奈尔群岛（Kvarner）以及伊斯特拉的三个县划归克罗地亚。申请提交国王批准，国王同意把克罗地亚语作为官方语言，成立了克罗地亚临时管理机构，并在萨格勒布建立了克罗地亚最高法院，这样，克罗地亚在司法上独立于匈牙利。

七 克罗地亚—匈牙利协议及其意义

1867年，奥地利和匈牙利缔结协定，协定规定奥匈帝国由单一的国家改组为二元君主国。国内由一个统治者民族改为两个，即由两个民族寡头政治集团建立政府。国家的领土一分为二。在这种大瓜分的过程中，克罗地亚在奥匈之间被分割，归属匈牙利部分的有克罗地亚和斯拉沃尼亚；而归属奥地利部分的有达尔马提亚和伊斯特拉。两部分各自都设立了自己独立的行政机构。1868年9月，克罗地亚议会代表团同匈牙利议会代表团签署了克罗地亚—匈牙利协议。这项协议实际上取消了1848年所作出的关于克罗地亚从匈牙利分立出来的决定。根据协议，它们在形式上组成单一的国家，立一个君主，设一个共同的民族代表机构，一切经济和财政事务以及铁路均由双方共管。这方面的工作由设在佩斯的共管部负责管理，并在克罗地亚设立专门的分支机构。每10年应当缔结一次财政协定。鉴于税收政策是共同的，因此匈牙利政府得以长期侵吞克罗地亚的大部分税收。协议规定，克罗地亚获得一定的自治权：克罗地亚被承认为一个“政治国家”，其人民有权派代表出席萨格勒布的议会，由它派遣40名代表出席匈牙利联席议会；单独处理自己的内部事务；一个由三人组成的克罗地亚行政机构掌管内政、司法和教育；克罗地亚语被承认为国家正式语言。奥皇将里耶卡割让给匈牙利，而后者把对里耶卡实行的暂时管理权解释为永久的占领。克罗地亚民众对克罗地亚—匈牙利协议十分不满，一是因为没有解决里耶卡问题，二是克罗地亚没能获得对所有事务的管理权。具体来说，他们的总督并不是对弗兰西斯·约瑟夫负责，而是对布达佩斯的一位国务大臣负责；它与哈布斯堡所辖其他各省的关系都由匈牙利首都，而不是由萨格勒布管理，这严重制约了本地区的商业与经济发展。此外，萨格勒布的议会选举极端腐败，选举权几乎完全限于大地主和官员；每 50 人中大约只有 1 人有选举权。[①] 在实施协议的头 5 年中，萨格勒布时常发生骚动，驻扎于古老的边屯区的克罗地亚部队 1871 年 10 月哗变。1873 年，作为一种安抚姿态，匈牙利政府同意任命一个克罗地亚人为总督，这就是杰出学者和诗人伊万·马朱兰尼奇。他任职期间，没有强迫推行匈牙利化。但是部分由于下级官员处置失当，部分由于沉重的赋税和不公的选举使人民普遍不满，1883 年在萨格勒布爆发一场骚动。事情的起因是，匈牙利人公开在萨格勒布财政机构门前悬挂匈牙利语和克罗地亚语的招牌，可是协议明确规定克罗地亚语是官方语言，匈牙利的行为迅速激化了克罗地亚人的不满情绪，在主要城市演变为反对匈牙利运动。动乱扩散到了农村，农民由于捐税负担和农产品低价，发动了骚乱。由于害怕在其他民族中引起连锁反应，匈牙利以通常的坚决手段采取了一系列对策，如派军队镇压、暂停实施宪法、免除马朱兰尼奇的总督职位，以匈牙利人库恩-海代尔沃里·卡尔伯爵代之等。在此后的 20 年中，库恩-海代尔沃里借助于铁的手腕治理克罗地亚，致使克罗地亚的物质财富得以增长，农业获得可观的年产量，为克罗地亚建设了一批学校，修建了较好的公路和有效率的铁路。但像新闻领域一样，文学和艺术方面的爱国活动都遭到钳制。库恩-海代尔沃里统治的技巧在于，他巧妙地鼓动塞尔维亚少数民族反对歧视他们的克罗地亚人，同时引导克罗地亚人把民族敌视的矛头对准塞尔维亚人而不是统治他们的匈牙利人。

在达尔马提亚，逐渐掀起了民族复兴运动的新浪潮，促使了

① 〔英〕艾伦·帕尔默著《夹缝中的六国——维也纳会议以来的中东欧历史》，第 97 页。

专制制度的瓦解。复兴运动的主要倡导者是克罗地亚人民党，该党为在社会上确立克罗地亚语以及为统一克罗地亚而斗争。民族复兴是围绕着语言问题和民族文化展开的。也正是在这时，达尔马提亚与克罗地亚联合的问题又被重新提出。在这个问题上，达尔马提亚的中产阶级知识分子分裂成为两部分，一部分人主张达尔马提亚在帝国内享有自治权，而另一部分人主张达尔马提亚与克罗地亚联合。1844 年《达尔马提亚之声报》的发行标志着民族复兴运动开始。1862 年，出版了《民族报》及其副刊，该报使用意大利语，因为大多数居民不懂克罗地亚语，而副刊使用克罗地亚语。

伊斯特拉也开展了民族复兴运动，当地的克罗地亚人与斯洛文尼亚的克罗地亚人建立起联系，他们的目标是在机关、学校和司法部门让克罗地亚语同意大利语具有同等地位。在伊斯特拉也开设了阅览室、学校和文化协会。

八　克罗地亚国内的政治党派及其纲领

克罗地亚国内主要政党是民族复兴运动的组织者和倡导者。人民党人在重要城市开设阅览室，在那里讨论政治问题。除阅览室外，还开设了“达尔马提亚马蒂察”，用来出版克罗地亚语书籍，克罗地亚语逐渐成为中小学的教学语言。1883 年，克罗地亚语成为官方语言，1912 年成为公共机构和司法部门的正式语言。

在 1870 年以前，克罗地亚人民党和达尔马提亚人民党是克罗地亚人和塞尔维亚人的共同运动。在 19 世纪 80 年代，塞尔维亚人在克罗地亚本土占总人口的 26%，而在达尔马提亚占 17%。在 1870 ~ 1880 年期间，在这些党派中的塞尔维亚人和克罗地亚人逐步地分道扬镳。塞尔维亚人力图建立自己单独的政党，要为塞尔维亚民族的权利进行斗争，可是在政治上，他们往往屈服于统治阶级。1887年，克罗地亚的“塞尔维亚民族自治党”应运而生，它的纲领是保卫塞尔维亚的民族个性和争取塞尔维亚人与克罗地亚人的平等。他们要求在官方所有文件中尊重塞尔维亚民族的名称和语言，要求开办塞尔维亚的自治学校以及尊重东正教和天主教的信仰平等。1880年，达尔马提亚的塞尔维亚人退出人民党，并组建了自己的塞尔维亚人民党，他们提出达尔马提亚是塞尔维亚的土地，不能并入克罗地亚。克罗地亚人针锋相对，指出克罗地亚人同塞尔维亚人在历史、祖国、信仰、文化、语言上都不相同，要求塞尔维亚人承认克罗地亚这一名称是民族国家的名称，除了黑山和东斯拉沃尼亚外，其他土地均属于克罗地亚。至于建立南斯拉夫国家的问题，克罗地亚人认为塞尔维亚不能在其中拥有主导权，共同国家应该类似于瑞士和美国的政治结构。

20世纪初，克罗地亚的资产阶级团体和塞尔维亚的政治团体开始相互接近，其目的是要同匈牙利合作来对付维也纳的德意志威胁。因此，克罗地亚和达尔马提亚的一批政界人士于1905年10月3日聚会，弗兰诺·苏皮洛主持了会议。会上40位克罗地亚代表签署了里耶卡决议，要求克罗地亚各地实现统一，要求享有充分的民主自由。该决议试图在哈布斯堡君主国内恢复古老的克罗地亚、达尔马提亚和斯拉沃尼亚王国。苏皮洛是坚定的南斯拉夫主义的倡导者，他说服来自达尔马提亚和克罗地亚的塞尔维亚政治家们1905年10月17日在扎达尔集会。通过了扎达尔宣言：“克罗地亚人和塞尔维亚人在血统和语言上同属一个民族。”接受里耶卡决议的基本原则，特别是达尔马提亚与克罗地亚和斯拉沃尼亚联合。会后建立了克罗地亚—塞尔维亚联盟。到1908年，该联盟的政治影响已经很大，以至于在萨格勒布议会选举中它赢得明显的多数。于是，维也纳和布达佩斯决定采取专制主义的政策。

克罗地亚—塞尔维亚联盟本身是动摇的，尤其是在苏皮洛离开了该联盟之后。克罗地亚的政治局势越来越紧张。1912 年 1 月，议会宣布解散。这标志着克罗地亚实行公开的专制主义。报纸被查禁。萨格勒布发生了示威游行。3 月 12 日学生举行罢课。为了破坏克罗地亚人和塞尔维亚人的团结，奥地利重新提出了三元主义的口号，想建立一个以克罗地亚为首的奥匈帝国第三个联邦单位，由克罗地亚把其他所有南部斯拉夫人团结在自己周围。以约西普·弗兰克为首的克罗地亚的一部分资产阶级接受了这一计划。

第四节　两次世界大战中的克罗地亚

一　塞尔维亚人—克罗地亚人—斯洛文尼亚人王国

第一次世界大战爆发不久，1914 年 12 月 7 日，塞尔维亚政府发表《尼什宣言》，公布了它在战争中要达到的目标：保卫塞尔维亚斗争从一开始就是“解放和联合我们的一切未获得自由的兄弟——塞尔维亚人—克罗地亚人—斯洛文尼亚人的斗争”。[①] 1915 年 5 月苏皮洛与安特·特鲁姆比奇一起建立了一个南斯拉夫人委员会，为把塞尔维亚人、克罗地亚人、斯洛文尼亚人和门的内哥罗人团结在一个南部斯拉夫人的国家之中而奋斗。帝国主义列强为了战争的需要，任意切割对方的领土，完全不顾当地居民的利益和意愿。协约国为了把意大利拉到自己的一边，1915 年 4 月 26 日签订伦敦秘密条约，答应将意大利人所要求的大部分疆土割让给他们，其中包括的里雅斯特、伊斯特

① 赵乃斌、汪丽敏主编《南斯拉夫的变迁》，广东人民出版社，2002，第 9 页。

拉、达尔马提亚北部沿海地区及其保护领地阿尔巴尼亚等等。克罗地亚沿海一些最富饶的地区，包括里耶卡、斯普利特、杜布罗夫尼克等港口，则没有明确应允给予意大利。1915 年 10 月，奥匈军队发动攻势，占领了贝尔格莱德。战争期间，奥匈当局在克罗地亚利用当地的民族主义分子对塞尔维亚居民实行种族灭绝政策，进行残酷迫害。

1917 年 5 月 19 日，达尔马提亚和伊斯特拉的代表在维也纳议会里建议通过一项决议，要求在哈布斯堡君主的统治下实现克罗地亚人和斯洛文尼亚人的统一，并建立一个与匈牙利平起平坐的新的国家共同体。7 月 20 日，南斯拉夫人委员会达成“科孚协定”，规定塞尔维亚人、克罗地亚人和斯洛文尼亚人在卡拉乔尔杰（Karađorđe）王朝的统治下联合起来，新国家将是一个“民主的议会制君主国，享有语言和宗教信仰方面的种种保障”，它将“按照民族、社会、经济等条件实行的地方自治”。各地区之间以及与中央政府之间的确切关系则悬而未决。所有这些问题都留待由不记名投票普选选出的制宪议会在适当的时候加以解决。由于委员会及其主席都不具备任何法律地位，按照国家法，科孚协定在法律上并无约束力。

1918 年 7 月，达尔马提亚政党代表在斯普利特通过决议，创建统一的“人民组织”，达尔马提亚政治家的行动得到斯洛文尼亚的响应。同年 8 月，6 个斯洛文尼亚政党成立了“斯洛文尼亚和伊斯特拉人民世界”，其目标是建立新的南斯拉夫国家。随后，4 个克罗地亚政党也参加了达尔马提亚“人民组织”和“斯洛文尼亚和伊斯特拉人民世界”的活动。这些组织的代表于 1918 年 10 月 29 日，在克罗地亚议会宣布自己为奥匈帝国境内南部斯拉夫人新的最高国家行政机构，从而中断了同哈布斯堡君主国的一切联系。同时，该委员会宣布建立一个南部斯拉夫人的新国家，成为“塞尔维亚人—克罗地亚人—斯洛文尼亚人国”。

其领土包括：斯洛文尼亚、克罗地亚和斯拉沃尼亚、的里雅斯特（Trst）、里耶卡、伊斯特拉、达尔马提亚、巴奇卡（Bačka）、巴纳特（Banat）和波黑。萨格勒布是中央政府所在地。国家具有一切主权国家的特征。国民委员会是最高权力机构。新国家成立后，立即宣布退出第一次世界大战。卢布尔雅那、萨拉热窝和其他城市的代表机构，纷纷发表声明，保证支持萨格勒布的南斯拉夫国民议会，授权它以一个历史政府的资格，负责实行与塞尔维亚、门的内哥罗联合。10 月 31 日，该议会获得查理皇帝的正式承认。

在建立新的南斯拉夫国家的问题上，克罗地亚政治家主张建立民主的联邦制国家，而塞尔维亚方面要求建立非民主的中央集权式的国家。1918 年 11 月，南斯拉夫委员会，斯洛文尼亚人、克罗地亚人和塞尔维亚人国民委员会，塞尔维亚反对派，塞尔维亚政府代表参加了日内瓦会议。会议通过宣言，决定将建立作为一个不可分割的国家实体的塞尔维亚人、克罗地亚人和斯洛文尼亚人国家；新国家的最终形式将由立宪会议决定，而立宪会议通过民主的方式选举；新国家建立在联邦制和所有民族平等的基础上；在立宪议会召开前，塞尔维亚王国政府和国民委员会政府将在各自法律规定和领土管辖范围内继续行使职能。日内瓦协定实际上规定了一个二元国家，因为负责从事共同事务的新政府的半数成员，将由塞尔维亚王国政府确定，而另一半由国民委员会政府确定。新政府的一半成员将向塞尔维亚国王宣誓，而另一半将向国民委员会宣誓。1918 年年底，农民自发的动乱席卷整个克罗地亚，此外意大利军队不断从西部挺进，这些事态促使国民委员会尽早要求塞尔维亚军队的援助。1918 年 11 月 24 日，国民委员会通过了关于“在前奥匈帝国的整个南斯拉夫地区建立的斯洛文尼亚人、克罗地亚人和塞尔维亚人国与塞尔维亚王国和黑山联合成一个塞尔维亚人、克罗地亚人和斯洛文尼亚人统一国家”的决定。1918 年 12 月 1 日，塞尔维亚摄政王亚历山大接见了来自萨格勒布的代表团，宣布正式成立以卡拉乔尔杰王朝为首的“塞尔维亚人—克罗地亚人—斯洛文尼亚人王国”。

二　克罗地亚的专制主义

“塞尔维亚人—克罗地亚人—斯洛文尼亚人王国”被控制在塞尔维亚激进党手中，所有民族都由贝尔格莱德直接统治，塞尔维亚大力推行大塞尔维亚霸权主义的政策。在国家结构上，以中央集权的单一制代替联邦制；在经济政策上，大力扶植塞尔维亚资产阶级，歧视和排挤势力较强的克罗地亚资产阶级；在宗教政策上，明显偏袒东正教会，引起天主教会的不满；在官员任命上，重要职务都由塞尔维亚人担任，在南斯拉夫实行君主专制的23年期间，只有5个月是由一个非塞尔维亚人担任政府首脑。同样，塞尔维亚人始终担任陆军与海军大臣，1919年后，外交大臣也一直由塞尔维亚人把持。关键性的外交官员和高级军事指挥官都只任命塞尔维亚人担任。[①] 克罗地亚人、斯洛文尼亚人和波斯尼亚的穆斯林虽曾参加各届政府，但难以在较重要的部门任职。

1921年6月28日通过新宪法，宪法规定，国家实行中央集权体制，实质上不承认南斯拉夫存在不同民族，尽管承认各个种族之间存在差别。这部宪法确认了南斯拉夫只有一个民族的片面说法。克罗地亚人和斯洛文尼亚人曾力争实行联邦制，他们拒不投票支持这部新宪法，他们继续要求实行分权制。对中央集权制一贯持批评态度的斯捷潘·拉迪奇（Stjepan Radić），于1920年建立了克罗地亚共和农民党，在接下来的三年中，其队伍不断壮大，扩大至伏伊伏丁那、波黑、达尔马提亚地区。由于反动当局

① 〔英〕艾伦·帕尔默著《夹缝中的六国——维也纳会议以来的中东欧历史》，第235页。

的恐怖活动，拉迪奇被迫流亡国外。1924年，他在莫斯科参加了农民国际。回国后，他遭到逮捕并受到审讯，后在威逼利诱下，宣布退出农民国际，同时决定从党的名称中去掉“共和”字样。在1925年的选举中克罗地亚农民党成为克罗地亚最强大的党。1927年，该党与独立民主党联合为农民民主联盟。克罗地亚共和国农民党认为，南斯拉夫应当成为一个联邦制国家，包括三个民族：塞尔维亚、克罗地亚和斯洛文尼亚。拉迪奇坚持共和制纲领，不断向各种国际会议发出备忘录，要求让克罗地亚人民享有自治权。1928年6月20日，激进党国民议员普尼沙·拉契奇（Puniša Račić）在国民议会开会的时候枪击拉迪奇，拉迪奇重伤，并于几周后死亡。为抗议这种刺杀行为，萨格勒布的学生、市民和工人举行大规模示威游行，并与警察发生了冲突。1928年12月1日是王国成立10周年的纪念日。统治集团在萨格勒布大教堂举行庆祝弥撒，而一群大学生则举着克罗地亚旗帜要求当局下半旗志哀，在与警察冲突中3名大学生被打死。萨格勒布大学生举行总罢课以示抗议。

摄政王亚历山大利用刺杀事件加强了自己的专制统治，他相信用独裁和镇压可以解决一切难题。1929年1月6日，他发动政变，宣布废除1921年的塞尔维亚人、克罗地亚人和斯洛文尼亚人王国宪法、解散国民议会、取消所有政党。他把资产阶级民主的痕迹抹得一干二净，实行个人独裁统治。他任命了新政府，并宣布新政府只对他负责。亚历山大还扩大了《国家保卫法》①（1921年）的范围，用以保护中央集权，通过《国王权力法》来巩固自己的地位，大批反对独裁统治的人士遭到逮捕或流放。根据1929年10月3日的《国家名称和行政区域划分法》，国家不再称为塞尔维亚人—克罗地亚人—斯洛文尼亚人王国，而称为

① 该法取缔了唯一代表劳动人民利益和各民族共同利益的南斯拉夫共产党。

南斯拉夫王国。它划分为9个总督辖区：德拉瓦、萨瓦、德里纳、弗尔巴斯、沿海、泽塔、多瑙、莫拉瓦和瓦尔达尔。这9个辖区中有6个在划分边界时，都设法使塞尔维亚人成为多数。在军队中，新的南斯拉夫旗帜替换了所有塞尔维亚军旗。

20世纪30年代初，“大萧条”也冲击了南斯拉夫。1930～1932年，农产品价格越跌越低，靠土地为生的人们都不再有能力消费工业品产品。这导致工业崩溃，城市地区出现大量失业人口。由于严重的经济危机（1929～1932），亚历山大国王于1931年9月3日颁布新宪法，宣布南斯拉夫只有一个民族。这部宪法实际上在各民族关系上以及在国家组织上使单一民族政府合法化。

1932年12月7日，克罗地亚农民民主联盟的代表在萨格勒布开会，发表了谴责亚历山大独裁统治的《五点声明》。声明称：“（1）信守民主政治原则，我们认为民族主权是任何国家组织的支柱，人民本身是一切政治主权和一切公共权力唯一的、绝无仅有的源泉。（2）鉴于农民作为一个集体概念乃是一切民族文化、经济生活、社会结构和道义价值的体现者，它还包括人民的大多数，因此农民必须成为我们整个生活的组织和基础。（3）我们指出，从一开始就强加于克罗地亚和萨瓦河、德里纳河、多瑙河沿岸的我国各地的塞尔维亚霸权，由于它直接借助于暴力和不道德的方法，由于它掌握着国家的全部权力，它起着有害的作用。在1929年1月6日建立起来的专制主义政权统治下，这种情况达到了顶峰，这个政权加强了这一霸权，带来了种种致命的后果，甚至还取消了公民的自由和政治权利。（4）基于这种严峻的经历，我们得出不可避免的结论，急需回到1918年，把它作为出发点，进行坚决的和组织严密的斗争，以反对这一霸权，把它排除出我国各地，从我国各地消除这一霸权的一切权力和影响，并赶走这一霸权的代表人物。（5）唯有在这一前提下，才能着手建立新的国家共同体制度。现在我们不详细论述这一共同体赖以建立的基础，但它原则上应建立在下面这一思想的基础之上：即这一共同体的一个或几个成员对其他成员不占优势，它将是建立在它的成员自由意愿基础上的利益联合体，每一个成员在其本国范围内，以及联合起来合作从事经协商确定的符合共同体普遍利益的事务的全体成员，都将能够确保单独的利益和共同的利益，从而保障塞尔维亚人民、克罗地亚人民和斯洛文尼亚人民精神生活和物质生活的进步和繁荣。使用其他语言的少数民族的特殊利益将得到充分的保障。”①

三 克罗地亚的反抗活动

独裁政权在克罗地亚引起人民强烈不满，克罗地亚权利党主席安特·帕韦利奇（Ant Pavelić）先是前往奥地利，随后又前往匈牙利和意大利，争取物质上和政治上的援助，以瓦解南斯拉夫，建立独立的克罗地亚国家。帕韦利奇认为，通过谈判难以达成目的，只有依靠武装斗争。1928 年非法组织——克罗地亚护国军成立。随后改名为乌斯塔什（Ustaš）——克罗地亚革命组织，其成员被称为乌斯塔什（起义者）。他们的行动旨在解放克罗地亚和建立独立的克罗地亚国家。他们深信，唯独暴力与恐怖才能摧毁塞尔维亚的统治。为逃避当局的镇压，很多乌斯塔什前往匈牙利、奥地利、德国、意大利、比利时继续他们的政治活动。

1934 年 10 月 9 日，亚历山大国王在马赛被乌斯塔什分子刺死。亚历山大死后，年幼的佩塔尔二世（Petar Ⅱ）成为王位继承人，同时成立了以帕夫莱（Pavle）亲王为首的摄政委员会。

拉迪奇死后，弗拉特科·马切克（Vladko Maček）任克罗地

① 〔南斯拉夫〕伊万·博日奇等著《南斯拉夫史》，赵乃斌译，商务印书馆，1984，第 623 页。

亚农民党主席，马切克成为该时期克罗地亚最受爱戴的政治家和克罗地亚人民真正的代表。1936 年 12 月，帕夫莱亲王与马切克进行谈判，双方在表面上都同意实现联邦制以解决克罗地亚问题，避免南斯拉夫遭到肢解，但在实施的方法和步骤上双方有很大的分歧。1939 年 8 月 27 日，经过长期协商，南斯拉夫首相德拉吉沙·茨韦特科维奇同马切克达成了建立克罗地亚辖区的协议，同时，马切克出任副首相。纳入克罗地亚辖区的有沿海地区和萨瓦河流域和杜布罗夫尼克、伊洛克（Ilok）、希德（Šid）、布尔奇科（Brčko）、格拉达查茨（Gradačac）、特拉夫尼克（Travnik）、福伊尼察（Fojnica）等县。总面积 65465 平方公里，人口 4024601 人，其中，克罗地亚人占 70.1%，塞尔维亚人占 19.1%。与其他辖区不同的是，克罗地亚辖区拥有自治权，有自己的省长和议会，享有立法、行政和司法权力。新的体制结构与二元君主国时期的旧克罗地亚—斯拉沃尼亚极为相似。所有关于国防、外交政策、商业和交通的职权都属于贝尔格莱德中央政府，如同过去属于布达佩斯一样。克罗地亚宪兵由南斯拉夫陆军部训练，但由该省省长管理。克罗地亚辖区是南斯拉夫王国中唯一享有自治权的行政单位，从而恢复了克罗地亚历史上的重要地位。双方协议制定新的选举法，确保代议制较为公平，应允南斯拉夫人重新享有政治自由。然而，无论克罗地亚人或大多数塞尔维亚人都不满意该协议条款，因为它只给了克罗地亚人有限的自主权，国内其他民族仍处于无权的状态。所以，实际上这一协议意味着南斯拉夫被划分为塞尔维亚资产阶级和克罗地亚资产阶级的利益范围。① 虽然茨韦特科维奇和马切克都曾保证说，最终将把联邦的原则扩大到整个王国，但此后的 18 个月里，进展甚微。这项协议还含有反民主主义的萌芽。在克罗

① 〔南斯拉夫〕伊万·博日奇等著《南斯拉夫史》，第 630 页。

地亚，对工人阶级和劳动群众的恐怖统治大大加强了，强调阶级性的工会被查禁，共产党和工会的许多领导人被送进集中营。

四 克罗地亚独立国的建立

1939年9月1日，第二次世界大战在欧洲爆发。1941年3月25日，南斯拉夫政府签署了加入德意日三国同盟。对此，全国许多地方发生了示威游行。军官团中的一部分人也对政府奉行亲轴心国政策和签署三国条约感到不满。杜尚·西莫维奇（Dušan Simović）在部分军官的帮助下于3月27日凌晨发动政变。王位继承人佩塔尔被宣布为国王，摄政委员会被推翻，茨韦特维奇—马切克政府被推翻。当希特勒获悉南斯拉夫发生的事件时，他下令消灭南斯拉夫整个国家。1941年4月6日，德国的轰炸机袭击了南斯拉夫。第二天，德军主力部队第二军团从南奥地利进入斯洛文尼亚，从匈牙利平原进入克罗地亚。经过为时不到一周的战役，入侵的各个纵队在贝尔格莱德会师；4月13日，德国人正式接管这座城市。4月17日签订停火协议。统一不到23年的南斯拉夫被德国、意大利、匈牙利、保加利亚瓜分。克罗地亚人民一直希望建立自己的国家，享有充分的自由。希特勒和墨索里尼利用了这一点，他们希望在南斯拉夫土地上建立起服从于自己政治需要的政权，于是想到要建立克罗地亚独立国。鉴于马切克在克罗地亚的威望，德国人认为他应该成为克罗地亚傀儡政权的首脑，但马切克拒绝了这一职位。意大利人则看好乌斯塔什运动首领帕韦利奇（Pavelić）。

1941年4月10日，德军进入萨格勒布后，乌斯塔什运动头目之一斯拉夫科·克瓦特尔尼克（Slavko Kvaternik）宣布，克罗地亚独立国成立。马切克号召克罗地亚人民服从新政权，号召克罗地亚农民党全体党员同新政权合作。德国和意大利迅速承认这个新国家。克罗地亚独立国是一个法西斯傀儡国家，它的版图包括克罗地亚、斯拉沃尼亚、斯雷姆、达尔马提亚的一部分以及波黑。面积102725平方公里，人口664万，首都萨格勒布。

克罗地亚独立国成立后，立即开始政权的建立工作。帕韦利奇在墨索里尼的授意下，于4月15日从意大利回到萨格勒布，夺取政权，并成立了政府，他本人任首相及外长。1941年5月18日，墨索里尼迫使帕韦利奇签订“关于克罗地亚王国和意大利王国之间的保证和合作”条约，同意让克罗地亚独立国成为意大利的保护国。同时，把克罗地亚沿海地区、达尔马提亚从扎达尔到斯普利特的部分地区以及赫瓦尔、布拉奇和帕格三岛以外的全部岛屿，都割让给意大利。克罗地亚独立国将不建立海军，并允许意大利军队越过达尔马提亚的中立地区。克罗地亚还必须承认意大利对未兼并的克罗地亚领土的军事、外交、政治、经济的监控。

乌斯塔什政权是帕韦利奇按照法西斯模式塑造的独裁政权，屠杀塞尔维亚人和犹太人以及强迫东正教徒改信天主教的事件不断发生，禁用基里尔字母印刷书籍，宣布塞尔维亚人、犹太人和吉卜赛人不受法律保护。除了“乌斯塔什—克罗地亚解放运动”，一切政党都被取缔。1941年12月起再也没有召开过议会会议。持不同政见者都被关押起来，包括马切克。由于乌斯塔什分子的极端残暴和腐败，帕韦利奇不得人心。到1943年春，克罗地亚大部分为抵抗运动组织所控制。

五　反法西斯战争中的克罗地亚人民

1941年4月6日，德国、意大利等国的军队入侵南斯拉夫，战前的南斯拉夫政府和国王逃亡国外，占领者企图通过恐怖政策实行对南的统治。他们建立集中营，进行大规模流放，扶植卖国政府，残酷迫害南斯拉夫各族人民和共产党。1941年5月南共宣布共产党是唯一领导南斯拉夫人民进行民族解放斗争的政治力量，并成立南斯拉夫人民解放游击队最高司令部，约瑟普·布罗兹·铁托（Josip Broz Tito）被任命为统帅。南斯拉夫游击队的抵抗运动1941年7月7日始于塞尔维亚，当月底就扩展到门的内哥罗、斯洛文尼亚、克罗地亚和波斯尼亚。

在第二次世界大战前的几年中，共产党在经受了沉重的打击之后，巩固了自己的队伍，克罗地亚共产党加入了以铁托为首的南斯拉夫共产党。除了共产党外，克罗地亚还有其他反法西斯组织：克罗地亚统一民族解放阵线、妇女反法西斯阵线、克罗地亚青年反法西斯同盟等。克罗地亚反法西斯者1941年6月22日在欧洲组建了第一支反法西斯军队——锡萨克游击队。这一天后来被定为克罗地亚共和国反法西斯战争日。

1941年6月底，组成了以铁托为首的游击队总司令部，9月克罗地亚总司令部成立，克罗地亚参加反法西斯战争的约有47万人，其中约23万人配备了武装。[①]

共产党的目的是建立以苏联为模式的，社会主义性质的新的南斯拉夫国家。为实现这一目标，成立了南斯拉夫人民解放委员会。1942年11月26日，南斯拉夫人民解放委员会在比哈奇（Bihać）召开第一次会议，这是推翻反法西斯统治，谋求南斯拉夫民族解放的会议。会议通过了若干决议，其中包括：保证南斯拉夫人民的"真正民主权利"、确认"私有财产不容侵犯"等等。1943年11月29日，在亚伊策（Jaica）召开了委员会的第二次会议。会议决定：确认南斯拉夫人民解放委员会为南斯拉夫最高立法和执行代表机构，全南斯拉夫人民和国家的最高代表。战后的南斯拉夫将是一个"确保塞尔维亚、克罗地亚、斯洛文尼亚、马其顿、波斯尼亚和黑塞哥维那各民族完全平等的联邦"。[②] 根据斯

① 伊万·武伊契奇：《克罗地亚历史》，萨格勒布，2000，第170页（Hrvatska Povijest，Ivan Vujčić，Zagreb，2000. str. 170.）。

② 〔克〕杜尚·比兰季奇著《南斯拉夫社会主义联邦共和国史纲》，阿丹、许万明等译，天津人民出版社，1985，第114页。

洛文尼亚代表的提议，亚伊策代表大会正式授予铁托“南斯拉夫陆军元帅”的军衔。会议还建立了新的革命政府——南斯拉夫全国解放委员会，该委员会具有政府的全部特征，剥夺了王国流亡政府拥有的作为南斯拉夫合法政府的权利。

1943 年 6 月 13～14 日，克罗地亚反法西斯人民解放委员会召开第一次会议，会议讨论了在南斯拉夫建立一切民族平等共同体的问题，认为每个民族都应有自己的民族国家。1943 年 9 月意大利投降后，在意大利统治的伊斯特拉爆发了自发的群众起义。伊斯特拉人民解放委员会于 9 月中旬宣布，该地区将并入自由南斯拉夫的克罗地亚。克罗地亚反法西斯人民解放委员会在第二次会议（1943 年 10 月 12～15 日）上作出了《关于将伊斯特拉、里耶卡、扎达尔、被吞并的克罗地亚地区和克罗地亚的亚得里亚海诸岛划归南斯拉夫联邦的自由的克罗地亚的决定》。克罗地亚农民党的 34 名代表和独立民主党的代表也参加了人民解放委员会。1945 年 4 月 14 日，克罗地亚民族政府成立，大部分成员是共产党人，有 4 名克罗地亚农民党党员。1945 年 5 月 8 日，游击队进入萨格勒布，宣布克罗地亚独立国的灭亡。

第五节　从南斯拉夫联邦到克罗地亚独立（1945～1991）

一　南斯拉夫联邦共和国建立

在 1945 年 11 月南斯拉夫立宪会议选举中，人民阵线作为唯一统一的政治组织取得了胜利。南斯拉夫共产党因此取得了政权，君主制度被废除。南斯拉夫宣布为“联邦人民共和国”。伊沃·里巴尔当选为临时总统。南斯拉夫联邦由克罗地亚、斯洛文尼亚、波黑、塞尔维亚（包括伏伊伏丁那和科索沃）、黑山和马其顿组成。1946 年 1 月开始实施新的宪法，宪法强调共和国的联邦性质，并包含了体现社会主义经济各项基本原则的条款。南斯拉夫每个共和国都有自己的领土疆界、自己的国徽和国旗；各共和国按宪法有权制定自己的法律、计划和预算，选举自己的政权机关，等等。每个共和国都是拥有民族主权的实体。各民族在政治上、经济上和发展本民族的文化和语言上享有平等的权利。[①]

1945 年 7 月，克罗地亚人民解放委员会第 4 次会议任命了克罗地亚人民议会，作为克罗地亚最高代表机构。1946 年 2 月，克罗地亚议会把国名定为克罗地亚共和国。同年 11 月进行了立宪会议选举。1947 年 1 月 18 日通过了新宪法，确认了自己作为南斯拉夫联邦成员国的地位。

新政权建立初期，实行的是中央集权管理体制，联邦制原则未能真正实施。在社会主义自治条件下，克罗地亚人民与联邦其他各族人民坚决贯彻执行以铁托为首的南斯拉夫联邦中央的方针政策，迅速完成了巩固政权和恢复经济的任务。1953 年颁布的第二部联邦宪法使联邦体制得到进一步完善。联邦议会为中央最高权力机构，拥有修订宪法、颁布联邦法律、讨论制定对内对外政策等权力，下设联邦院和另外 4 个职能院。各院议员均由各共和国及自治省选出，体现了各民族平等参与国家管理的原则。同时，各共和国亦依据宪法建立健全了相应的议会及政府管理机构。加上一系列其他法律法规的制定和实施，南联邦的政治生活步入健康有序的轨道。克罗地亚同其他共和国一样，从联邦中获得了对许多经济部门的管理权（共和国同时又把对许多企业的管理权下放给企业），并根据联邦政府机构与职能的调整，对共

① 马细谱著《巴尔干纷争》，北京大学出版社，1999，第 294 页。

和国的地方管理经济的机关也作了相应的改变。同时，克罗地亚政府根据联邦颁布的人民委员会法，扩大了区机关的权力，使区在处理本地区的公用事业、社会和文化等事务方面，拥有广泛的自治权。为使公民获得直接参与管理的权利，地方机关设立了全民公决机制、选民会议等，废除统一规定候选人名单的制度，人民代表的候选人由选民大会直接提名。1953 年，克罗地亚议会根据联邦议会结构的变化，在本共和国议会中设立了生产者院，设共和国执行委员会（政府）取代“部长会议”。同年，铁托被选为南斯拉夫联邦人民共和国第一任总统兼联邦执行委员会主席。克罗地亚共产党根据南共第 6 次代表大会（1952 年 11 月）的决定，改名为克罗地亚共产主义者联盟。

二　南联邦中的“克罗地亚问题”

1953～1963 年，克罗地亚如同南联邦其他地区一样，经历了一个政局稳定和经济迅速发展的黄金时期。与此同时，经济体制与政治体制的改革也经历着向更深层次方向发展的时期。在经济改革中，工会率先起了积极的推动作用。但是，在全南斯拉夫社会发展中出现了种种“变形”现象。南共联盟中央对政治和经济生活中表现出来的“沙文主义”和“分离主义”等民族主义观点，以及共和国在经济上日益严重的本位主义等导致削弱南共联盟团结的现象，给予了严肃的批评。

根据 1963 年颁布的第三部南联邦宪法，克罗地亚也通过了自己的新宪法，克罗地亚人民共和国更名为克罗地亚社会主义共和国。工人自治逐渐发展成为社会自治，地方共同体和自治利益共同体等新型自治组织普遍建立起来。议会增设了劳动共同体议院，使劳动者能更直接地参与国家管理。宪法对主要领导人的连选连任做出限制，同时实行领导干部轮换制。1967

年和1968年通过的宪法修正案使自治省获得了“联邦组成要素”的地位；1971年通过的宪法修正案又使共和国和自治省获得主权地位，联邦决策要得到所有共和国和自治省代表“一致同意”；联邦主席团为国家集体元首，由各共和国和自治省代表组成；联邦政府也由各共和国和自治省按均等原则派出代表。克罗地亚同其他共和国一样，加强了自己在联邦决策中心的地位，派出同其他共和国等额的代表参加联邦主席团和联邦执委会的工作。联邦议会的共和国与自治省院在作决定时实行的是“一致同意”的原则，从而，克罗地亚和其他共和国都获得了实际上的否决权。

在政治经济体制改革的进程中，随着各共和国权力的不断扩大，代表各主体民族的各共和国之间以及共和国同联邦之间，不时出现争执甚至尖锐矛盾。两次世界大战遗留下来的南斯拉夫国内民族的对立情绪积重难返。在政治上南联邦各共和国的自治权相对较大，但在经济上自主权却很有限。在南斯拉夫联邦中，克罗地亚的经济和文化比较发达。克罗地亚民众一直感到留在联邦内“吃亏”，被东部不发达地区拖了后腿，大量税收和外汇被联邦提走。例如克罗地亚每年要将国内生产总值的2%强（约3.6亿美元，人均76美元）上缴，作为援助不发达地区基金，而克罗地亚境内在偏僻的山区有不少地方经济和文化也很不发达，人均收入低于共和国平均收入的50%，却不能得到联邦这一基金的援助。另外，克罗地亚的经济基础较好，但其发展却受到人为的限制。20世纪50~60年代先后有德国、美国、日本几家汽车公司提出要在克罗地亚建汽车制造厂，但均无结果，而联邦政府却与意大利菲亚特公司达成协议，在塞尔维亚境内建了汽车厂。在道路修筑、港口建设、造船、海运各方面，克罗地亚均未受到足够重视。克罗地亚政府在60年代末提出修建从萨格勒布分别到港口城市里耶卡和斯普利特的两条高速公路，联邦政府不予支持，而是致力于修建从贝尔格莱德到黑山港口巴尔的铁路。联邦政府把航运业发展的重点放在多瑙河水系，而克罗地亚漫长的亚得里亚海海岸未得到应有的开发利用。尽管如此，由于基础较好、劳动力素质较高，克罗地亚的经济效率仍然比较高，尤其在外贸和旅游业方面更令其他共和国望尘莫及。南联邦外汇收入的50%来自克罗地亚，而克罗地亚只能支配其外汇收入的10%左右；旅游企业的收入也仅能留成12%。[①] 从整体上看，克罗地亚对联邦预算的贡献在比例上是最大的，而自身的积累率却是最低的。克罗地亚对南联邦经济作出了巨大贡献。虽然从国家整体利益考虑，经济较发达的地区有义务援助落后地区，但是从克罗地亚自身的经济利益考虑，他们认为这种贡献无异于牺牲。因此，从20世纪60年代中期开始，他们要求有“更大的独立性”和“自主权”，提出要取消它们对联邦所承担的义务。[②] 要求加入联合国、拥有自己的军队等，大搞反对塞尔维亚、反对联邦的“群众运动”。分裂活动虽被铁托制止，但克塞两民族间的积怨从未消除。

早在1954年12月，60多位塞尔维亚语和克罗地亚语的作家和语言学家在诺维萨德开会并达成协议，认为塞尔维亚语和克罗地亚语是同一种语言，用两套字母（基里尔字母和拉丁字母）拼写，只存在方言的差别，在学校中两套字母都要学习。会后编出了《正字法》，作为编字典和书写的规范。可是1967年3月15日，克罗地亚130名作家和知识分子在萨格勒布联名签署了《关于克罗地亚文学语言的名称和地位的宣言》，指

① 张世满：《试析南斯拉夫联邦时期的“克罗地亚问题”》，《东欧中亚研究》1997年第4期。

② 克·拉扎罗夫：《社会主义南斯拉夫的民族关系》，索非亚，1987，第76页。转引自马细谱著《巴尔干纷争》，北京大学出版社，1999，第302页。

出克罗地亚语同塞尔维亚语一样是一种独立的语言，应该保证在克罗地亚社会各方面完全使用这种语言，同时指责由于过多地引用塞尔维亚语词汇和用法，已使克罗地亚语的纯洁性受到严重损害。《宣言》一发表就遭到塞尔维亚知识分子的猛烈抨击，并引发克塞两个共和国的争论。这一事件揭开了克罗地亚知识分子主张民族独立的序幕。最后南共联盟表态，对《宣言》进行了批评，认为，克罗地亚人和塞尔维亚人所讲的语言之间并没有重大的差别，只是书写上有使用拉丁字母和基里尔字母的不同，称《宣言》的要害是在南各族人民之间制造分裂。于是，凡参加签名的共盟盟员都受到了批评，有的被开除出党。为了平息这种过激的民族主义势力，两个共和国的党政领导人相继换人。

在1969年底，克罗地亚共盟开展了一场反对“一元主义”的斗争，认为“一元主义”的集中表现——中央集权制扼杀了“民族主动精神”，成了自治发展的“主要障碍”，主张今后在发展战略中要充分考虑民族特点。克罗地亚要求彻底改革联邦制，反对“异化的经济力量中心和金融力量中心”（指贝尔格莱德的大进出口公司和大银行）的控制，要求把尽可能多的资金下放给直接生产者，让经营主体有更大的自主权，把外汇交给赚取者支配。当时的联邦议会副主席米·让科（克罗地亚代表）不同意这些主张，认为克罗地亚的“民族主义相当严重”，“民族主义分子在自由地进行政治活动”。他的观点遭到以克共盟中央主席萨夫卡·达布切维奇—库查尔为首的党政领导的反对和清算。1970年1月在克共盟十中全会上严厉批判了以让科为代表的“一元主义”。会后克议会罢免了让科的联邦议会民族院代表资格，撤销了他的联邦议会副主席的职务。在这种情况下，克罗地亚的民族分离主义倾向越来越严重。塞尔维亚和克罗地亚两个共和国的报纸相互攻击，克罗地亚谴责塞尔维亚的中央集权主义是那些亲斯大林的前情报局分子的产物；而塞尔维亚则指责克罗地亚民族主义的要求反映了第二次世界大战期间流亡国外的前乌斯塔什分子的愿望。当时的克罗地亚文化协会成了宣扬民族分离主义的大本营。在它出版的报刊中说，南斯拉夫是“克罗地亚的监狱”，克应当享有“不可分割的主权”，从联邦收回外交权和国防权，申请加入联合国，组建由本民族军官指挥的共和国军队。克民族分离主义分子还认为，波黑的穆斯林是克罗地亚人，波黑应与克合并。这实质上是企图恢复第二次世界大战中的“克罗地亚独立国”，使克罗地亚在人口上和地域上可以与塞尔维亚相抗衡。当时弗·图季曼作为持不同政见者在《克罗地亚周报》上声称，克罗地亚人对联邦国家已感到不满意，克罗地亚和塞尔维亚之间的关系只有通过“邦联”或“国家联盟”才能解决。在经济问题上，克民族分离主义分子抱怨说，克受到“剥削”和“掠夺”，“收入外流”，“赚取的外汇大部分被联邦取走”，克的处境比奥匈帝国和南王国时期“更加糟糕”。对于这些言论，克党政领导态度暧昧，放任不管，甚至暗中支持，以便向联邦施加压力。1971 年，由克罗地亚马蒂察发起，要求对克罗地亚的宪法进行修正的运动在全国展开，修正草案包括确定克罗地亚为主权民族国家、克罗地亚语是唯一的官方语言、自行管理和控制克罗地亚境内的税收以及对联邦实行“自愿”上缴部分“捐款”、克罗地亚应有自己的货币和发行银行、建立克罗地亚自己的地方军队等等。基本上是独立建国的一套计划。同年 11 月 23 日，萨格勒布 3 万名大学生总罢课，大学生还企图煽动工人举行总罢工，但没有成功，这就是著名的“克罗地亚之春”事件。铁托总统被迫中断在国外的访问，匆匆赶回国内，亲自出面干预，他认定大学生总罢课是“反革命活动”。1971 年 12 月 1 日，铁托接见了克罗地亚的党政领导人，同时举行了南共联盟主席团会议。铁托在开幕式上发表讲话，严厉谴责克罗地亚党的领导人纵容民族主义分子和分裂分子，在日益发展的反革命活动面前表现出“腐朽的自由主义”态度。他指出，克罗地亚对于有关经济体制方面反映出的一些问题虽然是正当的，但是不允许把这些问题当做民族问题提出和处理。他认为，克罗地亚出现的问题，是“大大倒退了的”党组织内部的思想危机，是近年来没有重视马克思主义教育和容忍学校中反马克思主义、亲西方教育的结果，而年轻的党员干部和新一代中的其他人恰恰是这些学校培养出来的。[①] 这次会议后，克罗地亚的领导人全部引咎辞职，随后在克罗地亚共和国开展了大规模的清洗。“克罗地亚之春”的多名参加者被捕并处以多年的监禁，从 1971 年 12 月到 1972 年 5 月，对 947 名共盟盟员和 69 名非盟员进行了组织处理，其中 741 名盟员被开除出党，131 人被撤销职务，280 人提出辞职。对掀起民族主义运动的主要责任人交付法庭审理和判刑。克罗地亚马蒂察被查封。1972 年，19 名克罗地亚武装分子为建立独立的克罗地亚国家举行了起义，行动以失败告终。由于采取了种种坚决的措施，克罗地亚寻求独立的行动暂时被压制下来。

虽然南共联盟政治领导提出进行各种社会改革（第 8、9 次代表大会），但是，由于有些时候不是每个新的步骤都能协调一致，同时采取更周密的行动，因此存在着停滞不前、闭关自守的现象，这样各共和国或某些联邦政治实体不断地提出进一步的措施和倡议。1969 年年底，克罗地亚共盟要求进行更加激烈的社会改革，解决体制问题。要求克罗地亚共盟领导对当时紧迫的政治形势进行研究，对自己的政策进行解释并确定下阶段的任务。为此目的，1970 年 1 月 15 ~ 17 日召开了克罗地亚

① 郝时远：《帝国霸权与巴尔干“火药桶”》，社会科学文献出版社，1999，第 265 页。

共盟中央委员会第10次会议。在1971年12月1日南斯拉夫共盟第21次代表大会上，克罗地亚代表在遭到激烈的攻击后提出辞职。

1974年颁布了南联邦第四部宪法，也是南斯拉夫社会主义联邦共和国的最后一部宪法。不久，克罗地亚也通过了本共和国宪法。根据宪法规定，上自议会下至社会各领域都普遍实行代表团制。自1974年起，克罗地亚也设立了共和国主席团。主席团虽代表共和国，然而在和平时期并不履行主席团的一般职能，但有广泛的立法提案权。与联邦议会设两院（联邦院及共和国与自治省院）不同，克议会设社会政治院、联合劳动院和区院等三个议院。它与联邦议会之间不存在隶属关系，而是协商与合作的关系。1981年通过的宪法修正案，根据铁托生前倡议，规定联邦主席团主席、议会主席等主要领导人任期只有一年。

三 克罗地亚的独立进程

1980年5月铁托逝世后，许多潜在的矛盾和问题全部暴露出来。从20世纪70年代后期开始，南斯拉夫的经济由于国际市场上石油价格猛涨、西方国家经济衰退和限制进口而遇到了新的困难。加上本身政策上的失误和自治体制的缺陷，经济形势日益严峻，共和国之间（实质上是各民族之间）的利害冲突日趋尖锐，关系日趋紧张。克罗地亚的民族主义情绪进一步抬头。他们担心“大塞尔维亚主义”复活，会重新“控制”和“压迫”克罗地亚。20世纪80年代末期，出现了数起要求实行多党制和自由选举的政治性示威活动。1989年在对待科索沃动乱事件的态度上，克罗地亚与塞尔维亚发生明显的分歧，并趁机决定从联邦派往科索沃的特种部队中撤回全部克罗地亚人员，停缴援助不发达地区基金。

1990 年 1 月，南共联盟在内外压力下召开第 14 次非常代表大会。在会上，克罗地亚代表提出南共联盟不应该成为一个强大的中央集权的政党，而应该成为独立的共和国共盟的联盟。这一建议遭到了塞尔维亚、黑山和马其顿代表的反对。于是，克罗地亚和斯洛文尼亚的代表宣布无限期退出代表大会。与此同时，各种各样的政党和组织应运而生。克罗地亚第一批非共产主义政党产生于 1989 年中期。1989 年 6 月克罗地亚民主共同体宣告成立。1990 年 2 月 11 日，克罗地亚共盟改名为克共盟—民主改革党，并提出以放弃民主集中制作为留在南共联盟的先决条件。克罗地亚议会决定从 1990 年年初开始政党可以自由组织和登记，这使得多党制合法化。克罗地亚全国组建了 30 多个政党，如克罗地亚民主共同体、克罗地亚民主党、克罗地亚社会—自由党、克罗地亚农民党、塞尔维亚民主党等。1990 年南斯拉夫举行了第一次多党选举。1990 年 4 月 22 日 ~5 月 6 日克罗地亚举行了选举，结果以弗拉尼奥 · 图季曼（Tuđman）为首的克罗地亚民主共同体获胜。该党纲领如下：克罗地亚的独立与主权完整；克罗地亚民族与当时南斯拉夫其他民族的完全平等；克罗地亚所有公民平等；多党民主制；所有克罗地亚人的和解；多种所有制共存；公民自由；克罗地亚融入西欧文明。

1990 年 5 月 30 日，新当选的议会代表召开了第一次会议。图季曼被选为克罗地亚主席团主席，同时还选出了政府成员、总理、主席团成员。第一届多党议会召开的日子后来被定为克罗地亚国庆日。7 月 25 日，克罗地亚议会通过宪法修正案，修改了国名、国徽和国旗。1990 年 12 月 22 日通过了新宪法，也称“圣诞节宪法”，其中规定议会可以 2/3 多数作出分离或结盟的决定。1991 年克罗地亚主席团代表就未来南斯拉夫国家机构问题多次展开讨论，提出应建成邦联制国家，每个共和国拥有自己的军队，成为独立的主权国家。但这一建议没有被南斯拉夫采纳。2月21日，克罗地亚议会通过了《关于维护克罗地亚宪法制度的决议》和《关于同意南斯拉夫联邦解体程序和可能联合为主权共和国联盟的决议》。[①] 4月，主席团决定就共和国是否继续留在南联邦内举行全民公决。5月19日，克罗地亚举行了全民公决，94%的投票者同意成立独立的主权国家。6月18日，克罗地亚议会举行连续数天的会议，以紧急程序审议和通过了有关脱离南联邦的60多项法律文件。6月25日，克罗地亚议会发表主权和独立宣言，并指出目前存在有破坏克罗地亚共和国宪法和领土完整的企图，克罗地亚人民决心全力捍卫国家的独立和领土完整，克罗地亚现有边界就是国界，在克罗地亚领土上只有克罗地亚法律有效，没有宣布失效的南联邦法律在克罗地亚从南联邦分离出去之前在克境内仍然有效。

四　克罗地亚战争爆发

克罗地亚在奥匈帝国统治期间，大批塞族人为逃避奥斯曼土耳其军队迫害北迁成了“边屯区”的边民并定居下来，“边屯区”成了克族和塞族的混居区。克罗地亚宣布独立遭到境内塞族反对并要求留在南斯拉夫。1990年6月，当克议会讨论修改宪法时，塞族代表拒绝参加会议，并在克宁（Knin）地区塞族的倡议下，在克境内塞族聚居区克拉伊纳和斯拉沃尼亚东部和西部成立了三个塞族自治区，建立了自己的政权。7月25日，克罗地亚境内的塞尔维亚民主党在塞尔维亚举行的塞族人大会上发表关于克罗地亚境内塞族的主权和自治的声明，并成立塞尔维亚民族委员会。8月16日塞尔维亚民族委员会决定在克境内塞族区就塞族自治问题举行全民投票，因遭克当

① 赵乃斌、汪丽敏主编《南斯拉夫的变迁》，广东人民出版社，2002，第128页。

局制止而与警察发生冲突。8 月 17 日在克宁地区发生流血冲突，这一天成了克境内“塞尔维亚起义”的开端。此后，西斯拉沃尼亚各地也先后发生了冲突。12 月 22 日，即克罗地亚通过新宪法的当日，塞族在克宁宣布成立“克拉伊纳塞族自治区”，封锁了交通要道和铁路线，由塞族警察站岗，并驱逐克族居民。该区包括达尔马提亚、里耶卡和斯拉沃尼亚的几乎所有塞族聚居区，它约有 1.39 万平方公里土地，人口 40 万。其中 88% 为塞族人，7% 为克族人，5% 为其他民族。从面积上来说，克拉伊纳占克罗地亚领土总面积的 1/4；从地理位置上来看，克宁位于克罗地亚首都萨格勒布通往其出海口斯普利特的铁路与公路的交通线上。克罗地亚自亚得里亚海至萨格勒布的输油管道也自克宁经过。1991 年 2 月 28 日，在克罗地亚共和国脱离南斯拉夫的倾向日益明显的情况下，克宁地区的塞族代表通过关于独立和脱离克罗地亚的宣言。1991 年 3 月 2 日在帕克拉茨的塞族人占领当地警察局，解除了克族警察武装。克警察部队前去增援，逮捕多人。南人民军奉命干预，出动了坦克。3 月 17 日，克拉伊纳塞尔维亚自治区执委会在非常会议上决定，克拉伊纳脱离克罗地亚，后与塞尔维亚和波黑的克拉伊纳地区合并，在其领土上将实施南联邦法规和克拉伊纳的法规。3 月 29 日，塞族占领普利特维采国家公园，与克警察（因为克罗地亚没有军队）发生冲突，一名克族警察被打死，6 名受伤，克警察逮捕 20 名塞族人。南人民军再次奉命干预，使冲突双方隔离。5 月 2 日在博洛沃、本科瓦茨塞族又与克警察发生冲突，克警察死 13 人，伤 21 人。在东斯拉沃尼亚出现了同样的紧张局势。5 月 2 日，叛乱者在博洛沃村（Borovo selo）枪杀了 12 名克罗地亚警察，另有 20 名受伤。普利特维采和博洛沃村的警察牺牲事件成为大塞尔维亚势力在克罗地亚战争的开端。于是克罗地亚领导层决心成立自己的军队，克罗地亚总统图季曼于 4 月 9 日决定将克内务部的警察部队改编为

作战部队——国民卫队，并于5月28日举行阅兵式，检阅了国民卫队，这是未来克罗地亚军队的核心，这一天被定为克罗地亚武装力量日。塞族通过缴获枪支、走私武器，也建立了自己的武装部队。到6月，塞族武装部队在南人民军的支持下，以东斯拉沃尼亚为基地，开始向奥西耶克、温科夫采、博罗沃和武科瓦尔等市进攻。6月25日，在克罗地亚东部地区的塞族人通过决定，建立“斯拉沃尼亚、巴拉尼亚和西斯雷姆塞尔维亚自治区”。此后克方同南人民军及塞族武装不断为争夺地盘而发生激战，南人民军的海陆空三军向克发动进攻，克方则封锁人民军兵营，断水、断电、停止食品供应。在欧共体调停下签订的14次停火协议均遭破坏，战场从克东北向西南沿海扩展。“克拉伊纳塞族自治区”和克罗地亚当局的武装冲突不断升级，南人民军以干预为名出动坦克于6月27日进入奥西耶克市区，并向市民开枪射击，7月7日又以建立隔离区为名占领了巴拉尼亚地区。南人民军从调解冲突变为参与冲突，克塞两族之间的民族冲突逐渐演变为南人民军和克境内塞族武装联合对付克罗地亚军队的战争。

发生在巴尔干半岛的这场战争，立刻引起西方国家的关注，欧共体随即出面调停。1991年7月7日来自斯洛文尼亚、克罗地亚、塞尔维亚的代表、南联邦主席团成员、欧共体在布里俄尼岛（Brijun）举行了会谈，通过《和平解决南斯拉夫危机宣言》：南斯拉夫危机应该通过和平手段解决，而不应诉诸战争。出于这个目的，克罗地亚和斯洛文尼亚在三个月内推迟了独立的决议。

会议之后，南人民军从斯洛文尼亚境内撤出，转而全面投入克罗地亚的战事。9月，克罗地亚武装迫降了南人民军的一架直升机，扣押了机组人员，同时对克罗地亚境内南人民军各个驻地进行封锁和围攻，迫使南人民军撤离克罗地亚。南人民军也在克罗地亚全境发起反击，出动海军封锁了普拉、里耶卡、斯普利特等7个海港，切断克罗地亚同国外的联系。9月底，南斯拉夫联邦国防部从全国各地调集兵力增援克罗地亚战场。

10月8日，克罗地亚独立和主权的决议生效（从6月25日起），中断同南联邦的一切国家法律联系，并要求南人民军从克罗地亚撤军。但此后战争更加激烈。南人民军动用飞机、坦克、火箭等向克罗地亚进攻，目的是占领尽可能多的地盘。与塞尔维亚边境相邻的克罗地亚城市武科瓦尔于11月8日被南人民军占领后，战场从北向南扩展。克罗地亚人民英勇保卫温科夫齐（Vinkovci）、奥西耶克（Osijek）等城市。南斯拉夫军队轰炸了杜布罗夫尼克、希贝尼克、扎达尔、戈斯皮奇（Gospić），甚至轰炸了萨格勒布的总督府。在此以后，克罗地亚战场的形势日益向有利于南人民军一方转化。在这种形势下，经联合国秘书长特使万斯的调停，克罗地亚、塞尔维亚和南人民军的领导人于11月23日在日内瓦达成战争爆发以来的第14个停火协议。协议规定，克罗地亚立即解除对南人民军兵营的封锁；南人民军立即撤离克罗地亚当局控制区；冲突双方同意由联合国尽快向南斯拉夫派遣维持和平部队，进驻克罗地亚境内的塞尔维亚族聚居区。[①] 11月25日联合国安理会通过对南斯拉夫实行武器禁运的713号决议，[②] 11月27日又通过721号决议，同意对联合国秘书长提出的向南斯拉夫派遣维和部队建议的可能性进行考察，并立即采取适当行动。持续数月的克罗地亚领土上的战争基本停了下来。虽然有小规模的局部战争发生，但是冲突双方大体上是按照协议努力控制冲突的。同时，南人民军撤出克罗地亚也取得了进展。

① 郝时远主编《南斯拉夫联邦解体中的民族危机》，四川民族出版社，1993，第52页。

② 〔南联盟〕B. 米林科维奇编《联合国1945～1995》，贝尔格莱德，1995。

12月8日，双方签署了撤军协议。12月22日，克罗地亚发行本国货币。

五　克罗地亚实现统一

1992年1月2日，克罗地亚的交战双方又在万斯斡旋下，在萨拉热窝签订第15个停火协议，同意部署联合国维和部队，战争逐渐平息。1月8日，经南联邦主席团和克罗地亚当局同意，联合国安理会通过727号决议，同意立即向南斯拉夫派遣维和部队（即联合国保护部队UNPROFOR）。4月4日第一批维和部队抵达克罗地亚，并在克境内塞族区建立了“联合国保护区”（UNPA）。

1991年年底和1992年年初，大批欧洲国家承认了克罗地亚，其中包括：罗马教皇约翰·保罗二世（John PavaoⅡ）、德国总理赫尔穆特·科尔（Helmut Kohl）和外长汉斯－迪特里希·根舍（Hans Dietrich Genscher）的承认，布鲁塞尔欧洲共同体部长会议决定如果前南共和国1991年12月23日之前能够保证自己土地上的少数民族权利和人权，那么欧共体全体成员国就承认它们。克罗地亚满足了这一要求。1992年1月15日，获得欧共体所有成员国的承认。1992年5月22日，克罗地亚被接纳为联合国成员国。4月7日美国宣布承认斯洛文尼亚、克罗地亚独立。

为了调解冲突双方，联合国维和部队解除了塞尔维亚族的武装，保障难民及流亡者返回家园。克罗地亚为了结束战争，防止人民生活被进一步破坏，遵守了联合国决议。南斯拉夫人民军、军舰和军用飞机撤离了克罗地亚。但塞尔维亚族的武装没有被彻底解除，难民回归的条件也不够充分，联合国部队并没有在克罗地亚边境驻扎下来。塞尔维亚族武装继续驱赶和杀害克罗地亚人。1995年3月31日，克罗地亚政府代表与塞族区代表在国际协调下签订停火协议。同日，联合国驻克罗地亚维和部队改名为

“联合国驻克罗地亚恢复信任部队”（UNCRO）。[①] 但克族难民对联合国军队只保护塞族区，使塞族区与克罗地亚完全隔离而使他们长期无法返回家园不满。7月初，发生了克族农民封锁驻萨格勒布维和部队总部及其他驻地的事件。克罗地亚政府也表示，由于维和部队使命对克不利，克不愿继续延长其任期。10月2日，联合国安理会通过947号决议，要求重新考虑维和使命，开通塞族区通往克其他地区的公路和铁路，向克全境供水供电和开通石油管道。联合国安理会确认了新的任期（从1995年11月30日开始），成立了专门针对克罗地亚的新的部队，称为“克罗地亚信任重建部队”。他们的目的是重建克罗地亚领土完整和主权。塞尔维亚族武装并不承认维和部队的新名字，而是继续以前的政策。

克罗地亚境内克、塞两族在联合国维和部队保护下仍处于不战不和的状态，克罗地亚政府同克拉伊纳塞族之间进行了多次谈判，但因双方立场不一，问题始终未得到根本解决，克罗地亚政府一直寻机“收回被塞族占领的领土”。同时克罗地亚还要支持波黑战争中的克族一方，克罗地亚军队根据克罗地亚共和国与波黑联邦之间的协议，同波黑克罗地亚防御委员会及波黑军队一起采取了多次成功的行动。经过长期精心准备，克罗地亚政府于1995年5月初，对克拉伊纳中部的西斯拉沃尼亚地区发动突然袭击，并一举成功。当年8月4日又利用波黑武装冲突升级、国际社会注意力集中在波黑，以及南联盟为尽快解除国际制裁而不敢贸然出兵援助的良机，发动代号为“风暴”的军事行动，出动10多万兵力，迅速“收复”了克拉伊纳主控区。克宁解放日（8月5日）被定为祖国感谢日。经过克罗地亚人民的不懈斗争，塞尔维亚克拉伊纳塞族共和国垮台。95%的克罗地亚领土被解

① 1995年3月31日联合国981号决议。

放，还有4.5%的土地，即东斯拉沃尼亚地区，克罗地亚想通过和平的方式收复。东斯拉沃尼亚位于克罗地亚的最东部，东面隔多瑙河与南斯拉夫联盟共和国相毗邻。土地面积2500平方公里，约占克罗地亚领土总面积的4.5%，具有很重要的战略地位。据政府1995年11月发表的统计数字，1991年3月（内战爆发前）东斯拉沃尼亚的总人口为19.3万人，其中克族8.6万人，塞族6.7万人，另外还有近1.3万匈牙利人和一些其他民族。1991年克罗地亚爆发内战后，该地区一直被克境内的塞族所控制，成为“克拉伊纳塞族共和国”的一部分。该地区成为塞族在克罗地亚境内控制的最后一个地区。1995年8月以后，克罗地亚政府方面多次宣布要使用武力收复东斯拉沃尼亚地区并在该地区周边集结了大批军队和重武器。而同东斯拉沃尼亚毗邻的南联盟则表示对其塞族同胞不能撒手不管，在军事上也做了相应的部署。1995年10月，克罗地亚政府和塞族在东斯拉沃尼亚地区前途问题上的谈判逐渐取得进展。10月3日，克政府和塞族达成了谈判解决东斯拉沃尼亚问题的指导原则，对该地区的过渡期、过渡机构、难民遣返、人权保障、选举等作了规定。经过几周的艰苦谈判后，双方又签署了阐明这些原则的基本协议。11月12日，克罗地亚政府和东斯拉沃尼亚塞族代表签署了一项和平解决东斯拉沃尼亚地区问题的基本协议。根据该协议，1997年7月15日东斯拉沃尼亚重新并入克罗地亚共和国，在并入前有12个月的过渡期，在其中一方的要求下过渡期最多可延长一年。协议要求联合国授权在东斯拉沃尼亚地区建立过渡管理机构并部署一支国际部队，负责该地区的安全和协议的实施。在国际部队进驻后的30天内，该地区将实行非军事化。协议规定，所有离开东斯拉沃尼亚的人都有权返回家园，过去在克罗地亚有永久居留权的人也可以在那里居住。协议要求国际社会对该地区的人权状况进行长期监督，并要求有关国家和组织成立一个监督协议实施的委员会。根据这项协议，过渡管理机构将在过渡期结束前一个月组织地方政府选举，塞族地区有权成立一个联合市政委员会。协议在联合国安理会通过决议对有关要求作出肯定答复后生效。1996年1月15日，联合国安理会一致通过决议，决定成立"东斯拉沃尼亚、巴拉尼亚和西锡尔米乌姆地区过渡行政当局"。这一维和行动包括军事和民事部分，暂定任期一年。5月21日，联合国东斯拉沃尼亚过渡政权长官宣布，克罗地亚境内的塞族控制区东斯拉沃尼亚开始实行非军事化。8月23日，南联盟和克罗地亚相互承认。1997年4月，塞族区与克罗地亚全国各地一起按照克罗地亚法律举行了地方选举，从而顺利实现和平回归。5月13日，联合国驻东斯拉沃尼亚过渡管理机构称，从5月19日起，该地区所有的财务结算使用克罗地亚货币库纳，在这之前该地区流通的货币有南斯拉夫第纳尔、德国马克和美元。7月14日，联合国安理会决定将东斯拉沃尼亚过渡行政当局的任期延长至1998年1月15日。1997年7月、10月，联合国维和部队分批撤离东斯拉沃尼亚。1997年12月19日，联合国安理会一致通过决议，决定成立一个由180名民警组成、任期不超过9个月的联合国观察小组，接替东斯拉沃尼亚过渡行政当局，以继续监督该地区的和平进程。小组从1998年1月16日开始执行任务。1998年1月15日，联合国驻克罗地亚东斯拉沃尼亚过渡行政当局在行使了两年行政管理权后，正式将权力移交给克罗地亚政府。至此，克罗地亚共和国在独立和主权获得国际承认的基础上，又实现了领土完整和国家统一。

第六节　著名历史人物

马尔科·马鲁利奇（Marko Marulić，1450～1524） 克罗地亚文学家，被称为"克罗地亚文学之父"。他的作品早在莎士比亚和莫里哀时期就被译成各种文字。他的作品充满了道德说教和基督教的教义，其代表作有：《大卫传》、《尤迪塔》。《尤迪塔》是1501年创作的一部史诗式作品，1521年出版。诗中描述了勇敢的克罗地亚人民保卫家园的英雄事迹，鼓励他们与土耳其人作战，告诉他们在上帝的帮助下克罗地亚人将战胜一切困难。这部作品被认为是他诗歌创作的顶峰。《尤迪塔》是第一部用克罗地亚语印刷的文学作品，引起了极大的反响，两年内再版三次。在接下来的作品中，马鲁利奇并没有简单模仿拉丁诗歌的形式，而是运用自己的写作技巧创造了新的诗歌类型，运用现实主义手法描绘了自己同时代的人物事件。马鲁利奇为克罗地亚新一代诗人开辟了全新和更为广阔的创作空间。为了纪念这位伟大的文学家，雕刻家梅什特罗维奇1924年在斯普利特修建了马鲁利奇纪念碑。马鲁利奇还是世界上第一位使用心理学这个书面语的人，在他的一份约为1520年写的、不甚清晰的手稿中提到了心理学作为一门关于社会生活的科学。

约瑟夫·什特罗斯马耶尔（Josip Štrosmajer，1815～1905） 克罗地亚主教和政治家，1860～1873年曾任人民党领袖。贾科沃的主教。由于他的努力，19世纪50年代克罗地亚文化经历了一次显著的复兴。在他的倡议下，1867年在萨格勒布成立南部斯拉夫艺术与科学学院，接着于1874年创办了萨格勒布大学，10年后又建立一所美术馆。斯特罗斯迈尔担任贾科沃这一富裕教区的主教达50年之久，直到他在1905年去世。他始终保护着诗人、语言学家和历史学家，推动了克罗地亚学术的发展。他主张南斯拉夫各民族联合，深信在发展教育的基础上能够消除信奉天主教的克罗地亚人和信奉东正教的塞尔维亚人之间的分歧。他资助克罗地亚人民党和文化机构，一方面为了发扬克罗地亚文化，另一方面想在某种程度上实现他的南斯拉夫理想。他是南部斯拉夫统一理想的坚定信仰者，希望迟早将塞尔维亚人、门的内哥罗人和保加利亚人吸引过来，与克罗地亚人共同组成南斯拉夫联邦，以萨格勒布为其精神上的中心，甚至作为其政治上的首都。在某种意义上，他是南部斯拉夫运动，特别是克罗地亚各族人民与斯拉夫民族性认同的第一位对外联络员。

伊万·梅什特罗维奇（Ivan Meštrović，1883～1962） 克罗地亚雕刻家，南斯拉夫理想的倡导者。梅什特罗维奇生活在一个动荡的年代，经历了俄罗斯革命、巴尔干战争和两次世界大战。但他的创作热情并没有因此而受到干扰，在他的一生中，举办了大大小小150场展览。梅什特罗维奇在达尔马提亚的深山老林中度过自己的童年时光。克罗地亚人民受压迫的命运对梅什特罗维奇的性格形成有着重要影响。梅什特罗维奇的祖辈是反抗奥斯曼帝国统治的义士。从小受到这些英雄事迹、民间传说的耳濡目染，启发了梅什特罗维奇雕刻创作的灵感。1899年一位石匠发现了他非凡的天赋，于是把他带到斯普利特的手工作坊当学徒。斯普利特是个繁华的城市，有许多希腊和罗马文化的遗迹。梅什特罗维奇就利用闲暇时间来临摹这些古代艺术作品。9个月后，一个维也纳的矿山主十分欣赏梅什特罗维奇的才华，同意资助他到维也纳艺术学院深造。1905年梅什特罗维奇完成学业，并于同年举办了第一场展览。奥地利皇帝买走了他的一个名为《母亲与孩子》的雕塑作品，从此梅什特罗维奇声名鹊起。1908年他迁居巴黎，在两年的时间内创作了50件雕塑作品，成为一位享誉世界的雕刻大师。梅什特罗维奇事业的转折点是1911年罗马国际展览会。他获得了雕刻一等奖，评论家称他为文艺复兴以来最伟大的雕刻家。他创作的1389年反抗奥斯曼统治的科索沃战争英雄群雕，表现了南部斯拉夫人民追求自由和独立的精神。作为一名艺术家的同时，梅什特罗维奇时时刻刻关注着国家和民族的命运。一战期间，梅什特罗维奇与两位克罗地亚政治家——特鲁姆比奇和苏皮洛一起成立了南斯拉夫民族解放委员会，他们为了把达尔马提亚从意大利的统治下解救出来并为实现南斯拉夫联合而战。为了向世界宣传克罗地亚人、斯洛文尼亚人和塞尔维亚人的团结，梅什特罗维奇在伦敦举行了个人雕塑展览，与此同时，斯拉夫音乐会、斯拉夫历史、文学、建筑介绍等许多塞尔维亚—克罗地亚艺术展览都在英国举行。梅什特罗维奇从罗马式、哥特式、文艺复兴式的艺术中吸取滋养，创造出独特的雕塑风格。他的主要作品有：斯普利特的格尔古尔·宁斯基主教纪念碑、贝尔格莱德卡莱梅戈丹的感谢法国纪念碑、什特罗斯马耶尔主教纪念碑、贝尔格莱德附近阿瓦拉山上的无名英雄纪念碑等。

路德维特·盖伊（Ljudevit Gaj，1809～1872） 克罗地亚政治家，伊利里亚运动的倡导者，克罗地亚民族复兴运动领袖。早在青年时代，盖伊就开始创作诗歌。1830年出版《克罗地亚—斯拉沃尼亚语正字法概要》一书，改革了克罗地亚文的拼写规则。提出每个读音对应唯一的字母。1835年，盖伊开始出版《克罗地亚新闻》杂志及文学副刊《克罗地亚、斯拉沃尼亚和达尔马提亚的晨星》。最初的几期杂志使用的是卡伊卡夫方言，而从1836年起改用什托卡夫方言和新的正字法，并且采用“伊利里亚”一词来代替“克罗地亚”。从而确定了克罗地亚人新的、具有深远影响的民族战略。除了文学语言和新闻方面的活动外，伊利里亚运动的目的还在于，要建立统一的文化团体，以便通过它集中地开展这项民族事业。伊利里亚主义、伊利里亚运动、克罗地亚主义都代表着克罗地亚民族、政治、文化运动，它为把克罗地亚全民族统一为一个领土、政治和文化的共同体奠定了基础。

安特·斯塔尔切维奇（Ante Starčević，1823～1896） 克罗地亚政治家，“权利党人运动”领袖。在萨格勒布读完中学后，前往佩斯攻读神学、历史和哲学，并在那里获得哲学博士学位。1848 年法国革命后回到祖国，继续神学研究，随后回到萨格勒布从事律师工作。在这里接触到伊利里亚思想，在盖伊的《晨星》杂志上发表诗歌和散文。在此期间，斯塔尔切维奇一直为保护克罗地亚语言而努力，他指责武克·卡拉季奇在塞尔维亚民间诗歌的名义下改造克罗地亚的文化遗产。他提出伊利里亚运动应该更加深入发展的思想，同时认为南部斯拉夫人不可能团结一致。在巴赫专制制度期间，一切的政治活动都被压制了。当这一制度垮台后，斯塔尔切维奇马上于1861 年提出了著名的纲领，纲领成为克罗地亚“权利党人运动”的基础，创建权利党，反对封建专制。受法兰西革命的影响，主张政治生活民主化，接近于俄国民粹派的立场。他提出克罗地亚应该即刻中断同奥匈帝国的一切联系，自力更生建立自己的国家。斯塔尔切维奇唤醒了克罗地亚民族的觉醒，他颂扬克罗地亚的历史和文化，认为克罗地亚人是具有重要历史使命的优秀民族之一。波斯尼亚穆斯林是克罗地亚最亲近的兄弟。斯塔尔切维奇由于该纲领被捕入狱。晚年同什特罗斯马耶尔一起探讨泛斯拉夫思想。

尼古拉·特斯拉（Nikola Tesla，1856 ~ 1943）　出生于克罗地亚的史密里安，后加入美国籍。早年在巴黎欧洲大陆爱迪生公司任职，因创造性的劳动，被转送到美国的爱迪生电器研究中心，与爱迪生（1847 ~ 1931）共同工作. 他发明了交流发电机。后来，他开创了特斯拉电气公司，从事交流发电机、电动机、变压器的生产，并进行高频技术研究，发明了高频发电机和高频变压器。1893 年，他在芝加哥举行的世界博览会上用交流电作了出色的表演，并用他制成的“特斯拉线圈”证明了交流电的优点和安全性。1889 年，特斯拉在美国哥伦比亚实现了从科罗拉多斯普林斯至纽约的高压输电实验。从此，交流电开始进入实用阶段。此后，他还从事高频电热医疗器械、无线电广播、微波传输电能、电视广播等方面的研制。为表彰他早在 1896 ~ 1899 年实现200kV、架空57.6m的高压输电成果，以及制成著名的特斯拉线圈和在交流电系统的贡献，在他百年纪念时（1956），国际电气技术协会决定用他的名字作为磁感强度的单位。

安特·特鲁姆比奇（Ante Trumbić，1864～1938） 克罗地亚政治家，斯普利特市长，南斯拉夫理想的倡导者。1890年获法学博士学位。1895～1914年多次当选达尔马提亚议会代表。1897年当选为维也纳帝国会议议员。他反对哈布斯堡王朝的统治，主张南部斯拉夫人建立统一的国家。1905年起任斯普利特市市长。为寻求南部斯拉夫人的解放和独立，1915年在伦敦建立南斯拉夫委员会。提出克罗地亚人、斯洛文尼亚人和塞尔维亚人联合的思想。1917年同塞尔维亚政府签订科孚协定，规定塞尔维亚人、克罗地亚人和斯洛文尼亚人在卡拉乔尔杰王朝的统治下联合起来。1918年塞尔维亚人、克罗地亚人和斯洛文尼亚人王国成立，特鲁姆比奇被任命为政府外交大臣，直至1920年。他曾出席巴黎和会，为南斯拉夫争得大部分有争议的土地。1929年退出政界。

斯捷潘·拉迪奇（Stjepan Radić，1871～1928） 克罗地亚著名政治家、思想家，反对奥匈帝国统治，是克罗地亚农民党领袖。拉迪奇出生于贫苦的农民家庭，从小就决心要投身政治。青年时期就积极参加革命活动，因此多次被勒令退学。因1895年参与烧毁匈牙利国旗的行动，与20多名萨格勒布大学学生一道被捕。1904年同其兄弟共同建立了克罗地亚共和农民党。在接下来的三年中，队伍不断壮大，扩大至伏伊伏丁那、波黑、达尔马提亚地区。由于反动当局的恐怖活动，拉迪奇被迫流亡国外。拉迪奇致力于建立广泛的所有斯拉夫人民的联合，1918年表示愿意在民主平等的基础上建立克罗地亚人、塞尔维亚人和斯洛文尼亚人的联合，要求未来国家按照联邦的原则建立，反对中央集权和大塞尔维亚霸权主义。1924年，他在莫斯科参加了农民国际。回国后，他遭到逮捕并受到审讯。后来在威逼利诱下，他宣布退出农民国际。同时将农民共和党改名为农民党。在1925年的选举中克罗地亚农民党成为克罗地亚最强大的党。1927年，克罗地亚农民党与独立民主党联合为农民民主联盟。克罗地亚共和国农民党认为，南斯拉夫应当成为一个联邦制国家，有三个民族：塞尔维亚、克罗地亚和斯洛文尼亚。拉迪奇坚持共和制纲领，不断向各种国际会议发出备忘录，要求让克罗地亚人民享有自治权。1928年6月20日，激进党国民议员普尼沙·拉契奇（Puniša Račić）在国民议会开会的时候向拉迪奇开枪，拉迪奇受重伤，几周后死亡。

安特·帕韦利奇（Pavelić Ante，1889～1959） 克罗地亚乌斯塔什创建人。1929年亚历山大国王建立独裁政权，帕韦利奇组建了恐怖组织乌斯塔什，主张克罗地亚脱离南斯拉夫。在意大利流放期间，他指挥该组织成员在克罗地亚进行恐怖活动。当希特勒在德国掌权后，帕韦利奇把法西斯的概念引入到乌斯塔什运动中。1941年德国占领南斯拉夫后，帕韦利奇被任命为克罗地亚独立国傀儡政府总理。在他执政的4年内实行恐怖统治，屠杀了上百万塞尔维亚人和成千上万的犹太人。德国战败后，帕韦利奇逃到阿根廷，在那里建立了乌斯塔什流放者组织。1957年他在马德里遭暗杀，侥幸逃过一劫，两年后去世。

约瑟普·布罗兹·铁托（Josip Broz Tito，1892～1980） 国际共产主义运动和工人运动活动家，南斯拉夫反法西斯民族解放运动领袖，南斯拉夫社会主义联邦共和国总统、武装部队最高统帅、共和国元帅（1943），三次获南斯拉夫"人民英雄"称号（1944、1972和1977），社会主义劳动英雄（1950）、军事科学博士学位（1976）。1910年，加入克罗地亚和斯洛文尼亚社会民主党，投身于工人和工会运动。1913年，应征加入奥匈帝国军队。第一次世界大战初期，因从事反战宣传活动而被捕，后被军

方派往前线。1915 年 4 月负伤，被俄军俘虏。1917 年 10 月在鄂木斯克参加赤卫队。1920 年回国后加入南斯拉夫共产党，组织地下共产党活动。1927 年开始担任地下斗争的领导职务。1928 年起任南共萨格勒布市委书记。同年，因从事共产主义活动被捕，判处苦役 5 年。1934 年刑满出狱后，继续秘密从事党的工作，任南共克罗地亚边区委员会委员。同年 12 月被南共第 4 次代表大会选为中央政治局委员。1935 ~ 1936 年在莫斯科共产国际巴尔干书记处工作，开始研究马克思主义军事著作，并作为南共代表团成员出席了共产国际第 7 次代表大会。1936 年，秘密返回南斯拉夫。1937 年 12 月开始担任南斯拉夫共产党总书记。1940 年 10 月在南共第 5 次全南斯拉夫代表会议上当选为总书记。1941 ~ 1945 年南斯拉夫人民解放战争时期，任南斯拉夫人民解放军和游击队最高统帅，指挥了反击德国军队的艰巨战争。1941 年 12 月以塞尔维亚游击队为骨干组建第一无产者旅，随后组建另外几个无产者旅。翌年组建南斯拉夫人民军，领导南斯拉夫军民同德、意等国占领军进行艰苦卓绝的斗争，先后粉碎敌人 7 次大规模“围剿”，在奈雷特瓦河和苏捷斯卡河河谷地区进行两次战略性突围，打击了敌人，保存了人民军主力。1943 年 11 月在第 2 次南斯拉夫人民解放反法西斯会议上，当选为人民解放全国委员会主席和国防委员，并被授予元帅军衔。1944 年 10 月协同苏军解放贝尔格莱德，获英雄称号。1945 年 3 月在盟军配合下，指挥人民军和游击队共 80 万人向侵略者发动总反攻，至 5 月中旬解放南斯拉夫全部国土。同年 3 月，任南斯拉夫部长会议主席、国防部长兼武装力量最高统帅。同年 8 月当选为人民阵线主席，11 月任南斯拉夫联邦人民共和国政府首脑。战后的 1953 ~ 1963 年任南斯拉夫联邦人民共和国联邦执行委员会主席。1952 年 11 月，主持南共第 6 次代表大会，通过了《关于南斯拉夫共产党改名南斯拉夫共产主义者联盟的决定》，当选为南共联盟总书记（1966 年 10 月起为主席）。1974 年南共联盟第 10 次代表大会选举其为党的终身主席。1953 年起任共和国总统、武装部队最高统帅，领导南斯拉夫人民进行社会主义建设，同时致力于军队现代化建设，建立全民防御和社会自卫体系，为保卫国家独立和主权作出重大贡献。1974 年被南斯拉夫社会主义联邦共和国议会选为终身总统，还兼任联邦共和国主席团主席（1971 年起）、联邦会议主席、南斯拉夫武装力量最高统帅。荣获国内外勋章多枚。著有《军事选集》和《言论集》等。

铁托是不参加任何集团的国家组成的不结盟运动的创始人之一。他倡导并且身体力行地贯彻了国际关系中的独立、平等、互不干涉和民主的原则，他是不结盟运动团结、合作的倡导者和组织者之一，使其成为国际关系中的一股重要的道义和政治力量，并对国际事务产生了重大的影响。

米罗斯拉夫·克尔莱扎（Miroslav Krleža，1893 ~ 1981） 克罗地亚当代文学的主要代表，著名戏剧家、小说家、文艺评论家，克罗地亚作品最多和最全面的作家，在文学的各个领域都取得了极高的成就。出生于克罗地亚萨格勒布市一资产阶级家庭，曾在布达佩斯军事学院学习，参加过巴尔干战争和第一次世界大战。第二次世界大战时曾被反动政权逮捕入狱。二战后曾任南斯拉夫科学艺术院副院长（1947 ~ 1957）、辞典编纂所所长和南斯拉夫作家协会主席、萨格勒布市议会议员、克罗地亚议会议员，与铁托私交甚笃。从 1914 年开始从事诗歌创作。战后主办过《火焰》（1919）、《文学共和国》（1924）等文学刊物。早期创作具有浪漫主义倾向，受象征主义影响，后来走向现实主义。他的早期剧作《传奇故事》、《假面舞会》、《亚当和夏娃》等是用象征主义手法写成的，反映了他人道主义以及对和平与友谊的渴望。他在第一次世界大战后创作的剧本揭露了奥匈帝国和黩武主义，表现了人民和士兵对战争的不满情绪。剧本《在兵营里》

（又名《加利齐亚》，1922）别具一格，很快被禁演。此剧1965年在诺维萨德戏剧节获演出奖。《果尔果达》（1922）是一出壮烈的悲剧。描写1919年欧洲某一国家当局对起义者进行镇压的故事。剧情进展急速，舞台气氛紧张，自然主义的生活场面和奇特的虚幻场面相互交替，在创作方法和演出形式上都有一些革新。《狼谷》（1923）一剧旨在启发人们思考个人命运与国家命运的关系问题。迄今为止，出版了不同版本的书籍60多本，作品不拘泥于某一种形式，体裁各异，有诗歌、小说、戏剧、文化政治评论、人物传记等。代表作有戏剧三部曲《格列姆巴伊老爷们》（1932）和长篇小说《菲利普·拉丁诺维奇的归来》（1932）、《在理性的边缘》（1938）、《布列特瓦的宴会》（两卷本，1938～1939），其中《格列姆巴伊老爷们》被认为是两次世界大战期间南斯拉夫戏剧的高峰。克尔莱扎善于在非常广阔的背景里描绘克罗地亚的历史风云，从社会、政治、思想运动几个方面，广泛而深刻地反映了克罗地亚的变迁。克尔莱扎曾获涅戈什（Njegoš）文学奖和南斯拉夫反法西斯人民解放委员会奖章。

弗拉迪米尔·巴卡里奇（Vladimir Bakarić，1912～1983） 克罗地亚政治家、科学院院士。毕业于萨格勒布大学法律系（1935），1937年获博士学位。1933年加入南共。由于参加革命活动多次被捕。在从事革命工作的同时，撰写经济、政治问题的评论文章，战前创办了多本进步刊物并担任编辑。1939年德国入侵南斯拉夫后，巴卡里奇加入了铁托的抵抗组织，并在二战时领导了克罗地亚游击队运动，曾任克罗地亚游击队总司令部政委，自1944年起任克罗地亚共产党中央书记，1945～1953年任克罗地亚首届总理，1953～1963年任克罗地亚议会主席，为前南斯拉夫党和国家领导人之一。1966年任南共联盟中央委员会主席团成员、联邦理事会成员。1975～1976年及1982～1983年两次出任南斯拉夫副总统。长期从事马克思主义理论研究、社会主义建设研究、当代国家和法律问题研究，发表了多篇研究论文和评论文章。荣获人民英雄勋章、社会主义者劳动勋章、人民解放勋章等。

弗拉尼奥·图季曼（Franjo Tudjman，1922～1999） 1937年加入克罗地亚共产党。1941年4月德国入侵南斯拉夫时，即将在萨格勒布中学毕业的图季曼已经是一名共产主义的追随者。由于受到乌斯塔什的威胁，图季曼逃离萨格勒布，加入了铁托领导的游击队。图季曼的父亲和两个弟弟也参加了游击队，他最小的弟弟在战争中牺牲。1941～1945年图季曼参加人民解放战争。他作战勇敢，具有优秀的指挥才能，3年后即升为旅政委。1945年5月，他率领南斯拉夫解放军第一师解放了克罗地亚首府萨格勒布。战后，他就读于高等军事学院，毕业后曾在国防部和总参谋部任职。1946年，图季曼的父母突然死亡，据图季曼本人说，他们是被共产党清算的，萨格勒布当局说他们是死于自杀。1960年，由于“对军队建设、特别是对全民防御思想的突出贡献”，38岁的图季曼被授予陆军少将军衔，成为铁托麾下最年轻的将军。1961年退役后，到萨格勒布创办了克罗地亚工人运动史研究所，亲自担任所长，专门从事克罗地亚民族史、解放运动史的研究。从1962年起，担任萨格勒布大学政治学系教授，1965年在萨格勒布大学扎达尔分校通过博士论文答辩，成为历史学博士。1967年，他在一份坚持“克罗地亚语是不同于塞尔维亚语的另一种语言”的请愿书上签字。为此，他被南共联盟开除出党。1972年，由于“宣扬民族主义和分离主义思想”，并积极进行活动，被当局判刑两年，并被剥夺军衔。1981年又因在1977～1980年间接受外国记者的采访中抨击贝尔格莱德的人权状况被判刑3年，并且5年禁止在公共场所、访谈节目露面，他的作品也禁止出版。1989年6月在国外政治流亡者的支持和资助下，他成立了克罗地亚民主共同体，1990 年 2 月当选为主席。1990 年，民主共同体在南斯拉夫国内有党员 25 万人，在北美和澳大利亚的克罗地亚移民中有党员 3 万人。1990 年 5 月民主共同体在克罗地亚首次多党议会选举中取得胜利，图季曼当选总统。他要求克罗地亚独立，并强调私有财产和政治民主。1991 年 6 月，图季曼领导克罗地亚脱离南联邦，并宣布独立。1992 年和 1997 年两次连选连任总统。1999 年 12 月 11 日，图季曼总统病逝。

第三章

政　治

第一节　国体和政体

一　政治体制的演变

克罗地亚在其长达 12 个世纪的历史中，曾长期处于异族的统治之下。第一次世界大战结束后，克罗地亚与一些南部斯拉夫民族联合成立塞尔维亚人—克罗地亚人—斯洛文尼亚人王国，1929 年改称南斯拉夫王国。1941 年，德意法西斯入侵南斯拉夫，扶持建立了“克罗地亚独立国”。1945 年，南斯拉夫各族人民赢得反法西斯战争胜利，同年 11 月 29 日宣告成立南斯拉夫联邦人民共和国，1963 年改称南斯拉夫社会主义联邦共和国，克为 6 个加盟共和国之一。战后时期，克罗地亚和南境内其他共和国一样，逐步建立了社会主义自治制度。根据 1974 年南斯拉夫联邦宪法和克罗地亚共和国宪法，克罗地亚共和国是南联邦的组成部分，享有主权地位，是建立在工人阶级和全体劳动者的权力和自治基础上的国家，是劳动者和公民以及各平等民族的社会主义自治民主共同体。

南联邦的政治制度，是建立在生产资料的社会所有制基础上的社会主义自治民主制。根据 1974 年的宪法规定，这种自治民主制是无产阶级专政的特殊形式，所有领域实行代表团制，在共和国和自治省设立主席团作为宪法法定主权或自治权的体现。[1] 参加联邦的6个共和国和2个自治省均拥有民族主权，它们作为独立平等的“自治主体”进行合作，共同建设社会主义。[2] 克罗地亚共和国作为联邦的组成单位，按照联邦宪法规定的原则和名额，选派代表参加联邦的各级机关，与其他共和国和自治省的代表一起，共同行使联邦的各种职权。克罗地亚共和国本身也根据社会主义自治民主制的原则，建立了自治政治体制。共和国议会是共和国职权范围内的最高权力机关和社会自治机关。议会设三院：联合劳动院——处理社会生产方面的事务；区院——处理劳动者的生活、消费、福利方面的事务；社会政治院——处理社会政治生活方面的事务，维护自治制度，保证政策法令的贯彻执行。三院地位平等，各自独立地处理本身职权范围内的事务。涉及全共和国的重大事务由三院召开联席会议共同决定。

共和国主席团是共和国的集体国家元首。共和国执行委员会是共和国议会的执行机关，即克罗地亚共和国政府，负责贯彻执行议会通过的政策和法律。克罗地亚共和国设有宪法法院、最高法院和检察院。

在政治经济体制改革的进程中，随着各共和国权力的不断扩大，代表各主体民族的各共和国之间以及共和国同联邦之间，不时出现争执甚至尖锐矛盾。两次世界大战遗留下来的南斯拉夫国内民族的对立情绪积重难返。1980 年铁托逝世后，克罗地亚的民族主义情绪进一步抬头。他们担心“大塞尔维亚主

---

① 张文武、赵乃斌、孙祖荫主编《东欧概览》，中国社会科学出版社，1991，第 499 页。

② 江春译、汪丽敏、黄万崃等编《南斯拉夫》，上海辞书出版社，1982，第 51 页。

义”复活，会重新“控制”和“压迫”克罗地亚。20 世纪 80 年代末期，出现了数起要求实行多党制和自由选举的示威活动。

1990 年 5 月，克罗地亚举行二战后首次多党制大选，克罗地亚民主共同体获胜执政。同年 12 月 21 日，克罗地亚共和国议会在塞尔维亚族议员拒绝参加投票的情况下，通过了具有邦联制内容的新宪法，并于次日颁布。新宪法彻底改变了国家的政治体制和经济体制。

1991 年 5 月 19 日，克罗地亚共和国就独立问题举行全民公决，塞族居民对公决进行抵制，结果参加投票的人中 94% 赞成克罗地亚成为独立的主权国家。5 月 29 日克总统图季曼发布《克罗地亚独立宣言》。6 月 25 日克议会通过宪法性法律，宣布克罗地亚共和国脱离南斯拉夫联邦，成为独立的主权国家。1991 年 10 月 8 日克罗地亚议会通过决议，宣布独立正式生效，断绝与南斯拉夫联邦的一切法律关系。12 月 23 日克罗地亚发行临时货币克罗地亚第纳尔。

克罗地亚独立后陆续得到各国的承认：奥地利（1991 年 12 月 10 日），德国（1991 年 12 月 23 日），欧共体（1992 年 1 月 15 日），美国（1992 年 4 月 7 日），中国（1992 年 4 月 27 日）。1992 年 5 月 23 日联合国大会接纳克罗地亚为正式会员国。

二 国体

1990 年年底克罗地亚通过的宪法明确指出，克罗地亚共和国为主权和民主国家，权力来自作为自由和平等的国民共同体的人民并属于人民，人民通过选举自己的代表和直接作决定来实现权力。此后，克罗地亚彻底摈弃了原来的国家政体，并仿照西方建立了立法机构、权力执行机构和司法机构“三权分立”的国家政体。

三 政体

克罗地亚自1991年正式独立后，即实行立法、行政和司法分权原则；议会是公民代表机构和立法权的体现者，由代表院和州院两院组成；设立总统，由选民直接选出；政府根据宪法和法律行使执行权，政府由总理、副总理、部长和其他成员组成。2000年11月，克议会通过宪法修正案，改半总统制为议会内阁制。2001年3月，克议会再度修宪，决定取消州院。根据宪法，克罗地亚的政治体制是多党议会民主制。

四 宪法

克罗地亚独立前，曾有过三部宪法。1947年宪法，确认了克罗地亚作为南斯拉夫联邦成员国的地位；1963年宪法，规定克罗地亚人民共和国改称克罗地亚社会主义共和国；1974年宪法，规定上自议会下至社会各领域都普遍实行代表团制。另外，1971年，在克罗地亚马蒂察的发起下，要求对克罗地亚的宪法进行修正，修正草案包括：确定克罗地亚为主权民族国家；克罗地亚语是唯一的官方语言；自行管理和控制克罗地亚境内的税收以及对联邦实行“自愿”上缴部分“捐款”；克罗地亚应有自己的货币和发行银行；建立克罗地亚自己的地方军队等等。但南联邦没有采纳该修正案。

由于克罗地亚在很长一段时间内是作为南斯拉夫国家的一员，所以有必要提一下南斯拉夫通过的几部宪法：1918年塞尔维亚人、克罗地亚人和斯洛文尼亚人王国成立，1921年通过宪法；1931年亚历山大国王为实行独裁统治颁布了新的宪法；1945年南斯拉夫联邦人民共和国成立，次年颁布了宪法；1953年第二部南联邦宪法产生；1963年颁布第三部南联邦宪法；

1974 年颁布第四部南联邦宪法。

1990 年 7 月 25 日，克罗地亚议会通过宪法修正案，修改了国名、国徽和国旗。目前的克罗地亚共和国宪法是于 1990 年 12 月 21 日经议会通过后，于次日正式颁布的。[①] 宪法共分 9 个部分共 142 条。内容包括：(1) 原始的依据；(2) 基本条款 (1～13 条)；(3) 人和公民的基本自由和权利 (14～69 条)；(4) 国家权力机构 (70～121 条)；(5) 克罗地亚共和国宪法法院 (122～127 条)；(6) 地方自治和管理机构 (128～131 条)；(7) 国际关系 (132～135 条)；(8) 宪法的修改 (136～139 条)；(9) 过渡和结束条款 (140～142 条)。

宪法中，建立克罗地亚共和国的根本依据是：(1) 克罗地亚历史上的民族独立性及其国家的存在；(2) 克罗地亚人民建立独立的主权国家的决心；(3) 新国家以克族为主体民族，但保证所有民族享有平等权利；(4) 建成主权的民主的国家。

1990 年 12 月 22 日公布的克罗地亚共和国宪法体现了下列原则。

1. 克罗地亚共和国主权原则

宪法规定，共和国的主权是不可剥夺、不可分割和不可转让的。共和国主权扩展到它的全部领土、领海和领空。只有克议会的决定才能改变边界。

共和国议会和人民根据宪法和法律直接地和独立自主地决定：调整国内的经济、法律和政治关系；保护和利用自然财富和文化财富；与别国结盟，结盟中保留自行决定授权和自由退出结盟的权利。

---

① 1990 年克罗地亚共和国宪法全文的译文，参见姜士林等主编《世界宪法全书》，第 946～956 页，青岛出版社，1997。

这些规定根本改变了克罗地亚共和国原来作为南斯拉夫联邦的组成单位的地位。

2. 基本人权原则

在这方面，宪法除了规定一般人权和基本自由外，特别强调和增加了下列内容：

宪法规定，共和国公民享有各种权利和自由，在法律面前人人平等。只有法律才能为了保护他人的自由和权利、为了维护法律秩序、公共道德和保持健康而限制自由和权利。在战争状态、共和国的独立和统一受到直接威胁、遇到重大自然灾害的情况下，经议会全体代表2/3多数票决定，可以限制宪法保障的某些自由和权利。

宪法规定，人人享有生命权。在克罗地亚共和国没有死刑。

宪法保障，人的自由和个性不受侵犯；任何人不能受到任何形式的虐待；不经本人同意，不能对他进行医疗试验或科学试验；保证每个公民的个人生活、家庭生活、人格尊严、荣誉和威望都受到尊重和法律保护。保障个人档案的安全和秘密，只有在法律规定的条件下，才可以不经被调查者的同意收集、整理和使用个人档案；禁止违反建档目的而使用个人档案材料。

宪法保障思想自由和表达思想的自由，禁止书报检查。报道有误的人有更正权。宪法保障政治信仰自由和宗教信仰自由。宪法承认公民有权举行和平集会和公开抗议。公民有权自由地结社(成立政党、工会和其他社团)，自由地参加或退出。但在武装部队和警察部门中法律可以限制工会。

宪法规定，人人有劳动权和劳动自由，禁止强迫劳动和义务劳动。宪法保障罢工权，但在武装部队、警察部门、国家管理机关和法律规定的公共服务机构中，可以限制罢工权。

宪法规定对孤苦无助的人给予社会救济，并强调不得禁止他们接受外国的人道主义援助。

宪法保障大学的自治，大学根据法律独立地决定机构设置和活动。

宪法规定了服兵役的义务。凡是因宗教观念或道德观念原因不准备在武装部队中服兵役的人，允许他们在信念上持不同意见，但他们必须履行法律规定的其他义务。

3. 法治原则

宪法规定，在克罗地亚共和国法律必须与宪法一致，而其他法规必须与宪法和法律一致。人人有义务遵守宪法和法律，尊重共和国的法律秩序。

宪法规定了公民的司法保护权。公民在法律面前平等。

没有法院的书面命令，任何人不得被逮捕或被羁押。只有警察局在有充分根据的情况下可以没有法院的命令而拘捕嫌疑犯，但必须立即把嫌疑犯移送法院。逮捕时必须立即向被捕者说明逮捕的理由以及他享有的法定权利。被捕者有权向法院提起申诉，法院应毫不拖延地处理。对被羁押者应在法定期限内尽快进行侦查并决定或者起诉，或者释放。对被羁押者可以实行取保候审的方式释放。对被羁押或被监禁的人，应尊重其人格，不得虐待。

宪法规定了无罪推定的原则：任何人在法院的具有法律效力的判决确定其罪行之前，不应被认为犯有刑事罪。

宪法特别规定了刑事被告的权利：在法定的具有管辖权的法院里受到公正审判；尽早了解起诉理由和指控证据；有权请人辩护，并且不受干扰地会见辩护人；如果他能出庭，应在他在场的情况下进行审判。宪法还规定不得强迫被告作于己不利的陈述，或强迫他认罪；以非法方式取得的证据不得在法庭审理中使用。

对法庭判决不服，可以上诉。

对已经判决过的行为，不得再次提起诉讼和进行审判。

法律没有追溯力，只有个别条款可以有追溯力，减轻刑罚的法律有追溯力。

4. 三权分立原则

宪法规定，在克罗地亚共和国按立法、行政和司法分权的原则建立国家权力。权力来自人民和属于人民，人民通过选举自己的代表和直接决策来行使权力。

这三种权力相互分工，又相互制衡。在这方面与过去的宪法相比，有下列规定：

立法权由共和国议会的代表院行使。州代表院只具有立法提案权、讨论和建议权、要求复决权，没有立法权。在宪法规定的情况下，总统可以解散代表院，下令举行新的选举。

总统是国家元首和武装力量的最高统帅。如果代表院认为总统在行使职权中有违反宪法的行为，可以以全体代表的 2/3 多数票作出决定，向宪法法院起诉。如果宪法法院以全体法官的 2/3 多数票裁定总统负有责任，则依据宪法停止总统履行职务。

政府行使行政权。政府对总统和议会代表院负责。政府总理、副总理和其他内阁成员由总统任命，并需得到代表院的信任。代表院可以对政府或个别部长的工作提出质询，可以对政府或个别部长进行信任投票。

最高法院及其下属各级法院行使司法权。司法权是独立的，法院依据宪法和法律进行审判。法官的职务是常设的。陪审法官也参与审判。法官由共和国司法委员会任免。法官有权就解除其职务的决定向议会代表院申诉。不得违反法官本人的意愿而将其调往别处。追究法官纪律责任的问题，由司法委员会处理。

1997 年 12 月 12 日，克罗地亚议会代表院以 2/3 多数票通过了图季曼总统建议的宪法修正案，并于同年12月15日颁布在克罗地亚共和国《人民新闻》第135期上。主要的变化是把克议会名称从“克罗地亚共和国议会”改为克历史上使用过的名称“克罗地亚国家议会”；在有关与其他国家联合的第135条中，增加了禁止议员提出可能导致或恢复前南斯拉夫或巴尔干国家共同体的联合动议；删去第九部分关于克罗地亚脱离南联邦的《过渡和结束条款》；在宪法第一部分中加进了1991～1995年卫国战争胜利的内容，同时把“克罗地亚共和国应建成克罗地亚人民的民族国家和其他民族与少数民族成员的国家。这些民族的国民包括塞尔维亚人、穆斯林、斯洛文尼亚人、捷克人、斯洛伐克人、意大利人、匈牙利人、犹太人及其他人……”一句中，删去了“穆斯林和斯洛文尼亚人”，加进了“德国人、奥地利人、乌克兰人、卢辛人等”，并把“其他民族与少数民族”改成了“祖居的少数民族”。① 图季曼认为，这样修改的宪法“真正成了像克罗地亚共和国这样一个拥有充分主权的、独立的、民主的和社会的国家应有的宪法”。从宪法中删去斯洛文尼亚少数民族引起了斯当局不满，克当局解释说这是为了强调在克的祖居民族，不会影响在克的斯少数民族地位，克罗地亚愿意像与意大利、匈牙利那样与斯洛文尼亚签订保护在对方国的本族少数民族的对等协议。② 这是克罗地亚独立后的第一次修宪。

2000年初，斯捷潘·梅西奇当选总统。他在大选前承诺，将修改宪法，加强议会民主，削减总统权限。在他当选总统后，便于当年3月初组成了修宪专家小组并于4月初向议会提交了宪法修改草案文本，但因总统、议会、政府各方意见难以达成一

① 《克罗地亚共和国宪法》，《国家公报》1998年第8期（Ustav Republike Hrvatske，“Narodne Novine”，br. 8/1998）。

② 张森主编《1997年俄罗斯和东欧中亚国家年鉴》，当代世界出版社，1999，第202页。

致，直到11月修改宪法的决议才获得议会两院2/3议员通过，而且关于取消议会州院的建议因州院议员反对仍需继续协商。主要修改的内容是：第6条增加“政党的内部组织结构必须与基本的宪法民主原则相一致。政党必须公开自己的资金和财产来源。纲领或活动粗暴威胁克罗地亚共和国的自由制度或存在的政党是违宪的。克罗地亚共和国宪法法院作出违宪决定。政党的地位和经费、组织由法律规定”。第7条增加“只有根据克罗地亚议会代表院的决定，共和国武装力量才能越过其边界或进行跨边界活动。克罗地亚可以作为某些国际防御组织的成员或以提供人道主义援助为目的在该国际防御组织的框架内，克罗地亚武装力量可以进行跨边界行动，在这种情况下，不需要克罗地亚议会代表院作出上述决定。如果发生第17条和第101条中所提到的情况，克罗地亚武装力量可以要求警察部队或其他国家机构提供帮助”。第15条增加“法律保障少数民族成员除了享有普遍的选举权外，还有选举自己在克罗地亚议会中代表的特殊权利”。在第71条中增加了州院最多有60名代表，取消了共和国总统在任期届满后，成为州院的终身成员及可以任命5名代表进入州院的条款。删去“克罗地亚共和国总统是国家元首”（第94条），增加“当选总统后，要退出所在政党，并通知克罗地亚议会代表院”（第96条）。[①] 政府的职责是：向议会提出立法建议、预算和决算草案建议；执行议会通过的法律及其他决定；制定执行法律的指令；执行内外政策；指导公共机构的活动和发展等。修改后的宪法减少了总统权限，加强了议会的作用。例如，在国防和安全方面，取消了关于总统任命国家防务和安全委员会成员并担任委员会主席的规定（第100条），改为由议会制定国家安全和

① 《克罗地亚共和国宪法修订案》，《国家公报》2000年第113期（Promjena Ustava Republike Hrvatske，“Narodne Novine”，br. 113/2000）。

防务战略，行使公民对军队和安全机构的监督（第 80 条）；总统和总理共同任命安全部门领导人和共同指导安全部门工作，在危机时共同决定动用军队和签署命令（第 101、103 条）。在外交方面，总统和政府共同制定和执行外交政策，共同决定在国外设立外交机构和派出、召回外交代表问题（第 99 条）。宪法取消了总统任免政府总理、副总理和部长的权力，改为在大选后，由总统委任人员组阁、经议会投票通过、总统和议长共同签字后，政府宣誓就职（第 98 条）。把"总统可以召开政府会议并将自己认为应该讨论的问题列入议事日程，总统主持他出席的政府会议"改为"总统可以建议总理召开政府会议并讨论确定的问题。总统可以出席政府会议并参与讨论"（第 102 条）。"政府对总统和议会负责"改为"政府对议会负责"（第 112 条），总理和政府在议会投不信任票后辞职，如议会在投票后 30 天内未选出新政府，则总统将决定解散议会和提前大选（第 109 条），等等。[①] 另外，增加了"（五）国家律师事务所"的相关内容，宪法法院法官由 11 名改为 13 名（第 122 条），第六部分的标题由"地方自治和管理组织"改为"地方和地区自治"。这是克罗地亚第二次修改宪法，通过这次修宪，在总统、议会和政府之间实现了权力再分配，改半总统制为议会内阁制。

2001 年 3 月 28 日，克罗地亚议会代表院通过第三次宪法修正案，决定撤销议会州院，实行单院议会制。增加了第九部分"结束条款"，规定该宪法修正案在代表院通过后立即生效。自该修正案生效之时起，州院停止工作，最高法院院长和国家司法委员会主席及其成员均将中止任期。[②]

---

① 张森主编《2000 年俄罗斯和东欧中亚国家年鉴》，当代世界出版社，2002，第 188 页。

② 《克罗地亚共和国宪法修订案》，《国家公报》2001 年第 28 期（Promjena Ustava Republike Hrvatske，"Narodne Novine"，br. 28/2001）。

五　总统

根据2001年修改后的宪法第93条规定，“克罗地亚共和国总统在国内和国外代表共和国，关心国家权力的正常和协调运转，保障共和国的独立和领土完整。”① 第97条规定，共和国总统的职权是：宣布议会选举和召集新议会第一次会议；根据宪法宣布举行全民公决；根据议会席位分配和协商结果，委任获多数代表信任的人组阁；发布赦免令；颁发法定的嘉奖和表彰等。此外，总统和政府共同制定和执行外交政策，共同决定在国外设立外交机构和派出、召回外交代表问题，接受外国使节递交国书。总统是共和国武装力量最高统帅；依法任免军事指挥官；根据议会决定宣布战争和缔结和约；当国家的独立、统一和生存受到直接威胁时，尽管没有宣布处于战争状态，总统可在总理的同意下决定动用武装力量；当国家统一受到直接威胁时，或国家权力机构不能正常履行职责时，总统可在总理的建议和同意下，发布具有法律效力的命令，但在议会能开会时应立即提交议会代表院追认。总统可建议政府召开会议讨论确定的问题。当议会对政府表示不信任或国家预算的提案向议会提出后两个月内未被议会通过时，总统在与议会政党代表团协商后，可根据政府建议并与政府总理共同签署解散议会的决定。

共和国总统通过公民直接的、无记名的投票方式选举产生，任期5年，连任不得超过两届。在选举中，如果经第一轮投票后没有候选人获得半数以上选票，则由得票最多的两名候选人参加第二轮竞选。总统选举在上届总统任期届满前30~60天内举行。

---

① 《克罗地亚共和国宪法》，《国家公报》2001年第41期（Ustav Republike Hrvatske，“Narodne Novine”，br. 41/2001）。

总统就职时要宣誓。总统因缺席、生病或休年假而短期不能履行职务时，总统可委托议会主席代理其职务。总统因生病或丧失能力而长期不能履行职务时，暂由议会主席代理总统职务。如果总统死亡、辞职，或宪法法院中止总统职务，议会主席行使临时总统的权力，并在60天内选举新总统。当选总统后，要退出所在政党，并通知克罗地亚议会代表院。

总统对其在履行职责中的违宪行为负责，议会在全体代表2/3多数票通过的基础上，可确认总统对其违宪行为负有特别责任，宪法法院则在全体法官2/3多数票通过的基础上对此作出裁决。在对总统违宪动议通过后的30日内，宪法法院要作出裁定。如果宪法法院裁定总统负有责任，则总统依照宪法规定停止履行职务。①

弗拉尼奥·图季曼1990年当选克罗地亚总统，1992年和1997年两次连选连任总统。1999年12月11日，图季曼病逝后，斯蒂佩·梅西奇于2000年2月当选为克独立后第二任总统。

第二节 国家机构

一 政府

1. 政府的构成

克罗地亚共和国政府由各部组成，是克罗地亚最高权力执行机构。

按照新宪法规定，政府的活动要对议会负责，总理和政府成员共同对政府决定负责和分别对各自管辖的工作负责。

---

① 《克罗地亚共和国宪法》，《国家公报》2001年第41期（Ustav Republike Hrvatske，“Narodne Novine”，br. 41/2001）。

政府成员包括总理、一名或几名副总理和部长。没有政府的批准，总理及其他政府成员不得行使任何其他公共职务和专业职务。政府总理由总统任命，总理在被任命后30日内提出政府成员名单和提请议会进行信任投票，议会须以全体代表的多数票通过信任案，政府则向议会宣誓就职。如果总理在30天内未能组成政府，总统可以允许他再延期30天。如果在该期限内总理仍未能组成政府，或组成的政府未能获得议会信任，总统可重新任命总理人选。代表院可根据1/5以上代表提出的对政府或个别政府成员的不信任案进行表决，政府总理也可提请议会对政府的信任问题进行表决。自向议会提出建议之日起未过7日，不得就信任问题进行表决。应当在议会提出建议的30日之内就信任问题进行表决。如果代表总数的多数票赞成不信任决定，该决定即被通过。如果代表院否决了不信任案，6个月内不得重提不信任案；如果代表院通过了对政府的不信任案，总理及政府应提出辞职；如果在30日内议会未能通过对新总理及政府的信任，总统将立即解散议会并宣布举行议会选举；如果通过了对个别成员的不信任案，总理可辞职，也可向议会提出新的人选来替换不被信任的政府成员的职务。

2. 政府的职责和权限

按照宪法，政府的使命和权限如下：

（1）向议会提出法律和其他法规的建议；

（2）提出国家预算和结算的建议；

（3）执行议会通过的法律和法规；

（4）通过执行法律的指令；

（5）执行外交和国内政策；

（6）指导和监督国家行政当局的工作；

（7）关心国家经济发展；

（8）指导公共部门的工作和发展。

二　政府机构

克罗地亚现政府于2003年12月23日组成，是克罗地亚独立后的第9届政府，政府部门由上届的9个扩大为14个。现政府主要成员有：

总理伊沃·萨纳德尔（Ivo Sanader）；

副总理兼家庭部部长亚德兰卡·科索尔（Jadranka Kosor，女）；

副总理兼医疗卫生和社会福利部部长安德里亚·海布兰格（Andija Hebrang）；

外交部部长米奥米尔·茹茹尔（Miomir Žužul）；

财政部部长伊万·舒凯尔（Ivan Šuker）；

国防部部长贝里斯拉夫·龙切维奇（Berislav Rončević）；

内务部部长马里扬·姆利纳里奇（Marjan Mlinarić）；

司法部部长韦斯纳·什卡雷—奥兹博尔特（Vesna Škare-Ožbolt，女）；

经济、劳动和企业部部长布兰科·武凯利奇（Branko Vukelić）；

海运、旅游、交通和发展部部长博日达尔·卡尔梅塔（Božidar Kalmeta）；

农业、林业和水利经济部部长佩塔尔·乔班科维奇（Petar Ćobanković）；

环保、建筑和房管部部长马里纳·马图洛维奇—德罗普利奇（Marina Matulović-Dropulić，女）；

科技、教育和体育部部长德拉什科·普里莫拉茨（Dragan Primorac）；

文化部部长博若·比什库皮奇（Božo Biškupić）；

欧洲一体化部部长科林达·格拉巴尔—基塔罗维奇

(Kolinda Grabar-Kitarović，女)。

政府内部组织除了以上各部委外，还有：总理办公室，根据总理需要从事专业的、礼节性的和行政事务；政府秘书处，主要职责是帮助总理准备会议及其他事务；政府工作机构，就政府权限内的问题提供建议和专业咨询。

自 1990 年大选以来的历届总理是：斯·梅西奇（Stjepan Mesić，1990 年 5 月 ~ 1990 年 8 月）；约·马诺利奇（Josip Manolić，1990 年 8 月 ~ 1991 年 7 月）；弗·格雷古里奇（Franjo Gregurić，1991 年 7 月 ~ 1992 年 8 月）；赫·萨里尼奇（Hrvoje Šarinić，1992 年 8 月 ~ 1993 年 4 月）；尼·瓦伦蒂奇（Nikica Valentić，1993 年 4 月 ~ 1995 年 11 月）；兹·玛泰沙（Zlatko Mateša，1995 年 11 月 ~ 2000 年 1 月）；伊维察·拉昌（Ivica Račan，2000 年 1 月 ~ 2003 年 12 月）；伊沃·萨纳德尔（Ivo Sanader，2003 年 12 月至今）。

第三节　立法和司法

一　立法机构

根据克罗地亚现宪法第 70 条规定，克罗地亚议会是公民的代表机构，行使立法权。①

1. 议会的构成及议员的权利

议会分别设主席一名和副主席 2 ~ 5 名，共同组成主席团。应议会主席的邀请，议会秘书可以参加主席团的工作。设秘书一名，由议会主席或主席团委任，其职责为制订内部秩序的工

① 《克罗地亚共和国宪法》，《国家公报》2001 年第 41 期（Ustav Republike Hrvatske，"Narodne Novine"，br. 41/2001）。

作细则，负责议会专门工作机构的工作，确保议会工作的资金等。议会工作机构就法律和法规的建议案及议会权限内的问题进行讨论。机构主任及组成人员由议会选举产生。议会下属的工作机构是：（1）宪法、法规和政治体制委员会；（2）立法委员会；（3）外事委员会；（4）国内政策与国家安全委员会；（5）财政与国家预算委员会；（6）经济、发展与重建委员会；（7）旅游委员会；（8）人权与民族权利委员会；（9）司法委员会；（10）劳动福利政策与卫生委员会；（11）家庭、青年与体育委员会；（12）移民委员会；（13）退伍军人委员会；（14）城镇规划与环境保护委员会；（15）教育、科学与文化委员会；（16）农业与农村事务委员会；（17）海运、交通与通信委员会；（18）选举、任命与管理委员会；（19）请愿与投诉委员会；（20）议会间合作委员会，负责与外国议会的交往和合作；（21）欧洲一体化委员会；（22）信息与媒体委员会；（23）性别平等委员会；（24）地方自治委员会；（25）委任与豁免委员会。

议会设100～160个席位，代表通过公民直接和无记名投票选举产生。议员任期4年，只有在战争状态下才可延长。议员可以多数票通过决定解散议会，当议会对政府表示不信任或国家预算提案向议会提出后两个月内未被议会通过时，总统在与议会政党代表团协商后，可根据政府建议并与政府总理共同签署解散议会的决定。议会代表的选举最迟在上届任期届满或被解散后的60天内进行，新选出的议会第一次会议最迟在选举后20天内举行，在第一次多数代表参加的议会会议上选举议长。议会每年召开两次例会（1月15日～7月15日之间和9月15日～10月15日之间）。应共和国总统、政府总理或多数议员要求还可召开非常会议。议会会议公开，在多数议员参加的情况下，议员以多数票通过作出决定。确定民族权利的法律，要由议会以全体代表2/3多数票通过。详细规定由宪法确定的人权和基本自由、选举制度、国家机构的组织、权限和工作方式以及地方自治和管理组织及权限的法律，由议会以全体代表的多数票通过。

议会代表获得经常性的货币补贴并享有法律规定的其他权利。议员享有豁免权；不能因在议会内发表意见和进行表决而被要求负惩处责任、被拘留或被处罚；未经议会的批准，议会代表不得被拘留，也不能对其提出应受惩处的诉讼；只有在当发现议会代表正在进行按规定要受到被处5年以上监禁惩罚的案件时，其才能不经议院的批准而被拘留，而且要将这一情况通知议会主席；如果议会未召开会议，则由议会委任与豁免委员会批准剥夺代表的自由或对他继续进行惩处诉讼，并对他的豁免问题作出决定，但该委员会的决定必须由议会追认。议会可以成立党团，党团与议会主席团一起讨论即将举行的议会会议的日程及议会工作的重要问题。

现议会内有个11党团组织，它们是：克罗地亚民主共同体议员团、克罗地亚社会民主党议员团、克罗地亚人民党和滨海—山区联盟议员团、克罗地亚农民党议员团、克罗地亚权利党议员团、伊斯特拉民主议会议员团、克罗地亚退休者党议员团、克罗地亚社会自由党和民主中心议员团、塞尔维亚独立民主党议员团、自由民主者党议员团和少数民族议员团。上述议员团由有关党派自己组成，并根据各政党和议员团的安排展开活动。议员表决很大程度上受其所代表的党团组织影响。

2. 议会及议长的职责和权限

根据现行宪法第80条，议会行使下列职权：

（1）审议和通过宪法及其修正案；

（2）审议和通过法律；

（3）审议和通过国家预算；

(4) 决定战争与和平问题；

(5) 通过国家安全战略和防御战略；

(6) 决定国家边界的变更；

(7) 宣布举行全民公决；

(8) 选举和任免国家官员；

(9) 根据宪法监督政府及其他向议会负责的公共部门的工作；

(10) 宣布大赦等。

根据议会工作细则第32条①，议长的职能是：

(1) 代表议会；

(2) 召开和主持议会会议；

(3) 将授权提议人的建议提交规定程序；

(4) 对议会会议日程提出建议；

(5) 关心法律和其他法规通过的程序；

(6) 协调工作机构的工作；

(7) 签署议会通过的法律和其他法规；

(8) 向共和国总统提交通过的法律；

(9) 关心议会和政府的关系；

(10) 签署政府总理和政府成员任命的决定；

(11) 管理能支配的资金，以及批准议员出国，当他以议员的身份受到某国或国外组织的邀请时；

(12) 协调议会在国际议会及其他机构中的长驻代表团的工作；

(13) 根据议会党团的建议，确定访问外国代表机构和组织的临时代表团构成；

---

① 《克罗地亚议会工作细则》，《国家公报》2002年第6期（Poslovnik Hrvatskoga Sabora, "Narodne Novine", br. 6/2002）。

（14）确定出席庆典或其他事件的议会代表；

（15）根据议会秘书的建议，提出议会及其专门机构工作所需的资金保证；

（16）关心议员的权利保障和履行职责；

（17）接受被任命官员的宣誓。

议会每个代表、代表团、议会工作机构和政府都有立法提案权，议会代表有权对政府及部长提出问题。1/10 以上的议会代表可向政府或某个政府的工作提出质询。议会可以就关于修改宪法的建议，关于法律建议或关于自己权限内的其他问题宣布举行全民公决。除了涉及详细规定由宪法确定的人权和基本自由、民族权利、选举制度、国家机构的组织、权限和工作方式以及地方自治的问题外，议会可以授权政府来调节议会权限内的一些问题，时间最长为一年。

3. 历次大选和进入议会的政党

克罗地亚独立后，从 1991 年到 2000 年克罗地亚进行了 3 次代表院选举（1992 年、1995 年、2000 年），2 次州院选举（1993 年、1997 年），3 次总统选举（1992 年、1997 年、2000 年）。2001 年修改宪法，撤销议会州院后，2003 年举行了议会选举。克罗地亚本届议会于 2003 年 11 月 23 日选举产生。议会主席为弗拉迪米尔·舍克斯（Vladimir Šeks），副主席为卢卡·贝比奇（Luka Bebić）、达尔科·米林诺维奇（Darko Milinović）、乔尔杰·阿德莱希奇（Đurđe Adlešić）、马托·阿尔洛维奇（Mato Arlović）、韦斯纳·布希奇（Vesna Pusić）。本届议会共设 152 个席位，其中克罗地亚民主共同体占 66 席，克罗地亚社会民主党 34 席，克罗地亚人民党和滨海—山区联盟 11 席，克罗地亚农民党 10 席，克罗地亚权利党 8 席，伊斯特拉民主议会 4 席，克罗地亚退休者党 3 席，克罗地亚社会自由党和民主中心 3 席，塞尔维亚独立民主党 3 席，自由民主者党 3 席，少数民族代表 8

席（其中1位代表同时为农民党代表）。①

克罗地亚的第一次自由选举是20世纪80年代末东欧整个历史政治转变的表现之一，也是此前南斯拉夫和克罗地亚长期的政治动荡的结果。1989年12月克罗地亚共盟大会通过了进行选举的决定，克罗地亚议会通过了一系列的法律文件。基础文件是“关于选举和取消委员和代表法”，以此确定了选举制。议会把该法的起草工作委托给了社会政治制度委员会，该委员会成立了一个由6名专家组成的工作小组，最后拟订了包括21条的选举法。② 1990年4月22日至5月6日，克罗地亚作为南联邦的共和国之一，举行首次多党议会选举，结果以图季曼为首的克罗地亚民主共同体获胜，在议会的350个席位中占205席，占58%。进入议会的其他政党是：克罗地亚民主改革党（克共盟）、民主党、社会自由党、人民党、基督教民主党、社会民主党、塞尔维亚民主党等。民主共同体的日·多姆利亚当选议会主席。民主共同体竞选纲领的重点是结束共产党统治，恢复克罗地亚主权和市场经济，复兴传统的道德和基督教价值。多党议会组成后，图季曼作为克罗地亚领导人和克罗地亚总统第一次向国民发表演说，宣布他的十点战略计划：

（1）克罗地亚新宪法必须除去一切意识形态内容，吸取最发达的民主国家——当代欧洲和北美的现实经验；（2）必须保证克罗地亚主权；（3）加入欧洲并使克罗地亚欧洲化；（4）建立法治国家和行政管理现代化，确定行政、立法、司法三权分立；（5）精神复兴；（6）激进改革财产和经济关系，需要非国有化和重新私有化；（7）人口复兴，阻止向外移民和提高出生

---

① http：//www. sabor. hr/，2004年4月。

② 米尔雅娜·卡萨波维奇：《克罗地亚共和国选举和政党制度》，阿利奈阿出版社，萨格勒布，1993（Mirjana Kasapović，Izborni i Stranački Sustav Republike Hrvatske，“Alinea”，Zagreb，1993.。

率；(8) 移民返还；(9) 公共服务部门改革，公共生活的几乎所有方面都要进行急迫而大胆的改革，如文化、科学、教育、健康、媒体等；(10) 道德复兴，必须恢复传统的价值观和道德标准。①

1990年12月通过克罗地亚宪法，规定克罗地亚议会由代表院和州院组成。新宪法的主要原则是：多党民主、市场经济、法治、人权、权力分散等，宣布克罗地亚是克罗地亚人民和少数民族的独立和主权国家。

1992年8月2日，克罗地亚独立后根据新宪法举行第一次总统和议会代表院选举，结果克罗地亚民主共同体获胜，该党主席图季曼获56.7%的选票而当选总统；民主共同体在代表院的138席中占85席（61.59%）。进入议会的其他政党是：社会自由党获14席（占10.15%），民主改革党（前共盟）获11席（占7.97%），人民党获6席（占4.35%），权利党获5席（占3.62%），其他党派和无党派人士获17席（占12.32%）。民主共同体的斯·梅西奇当选为议长。大选后民主共同体仍控制议会代表院。由赫·萨里尼奇出任总理。

1993年2月7日进行了共和国议会州院的选举，根据宪法，每个州选3名代表，无论该州的大小、选民数量和居民数量。选举的结果是，在州院的62个席位中，民主共同体占35席（56.45%），其余政党是社会自由党、农民党、伊斯特拉民主党等。州院主席是约·马诺利奇（民主共同体）。

1995年10月29日克罗地亚提前举行第二次议会代表院选举。1995年成功的军事行动之后，克罗地亚大部分领土得以解

① 《东南欧欧洲化的挑战》，匈牙利政治学协会和匈牙利科学院政治学所，布达佩斯，1996，第94页（The Challenge of Europeanization in the Region: East Central Europe Hungarian Political Science Association and the Institute for Political Sciences of the Hungarian Academy of Sciences, Budapest 1996, p. 94）。

放，尽管代表们的任期在这一年还未到期，执政党决定进行代表院的选举。执政党试图趁克罗地亚领土解放之后民众的兴奋情绪尚在持续的时候组织选举。这次选举改变了选举方式，选区从60个减少到28个，这意味着一个代表需要更多的选票。与1992年不同，当时选区的划分是按选民的数量，这次则是根据1995年9月21日通过的《克罗地亚共和国议会代表院选区法》，选区的划分按照居民的数量。这一原则引起了广泛的争议，因为当时各选区居民数量是依据5年前进行的人口普查，而在这之后由于战争，克罗地亚大多数地区人口发生了巨大的变化。在这次选举中，民主共同体再次获胜，在代表院的128个席位中，民主共同体占73席（57.48%），但没有达到大选前宣布的夺取2/3席位的目标。进入议会的其他政党为农民党、社会自由党、社会党、伊斯特拉民主党、权利党、塞尔维亚人民党、克罗地亚人民党、斯拉沃尼亚—巴拉尼亚克罗地亚党、民主党、基督教民主联盟、社会民主行动党等。弗·帕夫莱蒂奇当选为议长。

1997年4月13日，克罗地亚举行州院第二次选举。在州院的68个席位中，除总统任命的5名议员外还有63席（21个州、市各3席），其中民主共同体占41席（65.08%）、民主共同体与其他三党联合1席，其余席位归农民党、社会自由党、伊斯特拉民主大会党、民主改革党、人民党等。州院主席是卡·伊万尼舍维奇博士。

2000年1月，克罗地亚进行独立后的第三届（多党选举以来第四届）议会选举。这次全国分成10个选区，每个选区选出14名代表。选区的划分又回到1992年的模式，根据选民数量划分，但是允许选民数量可以有正负5%的偏差，并要求尊重州的边界，只有3个州被分成了2个或更多的选区。结果一直执政的克罗地亚民主共同体在选举中失败，而以社会民主党和社会自由党为主体的六党联盟以50%的得票率获胜。议长兼代表院主席为兹拉特科·托姆契奇（Zlatko Tomčić）。本届代表院共设151个席位，其中“社社联盟”71席（社会民主党45席，克罗地亚社会自由党26席），克罗地亚民主共同体46席，“四党联盟”24席，权利党和克基民盟5席，少数民族议员5席。① 2001年3月，克罗地亚议会代表院通过第三次宪法修正案，决定撤销议会州院。

二　司法机构

克罗地亚宪法规定，法院自主和独立地行使司法权，法院根据宪法和法律进行审判。法院的建立、权限、构成、机构设置等分别由有关法律规定。

克罗地亚的法院系统包含以下几类：

1. 宪法法院

克罗地亚宪法法院建于1963年。宪法法院是特殊的国家机构，其首要任务是监督法律同宪法的一致性。除此之外，宪法法院的主要职能是：就其他法规同宪法和法律的一致性作出决定；如果法律和法规从被终止效力到要求或建议启动的时间不超过一年，宪法法院可对这些法律法规的合宪性和合法性作出评价；当国家机构、地方自治机构以及具有公共授权的法人作出的某些决定危害了受宪法保护的人权、基本自由以及地方自治权时，宪法法院对这些行动的申诉作出裁决；关注宪法和法纪的遵守情况以及发现的违宪违纪情况，并通知议会；解决立法、执行、司法的权力机构之间的权限争议；根据宪法对共和国总统的责任问题作出决定；监督各政党的纲领和活动是否符合宪法，并可依法禁止其活动；监督共和国选举、全民公决是否符合宪法和法律，解决不属于普通法院权限内的选举争端。议会1/5代表、议会工作机

① 赵乃斌、汪丽敏主编《南斯拉夫的变迁》，广东人民出版社，2002，第148页。

构、克罗地亚总统、政府、最高法院或其他法院（如果在这些法院的审理程序中出现了合宪性与合法性的问题）、民间公诉人、地方自治单位的代表机构、宪法法院、所有自然人和法人都可提出启动裁定法律同宪法以及其他法规同宪法和法律一致性的要求。宪法法院如果确定某项法律或其中的某些条款与宪法不符，将取消该法或其中的某些条款。

宪法法院每 8 年由克罗地亚议会从优秀的法律工作者，尤其是法官、国家律师、律师、法律专业的大学教授中选出的 13 名法官组成，任期 8 年。宪法法院院长从当选法官中选举产生，任期 4 年。法官享有与议员相同的豁免权，不能兼任其他公共职务或专业职务，在本人要求、或长期丧失工作能力、或被判刑的情况下可在任职期满前被免职。宪法法院的法官需要满足以下条件：克罗地亚公民，法律专业毕业，在法律机构工作 15 年以上。如果是法律专业的博士，可以将工作的时间要求降为 12 年。

现任宪法法院院长佩塔尔·克拉日奇（Petar Klarić），2003 年 12 月 7 日就任。

2. 法院

法院由违规法院、区级法院、贸易法院、高等贸易法院、州级法院、行政法院组成。最高法院是全国最高审判机关。它保证法律的统一实施和公民的平等权利。最高法院的主要职能是：确保法律得以贯彻执行、公民的平等权利、法律面前人人平等；研究司法工作中的迫切问题；对州法院一审判决不服的上诉作出决定；对高等贸易法院和行政法院及其他法院判决不服的上诉作出决定；解决法院之间的权限纠纷；关心法官的专业培训。克罗地亚共和国最高法院由 1 名院长和 40 名法官组成。院长任期 4 年，根据总统的建议，综合最高法院全会及议会主管委员会的前期意见，由议会任免。目前的最高法院院长为伊维察·茨尔尼奇（Ivica Crnić），2001 年 5 月 15 日就任。院长的主要职能是：代表最高法院，管理法院及其内部事务，协调法官同其他组织机构的工作，管理法院的财政资产，与别国的最高法院及国际法律机构进行合作。最高法院内设刑事处和民事处，有法官40名。

最高法院下辖高等贸易法院、州级法院、高等违规法院和行政法院，高等贸易法院下设贸易法院，州级法院下设区级法院，高等违规法院下设违规法院。违规法院、区级法院和贸易法院是基层法院，管辖范围包括一个或几个区、一个或几个城市。州法院是以州为单位建立的，高等违规法院、行政法院和高等贸易法院的管辖范围包括整个克罗地亚。区级法院负责对刑事案件、民事案件及诉讼外案件进行一审。州级法院对10年以上刑期的犯罪活动进行审理，以及对不服区级法院作出的一审上诉进行调查。贸易法院主要审理贸易纠纷。高等贸易法院裁决对贸易法院一审不服提出的上诉及贸易法院之间职权纠纷，现任院长博里斯拉夫·布拉热维奇（Borislav Blažević）。行政法院对最终行政行为的申诉作出裁决，现任院长姆拉丹·图尔卡利（Mladen Turkalj）。违规法院负责对违章行为进行审理。高等违规法院裁决对违规法院一审判决不满提出的上诉，及对违规法院之间的职权纠纷作出裁决，现任院长佐兰·波托奇基（Zoran Potočki）。

截止到2003年12月，克罗地亚共有251所法院，其中违规法院110所、区级法院104所、贸易法院12所、高等贸易法院1所、州级法院21所、行政法院1所。全国共有法官1819名，其中女性法官1128名，占法官总数的62%。[①] 法律专业毕业并通过司法考试，具有一定的法律工作经验及具备专业技能的克罗地亚公民都有资格成为法官。作为违规法院和区级法院法官，除了必须通过司法考试以外，还要在法院或其他司法机构担任顾问工作2年以上，或者曾经是律师、公证人或在法律系从事教学工

① http://www.vsrh.hr/，2004年4月。

作，或者在法律事务所工作 4 年以上。而最高法院的法官除了同样要求通过司法考试外，还要有法院或司法机构或律师、公证人、法律系教授至少 15 年的工作经验。

法院的审判公开，有陪审法官参加。如果是对青少年进行审理，或者为了保护当事人一方的私生活，或者是婚姻纠纷及与监护和收养有关的案件，或者为了保护军事的、公务的或业务的机密，以及为了保护共和国的防御安全，公众可以被排除在整个审理或部分审理之外。法官享有与议员同等的豁免权，第一次担任法官的职务任期为 5 年，之后，任职没有期限。不能违背法官意志调整其工作。只有本人要求，或长期丧失工作能力，或年满 70 岁，或因使他不适合于行使法官职务的案件，或因犯有严重的纪律过失，共和国司法委员会依法作出了解职决定时，法官才可被免职。法官若不同意被免职，可在得到免职决定通知起 15 日之内向宪法法院提出申诉。法官在不同意共和国司法委员会关于纪律过失的决定时，可在作出决定的 15 日之内向宪法法院申诉。法官不得从事被法律定为与法官职务不相称的公务或工作。共和国司法委员会负责任免法官和律师，并决定其是否对违纪或违法负有责任。共和国司法委员会在任免法官的过程中要征求议会主管委员会的意见。共和国司法委员会由 11 名杰出的法官、律师或法学教授组成，由议会选举产生，多数成员必须是法官，任期 4 年，任何人不能连续两次当选。法院院长不得当选司法委员会成员。委员会主席由委员会成员以秘密投票方式产生，任期 2 年。1994 年成立了国家司法委员会，其工作到 2001 年终止。2001 年 7 月克罗地亚议会任命了新的国家司法委员会。

3. 国家律师事务所

克罗地亚宪法第 124 条规定，国家律师事务所是自主和独立的司法机构。国家律师事务所的职能包括：指控犯罪嫌疑人、为保护克罗地亚国家财产采取法律措施、为维护宪法和法律采取法

律手段。国家律师事务所系统由三级律师事务所组成：区级国家律师事务所、州级国家律师事务所和国家级国家律师事务所。国家律师事务所应国家机构的要求就有关财产、自然资源、不动产、对克罗地亚有利的权利和事务的问题给予法律咨询，并在同国外机构的财产纠纷中代表克罗地亚。在国家律师事务所内部建有刑事处和民事—行政处。

国家律师事务所总律师任期4年，根据政府的建议，综合议会主管委员会的前期意见，由议会任命。国家律师事务所总律师为姆拉登·巴伊奇（Mladen Bajić），2002年4月24日就任。国家律师必须是克罗地亚公民、法律专业毕业、通过司法考试、根据国家律师法有一定的工作经验。国家律师的职务是常设的。国家律师有责任保守政党及其权利和义务的机密问题，不得参加任何政党或参加他们的活动，不得担任法官或公证人。

国家律师委员会根据宪法和法律任命和罢免国家律师，并决定他们的纪律责任。国家律师委员会有11名成员，其中7名选自国家律师，2名选自法律专业的大学教授，2名选自议会。国家律师委员会由议会按法律规定的方式和程序选举，委员任期4年，任期不得超过两届。国家律师事务所的领导不得当选国家律师委员会成员。

4. 人民法律保护人（民间公诉人）

根据克罗地亚宪法，人民法律保护人是议会的代理人，负责维护在国家行政机构及拥有公共权力机构的办案中公民的宪法及法律权利。人民法律保护人的工作是自主和独立的，任何人都不得对他的工作发号施令。工作范围涉及克罗地亚所接受的国际和国内有关人权和自由权的法律条文。人民法律保护人由议会任免，议会根据他的建议任命3名人民法律保护人助理。人民法律保护人必须是克罗地亚公民，法律专业毕业，有15年以上人权保护方面的法律工作经验。

人民法律保护人的工作权限包括：当国家行政机构、公共授权机构（部委、州、市、区行政单位等）、或这些机构的活动家在行使自己的权利时，威胁到公民权利，人民法律保护人便可展开调查。如果证实，可以提请开始相应的程序。如果怀疑人权或自由权受到侵害时，人民法律保护人可以建议启动惩处和纪律程序。人民法律保护人可以随时检查劳教所或其他自由受到限制的机构。从 1995 年开始，人民法律保护人每年向议会提交工作报告。

人民法律保护人有权查看一切资料、信息、克罗地亚管辖范围内文件、国家行政机构及具有公共权力的机构的文件，不论这些文件是否属于保密范畴。但是人民法律保护人有责任保守机密。任何人都有权向人民法律保护人提出申诉，人民法律保护人将自由决定对哪些申诉进行调查。克罗地亚国家预算保证其工作所需经费。在下列情况下，人民法律保护人可提前离职：自己提出辞职，并得到议会批准；丧失克罗地亚国籍；议会决定免去其职务。

5. 司法改革

克罗地亚在正式提出加入欧洲联盟的申请后，为适应欧盟的司法体制和标准，尽快达到入盟要求，正着手进行全面的司法改革。司法体制改革的主要目的是实现司法的有效性和公正性。司法改革的基本方针是：

（1）全面改进统治权的宪法原则、法治和法律安全；

（2）适应欧盟的司法体制和标准；

（3）通过保证适宜的工作条件、组织结构和管理的合理化配制、改变立法程序、司法部门工作人员的长期培训来消除司法工作中的争端、无效性和减少开支；

（4）在司法机构中引入信息和通信技术；

（5）为了减轻法院负担，必须寻找法院之外的解决纠纷的方式，如调停、和解、仲裁等，因为使公民参与解决争端将有助于加强稳定民主和社会和谐；

（6）在各方面使管理权与司法权相分离；

（7）明确划分司法自治权同审理工作和司法管理工作的界限，并确立它们各自的执行者；

（8）充分保证法官在审理中的独立性，加强司法部门的财政独立性；

（9）将法官和国家律师的地位和工资同欧洲标准一致；

（10）重新审核现在的法院和国家法律系统并使其合理化。

同时，为了保证司法系统的独立性、法制原则和公民法律安全，在司法机关内部也采取了必要的改革措施，以确保司法机构的有效运作，这些措施包括：

（1）继续补充法院及其他司法机构、法官、国家律师、其他法律工作者；

（2）修改相应法律，赋予法律更大的灵活性、独立性、权限范围；

（3）修改相应规章制度为解决遗留案件创造条件；

（4）为保证法院判决的有效行动修改法规；

（5）采用欧洲原则和建立法律援助体制，以简化司法程序，降低公民花费；

（6）为保证法院和国家法律机构的有效工作，司法部成立司法检查局，监督法院和国家司法机关的工作，以及财务工作，但他们的工作不能干涉审理工作的独立性和公正性。

第四节　现行选举制度

一　全民公决

全民公决是选民行使国家权力的直接表现，全民公决分为两类：一类是就宪法的确定举行全国性的全民公决；第二类是在州、市和区一级举行的地方性的全民公决，决定地方自治的权限。议会可以就关于修改宪法的建议、关于法律建议或关于自己权限内的其他问题宣布举行全民公决。共和国总统可以应政府的建议，并同总理共同签署，宣布举行关于修改宪法的建议或关于涉及共和国的独立、统一和生存的其他重要问题的全民公决。地方性的全民公决可由地方自治单位的代表机构宣布举行。关于克罗地亚同其他国家结成联盟的决定，必须要在全民公决中以共和国内全体选民数的多数票通过。在克罗地亚有居住地的选民、在国外有居住地的选民，以及举行全民公决时身在国外的选民都有权参加全国性全民公决。在宣布举行全民公决的地区有居住地的选民都有权参加地方性的全民公决。全民公决中选民以无记名投票的方式作出决定。在共和国全体选民的多数参加全民公决的前提下，全民公决以参加投票的选民的多数票作出决定。在进行全民公决地区的全体选民的多数参加全民公决的前提下，地方性的全民公决以参加投票的选民的多数票作出决定。在全民公决中作出的决定是必须执行的。国家政权主管机关、地方自治机构及地方行政管理机构在举行全民公决后的一年内不得通过与全民公决决定不符的法律条文及决定。在全民公决后的 6 个月内不能就同一个或几个问题重新进行全民公决。①

1991 年 5 月 19 日，克罗地亚就共和国是否继续留在南联邦内举行全民公决，结果 94% 的投票者同意成立独立的主权国家。6 月 25 日，克罗地亚议会发表主权和独立宣言，宣布彻底脱离南联邦。独立至今，克罗地亚没有再举行过全民公决。

---

① 《关于全民公决以及个人参加国家当局和地方自治机构公决的其他形式的法律》，《国家公报》1996 年第 33 期（Zakon o Referendumu i Drugim Oblicima Osobnog Sudjelovanja u Obavljanju Državne Vlasti i Lokalne Samouprave, “Narodne Novine”, br. 33/1996）。

二　议会选举

根据1993年克罗地亚共和国选举法规定，凡年满18周岁的克罗地亚公民，都享有选举权和被选举权。1995年，克罗地亚议会对选举法进行了部分修改，规定在克罗地亚议会选举期间，居住在国外的克罗地亚公民仍有权参加选举，他们可在所在国以法律规定的方式进行投票。

参加选举的候选人必须是本人提出申请，并征得400人签名支持（少数民族公民要100人签名支持）才可进行候选人登记。政党党员和政党联合体成员进行候选人登记须得到政党的推荐。每个选民只能签名支持一个候选人。应在宣布选举后的14天内把议会代表候选人的提名交给选举单位选举委员会。选举单位的选举委员会应将所有合法候选人编制成本选举单位候选人总名单，并公布于克罗地亚共和国所有报纸和广播电视中。自选举单位候选人名单公布之日起至选举前24小时止，所有代表候选人和提出候选人的政党有权平等地向公民介绍自己的选举纲领和进行选举宣传。国家电台、电视台为所有的候选人提供竞选演讲的时间。但选举日前24小时内一切竞选活动必须停止。

克罗地亚选举制属于多数选举制，其中基本类型是绝对多数或者两轮多数选举制。克罗地亚选举制的模式基础是1986年的法国选举制。根据选举法，议会代表按混合选举制（多数当选制和比例代表制相结合）选出。议员选举法①规定，克罗地亚分为10个选区，每个选区选出14个议员。居住在境外的克族也有权参加选举，在特殊选区选出14个候选人。少数民族进行单独

① 《克罗地亚议员选举法》，《国家公报》1999年第116期（Zakon o Izborima Zastupnikau Hrvatski Državni Sabor，“Narodne Novine”，br. 116/99.）。

的选举，得票最多的候选人当选议员。少数民族总共有 5～8 个议席，超过全国总人口 1.5% 的少数民族（根据 2001 年人口普查，只有塞尔维亚族人口超过总人口 1.5%）至少要保证 1 个议席，最多不超过 3 席。少于总人口 1.5% 的少数民族有权选出至少 4 名少数民族代表。[①] 每个选民只有 1 票。在比例代表制中，只有获得 5% 选票的党才能进入议会。参选党派根据所得选票，按比例获得相应的席位。获得至少 3% 选票的候选人有资格得到国家关于竞选费用的补偿。

克罗地亚的多数选举制是从候选人中，而不是从政党名单中选出。候选人的政治属性必须在选举名单中标出。多数选举与按比例选举相比较，其主要优势之一就是在个人中选举，而不是在政党中选举。

个人选举可以使独立人士、不同的非党派政治团体、联盟和运动的代表参加选举。这样选举就有了民主性。

个人选举可以保证那些不想与政党发生联系，而又希望参与政治活动的知名人士参加竞选。他们进入议会，可以使机构具有更高的知识水平，讨论和决议更趋于合理化。

个人选举削弱了政党在选举和未来议会中的重要性。政党选举将会把议会变成政党领导场所。他们单独组成选举名单，从而确保议会的构成。

个人选举可以保证正确的政治代表机关，可以把具有较高水平的代表置于强大的政党机构之上。

议会的选举是在国家选举委员会的监督下进行的。国家选举委员会负责管理选举并负责受理相关的投诉。选举委员会和选民委员会的成员必须是享有选举权的人、法律专业毕业，但不能是

① 《少数民族权力的宪法法》，《国家公报》2002 年第 155 期（Ustavni Zakon o Pravima Nacionalnih Manjina，“Narodne Novine”，br. 155/2002）。

任何政党成员。选举委员会由主席和4名成员组成，由克罗地亚共和国宪法法院从克罗地亚共和国最高法院的法官和其他优秀法律工作者中任命。选举委员会的职责是：

（1）努力维护选举工作的合法性；

（2）任命选举单位的选举委员会和选民委员会成员，并确定它们的工作；

（3）确定选举地点，任命克罗地亚驻外机构的选民委员会；

（4）制定选举准备和组织工作中的规章制度；

（5）监督选举单位的选举委员会的工作；

（6）根据合法建议，公布候选人名单（国家名单和特别名单），编出国家名单的总名单和特别名单的总名单；

（7）根据选举法监督选举宣传的正确性；

（8）宣布选举结果。

因提名或选举中的不正确做法而向克罗地亚共和国选举委员会提出的异议，必须在提名和选举活动开始后的48小时内提出。克罗地亚共和国选举委员会要在收到意见后的48小时内作出决定。如果对克罗地亚共和国选举委员会作出的决定不服，意见的提出者以及对此决定不满的代表候选人有权向克罗地亚共和国宪法法院上诉。克罗地亚共和国宪法法院应在收到起诉后的48小时内对起诉作出裁决。

选举工作的经费从克罗地亚共和国预算中开支。克罗地亚共和国选举委员会决定选举活动经费的使用方式并对其开支实行监督。克罗地亚共和国选举委员会向选举单位的选举委员会和州选举委员会分配相应的经费。①

① 《克罗地亚议员选举法》，《国家公报》1992年第22期/1993年第1期/1993年第30期（Zakon o Izborima Zastupnika u Sabor Republike Hrvatske，“Narodne Novine”，br. 22/92，1/93，30/93.）。

三 总统选举

根据克罗地亚共和国总统选举法[①]，总统由克罗地亚共和国公民通过无记名投票方式直接选举产生，任期5年。凡年满18周岁的克罗地亚公民均有选举权和被选举权。总统选举由政府宣布，选举必须在任期届满前的60天到30天内进行。如果总统死亡、辞职或行使其职务长期受阻，政府可宣布在总统停职之日起的60天内进行新的总统选举。

总统候选人由按法定程序登记的政党、选民单独或集体提出。两个或两个以上的已注册的政党可提出1名候选人。总统候选人必须合法征集到至少1万名选民的签名，每个选民只能签名支持1名总统候选人。

选举日前的12天内总统候选人提名名单要递交给国家选举委员会，选举委员会应将所有候选人总名单公布于克罗地亚共和国所有报纸和广播电视中。从选举委员会公布候选人名单之日起到选举日前的24小时止，所有候选人有权平等地提出和阐明自己的参选纲领和宣传计划。克罗地亚电视台在选举期间安排每一位总统候选人以同样长的时间阐述自己的选举计划。所有宣传计划到选举前24小时终止。

在选举中获得10%以上选票的总统候选人可以获得相应的经费。

无论有几名候选人参加竞选，获得参加投票选民半数以上选票的候选人即可当选为总统。如果没有一个候选人获得半数以上的选票，那么在14天后进行第二轮选举。在第一次投票中得票最多的两名候选人有权参加第二轮选举，如果候选人中有人放

① 《克罗地亚议员选举法》，《国家公报》1992年第22期（Zakon o Izboru Predsjednika Republike Hrvatske，"Narodne Novine"，br. 22/92.）。

弃，获得选票数次多的候选人可以参加第二轮选举。在第二轮选举中，获选票最多的候选人当选总统。如果候选人所获票数同样多，将再进行一次选举。

对提名或选举中的不正确做法的起诉可在决定做出后的48小时之内向选举委员会提出。选举委员会有责任在收到起诉书后的48小时内提出解决办法。如果选举委员会在处理该申诉时，确定存在已经对或即将对选举结果产生严重影响的不正确做法，可废除该行为，并在不妨碍选举如期举行的情况下，重新进行这一活动。如果该环节不能重新进行，或者不正确做法关系到投票程序，而对选举结果造成了影响，选举委员会可取消选举并确定重新选举的日期。如果上诉者或候选人对选举委员会的决定不服，可向宪法法院提出上诉。宪法法院必须在收到起诉书后的48小时内作出决定。

新当选的总统在前总统任期届满的最后一天就职。如果因总统死亡、辞职或行使其职务长期受阻而举行总统选举，当选总统应在选举结果公布之日就职。就职时应向宪法法院宣誓。誓词是："我以人格宣誓，我将凭着良心，负责任地履行克罗地亚共和国总统的职责，维护全体克罗地亚公民的利益。我将尊重并遵守克罗地亚共和国宪法和法律法规，致力于维护克罗地亚共和国的独立、生存和统一，并将为保证国家行政机构的正常运行而竭尽全力。"

第五节　政党　团体

第二次世界大战后，南斯拉夫共产党（1952年改名为南斯拉夫共产主义者联盟，简称南共联盟）是南斯拉夫唯一的执政党。在克罗地亚共和国，克罗地亚共产主义者联盟是唯一的执政党。

20 世纪 80 年代，南斯拉夫经济遇到了严重困难，生产发展停滞甚至滑坡，居民生活水平下降，群众不满情绪滋长。经济危机引起了政局动荡，各共和国之间的关系紧张，民族矛盾日趋尖锐。南共联盟长期未能扭转局势，党的威信下降，党员人数减少。这时，原来受到压制的持不同政见者纷纷出来活动，要求改革政治体制，实行多党制，举行自由竞选。他们先后成立了各种色彩的政治组织和联合会，某些在二战后销声匿迹的老党也准备恢复活动。

1989 年秋在东欧邻国政局剧变的影响下，南共联盟中央改变了反对多党制的态度，在 10 月 21 日的中央全会上决定开放党禁。

1990 年年初，克罗地亚共和国议会通过的《政党法》规定，公民 30 人以上可以到司法部申请成立政党。政党只能按地域建立，不得在企业、国家机关和部队中建立基层组织。

1990 年 4 月 22 日至 5 月 6 日，克罗地亚举行首次多党议会选举，结果以图季曼为首的克罗地亚民主共同体获胜。

1990 年底通过的新宪法，对政党的建立及活动做了明确的规定，提出建立政党是自由的，政党按地区原则建立，保障公民自由结社的权利，以便维护他们的利益和谋求社会的、经济的、政治的、民族的、文化的或其他的信仰目标。为此目的，公民可以自由组建政党、工会和其他联合会，包括自由参加或退出这些组织。克罗地亚绝大部分政党和组织都成立于 1990 年前后。到 1990 年 8 月底登记成立的大大小小政党有 40 多个，其中最主要的有：克罗地亚共盟—民主改革党，主席伊·拉昌；克罗地亚民主共同体（赫德兹），主席弗·图季曼；人民协议联盟（由 11 个中小政党联合组成），领导人米·特里帕洛和萨·达布切维奇—库查尔；克罗地亚民主党，主席费·韦塞利察；塞尔维亚民主党，主席约·拉什科维奇。

克罗地亚政党可分为三类：

左翼党：社会民主党（SDP，改革后的共盟，是这一类中最强大的党）、社会民主联盟（SDU，Socijaldemokratska Unija）、克罗地亚社会民主行动（ASH，Akcija Socijaldimokrata Hrvatske）。

中间党：克罗地亚社会自由党（HSLS，Hrvatska Socijalno-liberalna Stranka）、自由党（LS，Liberalna Stranka[①]）、克罗地亚人民党（HNS，Hrvatska Narodna Stranka）、克罗地亚农民党（HSS，Hrvatska Seljacka Stranka）、伊斯特拉民主议会（IDS，Istarski Demokratski Sabor）。

右翼党：克罗地亚民主共同体（HDZ，Hrvatska Demokratska Zajednica）、克罗地亚权利党（HSP，Hrvatska Stranka Prava）、克罗地亚基督教民主联盟（HKDU，Hrvatska Krscanska Demokratska Unija）。[②]

截至2003年底，共有92个政党和政治组织登记注册。[③] 主要有：

1. *克罗地亚民主共同体*（HDZ，Hrvatska Demokratska Zajednica）

克罗地亚民主共同体1989年6月17日成立，是右翼民族主义政党，号称有成员约40万人，其主要力量是20世纪70年代初期被称为克罗地亚“民族主义浪潮”的主要组织者与积极分子，开始是作为民族运动出现的。民主共同体成立时的政治目标是：废除一党垄断；变南联邦为邦联，以实现克罗地亚的自主

① 1995年选举后HSLS分裂产生。

② 米尔雅娜·卡萨波维奇：《克罗地亚政治1990～2000年：克罗地亚的选举、政党和议会》，萨格勒布，2001，第72页（Hrvatska Politika 1990. －2000.：Izbori，Stranke i Parlament u Hrvatskoj/Mirjana Kasapović，Zagreb，2001. str. 72.）。

③ 《克罗地亚共和国政党》2003年第7期，萨格勒布，2003年10月（Političke Stranke u Republici Hrvatskoj，7/2003，HIDRA，Zagreb，listopad 2003.）。

权。在1990年5月多党制选举中获胜后执政。1990年2月24日，克罗地亚民主共同体（简称“赫德兹”）举行第一次代表大会。“赫德兹”的创建人、党的主席弗拉尼奥·图季曼作报告说，“赫德兹”的基本政治要求是“克罗地亚人民应该有自决权直至分离权以及与其他民族进行自愿联合的权利”。“赫德兹”要求建立的克罗地亚“应该有克罗地亚人民的历史边界和自然边界范围内的完整领土”，声称第二次世界大战期间，法西斯傀儡政权建立的“克罗地亚独立国”表达了克罗地亚人民要求建立自己的独立民主的国家的“历史愿望”，“赫德兹”将要满足克罗地亚人民的这种“历史愿望”。大会通过了克罗地亚民主共同体的纲领，阐述了尊重人权、公民权和要求实行议会民主，并特别强调克罗地亚民族对民族自决权和国家主权的要求。纲领主张“尽早取消没有主人的社会所有制，实现财产的重新私有化”。大会选举弗拉尼奥·图季曼为党的主席。“赫德兹”的领导机构是党的主席和执行委员会。在1990年5月克罗地亚共和国议会多党选举中，克民主共同体获胜，在议会356个席位中获得196席，单独组阁。在共和国主席选举中，图季曼当选为共和国主席团主席。1992年8月举行克独立后第一次大选，克罗地亚民主共同体再次获胜，继续执政，图季曼再次当选为克罗地亚共和国总统。1993年10月15日，克罗地亚民主共同体召开第二次代表大会。经过激烈斗争，大会通过了旨在统一全党思想的党主席图季曼所作的报告，通过了新的党纲和党章；选举产生了新的领导机构，确定了新时期党的路线和方针。新党纲强调“人民性”，强调追求参加欧洲基督教民主联盟。主张用民主方式联合一切愿意在社会和政治活动中运用基督教文明和伦理道德的普遍价值观念的人，争取实现克罗地亚精神和物质生活的全新复兴。弗拉尼奥·图季曼在大会上连任党主席。1999年12月，图季曼病逝。2000年，民共体召开“五大”，选举伊沃·萨纳代

尔（Ivo Sanader）为该党主席。2000 年 1 月，克罗地亚民主共同体在议会代表院选举中失败，沦为在野党。但在 2003 年 11 月的议会选举中，克罗地亚民主共同体东山再起，获得总共 152 个席位中的 66 席，重新成为执政党。

2. *克罗地亚社会民主党*（Socijaldemokratska Partija Hrvatske）

克罗地亚社会民主党原名克罗地亚共产主义者联盟，1920 年 5 月成立时称克罗地亚共产党，是南斯拉夫共产党的下属组织，1952 年改称克共盟。1992 年 6 月改为现名，是克罗地亚最大的左翼党，目前在议会中占 34 席。在东欧剧变的影响下，克共盟内部以伊维察·拉昌为首的“改革派”认为，“东欧的神圣的先锋队党像纸塔一样垮了”，如果继续“坚持布尔什维克模式，只能导致共盟政治上的死亡。因此，必须对共盟进行改革”。这些观点遭到以斯·安德里耶维奇为首的“教条主义派”的反对。1989 年 12 月克罗地亚共盟召开第十一次代表大会，会上“改革派”与“教条主义派”在关于党的性质、作用和党内生活原则等问题上进行了针锋相对的斗争。最后，“改革派”获胜，大会通过了“共盟改革的基本方针”的文件，要求取消南共联盟的领导作用，取消民主集中制，代之以“民主统一制”。大会选举伊维察·拉昌为克罗地亚共盟中央主席团主席。1990 年 2 月 10 日，克共盟将党的名称改为克罗地亚共盟—民主改革党。1990 年 5 月，克共盟在多党选举中失败，失去执政地位，成为议会中的反对党。克共盟在议会三院共 356 个议席中占有 73 席。1990 年 11 月 5 日，克共盟举行第 12 次代表大会，决定把党的名称再次改为“民主纲领党”，并把大会改为民主纲领党第一次代表大会。大会通过的政治纲领说，民主纲领党是克罗地亚左翼力量的现代化的政治组织，是自主的、参加议会民主的和改革的政党，不再具有克共盟原有的革命性质和合法的执政党地位。民主纲领党面向欧洲，主张政治民主和市场经济；主张建立自由的和民主的社会；主张社会公正和人与人之间的相互支援。在这次大会上，伊维察·拉昌再次当选为党主席。大会还选举了副主席（3 名）和中央委员会。1991 年 6 月克罗地亚宣布独立后，民主纲领党改名为克罗地亚社会民主党。该党主要代表劳动者和工人的利益，妇女和青年的地位在该党的组织和其他机构中也十分突出，党内还有相当数量的塞尔维亚族和其他少数民族成员。该党希望促进克罗地亚国内外的和平与合作，主张保护劳动人民、中下层居民和需要特殊照顾的少数民族的利益。伊维察·拉昌（Ivica Racan）目前仍为该党主席，2000 年 1 月 ~2003 年 12 月曾任政府总理。

3. 克罗地亚社会自由党（HSLS，Hrvatska Socijalno-liberalna Stranka）

克罗地亚社会自由党原名克罗地亚社会自由联盟。1989 年 5 月 20 日成立，是在社会主义时期建立的第一个民主政党，自 1992 年之后成为主要的反对党。德拉任·布迪沙（Dražen Budiša）1990 年当选主席。1996 年 2 月 ~1997 年 11 月弗拉迪米尔·戈托瓦茨（Vlado Gotovac）担任该党主席。1997 年 11 月，在该党第七次代表大会上，党内发生严重分裂。德拉任·布迪沙重新当选党主席。原主席弗拉迪米尔·戈托瓦茨联合部分成员退党并宣布成立“克罗地亚自由党”。在 1992 年、1993 年的议会选举中，克罗地亚社会自由党的力量大大加强，成为最大的反对党。2000 年 1 月的议会选举中，克罗地亚社会自由党与社会民主党结成“社社联盟”，获得了总共 151 个席位中的 71 席，最后联合其他四党（克罗地亚农民党、克罗地亚人民党、自由党、自由民主党）组成政府。2002 年 7 月克罗地亚社会自由党由于反对克罗地亚同斯洛文尼亚签署克尔什科核电站协定而退出政府，再次成为在野党。

克罗地亚社会自由党主张全体人民拥有同等、不可侵犯的权利（包括人身自由和精神生活不可侵犯、言论、集会、结社自由和保护环境的权利）；享有基本医疗和社会保障、求学、择业、自由经营和发展个性等权利；主张取消军事管制和裁减军备；实行多党议会民主制，严格三权分立，司法独立；对少数人的意见予以保护等。

4. 克罗地亚农民党（HSS，Hrvatska Seljacka Stranka）

克罗地亚农民党1989年12月15日成立。其前身是1904年建立的克罗地亚农民党，1919年改名为克罗地亚共和农民党，1925年改为现名。1941年6月11日起该党被禁止一切活动，党的领导人在国外继续活动。该党主张在人性、民主、法制、和平、社会公正和保护人类生存等原则基础上，依靠社会各阶层，特别是广大农民群众，以人性、民主、和平、法治、社会公正和保护人类环境为原则建设国家。2000年1月3日的议会选举中，以克罗地亚农民党为首的“四党联盟”获得24席（占总席位的14.7%），其中克罗地亚农民党占16席，党主席兹拉特科·托姆契奇（Zlatko Tomčić，1994年12月农民党大会上当选）当选议长。2000年组成政府的19位部长中有3位来自农民党。2002年8月1日政府改组，农民党成为第二大党。2003年11月的议会选举中，克罗地亚农民党获得了152席中的10席，沦为在野党。

5. 克罗地亚人民党（Hrvatska Narodna Stranka）

克罗地亚人民党1990年10月13日成立，现有党员2.47万人，包括20世纪60年代末的克罗地亚之春运动的许多前共产党领导人。该党是当代公民政党，主张全民平等，依法治国，三权分立，保护少数民族和有特殊需要的社会团体，联合欧洲其他国家共同维护和平，实行建立在平等、自由、劳动道德观念上的市场经济，维护个人尊严、宗教信仰和文化艺术创作自由，以民主方式解决各种社会问题，在国际社会承认的领土范围内建设现代化的克罗地亚。主席韦斯纳·布希奇（Vesna Pusić，女）2000年当选。

6. 克罗地亚权利党（Hrvatska Stranka Prava）①

安特·斯塔尔切维奇于1861年创建权利党，并成为克罗地亚权利党人运动的基础，反对封建专制。1929年该党被禁止活动。1990年2月25日克罗地亚权利党重建。1990年权利党是克罗地亚国内唯一在党纲中明确提出要毫不妥协地脱离南斯拉夫、重新建立独立的克罗地亚、并通过全民公决与波黑实现联合思想的政党。1991年权利党建立了克罗地亚防御部队，这支部队在大塞尔维亚侵略期间为保卫克罗地亚的主权和领土完整进行了坚决英勇的抵抗，几百名志愿者在这场保卫战中献出了自己的生命。后来，权利党受到克罗地亚民主共同体和图季曼总统的排挤，其领导层遭到逮捕和审判，1993年9月28日权利党被驱逐出议会。1995年克罗地亚权利党重新登记。该党继续了1993年9月28日前权利党的政治路线和活动。权利党的主要原则是：建立和保卫人民当家做主的克罗地亚国家及主权，主张法治、公正、三权分立、保护人权、道德观念和廉洁奉公，强调克罗地亚在加入欧盟的过程中要确保平等的权利。

7. 克罗地亚基督教民主联盟（Hrvatska Kršćanska Demokratska Unija）②

1992年12月19日，根据克罗地亚民主党全会和克罗地亚基督教民主党全会决定，两党合并为克罗地亚基督教民主联

① 《克罗地亚共和国政党》2003年第7期，萨格勒布，2003年10月（Političke Stranke u Republici Hrvatskoj，7/2003，HIDRA，Zagreb，listopad 2003.）。

② 同注①。

盟。克罗地亚基督教民主联盟致力于建立自主、独立、自由、法治、民主的克罗地亚国家，主张关爱人的尊严，不论他是何出身。

8. 民主中心（Demokratski Centar）

民主中心是现代的、人民的、民主的政党。民主中心希望实现克罗地亚的繁荣、稳定、社会公正、法治、保护人权以及融入欧洲一体化。民主中心反对一切形式的歧视，以及政治、宗教和民族的极端主义，积极致力于克罗地亚加入欧洲联盟和北约。民主中心十分重视青年人的发展，党内的青年人比例很高，在州和市里都组建了青年俱乐部，青年可以通过这些组织表达自己的思想。民主中心主席韦斯纳·什卡雷—奥兹博尔特在本届政府中任司法部长。

9. 自由党（Liberalna Stranka）[①]

1997 年 11 月，在克罗地亚社会自由党第七次代表大会上，党内发生严重分裂。该党原主席弗拉迪米尔·戈托瓦茨联合部分成员退党，并于 1998 年 1 月 24 日宣布成立“克罗地亚自由党”。该党的目标是实现所有人都享有基本权利，即：自由、平等、法治、企业制、经济自由、公民及开放的社会、言论自由、新闻独立、团结和社会平衡。主张把克罗地亚建成一个议会制的、分权的、符合有关地方自治的欧洲宪章标准的国家，并加入全球化进程和融入欧洲。

10. 自由民主者党（Stranka Liberalnog Demokrata）[②]

自由民主者党成立于 2002 年 9 月 21 日，该党的党纲是把克罗地亚建成自由民主的、议会制的、市场开放的、提倡私有化

① 《克罗地亚共和国政党》2003 年第 7 期，萨格勒布，2003 年 10 月（Političke Stranke u Republici Hrvatskoj，7/2003，HIDRA，Zagreb，listopad 2003.）。

② 同注①。

的、法治的、公民社会的、加入欧洲一体化的繁荣国家。自由民主者党成员将优先关注以下领域的发展：

（1）青年人的教育；

（2）经济发展和环境保护；

（3）基础设施建设和地区发展；

（4）医疗卫生和社会保障；

（5）国家行政管理和地方自治；

（6）司法体制，提高司法机构的效率和质量；

（7）人权、少数民族权利、信仰自由和媒体自由；

（8）文化和体育，保证和维护文化创作自由，防止政治干预；

（9）安全防御体制，创造现代的国家安全体制；

（10）外交政策，执行稳定与联系协议，发展同邻国的关系。

11. 工会和其他联合会

克罗地亚宪法第43条、结社自由和保护组织权利法、劳动法作为基本法律文本规定了工人组织的权利及活动方法。结社法同样在其过渡条款中规定了工人结社自由，保障公民自由结社的权利，以便维护他们的利益和谋求社会的、经济的、政治的、民族的、文化的或其他的信仰和目标。为此目的，公民可以自由组建政党、工会和其他联合会，包括自由参加或退出这些组织。自由结社权要受禁止暴力威胁民主宪法制度以及共和国的独立、统一和领土完整所制约。为了维护自己的经济和社会利益，所有就业人员和业主都有权建立工会并自由加入和退出，工会可以建立自己的联合会，并可加入国际工会组织。在武装力量和警察部门，工会组织可以由法律加以限制。

克罗地亚工会活动非常发达，工会发展趋于多元化，不仅存在越来越多的工会组织，而且其联合的方式也趋于多元化。目前克罗地亚有300多个已登记的地方级工会，其中大部分已进一步联合成5个更高级的工会组织，它们是：克罗

地亚独立工会联盟（Savez Samostalnih Sindikta Hrvatske）、克罗地亚独立工会（Nezavisni Hrvatski Sindikati）、克罗地亚公共服务工会马蒂察（Matica Hrvatskih Sindikata Javnih Službi）、克罗地亚工会联合会（Hrvatsko Udruga Sindikata）、克罗地亚劳动工会联合会（Udruga Radničkih Sindikata Hrvatske）。[①] 它们共有50万名成员。人数最多的是克罗地亚独立工会联盟，它包括22个工会，1990年成立。它是唯一在各州都有代表机构的工会组织，向工会成员提供法律咨询、权益保护、改善劳动条件和工人地位的服务。

① 《2003年克罗地亚加入欧盟国家纲领》（Nacionalni Program Republike Hrvatske za Pridruživanje Europskoj Uniji 2003. godini.）。

第四章
经　济

第一节　概述

一　经济简史

克罗地亚共和国位于亚得里亚海东岸，拥有漫长的海岸线，造船和航海业历史悠久。18～19世纪克罗地亚制造的木制帆船曾达到世界的最高水平，1840年制造了第一艘蒸汽轮船。18世纪奥匈帝国加强中央集权，里耶卡被划归奥匈帝国。随着奥匈帝国加大向克罗地亚的资本输出和经济交往日益密切，克罗地亚的经济也得到不断发展。18世纪时里耶卡成为世界上最大港口之一，是欧洲大陆通往亚得里亚海的重要门户。1848年成立了前南地区的第一家银行——“第一克罗地亚储蓄所”。1862年克罗地亚修建了第一条铁路，为加强对外交往提供了便利。此后奥匈帝国在克罗地亚开始兴建制糖厂、炼铁厂等，后来又陆续兴建了一批木材加工、水泥、砖瓦、玻璃、纺织、面粉、卷烟等工厂。到19世纪，萨格勒布、里耶卡、奥西耶克等城市已成为新兴的工业基地。据1881～1890年统计，克罗地亚的中小资产阶级人数在10年内增加了1倍，1910年克罗地亚共有各种工厂271家。

第一次世界大战之后，塞尔维亚人—克罗地亚人—斯洛文尼亚人王国（1929 年改称南斯拉夫王国）成立。克罗地亚由于受欧洲工业化影响较深，已开始进入工业化进程，经济发展水平在南斯拉夫王国内仅次于斯洛文尼亚居第 2 位。据 1939 年统计，克罗地亚的发电量在南斯拉夫王国内居首位，占全国发电量的 36%，煤产量占全国产量的 23%，水泥产量占全国的 60%，服装产量占 54%，工业机械占 37%，造纸占 25%。但由于整个南斯拉夫王国实行阶级和民族的压迫政策，经济发展极其缓慢，仍是欧洲最落后的国家之一。第二次世界大战之前，克罗地亚农业人口占其人口一半以上，工业化发展缓慢。在第二次世界大战中，南斯拉夫经济遭到严重破坏，交通运输设施几乎毁坏殆尽。全国解放后，南斯拉夫采取果断措施，把外国资本和本国私人资本所控制的工业、银行、外贸和批发商业全部收归国有，在农村进行了土改，没收大地主、大庄园主的土地，其中一半分配给农户，一半用于建立国营农场，克罗地亚有 9.58 万无地或少地的农民获得了土地。战后经过两年多的恢复，到 1947 年底，经济便全面达到和超过战前水平。在此基础上，人民政权对全国经济实行统一领导，制定了 1947 ~ 1951 年的五年发展计划，开始进行社会主义建设。

第二次世界大战后，克罗地亚工业开始迅速发展并出现多样化的趋势。20 世纪 50 年代开始，南斯拉夫对经济体制进行了改革，将生产资料国家所有制改为社会所有制，加强和大力发展社会所有制的农工联合企业，并以农工联合企业为中心，鼓励和促进个体农户同它建立各种形式的合作，逐步引导农民走社会主义道路。于是，在 20 世纪 60 年代出现了一批社会所有制的农工联合企业。到 1969 年克罗地亚共有社会所有制的农工联合企业 41 家，综合农业劳动者合作社 241 个，还有其他形式的社会所有制农业组织 132 个，这些社会所有制的农业组织在 70 年代又按联合劳动的组织原则进行了改组。与此同时，克罗地亚还有61.5万个体农民，占有的耕地面积为克罗地亚耕地总面积的80%，他们也同社会所有制农业组织建立了各种形式的生产合作关系，其合作的产值占全部农业产值的13%。生产的发展使社会经济结构发生了变化。20世纪80年代初，克罗地亚的农业人口比重从19世纪末的84%减少到15.2%。克罗地亚已由一个落后的农业地区发展成中等发展水平的工业—农业地区。克罗地亚的石油产量占南斯拉夫的70%以上，“伊纳”石油公司在80年代的石油产量为300万吨，年加工石油700万吨，能满足南斯拉夫需要的42%，还有部分出口。克罗地亚在普拉、里耶卡、斯普利特有三大造船厂，加上其他小型船厂，克罗地亚造船业的年产量约占南斯拉夫全国的80%。克罗地亚的金属加工和机器制造业产值占南斯拉夫的20%~30%，萨格勒布的“拉代·康查尔”和里耶卡的“斯韦特洛斯特”是生产大型发电机组、电器设备和电子产品的两家大企业。克罗地亚的人造纤维产量占南斯拉夫全国产量的80%，木材加工占1/4。随着克罗地亚沿海旅游业的发展，每年来克罗地亚旅游的人数和外汇收入已占南斯拉夫全国的70%左右。克罗地亚交通运输的产值占南斯拉夫全国的1/3以上，每年经由克罗地亚的港口进出口和转口的货物占全国的70%~80%。克罗地亚金融业的发展也在整个南斯拉夫地区居领先地位。到1990年，克罗地亚在南联邦国家中面积占22%，人口占20%，国内生产总值占25%，工业产值占22%，农业产值占23%，出口额占23%，人均国内生产总值约比南联邦的平均数高1/4（南联邦人均国内生产总值为3580美元，克罗地亚为4400美元），职工月平均工资约比南联邦的平均数高1/8（南联邦全国职工平均工资为4253第纳尔）。

为了援助南斯拉夫国内经济不发达的共和国和科索沃自治省加速发展经济，南斯拉夫联邦专门设立了基金，各共和国每年按其国内生产总值在全南斯拉夫国内生产总值中的比重（克罗地亚为25%左右）提供所需资金。此外，每年联邦预算还拨出专门资金用于对不发达共和国和科索沃自治省发展社会事业的补贴，每年各共和国还需向联邦预算按上述比例上缴一部分资金。因此克罗地亚民众一直感到留在联邦内“吃亏”，被东部不发达地区拖了后腿，大量税收和外汇被联邦提走，而克罗地亚境内在偏僻的山区有不少地方经济和文化也很不发达，人均收入低于克罗地亚平均收入的50%，却不能得到联邦这一基金的援助。因此，随着时光的推移，克罗地亚的分离主义倾向，在青年中尤其是在知识分子中，日益明显地表露出来。

克罗地亚1991年独立后，实行经济转型，变中央计划经济为市场经济。克罗地亚1990年底通过的宪法规定，所有制权利受到保障；企业和市场自由是克罗地亚经济体制的基础；国家保证企业家在市场上的平等地位；禁止垄断；通过投资所获得的权利不得通过法律和其他法规性条件加以缩小；保障外国投资者自由带出利润和所投入的资本；公民就业自由，就业者可参加企业决策，有权享受社会保障，可成立工会，有权罢工；每个公民有权享受健康保护；所有人都有义务根据自己的经济能力分担公共消费的需要，平等和公正是税收制度的基础；克罗地亚人民银行是中央银行，负责保持货币稳定和对内对外的支付能力。①

伴随着南斯拉夫联邦的解体，境内的克罗地亚族和塞尔维亚族发生武装冲突，同时克罗地亚还卷入波黑战争，国内1/4的工业设施遭破坏，战争造成的直接经济损失达200亿美元。在经济方面，克罗地亚面临许多困难，如：历史遗留的经济问题；战争期间大量基础设施、桥梁、工厂、电力、建筑被毁；大量难民的产生；同前南斯拉夫其他国家的经济联系中断。1990～1993年

① 姜士林等主编《世界宪法全书》，青岛出版社，1997，第950页。

克罗地亚国内生产总值下降1/3，工业下降近60%，1993年通货膨胀率为1618%，职工的实际工资比1990年下降一半左右，失业人数大幅度增加，人民生活水平急剧下降。1992年联合国维持和平部队进驻以及克罗地亚内战平息后，克罗地亚政府开始致力于经济的恢复和改革，实行以原社会所有制企业的私有化为主要内容的经济结构改造。克罗地亚90%的价格已放开，除国有企业外，工资也已放开，但政府、企业、工会三方通过协商达成协议，确定全国最低工资水平。为了克服通货膨胀和稳定经济，从1993年10月开始，克罗地亚政府实施以紧缩货币和财政、严格控制工资增长为主要内容的经济稳定纲领。稳定纲领目标分三个阶段实现：（1）到1993年底使月通货膨胀率控制在15%以下；（2）1994年上半年加速所有制结构的改造和非垄断化，平衡预算和筹备成立救助银行；（3）1994年下半年改用在国内可自由兑换的正式货币“库纳”，继续加快经济结构改造，努力吸引外资，增加投入，使经济走向复苏。稳定纲领取得明显效果，物价逐渐回落，货币保持稳定。1994年经济首次出现回升，国内生产总值增长了0.8%，工业生产下降速度趋缓(-2.7%)。外汇储备也大大增加，已从独立时的几乎为零增加到1994年底的23亿美元。通货膨胀得到控制，通胀率从1993年1618%下降到1994年的97.6%。1994年5月底克罗地亚对币制进行改革，用正式货币“库纳”取代了临时货币“克罗地亚第纳尔”，1995年库纳已成为经常项目下完全自由兑换的货币。1995年克罗地亚政府在1994年取得初步成效的基础上继续实行稳定经济政策，使这一年的通货膨胀率降至3.7%，成为欧洲通货膨胀率最低的国家之一。国内生产总值比上年增长2%，工业增长0.3%，国家预算基本持平并略有结余，对外收支基本平衡，外汇储备达到31亿美元。克罗地亚1995年还制定了增值税法，完成了税制改革的立法工作；制定了劳动法，为规范劳动市

场提供了法律框架；还制定了有价证券法和投资基金法等。

1995年底《代顿协议》的签署使前南地区恢复和平，克罗地亚当局也与塞族区代表签订了“埃尔杜特协议”，双方同意停止战争和实现塞族区和平回归计划，1996年成为克罗地亚独立以来的第一个和平年，为其经济的恢复与发展创造了条件。1996年经济的恢复和发展加速，国内生产总值增长6.0%，工业增长3%，国家预算基本保持平衡，通货膨胀率为3.5%。1997年塞族区的和平回归克罗地亚，彻底实现了领土完整和统一。恢复和平后，大规模的住房、公路、电站等基础设施的修建，使建筑业成了经济复苏的先行部门，造船业、电机电器业等部门重新恢复活力和迅速增长。1997年GDP增长达7%，工业增长6.8%，年通货膨胀率为3.8%。1996~1997年旅游业也得到迅速恢复和发展，1996年旅游业外汇收入为21亿美元，1997年达到25亿美元。但1998年由于欧美大国不断对克罗地亚施加压力和进行封锁，加之1998年国际金融危机的影响和克罗地亚政府在经济政策上的某些失误（企业私有化过程中的腐败现象、企业和银行缺乏结构调整和经营不善、企业亏损严重等），导致国内政局不稳、社会动荡、经济下滑。1998年国内生产总值全年平均增长2.7%。1999年北约轰炸南联盟也给克罗地亚经济造成很大的冲击，直接经济损失25亿美元，全部损失为50亿美元。当年克罗地亚的国内生产总值出现负增长，比1998年下降了0.3%，其他主要经济指标均出现下滑：工业生产下降1.4%，财政赤字占国内生产总值的4%，旅游业收入减少20%，进出口额也大幅下跌。面对不利的经济形势，2000年初上台的克罗地亚现政府实施了一系列经济整改措施。如，坚持执行保持物价和货币稳定的金融政策，使人民生活有了一定保障；连续3年采取紧缩财政措施，以增加对经济部门的投入。2000年7月17日，克罗地亚加入世贸组织，克罗地亚政府以此为契机，大力加强服装、纺织、文具制造等优势行业，并运用加快私有化进程、加强企业管理等方式对受冲击较大的邮电、石化等重点行业进行改造和改制。经济逐渐好转，呈现出上升的发展势头。但公共财政的收支不平衡，居高不下的赤字仍影响保持宏观经济稳定的总体目标的实现。到2002年底克罗地亚同所有邻国签订了自由贸易协定，通过这些协议克罗地亚同所有邻国加强了联系。2000年和2001年克罗地亚经济增长幅度分别为2.9%和3.8%。2002年克罗地亚经济增长5.2%，属欧洲经济增长最高水平，2003年克罗地亚经济增长速度逐渐放缓，不过仍达到4.3%，2003年克罗地亚国内生产总值按美元计达到283亿美元，人均6385美元，全年平均通货膨胀率1.5%，为克罗地亚独立以来最低水平，在中东欧地区也是最低水平。

据克罗地亚国家统计局最新统计，2004年克罗地亚国内生产总值为2070.82亿库纳（约合343.107亿美元），人均国内生产总值为7724.4美元；国际收支经常项目逆差达12.772亿欧元，外汇储备64.362亿欧元。由于国内消费和投资增长较快，出口能力不强，加上美元贬值等因素，2004年克罗地亚外债大幅增加，达到226.754亿欧元，外债占同年国内生产总值的83.54%；克罗地亚对外商品贸易一直为逆差，近几年逆差不断扩大，2004年出口为80.22亿美元，进口165.83亿美元，逆差85.61亿美元，逆差占同年国内生产总值的24.95%，人均出口1806美元，人均进口3733美元。月平均净工资4173库纳，纯工资5985库纳。①

目前，克罗地亚经济依然存在不少问题，主要是：（1）失

① 《2005年统计信息》，克罗地亚中央统计局，萨格勒布，2005，第47页（Statistical Information 2005，Republic of Croatia Central Bureau of Statistics，Zagreb，2005. p.47.）。

业率高，2004年官方统计数字是18.0%，实际上还高于这一数字；（2）由于执政联盟内部不团结及一系列不受欢迎的措施引起公众的不满，总的结构改革进展缓慢，其他领域的改革也相对滞后，如私有化、教育、医疗保健，而讨论良久的劳动力市场改革遭到极大反对；（3）外贸中商品贸易逆差过大，其他外汇收入不能弥补，使对外收支逆差增加，逆差过大则影响宏观经济的稳定发展；（4）灰色经济占很大比重，官员腐败现象严重。

二　经济体制改革和特点

克罗地亚在南联邦时期，作为5个共和国之一，其经济体制必须同南联邦的制度保持一致，经济政策完全服从于南联邦的安排。南联邦成立之初实行的是中央集权的经济管理体制，通过剥夺剥削者的生产资料而实现生产资料国有化，建立国家所有制。1950年开始进行改革，逐步实行“非国家主义化和分散管理”，改革分为三个阶段：工人自治阶段（1950～1962年）、社会自治阶段（1963～1973年）和联合劳动阶段（1974～1980年）。改革的主要内容有：（1）实行工人自治，精简国家机构，工人自治的主要内容是：企业的收支不纳入国家预算，企业只向国家缴纳税金，在国家计划规定的基本比例范围内，企业可以自由经营，自负盈亏；（2）1953年改国有制为社会所有制，就是社会所有的生产资料既不属于任何个人，也不属于任何集团或国家，而是属于全体劳动者，属于整个社会，任何人都无权在所有制的基础上占有生产资料和劳动成果，而只能在劳动的基础上支配和管理它们，社会所有制与国家所有制的根本区别在于减少了国家行政的直接干预；（3）改指令性计划为指导性的社会计划，实行行政价格与经济价格相结合的双重价格制度；（4）取消统一工资制，只规定最低个人保证收入，实行自治的收入分配制度，不由国家统收统支，而以基层劳动组织为基本核算单位，劳动者个人收入的多少，同整个企业收入的多少以及个人对集体劳动成果的贡献有直接的联系；（5）改革外贸外汇管理制度，减少关税保护和出口补贴，实行一定程度的外贸自由化，自1967年开始，允许国内企业和业务银行直接同国外企业和银行建立信贷关系；（6）实行联合劳动体制，企业按联合劳动原则进行了改组，逐步建立了各种形式的联合劳动组织。

克罗地亚国家独立后，经济面临着三方面的任务：建立独立国家的完整经济体系和机构；支持和赢得战争；从自治经济转向市场经济。1990年底颁布的新宪法确定了以私有制和自由经营为基础的市场经济方向，随后克罗地亚政府制定了一系列有关经济的制度性法律法规。1991年10月克罗地亚成立了中央银行，12月底开始发行临时货币——克罗地亚第纳尔，汇率同马克挂钩，最初汇率为1马克等于55克罗地亚第纳尔，实行固定汇率，随通货膨胀调整，后因通货膨胀迅速上升，已变成浮动汇率。1994年5月底，用正式货币“库纳”取代临时货币克罗地亚第纳尔，汇率为1马克等于3.6库纳左右。由于没有与国际金融机构建立关系，难以获得国际支持，外汇储备几乎为零，财政资金十分紧张。因此经济体制的转轨是以满足财政和军费需要为主要目的进行的。1991年克罗地亚进行了税制改革，主要税种是：利润税（税率一般为35%），个人收入税（平均税率为25%和35%，实行累进制），流通税（税率一般为40%）以及财产税等。此外，还有用于社会保障的捐款（税率为职工工资总额的25.5%）。国家财政收入的主要来源包括流通税、个人收入税、关税和进口税等。但财政资金十分紧张，军费开支占国家预算的1/3，还有10万难民需要救济。

1993年10月，克罗地亚政府开始正式实施稳定经济纲领，纲领的主要目标是降低通货膨胀、加速企业所有制改造、为经济的稳定发展创造条件。该纲领分三个阶段实施：第一阶段到

1993 年底，将月通货膨胀率降到 15% 以下；第二阶段到 1994 年 6 月，将加速私有化和非垄断化，平衡预算和开始援助银行；第三阶段，争取在 1994 年 6 月以后完全实现货币的可兑换性和更换新币“库纳”，同时加快经济结构改造，大量吸引外资，增加投入，使经济走向复苏。

2002 年开始，克罗地亚政府采取了以扩大投资为主导的稳定的宏观经济政策。其具体措施有：努力提高个人储蓄，继续进行结构改革，加快大型国有企业（如克罗地亚石油工业公司）的私有化进程，增加出口商品竞争力，打击灰色经济，加强合法经济和良性的市场竞争，消除投资及就业的行政壁垒，保持稳定的国家财政银行体制。

克罗地亚经济转轨中的另一特点是“快速私有化”。克罗地亚早在 1991 年就制定了私有化法，并要求在 14 个月内实现“快速私有化”，后因战争推迟，战后私有化重新加速。克罗地亚把社会所有制企业的私有化分为小私有化和大私有化，企业财产低于 500 万马克者，主要通过卖给本企业职工实现私有化，即小私有化；企业财产超过 500 万马克的大中型企业的所有化为大私有化，主要通过出售、合资、变企业债务为债权人投资，把企业资产全部转给国家私有化基金会及退休基金等方式实现私有化，企业可自行选择其中一种方式，也可几种方式相结合，并在法定期限内制订私有化计划报私有化局，超过期限者应把企业转给私有化基金和退休基金，企业实现私有化后的剩余股份也应转给私有化基金和退休基金。在出售中对企业职工和成年公民给予 20% 再加每年工龄 1% 的价格优惠并可在 5 年内分期付款，提前付款还可享受 10% ~35% 的优惠，但优惠出售的股票或股份最多不超过本企业价值的 50%，每人享受的最高优惠比率不超过 40%，每人购买的最高限额为 2 万马克。内部职工购买的突出优点是，操作比较简便，可以迅速推行，社会和政治方面的障碍较小。然而，它又表现出十分明显的弱点。[①] 1996 年私有化基本结束，同时又通过了新的私有化法，成立了私有化部，规定将部分国有企业股份无偿分配给卫国战争伤残军人、阵亡者家庭、返回家园的难民及享受生活补贴者，使各基金会掌握的公有股份实现私有化。

1991～1999 年克罗地亚已有 2650 家原社会所有企业实现私有化，其中工业企业 667 家。但同其他中东欧国家相比，克罗地亚的私有化进程困难重重，步履维艰。克罗地亚新政府上台后开始第二阶段私有化，电信业、金融业以及制药等重点生产行业是私有化的重点。2000 年以来克罗地亚政府对国有资产的 17% 实行了私有化，出售了 31 家企业，其中 8 家出售给了外商。31 家企业的名义价值约 10.28 亿库纳（约 1.5 亿美元），克罗地亚政府出售时赢利 4.987 亿库纳（约 7000 万美元）。同时政府通过萨格勒布证券交易所出售了 461 家企业的国有股份，通过瓦拉日丁证券交易所出售了 626 家企业国有股份。此外，克罗地亚国有资产中 36.5 亿库纳（约 5200 万美元）的资产以破产方式完成了转制。经过几年的私有化，克罗地亚旅游业中私人所有比例最高，41% 为私人所有，另外克罗地亚私有化基金会占有 15%，商业银行占有 26%，其他私有化基金组织拥有 18%。目前克罗地亚私有化进程仍在进行，一些国有企业不断公开招标出售。

第二节 农牧业

一 概况

克罗地亚有着发展农业生产的良好自然条件，地形的复杂多样，充足的水资源，加上温带大陆性气候、山地

① 《克罗地亚经济概览》（Short Review of the Economy of Croatia. http://www.svne.fer.hr/HR/hr-intro.html（accessed April 2000））。

气候及地中海式气候的交互影响，使克罗地亚适合进行多种多样的农业生产，可以种植多种工农业作物和葡萄等经济作物，以及温带、热带水果、蔬菜等。克罗地亚国土从北向南分为三种地形：平原、山地和地中海沿岸。北部的潘诺平原地区是克罗地亚的主要产粮区，那里土地肥沃，萨瓦、德拉瓦等众多河流纵横交错，为农作物生长提高了良好的条件；中部山区和南部沿海地区适于畜牧业和水果、葡萄的栽培，中部山区森林资源比较丰富。

二战后至今克罗地亚农业产值年均增长1.6%，由于对农业投入的增加，市场和价格自由化加深，以及有利于农业发展的政策出台，1955～1985年间，克罗地亚农业实现了连续30年的稳定增长。其中家禽业增长最快，年均3.6%，而养羊业却出现了负增长，年均为-1.9%。畜牧业直到20世纪80年代中期都呈现平稳增长态势，之后出现萧条，战争期间遭受巨大打击，但1996年战争结束后这种下降的趋势并未停止。相比而言，种植业增长速度不及畜牧业，自20世纪80年代后期出现负增长，直到1996年开始恢复性增长。[①] 但总体来说，农业生产迄今还未恢复到独立前的增长水平，原因很多。（1）战争导致大面积的耕地荒芜，无人问津；（2）农民所有的土地面积被一分再分，在仅仅2～3公顷的土地上很难进行合理、有效的生产；（3）大型农业经济实体均受到破坏，很难发挥先前的作用；（4）没有现代化的农业经营理念，缺少期货市场等现代农业发展必需的“基础设施”；（5）从事农业生产的人员青黄不接，其中51%的农业生产者的年龄已超过50岁；（6）国家鼓励措施不多，补贴不够。

20世纪90年代初，克罗地亚农业产值占国内生产总值12%左右，农业人口占全国总人口的8.56%（1991年）。1990年克

① 伊沃·德鲁日奇：《克罗地亚经济》，政治文化出版社，1998，第256页（Ivo Družić，Hrvatsko Gospodarstvo，Politicka Kultura，1998. str. 256.）。

罗地亚农用土地为 322 万公顷，其中私有部分占 63%；耕地面积 203.4 万公顷，私有部分占 78%。主要农作物有小麦、玉米等。一般情况下，农产品可自给甚至还可少量出口。国内战争爆发后，大片良田被毁，耕地面积大幅度减少，生产也随之大幅度下降。1995 年农用土地面积减少到 235.7 万公顷，耕地面积减少到 155.5 万公顷。与此同时，私有土地比重有所增加，1995 年私有土地占全部农用土地的 67%，占耕地面积的 79%。克罗地亚在经济转轨中大大减少了对农业的补贴，农民因资金短缺而减少了化肥施用量，农业机械也只减未增，使农作物单位面积产量下降，其他粮食作物产量也大幅度下降。农业生产下降直接导致克罗地亚农产品、食品的进口增加，加上涌入克罗地亚几十万难民的需求，克罗地亚除了葡萄酒、鸡肉、鸡蛋、玉米和小麦 5 种产品可以自给自足外，其他大部分农产品、食品产量已不能完全满足自身的需求，均需进口满足市场需求。1995 年以来，克罗地亚农产品、食品贸易逆差一直居高不下，出口额只占进口额的 60% 左右。

目前，克罗地亚农业、林业和渔业产值占国内生产总值的 7.4%，其中农业和林业占 7.2%，渔业占 0.2%（2004 年），农产品进出口额占进出口总额的 10.2%（2003 年）。[①] 现有农业用地 269.5 万公顷，其中耕地面积 110 万公顷，占农业用地面积的 40.82%，其余为果园（4.9 万公顷）、橄榄园（1.7 万公顷）、葡萄园（5 万公顷）、草场（37.5 万公顷）和牧场（109.4 万公顷）等，人均耕地面积 0.25 公顷，66.98% 的农业用地为私人所有。[②]

① 《处在十字路口的克罗地亚农业》，克罗地亚农业、林业和水资源管理部，萨格勒布，2005 年 1 月，第 6 页（Croatian Agriculture at the Crossroads, Ministry of Agriculture, Forestry and Water Management, Zagreb, January 2005. p. 6.）。

② 《2005 年统计信息》，克罗地亚中央统计局，萨格勒布，2005 年，第 70 页（Statistical Information 2005, Republic of Croatia Central Bureau of Statistics, Zagreb, 2005. p. 70.）。

在农业部门就业的人数只占全国劳动力的5.5%（2001年）。农产品可基本自给，国家财政支出的2%用于农产品价格补贴，国家对主要农产品实行保护价。克罗地亚农业污染程度很低，具有良好的发展绿色农业的条件。同时，由于多年来克罗地亚对农业的投入不多，农业基础设施比较落后，特别是灌溉设施落后，因此尽管北部产粮区里河流众多（其中包括多瑙河、萨瓦河、德拉瓦河等较大的河流），但灌溉面积仅占耕地面积的0.28%，靠天吃饭的程度仍然较大。克罗地亚注册从事农业生产的企业共有1124家，就业人数2.38万人。

为了满足人民群众日益增加的需要和适应全球市场自由化及农业改革的要求，克罗地亚政府制定了农业政策的优先点：（1）改进土地所有制；（2）增加农业资金；（3）开拓市场和配送渠道；（4）加快农村改革和生态保护；（5）鼓励合作与联合方式；（6）保证食品安全；（7）提供制度支持。政府计划在2004～2007年间，增加33500公顷的农业用地，其中葡萄园13000公顷，橄榄林5500公顷，甜菜地15000公顷。

近些年克罗地亚加快了欧洲一体化的步伐，2000年11月克罗地亚加入世界贸易组织，希望以此为契机促进农产品的出口。在接下来不到3年的时间里，克罗地亚作为世贸组织的成员已经签署了37项自由化协议。克罗地亚前些年曾经是纯农产品进口国，通过签订这些自由化协定，克罗地亚农产品出口量不断增加，随着贸易自由化程度加深，市场关税取消，克罗地亚的出口机会将大大增加，同时国内企业也将面临更严峻的挑战。为了阻止廉价农产品、食品对本国市场的冲击，提高本国产品的国际竞争性，克罗地亚颁布了《农业法》，将对农业进行改革，同时着手制定《鼓励农业发展法》。

克罗地亚进口的农产品和食品主要来自欧洲国家，其中68.2%来自欧盟25国，5.9%来自前南国家（除斯洛文尼亚），

表 4－1　2000～2004 年克罗地亚农产品、食品进出口状况

年　份	进口(亿美元)	出口(亿美元)	顺逆差(亿美元)
2000	6.87	4.06	－2.81
2001	8.70	4.87	－3.83
2002	10.32	5.80	－4.52
2003	12.89	7.90	－4.99
2004	13.54	6.70	－6.84
2005	14.63	8.71	－5.92

资料来源：克罗地亚 2006 年统计信息。

3.7% 来自中欧自由贸易协定成员国。意大利是克罗地亚最大的农产品进口国，其次是德国、奥地利、匈牙利、斯洛文尼亚。克罗地亚主要进口热带水果、咖啡、大豆、花卉、可可、淡季果菜、油菜等。克罗地亚农产品、食品的出口对象主要是前南国家，占总出口的 48.2%（除斯洛文尼亚），此外 34.2% 出口到欧盟 25 国，3.7% 出口到中欧自由贸易协定成员国。波黑是克罗地亚最大的出口国，占总出口的 38.9%（2004 年），其次是意大利、斯洛文尼亚、日本和塞黑。出口的农产品主要包括烟草、精糖、沙丁鱼、蔬菜、小麦、巧克力、肉类等。①

二　种植业

种植业长期以来是克罗地亚最重要的农业部门，其中尤以谷类的粮食作物产量最高，小麦和玉米种植面积一直很稳定。小麦是克罗地亚人民的主要粮食，但近年来产量有所减少。克罗地亚的经济作物种类繁多，但种植面积都不太大，其

① 《处在十字路口的克罗地亚农业》，克罗地亚农业、林业和水资源管理部，萨格勒布，2005 年 1 月，第 19 页（Croatian Agriculture at the Crossroads, Ministry of Agriculture, Forestry and Water Management, Zagreb, January 2005. p. 19.）。

中向日葵、甜菜、烟草三大作物占80%。向日葵是克罗地亚最主要的油料作物，甜菜是克罗地亚基本的糖料作物。克罗地亚蔬菜发展很快，沿海地区充分利用当地有利的条件，大力发展早熟和晚熟品种。蔬菜种植面积为13万公顷，占耕地面积的10%，98%由个体农户种植。最具代表性的蔬菜品种是土豆和西红柿。克罗地亚水果种植面积6.8万公顷，占耕地面积的2.2%。水果分为两大类，即温带水果和亚热带水果。温带水果中以李子占绝大多数，其他还有苹果、梨、桃和樱桃等。亚热带水果多分布在达尔马提亚沿海地带，有柑橘、杏、胡桃、无花果、柠檬、橄榄等。葡萄为酿酒业的基本原料，在克罗地亚经济中占重要地位，所产葡萄酒以质优闻名。

表4-2　2000~2003年主要农产品产量

单位：万吨

年　份	2000	2001	2002	2003
小　麦	103.2	96.5	98.8	60.9
玉　米	152.6	221.2	250.2	156.9
苹　果	8.1	3.2	5.9	5.8
李　子	4.0	4.0	2.1	4.3
葡　萄	35.4	35.9	37.0	33.3

资料来源：克罗地亚2004年统计信息。

三　畜牧业

畜牧业方面的生产情况与种植业类似，但增长速度快于种植业。20世纪80年代中期以前畜牧业增势平稳，80年代末期开始出现下滑，战争极大地破坏了克罗地亚的畜牧业，但战争结束后这种下降的趋势并未停止。牛、猪、羊和禽类的存栏数均有下降。近年来，兴建了大批现代化养猪场和养鸡场，人工饲养的猪和鸡的数量不断增长。在牛、猪、羊、禽类的饲养中，个体农民分别占到86%、70%、95%和57%。目前，畜牧业在农业总产值中的比重达44%。

表4－3 2000～2005年主要畜牧产品和牧畜存栏数

年 份	2000	2001	2002	2003	2004	2005
牛(万头)	42.7	43.8	41.7	44.4	46.6	47.1
猪(万头)	123.4	123.4	128.6	134.7	148.9	120.5
羊(万只)	52.9	53.9	58.0	58.7	72.2	79.6
家禽(万只)	1125.6	1174.7	1166.5	1177.8	1118.5	1064.1
奶(亿升)	6.07	6.53	6.94	6.65	6.63	—
牛肉(万吨)	6.3	5.6	6.8	7.3	7.3	—
猪肉(万吨)	16.4	18.0	18.9	20.8	18.3	—
禽肉(万吨)	9.3	9.3	9.2	8.9	8.8	—

资料来源：克罗地亚2006年统计信息。

四 林业

克罗地亚森林资源比较丰富，植物种类繁多，林业及其相关研究已有超过150年的历史。克罗地亚的森林面积为24856.11平方公里，占陆地总面积的43.96%，是欧洲森林覆盖率最高的国家之一。其中，天然林面积23400平方公里，受保护森林面积900平方公里，有特殊用途森林面积500平方公里。国家所有森林面积20244.74平方公里，占总面积81%，由“克罗地亚林木（股份）有限公司”管理，该公司负责克罗地亚森林及林木采伐事项。克罗地亚森林公司原为事业单位，2002年4月改为企业，但目前克罗地亚森林公司尚未进入市场运作，仍按事业单位的方式管理。全国私人所有的森林面积占总面积的

19%，分属599056名所有人，人均占有森林不到0.8公顷。克罗地亚森林13%为针叶林，阔叶林最多的树种为山毛榉、橡树、白蜡树等。克罗地亚的橡树林和榉树林虽然数量不多但质量很高。

克罗地亚木材储量丰富，共计3.243亿立方米，其中榉树是储量最多的树种，共1.177亿立方米，占总储量的36%，其次是橡树4440万立方米，约占14%，冷杉3040万立方米，约占9.4%。木材储量年增长量为960万立方米，其中国有森林年增长量810万立方米。

为了融入欧洲一体化进程，克罗地亚已经签署了大部分的国际和地区自然保护文件，每年森林允许采伐量535万立方米，占林木年自然生长量的55%。但目前实际年采伐量仅为420万~430万立方米，其中树木采伐量180万~185万立方米，其余为纸浆木、柴木等。按品种划分，针叶树42万立方米，阔叶树155万立方米。原木生产92万立方米，其中针叶树原木6万立方米，阔叶树原木86万立方米。克罗地亚森林公司每年按计划采伐林木，其中绝大部分根据合同销售给境内的木材加工企业，合同一般为1~5年（合同期的长短根据用户的支付能力和资信情况确定）。另有少量原木（约7%）通过国际招标形式出口。[①]

克罗地亚是传统木材加工国，产品主要有：锯材、板材；贴面板；刨花板；地板块；建筑用板材；木材包装；家具；特殊用途的木材（铁路枕木、电线杆等），其中，锯木板材加工业占有重要地位。由于克罗地亚树木品质较好，其生产的板材品质也较高。但由于国内战争爆发和经济转轨的影响，克罗地亚未能及时引进国外先进技术，也缺乏资金发展木材加工业，落后国际先进水平十几年。2002年以来，克罗地亚经济形势好转，经济增长加快，同时，克罗地亚政府采取经济措施改善国际形象，国内外

---

① 中华人民共和国驻克罗地亚大使馆经济商务参赞处子站资料。

投资环境有了极大改善，因此，许多木材加工企业开始进行投资。

克罗地亚木材加工产品以出口为主，大部以原材料和半成品的形式出口，再从国外进口木材深加工制成品。木材初加工工业对外贸易一直是顺差，而家具工业外贸一直为逆差。木材出口最大市场为意大利，其次为斯洛文尼亚、德国、奥地利；进口最多的国家为斯洛文尼亚，其次为奥地利、波黑、德国和意大利。硬木出口中榉木占50%，橡木占30%，楞木占6%。值得一提的是，木材也是中国从克罗地亚进口的主要商品之一，锯材已成为中国从克罗地亚进口的第一大产品，但进口木材大部分需通过第三国转口，直接进口较少。

五　渔业

克罗地亚本土海岸线长1778公里，岛屿海岸线总长4012公里，非常适于发展海洋渔业。捕鱼业和鱼产品加工业是克罗地亚沿海地区及其岛屿的传统产业，其海洋捕鱼的历史记载超过1000年。海洋生物养殖业是近20年来刚发展起来的新兴产业。海水养殖业集中在亚得里亚海沿岸及附近岛屿。目前克罗地亚共有40个海鲈鱼和鲷科鱼养殖场，6个金枪鱼养殖场，80个贻贝和牡蛎养殖场。克罗地亚海水养殖的战略目标是至2010年海鲈鱼和鲷科鱼年产量达1万吨，贝类年产量达2万吨。

淡水鱼的养殖已经有超过120年的历史，分布在内陆地区，现在克罗地亚鲤鱼养殖池塘总面积达1.25万公顷，另有超过3万公顷的鳟鱼养殖池塘。这些养殖基地同时也是许多珍稀鸟类的栖息地。淡水鱼中以鲤鱼最多。主要淡水鱼类有鲤鱼、鲑鱼、鳟鱼、鲇鱼、鲫鱼等。2004年淡水鱼养殖总量3393吨，其中鲤鱼1575吨，鲑鱼1075吨。

克罗地亚海洋渔业规模不大，因为亚得里亚海的海水中缺乏营养物质，所以相对产鱼不多，但鱼的种类却很丰富，海鲈鱼和金枪鱼是主要的海鱼。用于鱼制品加工的以沙丁鱼为主。

克罗地亚渔业为出口型产业，近年均为贸易顺差。鱼罐头主要出口波黑、马其顿、塞尔维亚和黑山、奥地利；鲜鱼、冻鱼出口意大利（黑鲈为主）和日本（金枪鱼为主）。克罗地亚养殖的海鲈鱼和鲷科鱼主要出口意大利和满足本国市场的需求。

表 4-4　鱼类和其他海产品捕捞量和产量

单位：吨

年　份	鱼类和其他海产品捕捞量	淡水鱼产量	海水鱼产量
1999	18866	6007	3632
2000	20971	6029	5000
2001	17334	5550	7100
2002	21204	5501	8971
2003	29102	5076	10069

资料来源：Ministry of Agriculture，Forestry and Water Management。

第三节　工业

一　概况

克罗地亚有着良好的自然条件和较丰富的资源。但在第二次世界大战以前，发展十分缓慢，是个落后的农业国。第二次世界大战中，经济遭到极其严重的破坏。全国解放后，南斯拉夫人民政权把外国资本和本国资产阶级所控制的工业、银行、外贸和批发商业全部收归国有。到 1947 年底，工业生产便全面达到和超过战前水平。工业中除原有的造船、采掘和纺织业继续有所发展外，机器制造、电子、化工等新兴工业发展很快，工业的技术装备大大增强，自动化和半自动的工作机械占整个设备的2/3以上，产品更新的速度也较快。从1948年至20世纪50年代初的一段时期里，由于国防和整个经济发展的需要，克罗地亚曾集中力量发展重工业，1952年以后一批重工业基本建设完成，整个工业开始迅速发展。1965年经济改革后，取消了国家投资基金和各项经费补贴，强调企业合理经营和提高经济效率，加强工业生产的集约化，提高了整个工业的生产能力。自20世纪60年代初以来，由于加工工业迅速发展，基础工业相对落后，出现新的比例失调，加之其他因素的影响，工业生产增长速度呈下降趋势。在此期间，克罗地亚的整个社会经济结构发生了巨大的变化，首先是在国内生产总值中，私有制部分所占比重不断下降，而社会所有制占了绝对优势。其次是在工农业总产值中，农业的比重不断下降。这样，20世纪80年代初期克罗地亚已从一个落后的农业国发展成为一个现代化的工业农业国。

1990年以来，由于物质生产部门生产大幅度下降，工矿业在整个经济中的比重也普遍下降，而其他部门（市政服务、科教文卫、商业金融服务等）的比重均相对增加。2004年克罗地亚工业产值占国内生产总值的22%，这一数字接近欧盟平均标准。2004年克罗地亚工业产值为75.48亿美元；工业部门就业人数达43.9万人，占就业人口的27%；工业出口额占总出口额的97%。收入最高的工业部门为食品、饮料、烟草、石化、冶金、造纸和电力生产部门；就业人数多且出口额大的工业部门为纺织业、冶金业、电力、木材加工业和造船业。1995年工矿业共有近1.3万个企业，其中私有企业1.16万个，国有企业574个，合作社企业32个，与外国合资的混合所有制企业734个。

目前，工业是克罗地亚国民经济的主体，它的迅速发展满足了广大人民对各类工业品日益增长的需要，促进了整个国民经济的技术改造，而且在对外贸易的发展上起了愈来愈重要的作用，工业品在国家出口总额中现已占到97%左右。克罗地亚工业的支柱产业为：造船业、石油化工业、食品工业、纺织工业、木材加工业、金属加工业（包括机械制造和电力机械制造业）、电子工业。

表4-5　2000~2004年主要工业指标变化指数（与上年相比%）

年　份	2000	2001	2002	2003	2004
工业产量	101.7	106.0	105.4	104.1	103.7
总就业人数	97.5	96.7	96.1	96.6	98.1
劳动生产率	111.3	109.6	109.6	107.7	105.7

资料来源：2005年克罗地亚统计年鉴。

表4-6　2002~2004年克罗地亚主要工业部门进出口状况

单位：亿美元

年　份	2002		2003		2004		2005	
	出　口	进　口	出　口	进　口	出　口	进　口	出　口	进　口
采矿业	0.99	9.95	1.29	11.43	1.57	14.91	2.42	19.57
制造业	46.46	92.83	58.34	124.84	76.29	144.22	82.52	157.40
能源工业	0.03	1.12	0.09	1.36	5.3	1.70	13.1	29.3

资料来源：克罗地亚2006年统计信息。

二　能源工业

克罗地亚国内动力资源以煤、石油、天然气和水力为主，除能源供应靠国内生产外，还需大量进口才能得到满足。亚得里亚海底蕴藏有丰富的石油，巨大的石油管道从克尔克岛上的奥米什通往克罗地亚、波黑、斯洛文尼亚、塞尔维亚、匈牙利、捷克和斯洛伐克的炼油厂。从斯拉沃尼亚布罗德（Slavonski Brod）到梅久穆尔耶（Međumurje）的广阔地带有许多油田。这些油田中除了石油外，还有大量的天然气。克罗地亚煤的储量大，但优质煤储量少，埋藏深，开采难，而褐煤及其他劣质煤开采方便，有些地方甚至可以露天开采。扎戈列、斯拉沃尼亚和德拉瓦河流域盛产褐煤。克罗地亚已停止开采，煤炭需求通过进口满足。2003 年主要能源产量（天然气、石油、水力等）比 2002 年减少 1.1%，因此能源自足率减少为 46.4%，为迄今为止的最低值，其余部分需要依赖进口。石油产量能满足国内液体燃料需求的 30%，天然气产量能满足国内市场需求的 60%。鉴于油田、气田的蕴藏量欠丰，以及停止开采伊斯特拉半岛的煤田等原因，未来几年中自产能源的比重将会持续下降，进口能源逐渐超过自产能源已成为能源发展的趋势。在亚得里亚海北部开始进行的天然气的开采只会部分暂缓这一趋势。

2003 年克罗地亚能源总消费量比 2002 年增长 5.2%，同能源消费最少的 1992 年相比，增加了 32.4%，但仍然没有达到 1998 年的水平。人均年消费石油 2.13 吨，比欧盟国家人均能源消费量少 46.6%，也低于大部分中东欧国家。

2004 年克罗地亚能源工业产值占国内工业产值的 16.3%，就业人数占工业就业人数的 10%。

表 4－7 1998～2003 年克罗地亚能源工业生产情况

年 份	1998	1999	2000	2001	2002	2003	2004
与上年相比(%)		99.1	101.9	97.9	101.4	97.4	99.2
就业人数	4800	4600	5100	5200	5200	5300	5300
总收入(亿库纳)	28.13	34.82	45.66	44.70	50.70	58.75	
进口(亿美元)	4.18	7.01	9.72	9.38	9.15	10.37	13.38
出口(亿美元)	0.03	0.02	0.27	0.72	0.76	0.99	1.13

资料来源：克罗地亚统计局，克罗地亚财务署和伊纳石油公司，克罗地亚商会。

除私人企业可以从事部分天然气的供应、石油产品及煤气零售外，克罗地亚能源部门主要为国有。最大的两家能源部门伊纳石油公司和克罗地亚电力公司仍是国家占有主要股份的公司。2002年克罗地亚通过了将上述两家企业私有化的专门法律，规定在克罗地亚加入欧盟之前克罗地亚政府将保留上述两公司一定的股份（电力公司51%，伊纳石油公司25%）。2003年7月，伊纳石油公司完成了第一阶段私有化，匈牙利莫尔（MOL）石油公司与伊纳石油公司达成协议，以5.05亿美元购买伊纳石油公司25%的股份。

1. *石油工业*

克罗地亚虽早在1884年即已开始生产石油，但其规模一直很小。战后克罗地亚政府对石油工业的发展极为重视，开始大规模的勘探和开发。随着油气田的陆续发现，产量增长也非常迅速。克罗地亚石油储量欠丰，拥有34个油田，集中分布在潘诺尼亚盆地的一些小型凹陷中，以中部的萨瓦凹陷产量最丰，其中的斯特鲁日茨油田和祖提查油田规模最大，年产量都达到50万吨。克罗地亚拥有里耶卡（Rijeka）、西萨克（Sisak）和萨格勒布（Zagreb）三家炼油厂（年加工原油能力850万吨），超过658个加油站（其中403个为国家伊纳石油公司所有，255个为私人所有）。同时，克罗地亚有18个天然气田，1937公里长高压输气管道，5.5亿立方米的地下储气室。克罗地亚每年从国外进口大量的石油进行加工。另外从亚得里亚海里耶卡港到匈牙利、塞尔维亚、捷克还修建有石油运输管道。

石油工业是克罗地亚经济支柱，输油和输气管道从亚得里亚海的油气田通往内地，并与斯洛文尼亚、匈牙利、捷克、奥地利等国相连，一方面为本国储运原油，另一方面为斯洛文尼亚、波黑、塞尔维亚和黑山、匈牙利、捷克、斯洛伐克储运原油。从亚得里亚海岸通往欧洲的石油运输线在中东欧国家能源供给领域占据着重要的战略地位，并为进一步连接欧洲石油运输网和亚洲石油产地提供了可能。亚得里亚输油管线为克罗地亚国有股份公司——亚得里亚输油股份公司（JANAF d. d.）所有，目前长度为759公里，年输油量达2000万吨，另外在奥米沙里（Omisalj）、西萨克（Sisak）和维里耶（Virje）建有总储量96万立方米的码头储油设施。

表4-8 1998～2003年克罗地亚石油工业生产消费情况

单位：万吨

年 份	1998	1999	2000	2001	2002	2003
产 量	138.94	129.27	121.39	112.08	110.85	105.21
进 口	375.89	447.77	391.43	390.84	389.54	376.63
出 口	3.99	13.02	3.51	—	—	—
总消费	511.70	559.12	526.38	491.02	492.42	496.07

资料来源：克罗地亚统计局，克罗地亚财务署和伊纳石油公司，克罗地亚商会。

伊纳石油公司（INA d. d.）为克罗地亚国有股份公司（国家控股51%），是联合全国各石油工业公司的康采恩，负责天然气的勘探、开采、仓储，石油的勘探、开采、加工以及大宗石油产品、煤气和液化石油气的贸易。“伊纳”公司除在国内勘探石油资源外，还与国外合作，曾为安哥拉、埃及等国勘探石油和承包有关建设。目前“伊纳”公司因亏损而面临结构改造。从伊纳公司分离出来的“克罗地亚燃气”有限责任公司（PLINACRO d. o. o.）同样为克罗地亚国有公司，负责克罗地亚天然气的运输和贸易。

克罗地亚一共有39家从事供应天然气业务的企业，3家从事供应市气和混合气的企业，主要为地方政府所有，其中具有专业供气能力的企业不多。克天然气供给管线总长约1.45万公里。

2. 电力工业

电力工业是克罗地亚政府最重视的工业部门之一，1990 年克罗地亚国内电站的装机总容量为 3695 兆瓦，其中火力发电占 56%，水力发电占 44%。此外还与斯洛文尼亚在 1978 年联合，在斯洛文尼亚境内共建了前南斯拉夫唯一的核电站，装机容量 650 兆瓦，生产的电力双方平分。独立后，由于战争破坏和燃料不足等原因，克罗地亚国内电力供应十分紧张，生产用电量所占比重不断下降，而家庭用电的普及程度大大提高，特别是南部沿海地区。1994 年火力发电比 1990 年减少 35%，火力发电的比重从 56% 降到 37%；水力发电虽有所增加，但总发电量只有 91.46 亿千瓦时。战前克罗地亚的电力年消耗量为 150 亿千瓦时，需新建装机容量为 1500 兆瓦的新电站，克罗地亚电力公司正在为此制订具体发展方案。

电力主要来自水电站、热电站和公共热力站，一小部分来自工业热力站。建立在斯洛文尼亚的克尔什科核电站为克罗地亚与斯洛文尼亚各投资 50% 建成，但自 1998 年 8 月起，克尔什科核电站脱离克罗地亚电力体系，经过多年的谈判双方达成协议，自 2003 年 4 月该核电站恢复向克罗地亚供电。克罗地亚电力公司在塞尔维亚和波黑的部分火电站也拥有所有权和其他权力。

克罗地亚目前电力系统的装机容量 4012 兆瓦，其中水电 2071 兆瓦，占 52%；热电 1398 兆瓦，占 35%；核电 338 兆瓦，占 8%；境外电站 205 兆瓦，占 5%。克罗地亚供电网中由 110 千伏/35（20）千伏变电站、110 千伏/10（20）千伏变电站、35 千伏/10 千伏变电站、10 千伏/0.4 千伏变电站组成，供电线路电压为 110 千伏以下。

克罗地亚的电站和输变电设备的生产能力相当强，“拉·康察尔”在发电机、电动机、变压器等设备的生产制造方面具有相当高的水平，其生产的设备在国际上也有比较高的声誉，曾多次在世界招标项目中中标。该公司非常重视培养技术队伍，先后设立了一系列的研究所、实验室和教育中心，从而保证了生产技术不断发展的需要。克罗地亚电力公司（HEP d. d.）为国有股份公司，负责电力的生产、传输、供应，热力的生产、供应，以及电力系统的管理。

表 4－9 1998～2003 年克罗地亚电力工业生产消费情况

单位：亿度

年 份	1998	1999	2000	2001	2002	2003
产 量	108.97	122.45	107.02	121.74	122.86	126.69
进 口	37.83	29.56	43.86	37.44	39.27	44.79
出 口	4.28	5.96	3.86	5.88	4.06	5.82
总消费	119.26	125.40	126.40	128.69	137.31	140.23

资料来源：克罗地亚统计局，克罗地亚财务署和伊纳石油公司，克罗地亚商会。

三 造船业

克罗地亚造船业历史悠久，18～19 世纪生产的木制帆船曾达到世界最高水平，1840 年开始生产蒸汽轮船，1848 年，克罗地亚建造了第一艘远洋轮船。第二次世界大战期间造船业遭到破坏，生产停顿，战后重新获得发展。1958 年起开始向国外出口船舶，到 20 世纪 60 年代已形成了一个技术比较先进、具有相当规模的造船工业体系。但南斯拉夫分裂和战争使造船业陷入危机。1990 年克罗地亚共造油轮 38.9 万吨（总吨位），货轮 11.9 万吨，1994 年分别降至 12 万吨和 4.5 万吨，4 年内造船业产值下降 62%，按供货单计算已降为世界第 16 位。1990～1994 年职工人数从 2.2 万减少为 1.5 万。由于缺少国际订货，设备闲置，造船厂欠债严重。1994 年底在克罗地亚政府支持下与俄罗斯和伊朗分别签订造船协议（俄罗斯10条4万吨位，伊朗8条），后又与瑞士（6条）、西班牙等国签约。与此同时，克罗地亚政府还开始对五大船厂进行整顿，以解决其债务问题和组织管理问题，造船业已度过最困难的时期，1996年开始恢复增长，并成为工矿业中生产增长最快的部门。

现在，克罗地亚已能建造万吨级多用途船和集装箱船、2万吨级成品油船、11万吨级石油散装矿砂船、26万吨级石油矿砂船和27万吨级油船等十多种船舶，还能建造潜水艇、登陆艇、导弹快艇等军用舰艇。此外，各类船用主机、辅机等也能大批生产。克罗地亚造船业的特点是吨位大、周期短、造价低，因此在国际市场上有30多个国家前来订购船舶，出口量占总产量的90%以上。克罗地亚船舶出口的历史已超过半个世纪。在克罗地亚政府制定的经济战略中，造船业是克罗地亚最重要的工业部门之一，也是最重要的出口部门之一，多年来在克罗地亚出口产业中名列第一，远远高于其他产业。同时，造船业也严重依赖进口，国产材料在船舶建造中的使用率仅为38%～45%。2003年造船业出口约占克罗地亚出口总额的12%，主要出口国为波黑、智利、意大利、利比里亚、南非和塞浦路斯，主要出口船型为油轮和货轮。截至2005年3月5日，克罗地亚造船业现有的在建及待建船舶的订单69艘348.3万吨，占世界第4位，排在日本、韩国、中国之后，列欧洲第一。造船业进口约占总进口额的2%，主要为造船所需的零部件。

由于订单的增多，造船业的产值在国内生产总值中的比重日益加大。造船业也是克罗地亚政府重点扶持的行业之一。克罗地亚特别重视造船业的技术支持，因此全国有许多设计工作室、研究所，大学都设有造船专业的学院。其中设在萨格勒布的船舶研究所在船舶的设计制造方面发挥了重要的作用，该所以其人力和实验室资源、经验、设备位列欧洲顶级研究所之一。

造船业对克罗地亚经济增长、扩大生产、就业和出口具有重要意义。克罗地亚造船业目前直接就业人员约1.4万，加上为该工业提供服务的各种企业和部门中的就业人员，克罗地亚造船工业吸收的实际就业人员超过3.5万。

依据生产规模和能力，克罗地亚造船厂可以分为大、中、小3种类型。大型造船厂共有职工1.24万人，2004年创收21亿库纳。目前在克罗地亚沿海有普拉的“乌利亚尼克”、里耶卡的“五三”以及“斯普利特”、“特罗吉尔”和“克拉列维察”五大船厂。其中“斯普利特”造船厂历史最久、规模最大、赢利最多，曾于1948年重建，1958年就出口万吨级货船、客船以及油船等。以后生产能力逐步扩大，发展成为能够建造25万吨级以下各类船舶、年生产能力40万吨级的新型船厂。乌利亚尼克造船厂和“五三”造船厂拥有ISO9001证书。2003年，斯普利特造船厂赢利17.6亿库纳，乌利亚尼造船厂赢利13.9亿库纳，“五三”船厂赢利11.3亿库纳，特罗吉尔船厂赢利5.9亿库纳，克拉列维察船厂赢利3.5亿库纳。克罗地亚政府为造船企业的贷款提供了大量的国家担保，其中2002年提供了近4亿库纳（0.55亿美元，按当年汇率）的贷款担保，2003年提供了35亿库纳（约5.7亿美元，按当年汇率）的担保，占GDP的1.9%，其中金融担保7.7亿库纳，履约担保27.3亿库纳。

另外中型船厂20家，职工1800人，它们一般位于沿海或岛屿上，建造和修理渡船、渔船、公务船（警务船、海关船、消防船、生态保护船）和游船。自然旅游业的发展不仅促进了沿海地区的造船事业，内陆地区的造船业也有所发展。目前克罗地亚共有200家登记在册的小型船厂和修理中心，职工约1700人。它们生产的船舶类型多种多样，从独木舟到家庭摩托艇，再到符合国际最高标准的50米快艇，都在国际航海展上获得盛誉。

四　纺织和服装工业

纺织和服装工业为全国重要工业部门，规模与化学工业相当。但是，纺织与服装工业在克罗地亚经济中的地位逐年下降，以前克罗地亚纺织与服装工业占克罗地亚工业总产值比重曾达11%，前几年该比重一直维持在7%左右，而目前仅为1.24%（2003年）。同时，就业人数逐年下降，从1990年的8.8万减少为2004年的3.19万，占克罗地亚总就业人数的2.97%，占加工工业人数的13.30%。1998～2003年纺织和服装工业总投资2.9亿库纳，其中65.2%为设备投资。2003年只有1家纺织企业和2家服装企业进入了克罗地亚企业400强。

克罗地亚纺织与服装工业可分为四大部门：棉纺、毛纺、针织和服装，其中以棉纺织业最为重要。纺织业面临的主要问题是，产品质量虽好但成本过高，在激烈的国际竞争中因压低价格出口，往往造成企业亏损；另一方面，在外贸放开的情况下，东欧各国的廉价商品大量涌入国内市场，加之国内居民购买力下降，本国纺织品因价高而销路不畅。纺织和服装工业的私有化分两步走：第一步由原社会所有制变为国家所有制，这一阶段已经完成；第二步企业私有化还在进行中。

纺织和服装工业是克罗地亚重要的出口部门之一，其产品在质量、价格上具有一定竞争性。设计水平较高，符合欧洲时尚。出口对象主要是欧盟国家，占总出口的80%。其中男装主要向英国、意大利、斯洛文尼亚和波黑出口，女装主要向斯洛文尼亚、捷克和波黑出口，针织品主要向德国、奥地利和斯洛文尼亚出口，纱线和布料主要出口意大利、德国和波黑。同欧盟签订《稳定与联系协议》有利于克罗地亚服装出口，自2000年11月1日起，克罗地亚服装向欧盟出口已取消关税和数额限制。

克罗地亚的纺织原料不足，因此纺织服装工业成为进口原料而出口成品的部门。随着该工业的萎缩，克罗地亚纺织与服装工业出口自1995年出现了较大幅度的下降。2001年起开始出现逆差。

克罗地亚纺织和服装企业参加各种博览会，并多次获得国际肯定。克罗地亚每年9月14～19日在萨格勒布展览会会场举办中东欧地区最大、最有影响的展览会——萨格勒布秋季博览会，其中设有纺织服装馆（Intertextile）。除此之外，克罗地亚举办的重要博览会还有国际皮革和皮鞋周等。

克罗地亚纺织服装业只有一个协会，由克罗地亚经济联合会下属的工业和技术部组织领导。克罗地亚国内现有注册纺织工业企业782家，其中最大的276家企业就业人数占纺织与服装工业就业总人数的75.3%。生产初级纺织品的前10家企业产值占初级纺织品产值的45.16%，占纺织与服装工业总产值的14.66%，生产服装的前10家企业产值占服装工业总产值的55.51%，占纺织与服装工业总产值的37.48%。①

五 化学工业与橡胶、塑料加工业

化学工业是克罗地亚的新兴产业，在南斯拉夫时期发展最快。过去克罗地亚的化学工业以无机化工为主，作为有色金属副产品的硫酸产量较大，此外制药、人造丝等也有一定规模，而有机合成化工非常薄弱，有机化工原料大量依靠进口。为改变这一状况，克罗地亚把有机合成化工作为发展重点，从扩大炼油能力入手，大力发展石油化学工业。在炼油工业发展的基础上，克罗地亚的石油化工从无到有、从小到大迅速地成长

① 《纺织与服装》，克罗地亚工业经济和技术发展所，2005年（Croatian Chamber of Economy Industry and Technology Department，Manufacture of Textiles and Apparel，2005.）。

起来。20 世纪 60 年代重点发展了化肥工业，以后逐步扩大到生产合成纤维和塑料，后来又开始发展合成橡胶。为了较快地改变石油化工的落后面貌，克罗地亚集中资金，大力引进外国先进技术，兴建了一批大型联合企业。里耶卡沿岸的克尔克岛建立了石油化学工业中心，它共设 11 个分厂，每年能生产 180 万吨各种化工产品。2004 年克罗地亚化学工业产量为 278.5 万吨，橡胶、塑料加工产量为 7.81 万吨。

克罗地亚的化学工业包括基础化工和化学加工两个部门。其基础化工的主要产品有氨（100%）、硝酸、其他有机酸、氯乙烯、聚乙烯、化肥和农药、人工合成塑料和树脂等；其化学加工业的主要产品有成药、颜料、洗衣粉、塑料制品、胶卷等。克罗地亚化学工业从 1995 年开始停滞，2000 年才开始恢复增长，2004 年增长 9.5%，其中工业煤气和无机肥料增长最快。橡胶、塑料加工业增长 2.1%。2004 年克罗地亚化学工业占国内生产总值的 8.11%，在加工业领域位居第二，仅次于食品加工业。自 2000 年起，橡胶、塑料加工业持续增长，2004 年产值占克罗地亚国内生产总值的 2.47%。化学工业与橡胶、塑料加工业的就业人数占克罗地亚加工业总就业人数的 8.0%。

目前在化学加工部门中最引人注目的是制药业，每年生产各类医药产品 1700 多吨。普利瓦（Pliva）制药厂是克罗地亚最大的制药厂，拥有职工 3168 人。该公司在伦敦股票市场上市，并收购了美国、东欧等国家的部分制药企业，成为下辖 45 家企业的实力雄厚的跨国公司，多年来该公司一直是克罗地亚最大的赢利企业，2003 年该公司总收入 27.73 亿库纳，列克罗地亚企业 400 强中第 8 位。该厂开发的新产品（治疗呼吸道疾病的抗生素——链霉素），得到世界卫生组织的高度评价。这一新产品不但为克罗地亚开辟了新的国际市场，而且引起国内外投资者的兴趣。1996 年 4 月该企业在伦敦证券交易所上市，成为克罗地亚进入国际资本市场的第一家工业企业。

2004年克罗地亚化学工业出口占制造业出口总额的9.4%，橡胶、塑料加工业出口占1.6%，最大的出口企业是制药企业普利瓦（Pliva）和有机化肥生产企业佩特罗凯米亚（Petrokemija）。

克罗地亚化工协会由克罗地亚经济联合会下属的工业和技术部组织领导。克罗地亚国内现有注册化工企业258家，工人12200人。橡胶、塑料加工业企业538家，工人6900人。克罗地亚大部分化工企业，特别是中小企业，都是以出口为主，因此它们致力于按照欧洲模式进行内部结构、机构和市场营销战略调整，引入国际质量认证。

六 机械制造工业

二战前，克罗地亚的机械工业极为落后，许多基本的机器都无法制造。战后，机械工业成为国家重点发展的工业部门，品种和产量都增长很快，机车、发电机等产品都比战前增加了几十倍甚至几百倍。不少产品除满足本国需要外，在国际市场上也享有很好的信誉。机械制造业一般是在引进国外先进技术的基础上，经过自己的吸收和创新而发展起来的。

2004年，克罗地亚机械制造业在工业产值中的比重为8.03%，共有572家生产企业，其中16家为大型企业，59家中型企业，497家小型企业。新技术的引进使生产部门实现现代化，就业人数不断减少，2004年为3.2万人，约占克罗地亚总就业人数的3.1%，工业就业人数的11.8%，加工工业就业人数的13.5%。克罗地亚机械、运输工具制造业外贸逆差较大，出口停滞，目前正在利用加入世界贸易组织、周边国家市场的开放和努力加入欧盟带来的机遇扩大出口。

克罗地亚机器制造业较发达，以生产蒸汽锅炉、船用发动机、供工农业生产使用的各种机械为主。在机械、运输工具制造业中汽车零部件生产、船用设备生产、加工工业用机械设备生产、农用机械生产是克罗地亚重点发展的领域。自2000年，该产业中机械设备生产和机动车、拖车生产发展较快。克罗地亚机床加工也有一定的能力，克罗地亚“五一”机械厂的机车生产水平较高，该厂生产的机床向前苏联、东欧国家大量出口，该厂在机床电器的生产方面也具有一定的实力，曾为东欧国家如捷克等国出口过数个加工中心组成的柔性线。

七 金属和金属加工业

克罗地亚金属工业发端于19世纪60年代，但一直规模不大。在战争中，各钢铁厂普遍遭到破坏。战后，克罗地亚对金属工业的恢复和发展作了很大努力，除对老厂进行重建和扩建外，还在一些新兴地区建立了钢铁厂。克罗地亚有两个钢铁厂，设立在锡萨克和斯普利特。锡萨克厂靠近留比亚铁矿，重点生产钢管。斯普利特厂规模很小，年产钢仅几千吨。目前上述各企业正面临着结构改造的艰巨任务，在所有制结构改造过程中，中小企业已私有化，锡萨克钢铁厂、斯普利特钢铁公司、希贝尼克的TLM轻金属工厂（生产铝制品）和“达尔马提亚”生产铁合金的工厂正在进行整顿。

2004年克罗地亚金属制造业与金属制品加工业产值占国内工业生产总值6.45%，金属制造业同比增长7.3%，金属制品加工业同比增长25.1%。金属和金属加工业就业人数占加工业就业总人数的11.3%，其中金属制造业就业人员同比增长0.8%，金属制品加工业同比减少4.9%。2004年金属和金属加工业共有1514家生产企业，其中26家为大型企业，102家中型企业，1386家小型企业，占克罗地亚制造业企业总数的15.6%。经过私有化，克罗地亚金属制造业中大部分企业的所有权转到国家基金会和银行手中，而金属加工业中的大部分企业为私人所有。金属和金属加工业出口增长56.9%，进口增长30.88%。金属制造业主要产品有：有缝钢管、无缝钢管、钢筋、钢丝、建筑钢架、铝加工制品、铸铁、铁合金。金属加工工业包括铸造、机床、工具、车辆、农机及各类机器设备等。汽车工业是近年发展较快的一个部门。因为建筑业和造船业的增长，在过去两年内克罗地亚钢材消费增长了30%，2004年达到50万吨。钢板等许多产品克罗地亚自己不能生产，主要靠进口。

克罗地亚非常注重培养国内的机械工程人才，克罗地亚大学设有4个机械工程系和3个电机工程系，每年毕业学生1000人，不断为国内企业输送人才。

八　机电电气工业和光学设备制造工业

克罗地亚电气和光学设备制造工业包括办公室设备和计算机的生产、电力机械和设备的生产、无线电及通信设备的生产以及医用、精密和光学仪器的生产等。克罗地亚电气和光学设备生产所需材料基本依靠进口，技术水平已显落后，仅在部分产品的生产上（变压器、通信产品）尚能保持发达国家的技术水平。

克罗地亚从事电气和光学设备制造（不包括家用电器生产）的企业1000多家，2004年克罗地亚电气和光学设备制造工业占工业生产总值的5.12%。2003年克罗地亚电气和光学设备制造工业收入占制造业收入的9.62%，全国总收入的2.43%。2004年，克罗地亚电气和光学设备制造工业出口9.61亿美元，同比增长38.1%，占克罗地亚制造业出口的12.6%。主要出口企业有：康查尔公司（Končar，主要出口发电、变电设备）、尼古拉·台斯拉公司（Ericsson Nikola Tesla，主要出口电信设备）、里兹公司（RIZ，主要出口无线发射设备）等。进口21.55亿美元，同比增长17.8%。克罗地亚电气和光学设备制造工业拥有就业人员约1.85万，占克罗地亚工业总就业人数的4.84%。经过私有化，克罗地亚电气和光学设备制造工业中大部分企业为私人所有，其他企业的所有权转到国家基金会和银行手中。近10年，克罗地亚在电气和光学设备制造工业投资额不大，1993～2003年9月，累计投资仅为1.53亿美元，这也影响了该领域的发展。

克罗地亚的机电电气工业比较发达，与其他工业部门相比，机电工业发展速度最快，并且高度集中于少数大中城市，萨格勒布为其最大的中心。设在这里的“康查尔”电气总公司已有75年的历史，是联合了国内50个公司和国外10个公司的集团公司（康采恩）。在前南斯拉夫时期，其主要产品就销往西方国家，并在尼日利亚、伊拉克、赞比亚、哥伦比亚、土耳其、希腊等国承包兴建电站工程。该公司非常重视培养技术队伍，先后设立了一系列的研究所、实验室和教育中心，从而保证了生产技术不断发展的需要。由于该公司凭自身的技术水平努力适应国际市场需求，保持了向西方出口的竞争力，并取得较好的经营成果，是目前克罗地亚经济中少有的赢利部门。目前其产品主要出口德、意、奥、英、捷、俄等国，其中德国居首位。1996年该公司与捷克的CKD公司合作，为希腊承建水电站工程，是克罗地亚第一个重返国际承包工程市场的经济部门。

第四节 商业和服务业

克罗地亚独立后大力发展商业和服务业，特别鼓励和扶持个体商业和服务业的发展。随着经济转轨和私有化的不断发展，克罗地亚商业企业数迅速增加。1994年的商业企业共71258个，为1990年的9倍，占全国企业总数的一半以上，其中97.4%是私人商店。与此同时，商业部门就业人数却不断减少，1990年为155565人，1994年为99396人。随着居民购买力的不断下降，商品零售额下降了2/3，1994年开始回升（1994年增加13.2%，1995年增加12.5%，1996年增加8.9%）。1994～1999年由于私有化等因素的影响，许多商家出现亏损。加之国内商品价格不合理和商品供应不对路，大多数国内的消费者趋向国外市场。整个经济环境为灰色经济的发展提供了温床，据统计，1995年灰色经济最为猖獗，占整个经济活动的42.6%。2000年底加入世贸组织后，克罗地亚开始外贸自由化，外国商品更容易进入国内市场。同时，相关法律法规的出台及修改为外国投资的注入提供了便利。竞争力的增强为国内经济的发展产生了积极影响。1995～1997年商业年均增长16.2%，其中批发业的增长要快于零售业。1999～2002年商业年均增长4.7%，其中2002年增长最快达17.9%。1994～1997年期间批发业在商业中占主导地位，而自1998年以后零售业的地位日益重要，1998年零售业赢利占商业总利润的38%，2002年这一数字上升为46.1%。

目前商业在克罗地亚经济中占有重要地位，据国家统计局数字，2004年克罗地亚商业占GDP的10.3%，商业企业数占企业总数的37.3%。2004年共有36531家商业实体，其中54.8%为专营商，45.2%为公司实体，大公司增加较少，小公司增长迅猛。除此之外，2004年全国有店铺44835家，其中51.1%属公司实体所有，48.9%属专营商所有，平均每家商店有6.4个雇员，平均每185个居民有一个商店，按商店面积计算，66%面积在120平方米以下。

商业部门是克罗地亚第二大就业部门，截至2004年12月，总就业人数将近21万，占全国总就业人数的15.1%。其中公司实体就业人数16.45万，占商业总就业人数的78.9%；专营商人44018人，占商业总就业人数的21.1%。零售业从业人员最多，占商业总就业人数的48.6%，批发业和国际贸易就业人员占37.2%。

2004年克罗地亚零售商品总额达2099亿库纳，所创造的利润占全国总收入的1/3强，其中公司实体占93.9%，专营商占6.1%。克罗地亚零售商业网小而分散，以营业面积小于100平方米的小店铺为主。然而，近年来大型零售商店在克罗地亚商业中占有越来越重要的地位，国际大型零售连锁店纷纷进入克罗地亚市场。据统计，1994～2004年所建造的大型购物中心，总面积逾100万平方米，这些大型商业中心50%位于萨格勒布，另外一些位于中心城市，如里耶卡、斯普利特和奥西耶克。

表4－10　2001～2004年克罗地亚商业基本情况

年　份	2001	2002	2003	2004
商业产值占GDP比重(%)	9.5	10.1	10.2	10.3
商业企业数(个)	34402	40898	39505	38531
商业就业人数(人)	178587	207371	215147	208533
商店数(个)	40498	46429	46557	44835
零售商品总额(亿库纳)	1534	1809	2056	2099

资料来源：克罗地亚统计局，克罗地亚商会。

目前克罗地亚国内市场竞争日趋激烈，新科技的应用、建立在电子商务基础上的新的服务和销售手段和贸易全球化等新的形势给商业带来了新的挑战，克罗地亚现已出现了如直销、远距离销售、电子商务许多新的销售手段和新的咨询、付款和运输手段等。为了商业的进一步发展，克罗地亚正在努力完善公平竞争和消费者保护等相关法规。①

克罗地亚商业存在再投资不足、零售价格高、信息技术水平

① 中国商务部驻克罗地亚子站资料。

低、专业技能人员缺乏、与生产企业合作较差及结构调整不利等许多问题，这导致克罗地亚企业在与国际大型连锁超市的竞争中处于劣势。其中尤以大型商场的处境最为艰难，私人小企业因资金少也往往欠债或破产，许多私人小企业甚至注册后根本没有开业或者只从事所谓“灰色经营”而逃避纳税。萨格勒布的“纳玛”是全国最大的百货公司之一，1993 年已濒临破产，1994 年萨格勒布经济银行收购了该公司部分股份并提供了贷款后才得以复苏。目前该公司的股东是萨格勒布经济银行（占 41%）、职工（占 27%）、各类基金（占 22%），其余为该公司在乌克瓦尔遭战争破坏的资产。目前结构调整正在进行。

为提高竞争力，克罗地亚拟采取以下措施：（1）为提高产品竞争力和应对全球化、自由化和标准化带来的挑战，要进行行业结构调整、促进商业集中化和提高服务质量；（2）同厂商建立良好的伙伴关系，最大程度上满足消费者和供应商的要求，对市场进行有效调节；（3）促进良性竞争；（4）将商业在 GDP 中的比重提高到 16%；（5）提高商人服务技能；（6）为迎合现代商务潮流建立信息机制；（7）杜绝灰色经济，降低黑市等不合法经济成分；（8）发展商业基础设施；（9）开辟城市、乡村、岛屿一体化的商业网络；（10）保护竞争，保护消费者权益。①

服务领域在克罗地亚吸引外资中占据主要地位，据克罗地亚央行统计，1993 ~ 2004 年，服务业共吸引外国直接投资 97.7 亿美元，其中电信领域吸引外资最多，占克罗地亚吸引外资总额的 21.27%，其次为银行业（19.67%）和制药业（11.54%）。目前外国资本已控制了克罗地亚唯一的固定电话运营企业——克罗地

① 克罗地亚共和国发展战略办公室，《21 世纪的克罗地亚》（Development Strategy Office of the Republic of Croatia-Croatia in 21st Century（economy-strategy is in the formulation stage），http：//www. hrvatska21. hr/gospodarstvo. htm）。

亚电信公司和仅有的两家移动电话运营企业，并且掌握了克罗地亚银行业91%的账面资产（2003年底），在完成了对克罗地亚通信、银行业的投资后，外资开始大举进入克罗地亚商业领域。

第五节　交通

克罗地亚的地理位置使之成为从亚得里亚海到中欧、西欧的交通枢纽，陆、海、空运输均较发达，还有石油天然气的管道运输，整个交通运输和邮电业1990年在国内生产总值中占8%左右。战争对交通邮电各部门的影响不同，铁路受打击最大，航空运输成倍增长，邮电部门的电信业发展迅速。1990~1993年交通业产值共下降10.5%，1994年以来连续增长，2003年交通业占国内生产总值的9.2%，就业人数占全国就业人数的8.4%。但目前克罗地亚交通业发展状况不容乐观，尤其是海运、河运和铁路运输。里耶卡港口得天独厚的地理优势并未被充分利用，铁路和公路交通全国发展极不平衡。

2004年克罗地亚各类运输在旅客运输中所占的比例为：公路占56.8%，铁路占32.2%，航空运输占1.5%，水路运输占9.5%。货物运输比例为：公路占50.8%，水运占28.9%，铁路占11.2%，管道运输占9.1%。

一　铁路

2004年克罗地亚铁路全长2726公里，其中电气化铁路983公里。全国有258个火车站，464辆机车（蒸汽机车2辆，电动机车147辆，内燃机车315辆），有客车车厢909节（共56185个座位），货运车厢13295节（总载重能力603335吨）。

独立后，国内战争截断了克罗地亚东北部经塞尔维亚到匈牙利和欧洲各国的交通要道，也截断了克罗地亚内地与西南沿海地区的陆上通道，使铁路运输大受影响。1990 年铁路客运周转量为 3429 万人公里，货运周转量为 6535 万吨公里。战争结束恢复和平后，1996 年铁路周转量为 10.29 亿人公里和 17.17 亿吨公里。近几年，政府对铁路交通日益重视。2003 年，克罗地亚政府制定了铁路复兴战略，计划投入 51 亿库纳用于购买新型机车，并向外界筹集贷款，其中世界银行提供 8500 万欧元的贷款，欧洲复兴和发展银行提供 3500 万美元贷款，这些贷款促进了克罗地亚铁路的现代化。2004 年 7 月克罗地亚铁路局为萨格勒布—斯普利特铁路购买了 8 辆新型机车，使运行时间从 8 小时降低到 6 小时。2005 年克罗地亚铁路在旅客运输方面达到收支平衡。2004 年克罗地亚全国客运周转量约为 12.13 亿人公里，货运周转量约为 24.93 亿吨公里。目前，克罗地亚铁路部门仍保持国家所有，其面临的困难和问题也最多，有待解决。

二 公路

在克罗地亚交通运输体系中，公路交通的发展速度大大快于其他交通方式。1994 年克罗地亚政府已制定公路修建计划，要在今后 10 年内修建 1201 公里公路，并首次通过租赁方式与法国的建筑公司签订了承建（包括投资、修建、保养、收费、管理在内）通往意大利的新公路的协议。1996 年克罗地亚公路法生效后，公路被调整为三级（国家、州、区）管理体制。4740 公里的公路干线由国家管理，7588 公里的地区公路由各州管理，其余为各区管理的地方公路，州级以下公路将通过租赁逐步私有化。2004 年全国公路总长为 24000 公里，其中高速公路 1050 公里。共有各种机动车辆 82.6 万辆，其中轿车 13.4 万辆，大客车 4869 辆，货车 14.5 万辆。公路周转量为 33.91 亿人公里和 88.19 亿吨公里。

克罗地亚三条主要高速公路干线是：从萨格勒布通往贝尔格莱德的高速公路，从匈牙利边界通往里耶卡港口的高速公路，从斯洛文尼亚边界经萨格勒布到斯普利特和杜布罗夫尼克的高速公路。从萨格勒布通过高速公路仅需 3 小时便可到达贝尔格莱德，是中西欧通往希腊、土耳其和西亚的通道之一。

克罗地亚公路局在 2000～2005 年期间修建 450 公里的高速公路和 81 公里普通公路。2005 年后还将修建 373 公里高速公路。计划花费 162 亿库纳，另外投入 12 亿库纳用于道路的日常维护。2004 年 7 月从萨格勒布到里耶卡的高速公路全线贯通，2005 年夏从萨格勒布至斯普利特的公路建成通车。

三　水运

克罗地亚海岸线长，港口和岛屿众多，航海业有悠久历史，海洋运输业在国民经济中占有极为重要的地位。位于亚得里亚海北部的里耶卡港曾是南斯拉夫最大的海港，也是地中海的大型港口，年吞吐量超过 2000 万吨，能够接纳各种规格的船舶。该港口的公路和铁路运输都很方便，是从地中海通往中欧最近的一条路线。除里耶卡港外，克罗地亚还有普拉、希贝尼克、扎达尔、斯普利特、普洛切和杜布罗夫尼克 7 个可以停泊大型远洋轮船的海港。1999～2000 年受科索沃战争的影响，克罗地亚的旅游业受到很大打击，海洋运输业也陷入低谷。2001 年之后随着旅游业复苏，亚得里亚海的交通往来也不断繁荣起来。2004 年海上客运周转量为 2.34 亿人海里，货运周转量 7172.9 亿吨海里，拥有海运客船 74 艘、货船 170 艘，总载重吨位为 3595 万吨。

克罗地亚内河运输近几年有小幅增长，特别是国内 4 条主要河流（多瑙河、萨瓦河、德拉瓦河和库帕河）的运输比较繁忙。可航行水路总长度是 922 公里，其中 502 公里可供 1500 吨级船只通过。2004 年内河运输货物周转量为 1.99 亿吨公里。

四　航空

1999 年科索沃战争使克罗地亚航空业遭受打击，近几年，航空业逐渐恢复。2004 年客运周转量 14.6 亿人公里，运送旅客 174.2 万人次，同比增加 10%，但仍然低于独立前的水平。由于旅客人数的下降，克罗地亚政府原定的增建几座机场的计划不断推迟。克罗地亚共有 10 个主要机场，其中 7 个（萨格勒布、斯普利特、里耶卡、普拉、杜布罗夫尼克、扎达尔、奥西耶克）可容纳中到大型飞机。其中萨格勒布“普莱索”机场是克罗地亚最大的国际机场。

五　管道运输

2004 年克罗地亚有 601 公里输油管道和 1625 公里输气管道。这些输油管属亚得里亚石油管道公司（JANAF）所有。输油管道从亚得里亚海通往波黑、塞黑和中欧国家，年运输能力为 2000 万吨原油，2004 年输油 744.4 万吨（周转量 15.15 亿吨公里）。输气管道从亚得里亚海通往内地各大城市，也与国外相通。2004 年输气 243.5 万吨（周转量 3.26 亿吨公里）。

六　邮电通信

克罗地亚邮电业在独立初期邮政业务日益减少，1996 年克罗地亚邮电公司提出发展计划，准备把该公司分成“克罗地亚邮政”和“克罗地亚电信”两个相互独立的有限责任公司，以便为电信业私有化创造条件。近年电信业发展迅速，2001 年德国电信公司成为克罗地亚电信公司的主要持有者。2004 年全国总计有超过 200 万条固定电话线，即每 100 位居民有 37 部电话。移动电信业是克罗地亚电信业增长最快的部门。1996 年克罗地亚启用第一个移动通信网络，克罗地亚电信公司有两个移动通信商 Cronet 和 Mobitel。2004 年全国共有手机用户 284.2 万个，其中国内通话占 95.4%。

克罗地亚邮政业发展较为缓慢，有邮局 971 个，年传递信件 4.67 亿封，邮寄包裹 298.9 万件。

随着资讯的发达，克罗地亚使用网络的人越来越多。2003 年全国有 100 万居民，即 22.9% 的居民使用因特网。但是付费用户很少，仅有 57.6 万人和 2.8 万商户。克罗地亚人登陆最多的网站是 GOOGLE、YAHOO，以及当地服务商的站点 Klik. hr 和 Hinet. hr。据调查，约有 32 万克罗地亚人进行网上交易，这一数字不包括网上银行交易。大部分网上用户在线预定旅行社，购买书籍和电子商品。

第六节　旅游业

一　概况

克罗地亚有漫长的海岸线和优美的自然风景，其旅游业已有超过一百多年的历史。当时主要由外国资本开办并为外国资本家服务。随着第一批旅店——奥巴蒂亚的“豪华酒店”（1890 年）和杜布罗夫尼克的“帝王酒店”（1897 年）的修建，以及游客协会，如克尔克岛游客协会（1866 年）和赫瓦尔岛游客协会（1868 年）的成立，克罗地亚的旅游业开始发展。1845 年波雷奇和普拉拥有了第一批导游，1892 年萨格勒布出版了第一本旅游指南。两次世界大战之间，国内旅游开始自发发展。二战后初期，在恢复经济的同时，整修和新建了大量旅游网点，特别是职工疗养场所如雨后春笋般地发展起来。国际旅游早在 1947 年已开始活跃起来，游客主要来自奥地利、匈牙利、捷克斯洛伐克等国家。从 1970 年以后，克罗地亚始终将旅游业视为对经济发展有特殊意义的部门，把其列入长期发展政策的优先项目。1950 年克罗地亚外国游客为 84000 人次，1987 年上升到 590 万人次，其中德国人占 40%，而从英国、意大利和奥地利来的游客占 30% ~50%。自 1989 年后游客人数有所减少。1990 年克罗地亚有各类旅馆 142917 家，共有近 86.3 万张床位。尽管战争使克罗地亚的旅游业一度停滞，但仍然有大量的游客到未发生战争的地区旅游。1992 年克罗地亚接待游客为 200 万人次，过夜人次 1072.5 万。旅游业职工也从 1990 年的 7.8 万人减至 1994 年的 4.9 万人。按产值计算，1990 年同比下降 15%，1991 年下降 80.7%。联合国维和部队进驻后，部分地区旅游业逐渐恢复，1993 年产值增长 20.4%。1994 年克罗地亚旅游业取得了国家独立后的最好成绩，产值增长 54.8%，外汇收入达 14 亿美元。1995 年因战争使旅游业退回到 1993 年的水平。1996 年克罗地亚境内实现和平，70%的旅游设备恢复使用，全年游客为 2700 万人次，过夜人次为 2150 万，比上年增加 67%（外国游客增加 94%）。1999 年的科索沃战争再次使克罗地亚旅游业遭受沉重打击，当年旅游外汇收入减少 10 多亿美元，2 万人因此失业，旅游业跌入谷底。科索沃战争结束后，克罗地亚把重振旅游业作为一项重要工作来抓，并出台一系列措施。第一，为加强宏观管理，克罗地亚专门设立了旅游部，具体规划和协调旅游业的发展，并制定《旅游法》等一系列法律法规，规范旅游市场和保护旅游者权利；第二，自 2001 年起向国外有组织的旅游团提供的旅游服务免除 22%的增值税；第三，从 2000 年起，克罗地亚政府在德国、奥地利、意大利、法国、波兰和捷克等传统游客来源国设立了旅游服务中心，向游客免费提供旅游信息，以吸引当地更多居民前往克罗地亚旅游度假；第四，为保护景区的生态环境，2001 年克罗地亚出台《旅游区域环境保护法》，力求维护旅游区域的原始状态；第五，为鼓励本国游客出游，克罗地亚各大银行推出个人度假旅游消费贷款业务，使更多克罗地亚人轻松实现旅游愿望；第六，2003年克罗地亚和塞黑两国暂时实行免签制度，方便两国公民的往来，此举每年可吸引数万名塞黑游客前来旅游。

在一系列强有力的措施之下，克罗地亚旅游业重现活力。2002年克罗地亚旅游协会宣布，2002年是10年来旅游业最“旺”的一年，旅游业已彻底走出前南战争的阴影，重新步入良性发展的轨道。2004年克罗地亚国内外游客达941万人次，同比增长6%。过夜游客为4780万人次，同比增长2%，其中外国过夜游客为4252万人次，同比增长3%。旅游者主要来自德国（占过夜总人数的25.68%）、斯洛文尼亚（11.8%）、意大利（12,5%）、捷克（9.8%）和奥地利（8.6%）等国。2004年，克罗地亚共有87.12万张床位供游客租用，其中酒店床位11.4万张，度假村床位6.19万张，帐篷区床位21.77万张，私人住家床位36.52万张。

旅游业在克罗地亚国民经济中占有特殊的地位，是国民经济的重要组成部分和外汇收入的主要来源。2000年旅游业收入占克罗地亚国内生产总值的14.5%，2001年旅游业收入占克罗地亚国内生产总值的16.3%，2002年旅游业收入38.11亿美元，占国内生产总值的17%，2003年旅游业收入63.76亿美元，占国内生产总值的22.5%，2004年旅游业收入69.72亿美元，占国内生产总值的20.3%。

经过几年的私有化，克罗地亚旅游业41%为私人所有，另外克罗地亚私有化基金会占有15%，商业银行占有26%，其他私有化基金组织拥有18%。国家目前在145家旅游企业中拥有股份，其中在43家企业中国家控股（拥有50%以上的股权）。目前克罗地亚旅游业私有化进程仍在进行，一些国有旅游设施不断公开招标出售。

克罗地亚旅游业的特点一是地点集中，所有旅游设施都集中在亚得里亚海沿海地区，沿海占国内外旅游流通总量的2/3，占国际旅游的4/5以上；二是时间集中，按留宿时间计算，7、8月占全年一半以上，6~9月占全年的3/4，国内旅游的2/3和国际旅游的4/5以上集中在夏季；三是游客以外国游客为主，2004年外国游客占游客总数的84%，外国游客过夜人数占总过夜人数的89%，其中尤以欧洲游客居多，欧洲游客占总外国游客数的55%；四是来克罗地亚旅游以自助游为主，在克罗地亚游客中约36%是通过旅行社有组织的旅游，另外64%是以私人方式进行的自助旅游。

二 主要旅游城市和地区

克罗地亚位于亚得里亚海东侧，旅游资源十分丰富。海岸线长约1780公里，亚得里亚海的海水被认为是世界上最干净的海水，再加上舒适的地中海型气候，使得这里成为休闲度假的理想场所；境内还有被联合国教科文组织列入世界自然遗产名录的“十六湖”国家公园、有“城市博物馆”美称的古城杜布罗夫尼克。

克罗地亚的亚得里亚海上散落着1185个小岛，合共4000公里的海岸线，每个小岛都有白色沙滩蔚蓝海洋，其中66个岛有人居住。在战乱前，它们的名气和爱琴海上的希腊小岛一样响亮。其中较为著名的包括赫瓦尔（Hvar）、拉布（Rab）和布拉奇（Brac）。

此外，克罗地亚林木茂盛，森林覆盖率达36%，陆地面积的9.2%和海洋面积的1%是保护区，包括8个国家公园[①]、10

① 这8个国家公园是：布里俄尼群岛国家公园、科纳提国家公园、瑞斯雅克国家公园、帕克莱尼采国家公园、普利特维采湖国家公园、卡尔卡国家公园、北韦莱比特国家公园、姆列特国家公园。

个天然公园、73 个特别保护区、27 个森林公园、75 个自然遗址和 120 个园艺遗址。受保护的还有 380 种动物和 4 种植物。这些自然资源吸引着大量游客。全国从北向南提供的旅游项目有：航海旅游、健康旅游、乡村旅游、探险旅游和露营旅游等。

首都萨格勒布市（Zagreb） 萨格勒布是中欧历史名城，建于 11 世纪，最早由一些居民聚居区逐渐发展起来。13 世纪形成了有一定规模的城市。到了 19 世纪随着欧洲工业革命的发展，萨格勒布市也逐渐从老城扩展出新城。萨格勒布目前所在地在古代有两座分开的城堡，称格拉迪茨和卡帕托尔，二者直到 19 世纪才被新建筑连接起来。目前它们共同构成了萨格勒布的“上城”，这里教堂、市政厅等古建筑俯拾皆是；而城市的中心区则位于近百年来发展起来的“下城”，这里高大的建筑、宽阔的林荫道以及大大小小的花园同古老的“上城”形成了鲜明的对照。萨格勒布市内绿地广阔，环境十分优美。耶拉西奇广场位于萨格勒布市中心，这里设有许多政府机构、银行及商业办公中心，在广场的中央矗立着克罗地亚民族英雄班·约瑟夫·耶拉西奇的巨型雕塑。1848 年耶拉西奇带领当地民众击败了匈牙利人的入侵，使克罗地亚第一次成为统一的国家。在广场周围还集中了许多 18、19 世纪的巴洛克建筑，构成了萨格勒布主要的景观。从这里向西延伸的伊利查大街为城市的中轴，这里集中了许多商店和大型超市，是萨格勒布主要的商业街。从耶拉西奇广场向南到中央火车站之间，是一大片南北伸展约 1 公里的绿地和花园，其中相间分布着科学院、艺术宫、现代艺术陈列馆、考古博物馆等高大建筑。在耶拉西奇广场的西北和东北面，分别是前述两座古城堡的旧址。在格拉迪茨的入口处，耸立着高大的德瓦奇钟楼，钟楼后面即为著名的圣·马克大教堂，其彩色图案由两个臂章和衬底组成，分别代表中世纪克罗地亚的三个古王国。在圣·马克教堂的旁边就是克罗地亚政府机构，议会和市政厅所在地。离圣·

马克教堂不远，矗立着萨格勒布最高的古典建筑，圣·史蒂芬大教堂。它是萨格勒布最高和最有代表性的建筑物之一，远在城市的郊区就可以看到它那两座直指蓝天的尖塔，上面镶着红、白、蓝诸色瓷砖，金碧辉煌，雄伟壮丽。

萨格勒布市内有各种各样的博物馆，其平均面积比世界上任何一个其他城市都多。在博物馆里，不仅可以欣赏到克罗地亚的各个历史时期的历史文物、艺术珍品、发明创造等，也可以看到来自不同文化的艺术藏品。米马拉博物馆收藏的中国古代文物是克罗地亚人了解中国文化的最好场所。

斯列姆山在市北 12 公里处，山体落差达 900 米左右，山上林木葱郁，人们假日登临眺望，全城历历在目。在萨格勒布西北 60 公里处，坐落着铁托的故乡——科姆罗维奇村。铁托的故居就位于村子的中央，它是一间很简朴的农舍，铁托在这里度过了童年。南斯拉夫政府为了纪念他的功绩，将故居改为博物馆，每年都有很多人前来瞻仰。

斯普利特（Split） 斯普利特是克罗地亚共和国历史名城，第一大海港，疗养和游览胜地，坐落在亚得里亚海的达尔马提亚海岸中心。公元 7 世纪建城，罗马时代名“阿斯帕拉托斯”，后改称“斯帕拉托”和“斯普利特”。城市建筑以罗马皇帝戴克里先夏宫为核心发展起来。戴克里先宫建于公元 305 年，迄今虽已一千多年，却仍然保存完好，被联合国教科文组织列为世界文化遗产。占地 3 万平方米，宫墙高达 17～21 米，宽 2 米，宫殿正门 6 根大理石柱是远涉重洋从中东运至，工程浩繁，宏伟壮丽。宫殿的列柱廊、戴克里先陵墓、朱庇特庙、街道上的柱廊、克罗地亚早期的教堂、罗马式的房屋、安德里亚·不温纳（Andrija Buvina）的大门以及尤拉·达马提亚（Juraj Dalmatinac）的建筑作品全都保存完好。古堡紧贴海岸，呈长方形，面积达 25000 平方米；在高大的城墙内侧，建有许多不同风格的房屋，其中最突

出的是塔楼巍峨的大教堂和浸礼堂，还发掘出巨大的地下贮藏室，所有这些现在都成了旅游胜地。斯普利特市内有考古博物馆、海洋学院和艺术画廊。登上玛丽安山可以鸟瞰全城景色和海港风光。

杜布罗夫尼克（Dubrovnik） 杜布罗夫尼克是个海港城市，是克罗地亚最大旅游中心和疗养胜地。它在亚得里亚海滨、达尔马提亚海岸的半岛上，面积979平方公里。这里依山傍海，风景优美，气候温和，被誉为“亚得里亚海明珠”和“城市博物馆”。整个城市建立在碧海怀抱的石灰岩半岛上，分旧城和新城两部分。旧城建于公元7世纪，建在一块突出海面的巨大岩石上。城堡用花岗岩砌成，厚5米、高22米、长1940米，墙外有护城河环绕，东面是陆地，西面临海，可以防备从海、陆两个方向来犯的敌人。城墙上修有许多角楼和炮楼。城内教堂和钟楼林立，还有许多文艺复兴时代的古老建筑，据说是欧洲中世纪建筑保存得最完整的一个城市。新城建于旧城北侧的缓坡上，地势较高，有现代化剧院、富丽堂皇的旅馆以及其他旅游设施。这里的岛屿星罗棋布，林木茂盛，海水清澈，阳光充足，海岸风光旖旎。该城自古以来还以艺术珍藏和文化发达驰名，被喻为“斯拉夫人的雅典”。杜布罗夫尼克被联合国教科文组织列为世界文化遗产。

1950年以来，杜布罗夫尼克每年从7月10日到8月25日都要举办一次盛大的仲夏节，在长达一个半月的时间里，要在一些古老的宫殿里或露天舞台上，演出多达100场的各类戏剧和丰富多彩的克罗地亚民间歌舞，对国内外旅游者具有很大的吸引力。

普利特维采湖（Plitvice） 普利特维采湖坐落在利卡的普列希维察山（1657米）和小卡佩拉山（1280米）之间，属于库帕河的支流科拉纳河流域。由高山峡谷中16个相互连接的天然湖泊组成，所以又叫“十六湖”，是克罗地亚最著名的国家公园。由于湖水富含碳镁钙质的石灰岩沉积物，使水质清滢、碧绿，构成一道独特的自然生态景观。这些湖分成12个高湖以及4个低湖。最高的是639米的普罗斯（Prošćansko jezero）湖，最低的是诺瓦卡威·布罗德（Novakovića Brod）湖，有503米高。高湖被浓密的森林环绕，并通过许多瀑布连在一起。低湖较小、较浅，植被不太多。16个湖泊首尾相接，由南向北绵延8公里，海拔514～639米。各湖面高低错落悬殊，呈阶梯形排列，最高湖面落差达134米，形成数百条大大小小的瀑布。湖泊根据地形不同分为上、下两组，上组位于白云石亚地层山上，下组湖泊则位于一条石灰岩峡谷中。茂密的森林中有榉、杉、松等树种，是熊、狼和多种鸟类等野生动物最好的栖息地，是涉猎的好地方。园内各种休闲娱乐设施齐全，有电动游览车和游艇等，游客可以在园中划船、钓鱼、游泳。很多国家的运动员每年到这里来参加普利特维采马拉松比赛。普利特维采湖自1949年起就享有国家公园的地位，1979年被列入联合国教科文组织自然遗产保护名录，如今成为克罗地亚的“世外桃源”。

帕克莱尼采国家公园（Paklenica） 克罗地亚最大的山脉韦莱比特山脉（Velebit）的南部，从最高峰到海面都在这个国家公园的范围内。该公园的突出特征是两个有着许多岩洞和壮观的浮雕的大小帕克莱尼采峡谷。由于它丰富的动植物资源，韦莱比特山脉被宣布成为世界生物圈保护区和国家公园。这个公园包含着两个自然保护区——罗什斯基（Rožanski）和海度斯基·库克威（Hajdučki Kukovi），都以迷人的喀斯特地貌和世界上最深的壕沟之一，著名的鲁特纳·亚玛（Lukina Jama）壕沟而闻名于世。这一地方对于登山家、研究人员和科学家来说都是一个真正的挑战，跋涉者、登山者和自由攀登者可以在无数悬崖、岩石、洞穴和壶穴中找到他们的乐趣。世界闻名的韦莱比特植物园也在这里。这里是鸟儿观察者的天堂，有鹰、秃鹰（有一片秃鹰的鸟巢）和雕。

布里俄尼群岛（Brijuni） 布里俄尼群岛是由大布里俄尼岛、小布里俄尼岛和其他许多小岛组成的一组岛屿。占地面积7.4平方公里。群岛位于亚得里亚海的北部，与普拉的西北部隔水相望，相距11公里左右，是克罗地亚著名的风景区之一。这里有许多珍异的动植物，也有许多罗马、拜占庭和威尼斯共和国时期的文物古迹：罗马时代的罗斯卡别墅（Villae Rustica）和鱼塘、罗马兵营的遗迹、威尼斯时代的遗迹、大布里俄尼（Veliki Brijun）上的泰吉索夫（Tegethof）军事要塞以及位于小布里俄尼（Mali Brijun）的奥匈时期的一个大碉堡。岛上以繁茂的地中海植物和海洋植物，游猎公园而闻名，已在该岛上发现了恐龙的痕迹。

姆列特（Mljet）国家公园 姆列特是杜布罗夫尼克西南面的一个岛屿，上面有云山、橄榄树林和葡萄园，是南达尔马提亚群岛中的一个。该岛有着同样丰富的文化遗迹，其中包括一座位于圣玛利亚岛的12世纪的本笃会修道院、一个罗马宫殿的遗址以及在波拉萨（Polača）的一个长方形教堂。参观者可以骑车、驾车、划独木舟或皮艇探访该岛。乘游艇游览波拉萨和波门纳（Pomena）村庄旁的海湾特别有趣。

第七节 财政金融

一 财政

1993年以前，因战争和通货膨胀，克罗地亚国家预算的编制执行遇到困难（需按季度调整），直到实行稳定经济纲领后，克罗地亚才于 1994 年正式编制了全年的国家预算，实行努力增收节支平衡预算的原则。1994 年预算法规定，国家预算的赤字只能通过对内发行债券对外借贷弥补，中央银行不再为国家预算赤字提供长期贷款，也不负责为国家预算偿还债务，政府对外借贷不得超过 7.5 亿马克，可从中央银行获得 4 亿库纳短期贷款，预算可向公共企业贷出相当于 4 亿马克的款项等。1994 年克罗地亚预算执行结果是，首次实现了基本平衡且略有节余（占国内生产总值的 0.6%）。1995 年为了支持经济部门结构改造，克罗地亚计划国家预算将有占国内生产总值的 0.8% 的赤字，后因追加军事费用，实际赤字为国内生产总值的 1%。为弥补赤字，国家发行了结构改造债券，其余通过对外借贷弥补。克罗地亚在财政上实行地方自治，此外还有退休、保健、失业、儿童保护和鼓励生育等公共基金。因此，全部公共消费已超过国内生产总值的一半以上。

1995 年预算赤字为国内生产总值的 1%。同年由于恢复塞族区的军事行动，使军费达到国家预算的 31%，公共债务为 74.8 亿美元（外债 39.5 亿美元，内债 35.3 亿美元），占国内生产总值的 31%（外债 15%，内债 16%）。1996 年实现和平后，虽然增加了经济领域的投入和社会福利补贴，由于军费开支大幅度减少，预算赤字回落到不足国内生产总值的 1%，公共债务共占国内生产总值的 31%（内债 16%，外债 15%），预算总收入为 310.85 亿库纳，其中个人所得税占 12.85%，企业利润税占 3.83%，商品和服务流通税占 48.94%，财产税占 0.54%，消费税占 18.59%，关税和进口税占 15.13%，其他税种占 0.11%。总支出为 332.68 亿库纳，赤字 21.82 亿库纳（不到国内生产总值的 1%）。

克罗地亚的财政收入包括税收收入和非税收收入。自 2002 年开始，财政收入占 GDP 的比重几乎是固定不变的，2002 年为 38.8%，2003 年为 38.7%，2004 年为 38.9%。2004 年财政收入

804.64 亿库纳，同比增长 7.7%。其中税收收入占 GDP 的比重有小幅减少，为 22.8%，2002 年为 23.9%，2003 年为 23.5%。税收收入是财政收入最重要的来源，2004 年税收收入 471.5 亿库纳（其中所得税占 7%、利润税占 7%、财产税占 1%、增值税占 63%、城区消费商品税占 17%、关税占 3%、其他税占 2%），比 2003 年增加了 7.7%，占财政收入的 58.6%。非财政收入包括社会保险收入、援助收入、财产收入、出售商品和服务收入、罚款赔偿收入。2004 年社会保险收入 294.78 亿库纳，同比增加 7.5%。其中企业主的社会保险金所占份额最多，为 53.4%，其次为在岗职工，占 44.6%，失业人员的社会保险金最少，仅 2%。社会保险收入较往年有较大增长，主要得益于经济的增长，工资和就业的增加。各种援助收入总计 0.158 亿库纳。财产收入 26.69 亿库纳。其中金融产业收入 20.78 亿库纳（股息收入占 89.9%、金融机构和银行利润收入占 10.1%），非金融产业收入 5.91 亿库纳。服务业收入达 6.77 亿库纳。罚款赔偿收入为 3.424 亿库纳，其中交通违章罚款最多，达 1.608 亿库纳，其次为海关罚款（0.41 亿库纳），税收罚款（0.248 亿库纳），刑事罚款（0.183 库纳），外汇违规罚款（0.049 亿库纳），经济违章罚款（0.016 亿库纳）等。

2004 年财政总支出 831.31 亿库纳，同比增长 7.9%，其中职工工资支出 222.68 亿库纳，财产和服务使用费 43.59 亿库纳，利息支出 39.72 亿库纳，补助金支出 49.68 亿库纳，援助支出 34.20 亿库纳，社会报酬支出 397.31 亿库纳，其他支出 44.12 亿库纳。[①]

---

① 克罗地亚财政部，《2004 年财政部年度报告》，萨格勒布，2005，第 27 页（Godišnje Izvješće Ministarstva Financija za 2004. Godinu，Ministarstvo Financija，Zagreb，2005，str. 43.）。

表 4-11 1998~2004 年克罗地亚财政状况

	2000	2001	2002	2003	2004
收入(亿库纳)	446.35	535.04	698.70	782.75	804.64
支出(亿库纳)	507.43	578.13	737.42	804.41	831.31
税收(亿库纳)	399.39	472.74	428.74	455.12	471.5
赤字(亿库纳)	61.08	43.09	38.72	21.66	26.67
赤字占 GDP 比重(%)	4.0	2.6	2.2	6.3	4.9
公共债务(亿库纳)	605.46	672.17	725.51	811.47	928.19
内债(亿库纳)	224.62	261.28	320.12	353.14	427.21
外债(亿库纳)	380.84	410.89	405.38	458.33	500.98
公共债务占 GDP 比重(%)	39.70	40.58	40.44	42.03	44.82

资料来源：Godišnje Izvješće Ministarstva Financija za 2004, Godinu.

克罗地亚政府制定的 2006~2008 年财政政策目标是：到 2007 年把赤字降到国内生产总值的 3%，把公共债务稳定在国内生产总值的 60% 以下（这也是加入经济和货币联盟的马斯特里赫特条约标准之一），把外债稳定在国内生产总值的 80% 以下，加强预算管理，通过私有化、企业兼容和加强司法管理改善投资环境，继续结构改革，进一步同国际金融机构合作。

克罗地亚税收体制规定，所有纳税人（即本国、外国的自然人、法人）地位一律平等，并继续执行前南斯拉夫同一部分国家签订的避免双重征税协议。为满足财政和军费需要，1992 年提高了商品流通税和财产税的税率（分别提高到 50% 和 5%），企业利润税为 35%，个人所得税为累进制（平均税率为 10.5%）。此外还须交纳社会保障税（税率为 23.85%）。克罗地亚实行地方自治，各地方政府还要征收各种附加税种。1993 年 10 月实行稳定纲领后，流通税降为 40%，并减少了个

别减免税，个人所得税改为25%和35%两种税率。1996年通过了增值税法，1998年正式实施，统一税率为22%。1997年初，个人所得税的两种税率已从25%和35%改为20%和35%，个人收入的免税部分从700库纳改为800库纳，800～2400库纳的所得税率为20%，2400库纳以上的税率为35%。企业利润税率为35%，一般流通税率为20%，1997年流通税又降为20%，但提高了烟、酒、汽油、咖啡、软饮料、机动车6类产品的消费税。2000年1月1日开始实施新的《关税法》，取消了进口限额和进口附加税，关税率为0～25%，其中85%的商品进口关税率为0～5%，10%的商品进口关税率为5%～10%，因对部分农产品实行保护关税，因此全部农产品的进口税率为0～25%。2000年克罗地亚工业产品的平均关税水平为6.6%，2001年降为6.2%，2002年降为3.5%。原材料的税率低于制成品的税率，其中超过25%的商品的税率为0，税率水平最高的为石油产品、纺织品等敏感工业品（约占总商品的4.8%）。

克罗地亚的现行税种有：

1. 利润税

克罗地亚的利润税税率为20%。利润税纳税人为：（1）为获得利润长期独立从事经济活动（商品生产、商品流通、服务贸易）的企业主、自然人和法人；（2）对资本及在克罗地亚外企进行管理的企业主；（3）经营手工业获得利润的自然人（手工业者可以利润税代替个人所得税并根据会计法规做账）；（4）上一年总收入超过200万库纳的自然人，或盈利额超过30万库纳的自然人，或个人财产超过200万库纳的自然人，或雇佣30个以上工人的自然人。利润税的纳税基数是企业在公历年度内实现的利润。利润税的纳税基数包括企业在国内外的利润总额，但外国公司在克罗地亚分公司的纳税基数只是在克罗地亚境内的盈利额。为鼓励某些地区（战争破坏地区、不发达地区和无人居住的岛屿）的重建和发展，克罗地亚政府可以依法减免某些纳税人的利润税。如，国家特殊福利单位可免交利润税，武科瓦尔市的纳税人、山区的纳税人的利润税减为15%，10年有效，自由区的纳税人的利润税减为10%，在自由区投资超过100万库纳的个人和企业在接下来的5年内可免交利润税，仅从事调查研究的纳税人免交利润税，投资超过400万库纳的个人和企业在接下来的10年内可按低税率（0~10%）交利润税，从事医学康复活动和接受残疾人的企业仅交利润税5%。

2. 个人所得税

个人所得税纳税人指在克罗地亚获得收入的所有国内和国外自然人。个人所得税的纳税基数是纳税人获得的工资、养老金收入，经营手工业、自由职业、农业、林业获得的收入，租借或转让房地产、著作权等获得的收入。现在，所得税实行累进税制，分为4个档次：月收入低于3200库纳，或年收入低于38400库纳的，所得税税率为15%；月收入3200库纳至8000库纳、或年收入38400库纳至96000库纳的，所得税税率为25%；月收入为8000库纳至22400库纳、或年收入96000库纳至26.88万库纳的，所得税税率为35%；月收入22400库纳以上的，所得税税率为45%。起征点为总收入扣除法律规定的各项减免和应交纳的社会保障税以后的剩余部分。

3. 增值税

克罗地亚于1998年1月1日引入增值税，用于代替原来的产品和服务流通税。增值税税率为22%。增值税纳税人指以获得收入为目的、提供货物或劳务的企业主，即独立从事经营的自然人或法人。下列情况需交纳增值税：（1）公司提供货物或劳务，同时获得补偿；（2）个人消费；（3）进口商品。增值税的纳税基数是提供货物或劳务后得到的补偿金。克罗地亚对面包、牛奶、专业书籍、教科书、药品及通过外科手术植入人体的医疗用品、科学杂志、公共放映电影服务、为外国游客提供住宿服务免征增值税。纳税人需在30天内向税收部门提交纳税责任报告。对于上一年营业额和增值税总数低于30万库纳的企业，向税务部门提交纳税责任报告的期限可为3个月；低于8.5万库纳的企业，提交纳税责任报告不设期限。

4. 消费税

消费税是对一些特定消费品和消费行为征收的一种税。在克罗地亚境内生产、委托加工和进口本条例规定的消费品的单位和个人，为消费税的纳税义务人。消费税的征税范围有：石油产品、烟、酒及酒精、咖啡、摩托车、小汽车、汽油、柴油、汽车轮胎奢侈品等商品。

5. 不动产流通税

有偿出售和转移不动产需交纳不动产流通税。不动产包括农业用地、建筑用地、居民楼、办公楼及其他建筑物。不动产流通税的纳税人为不动产的获得者，不动产流通税的税率为转让该不动产时市场价格的5%。新建楼房的流通不属于不动产流通，故需根据《增值税法》纳税。

6. 博彩税

博彩税的纳税人为在克罗地亚境内发行彩票的单位。纳税基数是投注总额。税率根据彩票种类不同而有所区别，为5%～25%。

7. 由地方政府或地方自治政府制定的各种税收

由地方政府制定的各种税收，省里征收的税包括：继承和赠予税、公路税、船只航行税、娱乐税。区里征收的税包括：消费税、房屋税、闲置农业耕地税、闲置企业不动产税、闲置建筑工地税、公共土地使用税。

二　金融

2005 年克罗地亚银行体系包括：34 家银行、复兴和发展银行和 4 家住房互助协会。克罗地亚金融体制的基本特点是银行集中制。监督机构是克罗地亚人民银行、克罗地亚证券委员会和养老金和保险监督局。在克罗地亚，除萨格勒布证券交易所外，还在萨格勒布、瓦拉日丁和奥西耶克地区另有 3 个证券交易所，并各自独立经营。1993 年克罗地亚银行数为 43 家，此后逐年递增，到 1998 年达到最高值 60 家，1998 年后由于一些银行的合并、接管或破产，银行的数量有所减少。克罗地亚目前共有 34 家银行，6 家外国银行在克罗地亚设有办事处。[①] 2004 年底银行总资产 2255 亿库纳，同比增长 15.5%。其中资产在 100 亿库纳以上的有 6 家，资产在 20 亿～100 亿库纳的有 5 家，10 亿～20 亿库纳的有 6 家，5 亿～10 亿库纳的有 8 家，1 亿～5 亿库纳的有 11 家，其余在 1 亿以下。2004 年克罗地亚银行资产中的 91.3% 控制在外资手中，国内私人所有占 5.6%，国家所有占 3.1%。2004 年银行共批准贷款 1287.742 亿库纳，其中居民贷款占 50.69%，企业贷款 41.45%，政府贷款 7.07%，其他金融机构贷款 0.63%。为提高金融产品和服务的数量和质量，克罗地亚银行投入很多资金用于技术更新。网上银行、电话银行是除了传统银行外的新兴服务方式。在过去的几年中，越来越多的人开始使用银行卡。据统计，2004 年底全国共有银行卡 636 万张，自动存取款机 1919 台，电子收款机 41760 台。

克罗地亚人民银行是克罗地亚的中央银行，1991 年 10 月成立，基本目标是保持货币和价格稳定以及对内对外的清偿能力，

---

① 《克罗地亚人民银行公报》，第 101 期，2005 年 2 月（*Bilten HNB*，*broj 101*，*veljača 2005.*）。

主要工作是制订和执行货币和外汇政策、管理国家外汇储备、发行货币、批准和终止其他银行的业务、监督其他银行、向银行发放贷款并且接收其他银行的存款等。中央银行负责制订货币政策，通过准备金比率、贴现率等金融工具监督商业银行业务。法律规定，中央银行只对议会负责，其主要任务是保持货币稳定以及对内对外总的清偿能力，中央银行负责制定和实施货币政策，运用准备金、贴现率等金融手段监督商业银行业务。法定准备金率为17%，贴现率为4.5%，抵押贷款利率为7.5%。截至2004年底，克罗地亚人民银行外汇储备为64.36亿欧元，各商业银行总计为42.20亿欧元。外债总额为226.75亿欧元，约占国民生产总值的60%，多为中长期贷款。

克罗地亚允许私人和外国人在克罗地亚开办银行，除进行银行相关服务外，还可根据克罗地亚人民银行的授权从事其他金融服务。开办银行的基本资金为4000万库纳，并需经中央银行批准和颁发许可证。国外银行可以通过其分行在克罗地亚开展银行业务，分行没有法人所有权。国外银行办事处不能在克罗地亚从事银行及其他金融服务，只能进行市场调研活动。建立办事处也必须得到克罗地亚人民银行的批准。办事处没有法人所有权。

克罗地亚复兴与发展银行是国家投资银行，属国家所有，原名克罗地亚复兴投资银行，1992年6月12日成立，1995年改为现名。其基本业务包括：各种证券发行承销，融资财务顾问，产业整合购并顾问，为克罗地亚出口商融资和办理出口业务等。2004年贷款32.53亿库纳，担保20.85亿库纳。

克罗地亚主要商业银行包括:(1)萨格勒布银行（ZAGREBACKA BANKA），克罗地亚最大的商业银行，2004年银行总资产达592.94亿库纳，占克罗地亚市场份额26.3%。(2)萨格勒布经济银行（PRIVREDNA BANKA ZAGREB），克罗地亚第二大商业银行，2004年银行总资产达426.97亿库纳，占克罗地亚市场份额 18.9%。（3）Raiffeisen 银行（Raiffeisen bank），克罗地亚第三大商业银行，2004 年银行总资产达 256.69 亿库纳，占克罗地亚市场份额 11.4%。（4）ERSTE & STEIERMARKISCHE 银行（ERSTE & STEIERMARKISCHE BANK），克罗地亚第四大商业银行，2004 年银行总资产达 253.86 亿库纳，占克罗地亚市场份额 11.3%。（5）斯普利特银行（HVB SPLITSKA BANKA），克罗地亚第五大商业银行，2004 年银行总资产达 220.56 亿库纳，占克罗地亚市场份额 9.8%。①

三 货币和汇率

克罗地亚独立后发行克罗地亚第纳尔作为本国的临时货币。1993 年实行稳定经济纲领后，中央银行通过实行紧缩的货币政策，加之其他政策的配合，使货币保持了稳定和国内可兑换性。1994 年 6 月改为正式货币库纳，库纳汇率与德国马克挂钩，实行有管理的浮动汇率。1995 年 5 月，克罗地亚承担国际货币基金组织章程第 8 条的义务，使库纳成为经常项目下完全自由兑换的货币。改用正式货币库纳后，汇率基本稳定。库纳与美元的汇率变化大致是：1996 年 1 美元 = 5.5396 库纳；1997 年 1 美元 = 6.3031 库纳；1998 年 1 美元 = 6.2475 库纳；1999 年 1 美元 = 7.6477 库纳；2000 年 1 美元 = 8.1533 库纳；2001 年 1 美元 = 8.3560 库纳；2002 年 1 美元 = 7.1457 库纳；2003 年 1 美元 = 6.1185 库纳；2004 年 1 美元 = 5.6369 库纳。②

① 《2005 年银行公报》，克罗地亚人民银行，萨格勒布，2005，第 89 页（Bilten o Bankama，Godina 5. studeni 2005. Hrvatska Narodna Banka，Zagreb，2005. str. 89.）。

② 《2004 年年度报告》，克罗地亚人民银行，萨格勒布，2005，第 236 页（Godišnje Izvješće 2004. Hrvatska Narodna Banka，Zagreb，2005. str. 236.）。

表 4-12　2002~2004 年克罗地亚货币发行量和流通量

年　份	2002	2003	2004
货币发行量(亿库纳)	308.7	338.9	345.6
货币流通量(亿库纳)	1161.4	1288.9	1399.5
国内净资产(亿库纳)	833.2	961.2	1082.1

资料来源：克罗地亚人民银行。

1993 年 10 月 31 日发行的第一版库纳，面值为 5、10、20、50、100、500 和 1000 库纳的纸币。1995 年 1 月发行第二版面值 10 库纳的纸币，6 月 30 日开始流通。2001 年 3 月 7 日发行第三版面值 10 库纳的纸币，2001 年 6 月 18 日开始流通。2001 年 3 月 7 日发行第二版面值 5 库纳的纸币，2001 年 7 月 9 日开始流通。2001 年 3 月 7 日发行第二版面值 20 库纳的纸币，2001 年 8 月 16 日开始流通。2002 年 3 月 7 日发行第二版面值 100 库纳的纸币，2002 年 6 月 3 日开始流通。2002 年 3 月 7 日发行第二版面值 50 库纳的纸币，2002 年 8 月 25 日开始流通。

库纳在克罗地亚语中的意思是貂，里巴的意思是菩提树。1 库纳 =100 里巴，里巴是面值为 1、2、5、10、20、50 的硬币，库纳除了面值为 5、10、20、50、100、500 和 1000 的纸币外，还有面值为 1、2、5 的硬币。

第八节　对外经济关系

一　对外经贸政策

南斯拉夫时期，克罗地亚的外贸由国家垄断，生产部门没有进出口经营权，国家靠下达指令性计划和规定具体任务等行政手段来管理对外经济贸易，全部外汇收入都纳入中央外汇基金。1951 年后开始对外贸体制进行改革，减少指令性指标，凡具备条件的企业经政府批准后可直接从事进出口业务。20 世纪 60 年代的改革进一步实行了外贸和外汇的“非国家集权化”，放宽进出口限制。

克罗地亚独立后，在平等互利的基础上，发展同世界各国的贸易往来和经济合作。克罗地亚对外经济政策的基本目标是尽快成为欧盟成员国，通过与西方国家调整和建立关系，使克罗地亚对西方出口不断增加，并在新的基础上努力与前南斯拉夫国家保持贸易关系，与中东欧国家建立新的贸易关系。同时，克罗地亚不断加强与区域性经济合作组织的联系与合作。2000 年 1 月，克罗地亚加入世界贸易组织。2001 年 5 月 14 日克罗地亚与欧盟在布鲁塞尔草签了《稳定与联系协议》，意味着克罗地亚确定了其作为与欧盟潜在候选国的身份。2001 年 6 月 21 日克罗地亚与欧洲自由贸易区签订自由贸易协议。2002 年 9 月 14 日，克罗地亚成为中欧自由贸易区成员。2005 年 10 月初欧盟开始同克罗地亚的入盟谈判。另外，克罗地亚已同斯洛文尼亚、匈牙利、波黑、捷克、斯洛伐克、波兰、保加利亚、罗马尼亚、土耳其签订了自由贸易协定。加入这些区域组织的意义不仅在于实现贸易自由化，加强贸易关系，使克罗地亚经济参与更广泛的地区及欧洲经济潮流，更在于增加出口，减少赤字和实现均衡贸易，最终实现经济繁荣。

2000 年 11 月 30 日成为世界贸易组织成员后，克罗地亚修改了《贸易法》和《海关法》。克罗地亚新出台的《贸易法》大大提高了克罗地亚贸易自由化程度。进出口按自由原则进行。在符合世界贸易组织规则的前提下，为了消除国际收支不平衡，或如果认定某种商品的进口对克罗地亚产业造成威胁或损害，克罗地亚可以采取进口配额的措施；同样，为了保护克罗地亚不可再生的自然资源，克罗地亚可以对某种商品采取出口配额措施，同时限制该商品在国内的贸易。根据世贸组织的规则，如果某种商品以倾销价格向克罗地亚出口并对克罗地亚国内同类商品的生产造成实质性损害或威胁，克罗地亚有关部门可以对此采取反倾销措施。[①]

克罗地亚主管对外经济关系的部门是克罗地亚经济部和外交部，克罗地亚经济部负责管理商品的进出口配额和许可证的签发、外资企业的管理等，克罗地亚外交部负责外国企业驻克罗地亚代表处的管理。克罗地亚商会在对外贸易中起着重要的作用，商会是根据克罗地亚法律建立在强制会员制基础上的机构，所有经济实体都必须加入。商会在政府制订国内经济发展计划和对外经贸关系政策方面起很大的作用。克罗地亚商会共有 11 个地区分会，商会内部设有 7 个专业分部：体制、计划和分析部；对外经济关系部；工业部；农业部；服务行业部；手工业部；信息部。商会具有对克罗地亚经济和外贸进行管理、协调、咨询等职能，如签发有关文件并予以公证、参与制订和分配进出口商品配额、为国内外客户介绍合作项目、接待外国经济团组、组织克罗地亚经济界赴国外考察等。

二　对外贸易

克罗地亚独立之后，由于战争和南斯拉夫分裂的影响，整个经济形势包括对外贸易全面下滑。1992 年出口 46 亿美元，比 1991 年减少 5%（不包括向前南斯拉夫国家的出口），其中减少最多的是对发展中国家的出口，减少了 58.7%，发展中国家在克罗地亚出口国（不包括前南斯拉夫国家）中的比重从 1991 年的 12% 降为 1992 年的 5.2%。向东欧国家的出口减少了 31.8%，它们在克罗地亚出口中的比重从 11.8% 减为

① 吴明新主编《中东欧 12 国贸易投资指南》，经济科学出版社，2002，第 91 页。

8.5%。1992年克罗地亚向发达国家的出口增加了1.54亿美元（增加了6.3%），其在克罗地亚出口中的比重从73.8%增加到82.7%。1992年进口45亿美元，比1991年减少了10.4%（不包括向前南斯拉夫国家的进口）。克罗地亚最大的贸易伙伴是斯洛文尼亚、意大利和德国。①

1993～2000年，克罗地亚外贸总额在80亿～138亿美元之间，其中出口在39亿～46亿美元之间，进口在48亿～95亿美元之间。1996年7月克罗地亚取消了进口配额，只在进口许可证商品范围内增加了对焊管和无缝钢管、5年以上的旧拖拉机、45～167马力的联合收割机的管理，对农产品、某些化工和冶金产品的进口实行配额制（约占进口总额的6%）。目前克罗地亚的一般关税率为0～25%，进口商品的85%的关税率为0～5%，10%的关税率为5%～10%，农产品按其价格征收0～25%的关税。克罗地亚进出口商品分为自由进出口、许可证管理和配额管理三类。出口配额商品有8种11个税号：活牛、珊瑚、原油、天然气、皮革、木材、废纸及碎玻璃。政府每年11月1日前对下一年的进出口配额数量做出规定，其有效期最长为1年。除了进出口商品的数量配额外，政府还对配额分配的标准、期限和条件作出规定。贸易主管部门负责配额的分配。配额分配通过公开招标方式进行。如果对某一具体商品采取进口配额措施，该商品年进口配额数量不得低于前3年实际进口该商品的年平均量。许可证管理的进出口商品共有53个税号，其中许可证出口商品24个税号，许可证商品主要是烟火及爆炸物、武器、弹药、贵金属、文物、毒品、药品、仪器等。民用商品的进出口许可证由贸易主管部门颁发，国防部和内务部负责颁发武器、军用设备、军

① 《我的祖国克罗地亚》，萨格勒布，1993，第115页（Moja Hrvatska Zemljom kroz Prostor i Vrijeme，Zagreb，1993. str. 115.）。

警用品的进出口许可证。从2000年11月开始欧盟对克罗地亚采用单独的贸易标准，从而保证克罗地亚几乎所有产品都能自由进入欧盟市场，只对部分鲜鱼、沙丁鱼和凤尾鱼罐头、葡萄酒、小牛肉和某些水产品仍然实行进口配额限制。自2001年底，欧盟取消了克罗地亚纺织品进口的数量限制和关税，对最敏感的纺织产品（毛衣、裤子、衬衫、外套等）实行签发进口许可证和出口许可证的双重监管机制。2000年新政府上台后，克罗地亚的外部环境大大得到改善，新政府采取一系列措施加强同国际社会尤其是西欧国家的联系，对外贸易迅速增加。

表4－13　1990～2004年克罗地亚进出口贸易额

年份	出口(亿美元)	进口(亿美元)	出口占GDP比重(%)	进口占GDP比重(%)
1990	40.20	51.88	16.2	20.9
1991	32.92	38.28	18.1	21.1
1992	45.97	44.60	37.6	36.4
1993	39.04	48.64	35.9	44.7
1994	42.60	55.93	29.2	38.3
1995	46.33	78.70	24.6	41.8
1996	45.46	81.97	23.0	41.5
1997	43.76	94.49	22.6	48.9
1998	45.17	82.76	20.83	38.27
1999	42.79	77.77	21.51	39.09
2000	44.31	78.86	24.05	42.80
2001	46.66	90.43	22.86	46.29
2002	49.04	107.22	21.5	47.0
2003	61.87	142.09	21.5	49.3
2004	80.22	165.83	23.4	48.3
2005	88.09	185.47	22.9	48.1

资料来源：Statistički Lijetopis 2006。

独立后，克罗地亚对外贸易的国别、地区结构发生重大变化。独立以后，对外贸易主要集中在西方发达国家和东欧国家。苏联和东欧国家在南斯拉夫解体前在克罗地亚对外贸易中占有较大的比重，但南斯拉夫解体后克罗地亚同这些国家的贸易不断萎缩。目前欧盟是克罗地亚最重要的外贸伙伴。在转轨前，克罗地亚60%的出口面向欧盟成员国，南斯拉夫联邦分裂后这一比例下降到50%，但仍是克罗地亚最大的出口对象。从欧盟国家的进口约占克罗地亚进口总额的60%。随着第一批候选国加入欧盟，克罗地亚同欧盟的贸易将占到贸易总额的3/4。与此同时，双方贸易中克罗地亚的贸易逆差也在不断上升，从1998年的27亿欧元上升到2003年的46亿欧元，对欧盟新成员国（2004年5月加入）的贸易赤字近10亿欧元。① 按国别，2004年主要出口伙伴依次为意大利（占克罗地亚出口总额的22.8%）、波黑（14.4%）、德国（11.2%）、奥地利（9.4%）、斯洛文尼亚（7.5%）；主要进口伙伴依次为意大利（占克罗地亚进口总额的17.1%）、德国（15.5%）、俄罗斯（7.3%）、斯洛文尼亚（7.1%）、奥地利（6.8%）。②

在克罗地亚的商品进出口中，工矿业产品出口占90%以上，进口占85%以上。其中，原材料比重最大，其次是消费品，机器设备等投资品的比重最小。2004年主要出口商品：汽车和运输工具32.2%，机械制造品17.8%，纺织品12.5%，矿物燃料11.3%，化工产品9.4%，食品6.3%，原材料5.6%，饮料和烟草2.4%，这些产品的生产部门大多对进口有较大依赖性。随着

① 欧盟委员会，《关于克罗地亚申请加入欧盟的意见》，布鲁塞尔，2004年4月20日，第8页（Europska Komisija, Mišljenje o Zahtjevu Republike Hrvatske za Članstvo u Europskoj Uniji, Brussels, 20. travnja 2004. str. 8.）。

② 《2005年统计信息》，克罗地亚中央统计局，第69页（Statistical Information 2005. Republic of Croatia Central Bureau of Statistics, p. 69.）。

生产的复苏，进口增长快于出口增长，贸易逆差逐年增加。虽然旅游业等的外汇收入能弥补部分逆差，经常项目的国际收支仍为逆差。主要进口商品：汽车和运输工具34.9%，机械制造品19.7%，矿物燃料12%，化工产品11.2%，食品7.2%，原材料2.1%。① 长期以来，尽管克罗地亚出口有所增加，但进口增长快于出口增长，逆差迅速增加，只有纺织业和基础化工部门的进出口为顺差。

表4-14　2000~2005年克罗地亚主要进出口对象国

单位：亿美元

年　份	2000		2001		2002		2003		2004	
	出口	进口	出口	进口	出口	进口	出口	进口	出口	进口
奥地利	2.93	5.29	2.68	6.31	3.66	7.10	4.80	9.41	7.57	11.31
意大利	9.89	13.11	11.05	16.57	11.14	18.50	16.50	25.81	18.31	28.42
德　国	6.32	12.98	6.89	15.83	6.12	17.42	7.33	22.21	8.95	25.68
斯洛文尼亚	4.80	6.27	4.26	7.12	4.28	8.26	5.11	10.52	6.01	11.79
波　黑	4.95	0.82	5.61	1.27	7.04	1.66	8.92	2.31	11.54	3.49
俄罗斯	0.57	6.72	0.84	6.54	0.84	7.17	0.74	6.78	1.15	12.05

资料来源：Statistical Information 2005。

三　外国援助

克罗地亚独立后，为了复兴经济，积极争取外国援助，特别是外国贷款。但由于战争爆发，国际社会不仅没有向克罗地亚提供资金支持以帮助经济重建，还对克罗地亚进行了经济制裁，直到1996年战争结束，来自国际金融组织的贷款

① 《2005年统计信息》，克罗地亚中央统计局，第67页（Statistical Information 2005. Republic of Croatia Central Bureau of Statistics, p. 67.）。

才逐渐多起来。克罗地亚的外国援助主要来自欧盟、国际货币基金组织和世界银行等国际金融机构。

1996 年克罗地亚获得国际货币基金组织的贷款支持，总额为 3.5 亿特别提款权（4.86 亿美元），1997 年为 1.15 亿特别提款权（1.58 亿美元），分三笔提取。但因美国为实行《代顿协议》而对克罗地亚施压，国际货币基金组织在克罗地亚提取了第一笔贷款后停止了第二和第三笔贷款。

欧盟对克罗地亚提供财政援助分为三个时期，即战争时期、战后重建和民主巩固时期、稳定时期，其目的是帮助克罗地亚加入西欧一体化，按照欧洲民主标准建立现代国家、加强法治、经济发展和建立社会公正。欧盟的财政援助、财政补贴和投资对克罗地亚在完善产业结构、改善就业条件等方面发挥积极作用。具体来说，1991 ~ 2000 年欧盟向克罗地亚提供了总数为 3.69 亿欧元的援助，主要通过欧盟委员会人道主义援助办公室和复兴计划（OBNOVA）实施。1991 ~ 1995 年的战争及转轨时期，欧盟提供了 2.44 亿欧元的人道主义援助，1996 ~ 2000 年共计 1.25 亿欧元的援助主要用于重建和难民返回工作。① 从 2000 年开始，欧盟通过 CARDS 计划②和启动稳定与联系进程来提供援助。2001 ~ 2004 年克罗地亚通过 CARDS 计划获得共计 2.57 亿欧元的援助，

---

① 2002 ~ 2006 年欧盟委员会对克罗地亚“复兴、发展和稳定共同体援助计划”国家战略，第 20 页（European Commission Country Strategy for Croatia 2002 - 2006 CARDS, p. 20.）。

② 2000 年 12 月 5 日，欧盟委员会通过复兴、发展和稳定共同体援助计划（CARDS），受援国包括阿尔巴尼亚、波黑、克罗地亚、塞尔维亚和黑山、马其顿。这一计划取代了原来的法尔计划和复兴计划。该计划旨在：该地区的复兴及难民遣返；创造推动民主、法治、人权、少数民族权利、公民社会的协调、独立媒体、加强防止有组织犯罪的措施、持续的经济发展和市场导向的经济改革；以减少贫困、男女平等、促进教育和改善环境为重点的社会改革；密切欧盟与该地区国家、该地区国家之间的关系。

主要用于以下5个优先领域：民主稳定、经济和社会发展、司法和内部事务、加强行政能力、保护环境和自然资源。①

克罗地亚成为欧盟候选国后，还可享受三项入盟前财政资助项目：法尔计划（用于制度建设、经济和社会发展）、ISPA（援助目标是环境保护和基础设施建设，其中大部分是道路交通建设）和SAPARD（农业和农村发展计划）。欧盟决定，2005年向克罗地亚提供1.05亿欧元援助（其中法尔计划8000万欧元、ISPA2500万欧元），2006年提供1.4亿欧元援助（其中法尔计划8000万欧元、ISPA3500万欧元、SAPARD2500万欧元）。2004年10月，欧盟委员会向理事会建议启动新的入盟前援助手段（Instrument for pre-accession assistance，IPA），从2007年开始克罗地亚可以享受此项援助，到时IPA将代替现有的援助手段（法尔、ISPA、SAPARD和CARDS）。②

四　外国资本

从1991～1995年克罗地亚的投资环境受到战争的影响，存在较大的政治风险，因而妨碍了外国投资者的进入。从1993年起经济和政治形势发生变化。整个经济形势持续好转，私有化进程继续，汇率和价格保持稳定。此外，政治环境明显改善。克罗地亚在1993年成为国际货币基金组织、世界银行、欧洲复兴与开发银行的成员国，还与欧洲投资银行等国际金融机构建立了合作关系，并先后获得了这些机构提供的贷款。随着战争的结束和整个经济形势的好转，克罗地亚已开始努力吸引

① 2002～2006年欧盟委员会对克罗地亚“复兴、发展和稳定共同体援助计划”国家战略，第9页（Europska komisija，ibid，str. 9.）。

② 欧盟委员会关于扩大进程进展的战略文件，布鲁塞尔，2004年10月6日（“Priopćenje Komisije Vijeće i Europskom Parlamentu”，Strateški Dokument Europske Komisije o Napretku u Procesu Prosirenja，Bruxelles，6. 10. 2004）。

外资，外资金额直线上升。1992 年，克罗地亚吸引外国直接投资 2600 万马克，1995 年为 1.39 亿马克，1996 年约 3 亿多马克，1995 ~ 1999 年累计吸引外资大约 10 亿马克。但同中东欧其他国家相比，克罗地亚吸引的外资十分有限，到 1999 年，克罗地亚人均吸引外资仅 450 美元，大大低于中东欧其他国家人均吸引外资的数量。2000 年新政府上台后，大力改善投资环境，加快了开放的步伐，各级政府欢迎外国直接投资，为外国直接投资提供了优惠的法律框架。2000 年 7 月 12 日，克罗地亚通过了《鼓励投资法》，主要内容包括：（1）以优惠条件向外商出租土地、房屋等不动产或其他基础设施；（2）对于提供新就业岗位，并且 3 年内不裁减员工的外企，按每个员工 15000 库纳给予补偿；（3）外企对员工进行专业培训，可获得培训费用 50% 的补贴。另外还根据投资额度，采取降低利润税的方法来鼓励投资。

根据克罗地亚法律，外商可在克罗地亚建立公共贸易团体、股份公司、有限责任公司、经济利益联合会。外商可以获得公司股份。建立股份公司的最低资金是 20 万库纳，股票票面价值不得少于 10 库纳，建立有限责任公司的最少资金是 2 万库纳。外国投资者与本国公民享有的平等权利、资本和利润的自由汇出受宪法保护。

1993 年至 2005 年 9 月，克罗地亚最大的投资国依次为：奥地利（占总投资的 25.9%）、德国（17.2%）、美国（11.67%）、匈牙利（8.85%）、荷兰（8.09%）、意大利（7.21%）、卢森堡（5.91%）、斯洛文尼亚（4.16%）、英国（2.36%）、瑞士（1.55%）。最大的德国投资者是德国电信，占有克罗地亚电信公司 51% 的股份。克罗地亚已具备吸引外资的若干基础条件，如稳定和民主的环境、低通货膨胀和汇率稳定、对外国投资有利的法律框架、相对廉价和技术熟练的劳动力、迅速发展的市场、可进入本地区其他市场的有利的地理位置、有发展旅游和贸易的

机会等。

1993～2004 年克罗地亚吸引外资总额 99.716 亿欧元，历年额度分别为：1.009 亿欧元（1993 年）、0.949 亿欧元（1994 年）、0.84 亿欧元（1995 年）、3.94 亿欧元（1996 年）、4.766 亿欧元（1997 年）、8.428 亿欧元（1998 年）、13.691 亿欧元（1999 年）、11.421 亿欧元（2000 年）、15.025 亿欧元（2001 年）、11.951 亿欧元（2002 年）、17.884 亿欧元（2003 年）、9.812 亿欧元（2004 年）。

在过去几年内，外资投放的主要部门、企业与地区其他国家相似，即制造业、建筑业、银行业、电信设备、煤气、旅游业等，这是些能中长期带来利润的企业。外国总投资的部门比例分别为：银行和金融部门占 23.99%，电信业占 14.20%，机械制造业占 8.89%，石油产品加工业占 6.95%，原油和天然气采掘业 4.44%，旅馆业 3.92%，零售业 3.69%，水泥业 2.92%，啤酒业 1.86%，批发业 1.07%，其他 28.06%。

克罗地亚目前有 18 个自由区贸易区，分别是：克拉皮纳市拉皮纳—扎戈里亚自由区（Krapinsko-zagorska slobodna zona, Krapina）、里耶卡市里耶卡库库利诺沃自由区（Slobodna zona Kukuljanovo, Rijeka）、奥西耶克市奥西耶克自由区（Slobodna zona Osijek, Osijek）、希贝尼克市波迪自由区（Slobodna zona Podi, Šibenik）、里耶卡市里耶卡港自由区（Slobodna zona luke Rijeka, Rijeka）、萨格勒布市萨格勒布自由区（Slobodna zona Zagreb, Zagreb）、奥布罗瓦茨市奥布罗瓦茨自由区（Slobodna zona Obrovac, Obrovac）、斯普利特市斯普利特自由区（Slobodna zona Split, Split）、斯普利特—达尔马提亚省自由区（Slobodna zona Splitsko-dalmatinske Županije）、普洛切市普洛切自由区（Slobodna zona Ploče, Ploče）、普拉市普拉自由区（Slobodna zona Pula, Pula）、布野市布野自由区（Slobodna zona Buje,

Buje)、斯拉沃尼亚布罗德市久若贾科维奇自由区（Slobodna zona Đuro Đaković，Slavonski Brod）、武科瓦尔市多瑙河流域自由区（Podunavska slobodna zona，Vukovar）、武科瓦尔市武科瓦尔自由区（Slobodna zona Vukovar，Vukovar）、瓦拉日丁市瓦拉日丁自由区（Slobodna zona Varaždin，Varaždin）、里布尼克自由区（Slobodna zona Ribnik）、别洛瓦尔市别洛瓦尔自由区（Slobodna zona Bjelovar，Bjelovar）。根据《自由区法》对自由区提供以下优惠：自由区内的商户不论克罗地亚人还是外国人一律平等；自由区内可不受《贸易和外汇法》的限制，同国外进行任何形式的贸易往来；商品可自由进出口；商品没有限制；商品不用付关税；自由区内企业的利润税减少为规定税率的50%；如果企业参与自由区内的基础设施建设，并且投资超过100万库纳，可在头5年免交利润税。自由区可建在海港、沿河地带、交通枢纽或其他具备条件的地方。建立者必须是国内法人，使用者可以是国内外法人和自然人。在自由区内不得进行零售贸易。

第九节 国民生活与社会保障

一 国民生活

从20世纪80年代初起，克罗地亚失业人数不断增加，1980～1989年年均失业率为6.2%。20世纪90年代初，受战争和经济衰退的影响，就业形势继续恶化。1990年初，登记失业人数急剧增多。这种状态一直持续到1992年，随后失业人数有所减少，1996年以后失业人数再度攀升。1990～1997年失业人数从16.1万上升到28.7万人（增加了78%），退休金的领取人从59.5万人上升到90万人（增加了51%），社会救助者（1990～1996年）从6.8万上升到23万人（增加了238%），而就业人数从156.8万人减少到122.3万人（减少了22%）。[①] 就业人数减少最多的部门是建筑业、农业、商业、水利业。

2000年新政府上台执政后，实行了积极的劳动力市场政策，努力创造就业条件，促进人力资源开发，为下岗职工提供培训，以增加再就业的机会，对增加就业岗位的企业给予奖励。在这些措施的引导下，自2000年起就业人数缓慢增加，失业人数自2003年起有所下降。在2005年的失业人群中，男性占41.6%，第一次找工作的占22.6%，24岁以下的占20.3%。20～24岁年龄段是失业人数最多的，其次是50～54岁。失业3个月以内的占18.4%，3～6个月占11.5%，6～9个月占5.9%，9～12个月占6.2%，1～2年占16.1%，2～3年占9.7%，3年以上的占32.2%。与独立前相比，目前失业者失业的时间变长了，1980年失业3年以上的占8%，1988年占15%，1996年占24.4%。长期失业比例的居高不下表明相当一部分失业者的再就业前景非常暗淡。

表4－15　2000～2005年克罗地亚就业情况

年　份	2000	2001	2002	2003	2004	2005
就业总数（万人）	134.10	134.83	135.90	139.25	140.96	
失业总数（万人）	35.79	38.02	38.97	32.98	30.99	30.79
失业女性（万人）	18.85	20.34	21.30	18.97	18.08	18.24
登记失业率（%）	21.1	22.0	22.3	19.2	18.0	

资料来源：克罗地亚统计局，克罗地亚就业局。

居民收入水平是居民生活水平的决定性因素。在社会主义时期，克罗地亚居民的总收入由就业人员的净个人收入、社会保险收入（退休金、残废金等）和来自国外的收入（临时在国外就

① 《数据月刊》，1998年第1、3期（Mjesečno Statističko Izvješće, br. 1 i 3/1998.）。

业人员的汇款和侨民汇款）构成。克罗地亚居民的生活水平高于全南斯拉夫的平均水平，工资水平增长很快，1968～1978 年实际工资增长 33%。独立后，历经战争和经济困难，人民生活水平大幅度下降，1978～1997 年实际工资减少了 48%，也就是说 1997 年的实际工资比 1968 年减少了 15%。根据收入的不同来源，克罗地亚居民的收入主要包括 3 个部分：劳动报酬、社会消费基金的各种补贴以及个人副业的收入。

20 世纪 90 年代前半期，战争、通货膨胀、生产下降使职工的实际工资水平、居民生活水平迅速下降，工资减少最多的是 1990～1992 年，减少了 58%。仅 1992 年一年职工实际工资就下降了 44%。此后，工人工资缓慢增加。1993 年 10 月为降低通货膨胀而实行稳定经济纲领，先是冻结工资，后是严格控制工资增长，因此 1993 年职工实际工资水平仅为 1991 年的 56.5%，1994 年职工实际工资水平仅为 1991 年的 45.4%。1994 年克罗地亚成立了社会经济委员会，在政府、雇主和工会之间建立了三方谈判的社会伙伴关系，并通过谈判确定最低工资水平和工资增长幅度。实行 3 种工资制度：政府对私有和私人控股企业的工资不加限制；国有和国家控股企业的工资由政府规定；从国家预算中领取工资的机关和单位，由基本工资和职务津贴构成，基本工资分 26 级，职务津贴为基本工资的 20%～30%。1995 年通过新劳动法后，企业开始实行劳资合同制，通过个人与业主签订合同确定工资水平，雇主和工会则通过签订集体合同就劳动关系和福利保障等作出规定。通过政府与工会谈判，职工工资逐年增加，但实际工资仍未达到 1991 年的水平。1996 年全国职工月平均净工资为 2033 库纳（约合 580 马克）。1996 年 11 月克罗地亚政府又和工会就降低个人所得税率、辞退金和失业补贴等问题达成了协议。据统计，1996 年全国月平均净工资为 2124 库纳，但 60% 的职工工资低于平均水平，工资的差距正在扩大。1997 年比 1992 年约增多 93%。同时，有专业技能者的工资与非专业者的工资比例有所下降，从 1966 年的 2.7:1 下降到 1995 年的 2.2:1。

2004 年职工月平均净工资 4173 库纳，同比增长 5.9%，工业部门企业职工的月平均净工资为 3801 库纳，比上年增长 4.6%。农工业部门企业职工的月平均净工资为 3504 库纳，比上年增长 5.5%。近几年来，克罗地亚人生活条件不断得到改善。2004 年克罗地亚职工月平均工资 740 美元，相当于中东欧较发达国家的水平，远远高于东南欧国家。根据规定，克罗地亚法定工作时间一周不超过 42 小时。从 2001 年 5 月 1 日起实行每周 5 天工作制，加班加点须支付额外报酬。

克罗地亚人的居住条件也不断改善。独立后，被毁坏的房屋数量不断增加，1991～1995 年共 14288 间，其中因为战争原因遭毁的占 85.7%。与此同时，房屋建设总量有所减少。战争结束后，随着经济的发展，克罗地亚投入了大量的财力用于改善居民的住房条件。不仅房屋数量增长很快，而且房屋面积也随之加大，2004 年比 1951 年人口增加了 20%，而房屋面积增加了 220%。1951 年人均住房面积只有 9.8 平方米，1991 年增加到 23.7 平方米，1995 年为 25.2 平方米，2004 年达到 27.6 平方米。住房条件改善还体现在房屋的配套设备方面，带电气设备的房屋占 98.7%，带自来水设备的房屋占 86.6%，带中央暖气的房屋占 25%，带浴室的房屋占 76.3%。

二　社会保障

克罗地亚的社会保障主要包括退休、保健、失业、儿童保护等方面，并已分别设立基金，主要资金来源是企业和职工交纳的社会保障税。社会主义时期，克罗地亚的社会保障制基本上是按照计划经济体制的模式由国家统包的。国家实行普遍就业的政策，对职工实行医疗卫生保险和退休残废保险，并将这些保险扩大到职工家属。从20世纪70年代起，对个体农民也开始逐步实行上述保险制度。社会福利经费由国家预算统一支付，从20世纪70年代起开始由有关自治利益共同体单列预算，经费主要是受益单位和个人根据团结互助原则缴纳的捐款。

克罗地亚独立后便致力于建设一个关注人民生活的社会福利国家，其宪法第一条规定："克罗地亚共和国是统一不可分割的、民主和社会的国家。"随着向市场经济的过渡，原先的社会保障制度已明显不适应实际需要。人口的老龄化和退休人员比重的增加使国家负担的养老金支出超出了经济的承受能力；再加上转轨时期大批失业人员的产生，造成严重威胁社会稳定的不安全因素，需要对他们进行救济和培训。为了适应市场经济的要求，并同欧盟的标准接轨，必须对社会保障制度进行彻底的改革。

克罗地亚的社会福利政策经历了三个发展阶段：（1）独立之初，克罗地亚继承了南斯拉夫的社会保障制度，对无足够收入者提供三种救助方式——长期的、暂时的、一次性的。另外这种补贴不是以个人为单位，而是以家庭为单位，救助金额的多少取决于家庭收入和家庭成员的多少。从1992年起，克罗地亚开始实行两种社会救助，一种针对战争受害者，一种针对其他需救助人员。（2）1993年3月，克罗地亚通过社会保障纲领，同年8月通过该纲领的补充修改案。当时社会形势异常恶劣，人民极端贫困，产生了大量的难民，1992年难民数为70万人，占总人口的15%。难民获得国家特殊救助。社会保障纲领规定了救助的新形式，对有资格获救助人员发放证书，1993年有5.4%的克罗地亚人获得了该证书。许多非政府机构参加了社会保障纲领。（3）1997年7月克罗地亚通过《社会福利法》，实现了克罗地亚的社会福利政策从战时向和平时代的转变。该法对社会保障的定义是："社会保障是向那些无法自主满足基本生活需求的人们提供帮助的活动。[①] 同时，《社会福利法》还规定，每个区、市都有义务在预算中保证社会保障的基金，其额度不得低于地方收入的5%，还鼓励私人和非政府机构在社会福利方面发挥更大的作用。目前社会福利有多种资金来源，其中最主要的是国家预算，由劳动和社会福利部管理。[②]

克罗地亚现有的社会保障机构包括：社会保障中心、社会保障院和援助中心。

社会保障中心是社会保障的国家一级机构，克罗地亚共有80家社会保障中心，每个社会保障中心负责同一省内的一个或多个区或市的社会保障事务。每个中心可建立一个或多个分支机构。克罗地亚的15个社会保障中心共建立了24个分支机构。根据克罗地亚2001年人口普查的结果，平均每38925人有一个社会保障中心或其分支机构。社会保障中心的就业人数从2000年的1884人上升到2004年的1892人。此外，克罗地亚有社会保障院198家，其中68家属于国有，包括：14家孤儿院，11家残障儿童福利院，25家残疾人福利院，18家精神病院。非国有的社会保障院包括：4家孤儿院，15家残疾人福利院，46家省级养老院，57家非省级养老院，4家精神病院，2家戒酒、戒毒院，2家家庭暴力受害者福利院。近几年，国有社会保障院的数量逐渐减少，而非国有社会保障院的数量不断增加。2004年克罗地亚社会保障院共住有23672人，比2000年增加了19.7%，其中国有社会保障院住有8699人，非国有社会保障院住有14973人。

---

① 《社会福利法》，《国家公报》1997年第73期（Zakon o Socijalnoj Skrbi, Narodne Novine, br. 73/1997.）。

② 弗拉多·普利兹：《退休制度和社会福利规划：克罗地亚21世纪发展战略》，萨格勒布，2002，第122页（Vlado Puljiz, Mirovinski Sustav i Socijalna: SKRB Projekt "Strategija Razvitka Republike Hrvatske: Hrvatska u 21. Stoljeću", Zagreb, veljača 2002. str. 122.）。

住院人数最多的是残疾人福利院，其次是养老院。费用完全由国家承担的占34.3%，完全由个人自己承担的占32.1%，部分由国家承担的占21.1%，有其他资助的占12.5%。社会保障院共有职工8852人，其中国有社会保障院职工3974人，非国有社会保障院职工4878人。《克罗地亚社会保障法》规定，任何市政当局、宗教团体、商业协会、本国及外国法人或个人都可以建立援助中心。

目前，克罗地亚的医疗保健分为义务和自愿两部分，基本的保健和医疗仍为义务制，其余部分通过个人自愿参加保险来保证。1996年通过制定新的就业法对失业者及领取失业补贴的条件和期限作了明确规定。失业者是指15~65岁有劳动能力并按规定期限在就业局登记寻找工作的人，至少连续工作9个月或在一年半内非连续工作一年者，有权以本人最后3个月平均工资为基数领取失业补贴，即头78天为本人平均工资的80%，以后为60%，但不能低于经济部门平均工资的20%和高于规定的职工最低工资水平。领取补贴的期限按不同工龄分别为3个月到1年。拒绝就业局提供的适合本人的工作时，便丧失领取补贴的权利，并从就业局登记名单中注销半年。20世纪90年代以来，克罗地亚人口自然增长率不断下降，死亡率增加。为了复兴人口鼓励生育，克罗地亚政府除一般儿童补贴外，还特别关注多子女的母亲。凡有周岁以下婴儿、3岁以下双胞胎或3个以上子女的母亲，无论是否工作，均有权获得国家的生育补贴金和享有与就业妇女相同的权利。

克罗地亚在国内战争期间发生了两次大规模的难民潮。第一次是在1991年东斯拉沃尼亚和克拉伊纳首次被南人民军和克拉伊纳叛军占领后。1992年底，克罗地亚难民人数达70万人，占当时国内总人口的15%以上，30万人来自当时被占领的克罗地亚领土，40万人来自波黑。第二次是4年后，即1995年克罗地亚政府通过两次迅速的军事行动收复了被占的塞族领土以后。到1995年战争结束时，难民总数达到 46.3 万人，其中失踪人口 22 万。[①] 1997 年底在东斯拉沃尼亚（联合国托管区）登记在册的塞族难民有 3.2 万人。据统计，1991 ~ 1997 年克罗地亚的难民总数约为 95 万人。到 2004 年，克罗地亚的塞族难民约为 20.9 万人（18.95 万在塞黑，1.95 万在波黑）。[②] 为了便于难民重返家园，克罗地亚政府先后通过了《难民地位法》、《国家特殊福利法》、《住房保障条件和措施条例》、《难民重返家园和保障规划》等法律，取消了《临时接管法》。[③] 政府投入了大量的财力用于难民遣返，截至 1997 年底，共投入 64 亿库纳（约 10 亿美元），其中 88.7% 来自国家预算，11.3% 来自其他基金。战争结束后，克罗地亚并没有停止对难民的救助，每年把国家预算的 1% 用于难民救助。

2001 年底，政府开始对财产返还体制进行全面改革。同时与波黑政府签署难民重返家园协议，推动了两国在难民问题上的合作。2002 年克罗地亚政府决定，不论返回者是否在克罗地亚拥有财产，都向其提供住处，同时，返回者有权申请克罗地亚国籍。官方资料显示，政府已向塞族难民归还被占据的住房 1 万多套。政府还决定，向已重返家园但尚未被归还住房的塞族难民提供补偿。至今已有 10.8 万塞族难民回到克罗地亚。[④] 目前，在

① 联合国难民署前南斯拉夫信息，1995 年 8 月（UNHCR Information Notes on Former Yugoslavia，No. 8/95 August 1995.）。

② 《欧盟委员会关于克罗地亚申请加入欧盟的意见》，第 27 页（Communication from the Commission Opinion on Croatia's Application for Membership of the European Union，p. 27.）。

③ 《克罗地亚加入欧盟的国家战略》，2004，第 56 页（Nacionalni Program Republike Hrvatske za Pridruživanje Europskoj Uniji 2004. godina，str. 56.）。

④ 《欧盟委员会关于克罗地亚申请加入欧盟的意见》，第 27 页（Communication from the Commission Opinion on Croatia's Application for Membership of the European Union，p. 27.）。

塞黑、波黑有13241名难民要求返回克罗地亚，还有从波黑或南联盟逃到克罗地亚的约21000人占有着他人财产。[①]

2000～2004年国家社会保障受益人从179990人增加到257335人，增加了43%。2001年3月1日克罗地亚政府把社会救济的基数从350库纳提高到400库纳。在受救助的人员中，18岁以下的青少年约占总人数的35.4%，18～65岁的成年人占52.8%，65岁以上的老年人占11.8%。而失业者是受救助者中人数最多的群体，占总数的45.3%。2000年克罗地亚受救助人员占全国人口总数的4.1%，2004年这一数字攀升到5.8%。2004年克罗地亚有741056人生活在贫困线以下，而接受社会救助的占其中的34.7%，2004年用于社会福利事务的资金达22亿库纳，占国内生产总值的1.07%，其中养老保障占51.09%，医疗保障占32.29%，社会救济占5.04%，儿童救助占3.11%，援助战争中伤残人员占3.04%，对战争中牺牲人员家属的抚恤金占2.96%，失业补助占2.46%。社会福利的资金来源主要是国家预算，2004年获得的社会福利资金比2000年增加了9.8%，其中96.1%来自国家预算，3.9%来自各福利机构。[②]

1998年以前克罗地亚实行单一的、公共的、强制性的、现收现支的养老保障制度。独立后初期，由于就业人数不断减少，退休和提前退休的人数迅速增加，就业人数与退休人数之比已从1990年的3.1∶1降低到1996年的1.7∶1，退休人数已达88万，占克罗地亚总人口的约1/4。结果，职工负担越来越重，退休基

① 《克罗地亚加入欧盟的国家战略》，2003，第27页（Nacionalni Program Republike Hrvatske za Pridruživanje Europskoj Uniji 2003. godina，str. 27.）。

② 日夫科·尤尔切维奇：《2000～2004年克罗地亚社会保障》，萨格勒布，2005年9月，第357页（Živko Jurćević，Socijalna Skrb u Hrvatskoj od 2000. do 2004. Analiza Pokazatelja Stanja i Razvoja，Zagreb，Hrvatska，Rujan 2005. str. 357.）。

金严重不足，退休金的平均水平与平均工资的水平差距拉大，并且经常拖欠。由于经济全面萧条，导致实际工资大幅度减少，相应地，实际发放的退休金也随之减少。1992 年退休金占 GDP 的比例从 1990 年的 10% 减少到 7%。1996 年平均退休金为每月 1035 库纳，已不到全国平均工资水平的一半，而且时有拖欠。近年来，上缴的养老金数量不断减少，一方面由于就业人数减少，另一方面因为许多企业逃避缴纳养老金。因此，国家从预算中分拨越来越多的资金用于养老金，如今养老金支出占国家预算的 1/3。克罗地亚政府在制定 1997 年预算时，为增加退休金已拨出 20 亿库纳，同时通过减免所得税和分发私有化证券等，计划使退休金增加 10% 左右。1998 年克罗地亚开始第一次养老制度改革，俗称“小改革”，新法的提案中延长了退休年限并严格提前退休的条件，即年满 65 岁（原为男 60 岁，女 55 岁）和工作至少 15 年（即缴纳退休保险的年限）的职工有权退休和领取退休金；年龄为 55 ~ 60 岁和已有 35 年工龄者方可提前退休，其退休金与已缴纳的社会保障税挂钩，此外，新法还规定，社会保障税所提供的资金只保证最低退休金水平，职工可通过自愿追加退休保险来增加退休金。1999 年克罗地亚出台了一揽子养老保障制度改革计划，俗称“大改革”，其改革的目的是：改单一形式的养老保障制度为多元的养老保障制度；把养老保障体制部分私有化，建立公共和私人混合的养老保障制度；在私有养老保障制度中改变集资方式。在新的三支柱的养老保障制度中，第一部分仍然是强制性的公共养老保障制度，公共支柱为现收现付的固定福利，2005 年 5 月 31 日之前缴费率为薪水的 21.5%，2000 年 6 月 1 日开始缴费率变为薪水的 19.5%。第一支柱包括目前的退休者和老年人。第二支柱是强制性的私人养老基金，第二支柱占工资的比率为 5%，与第一支柱不同的是这一支柱是建立在养老金的固定缴纳基础之上的，40 岁以下强制、40 ~ 50 岁自愿加入这一支柱，参加第二支柱养老基金的成员费率为总工资的5%。第三支柱为自愿参加的私人养老基金，建立在养老储蓄的个人账户之上。

克罗地亚制定的养老保障制度的基本原则是：养老保障制度必须保障老年、残疾及丧失劳动能力居民的生活基本需求；通过建立多元的养老保障体制保证养老基金的多渠道来源；社会保障的责任重心应逐步从国家转移到个人和社会机构；居民社会保障功能应部分私有化；养老保障制度必须是公正公开的；不可搞特殊化；国家应对因正当原因无法足额缴纳养老金的居民提供最低养老金；养老保障制度必须有利于经济发展；养老保障制度要允许其他社会保障形式的发展；通过让居民了解养老保障制度及其现状、问题和解决办法，提高居民对养老保障制度的信任。

第五章

军　　事

第一节　概述

一　建军简史

克罗地亚在南联邦时期没有正规的武装力量，只有少量的全民防御系统的地方防御部队。南联邦全民防御学说的出发点是全民防御，实行义务兵役制，按军区和军分区建立本土防御作战组织和大量的游击队，这是南人民军发展的新的特征。1969 年 2 月《国防法》的通过和 3 月南共联盟九大的决议，标志着这一战略的定型。克罗地亚地方防御部队拥有一定的武器装备和组织、指挥系统，按照规定的计划进行军训和军事教育，以便在国家受到军事进攻时配合正规军进行防御战。

20 世纪 90 年代初，南斯拉夫社会主义联邦共和国开始解体，克罗地亚从南人民军中召回本民族的军人。独立后，克罗地亚当局把组建军队当做一项重要任务，1991 年 10 月政府就开始着手建立正规军，在财政十分困难的情况下，每年仍将 30 ~ 40% 的政府预算用于防务，到同年 11 月，一支超过 10 万人的武装力量已经形成，还有 10 万预备役人员。但当时军队技术力量薄弱而且缺乏正规训练，以致在与以前南人民军为后盾的塞族武装的战斗中，连遭失败。三年多的波黑战争期间，克罗地亚趁热打铁，利用各种有利条件和途径，获得了大量武器，从而大大提高了军队的装备水平。与此同时，当局还聘请美国等国的军事顾问为其培训军官和士兵，使军人的素质和作战能力有了很大提高。经过4年的努力，克罗地亚军队已建成一支相当有战斗力的陆、海、空三军部队，进而改变了波黑战场及前南地区的力量对比。在1995年5月和8月采取了“闪电”和“风暴”两次闪电式的军事行动，分别用36小时和84小时结束战斗并收复了西斯拉沃尼亚和塞族大本营克宁周围的地盘，使塞族区只剩下东斯拉沃尼亚一带与南联盟交界的地区，占克罗地亚领土的4.6%。1995年初克罗地亚向欧安会申报的武器包括：176辆坦克、1098门大炮、12架米格-21战斗机以及导弹炮艇等。

目前，克军总兵力已超过10万人，有176辆坦克、320辆装甲车、949门火炮、40多架军用飞机，已成为前南地区仅次于塞黑的军事强国。

二　国防体制

克罗地亚宪法规定，总统为武装力量最高统帅。根据克罗地亚议会的决定，总统宣布战争与缔结和约。① 总统通过国防部和总参谋部对全国武装力量实施领导和指挥。国防部与国家安全委员会是最高的国防决策机构，总统任主席，任命委员会的委员并主持其工作，依法任命和解除军事指挥员的职务，成员包括总理、副总理兼外长、副总理兼发展与重建部长、国防部长、内务部长、国家安全办公室主任、总统国家安全事务顾问、总统内政顾问及总参谋长等。最高国防委员会需要一致同

① 《世界宪法全书》，青岛出版社，1997，第953页。

意方可作出决定。

议会为国家立法和监督执法机构，对武装力量实行民主监督，有权决定战争与和平。议会的职权还有：制定国家防御战略；决定国防预算的额度；通过武装力量发展的长期计划；确认国家处于直接威胁和战争状态，并连同总理向总统提出建议；讨论并通过防御体制和军队总体情况的年度报告；决定克罗地亚军队在境外的活动和外国军队进入克罗地亚进行演习或人道主义援助；对总参谋长的任免提出意见。[①]

议会下设内政和国家安全委员会，负责监督国防部的工作，确保武装力量的建设和行动符合有关法律。国防部为政府中的一个部，是最高军事行政机关。国防部负责制定总动员计划，组织国防战备工作，完成国防计划所确定的任务，提供武装力量所需物质保障，组织、管理军事教育，执行有关国防的联盟法规，开展教育和部队职业化培训，管理武器装备的生产、采购、维护，对共和国总统、最高国防会议和联盟政府决定的实施情况进行监督等。同时，国防部还通过下设的“军事委员会”制定武装力量的建设和发展规划、军事学说和军事战略。总参谋部隶属于国防部，是最高军事指挥机构，负责部队的指挥、训练和管理。总参谋长直接对总统负责。各军种、军区和部队均隶属于总参谋部。总参谋部下设陆军司令部、海军司令部、空军防空军司令部、教育培训和后勤指挥中心。战时，由总参谋部组建战时办公机构，其成员由总统直接任命，负责指挥部队的作战行动。斯捷潘·梅西奇（2005 年 1 月上任）为现任总统兼武装力量最高统帅，国防部长是贝里斯拉夫·龙切维奇（Berislav Rončević，2003 年 12 月上任），总参谋

① 《关于颁布防御法的决定》，萨格勒布，2002 年 3 月 25 日（Odluku o Proglašenju Zakona o Obrani，Zagreb，25. ožujka 2002.）。

长约希普·卢契奇上将（Josip Lucić，2004 年 3 月上任）。国防部长为文职人员。总参谋长负责领导军队、招募新兵、晋升军衔、军官教育等具体事项。正规军分为陆军、海军、空军防空军三个军种。武装力量由常备军和预备役部队组成。克罗地亚总参谋部、空军防空军司令部、教育培训和后勤指挥中心都位于萨格勒布，海军司令部位于斯普利特，陆军司令部位于卡尔洛瓦茨。

克罗地亚宪法规定，军队的职责是保卫国家的主权、领土、独立和宪法制度。克罗地亚国防体制的基本目标是：（1）成为北约全权成员国；（2）根据集体安全构想建立有效的防御体系；（3）促进国家建设和世界稳定与安全；（4）提高克罗地亚在世界范围内参与维护和平活动的能力。克罗地亚军队经政府批准，可以在国际组织服役。法律规定军队的军官，由总统任命、晋升和解职；军事法院的院长、法官和陪审员法官以及军事检察官，由总统任命和解职。军事法院和军事检察院要按国家法律建立。军事法院是独立的，根据国家法律进行审判。此外，克罗地亚宪法规定：克罗地亚军队和警察的职业成员的工会组织可以由法律加以限制。军队和警察职业成员的罢工权受到限制。

三　国防预算

克罗地亚的军费开支自 20 世纪 50 年代中期开始逐渐减少。20 世纪 90 年代以前国防工业生产能满足武装力量需求的 75%，基本靠自行设计，出口的武器和军事装备所得能满足军工生产资金需要的 70%。近年来，为了使军队适应北约标准，克罗地亚计划在未来 10 年中投入 3.7 亿欧元为军队购置通信设备、坦克、战斗车辆和潜艇以及培训干部，以提高军队的现代化程度。

表 5－1　2001～2005 年克罗地亚国防预算

	2001	2002	2003	2004	2005
国防预算（亿欧元）	6.54	6.18	6.42	5.87	5.47
占 GDP 的比例（%）	3.01	2.63	2.54	2.15	1.87
占国家预算的比例（%）	9.05	5.70	5.49	4.24	3.98

资料来源：Godišnja Razmjena Informacija o Obrambenom Planiranju 2005. Država Sudionica，Republika Hrvatska

第二节　军种与兵种

一　陆军

陆军是克罗地亚武装力量中最重要和人数最多的部队，共有 5.07 万人，占其总兵力的 1/2，编有 6 个军区、8 个近卫旅（各辖 3 个机械化营、1 个坦克营、1 个炮兵营）、3 个步兵旅（各辖 3 个步兵营、1 个坦克分队、1 个炮兵分队）、1 个混合炮兵旅、1 个反坦克旅、4 个防空旅、1 个工兵旅。基本任务是：（1）保持最佳战斗水平，随时准备投入战斗；（2）打击侵略者；（3）保证国家领土完整；（4）根据需要承担非传统任务。

陆军的中坚力量是近卫旅，有现役军人 7926 人，预备役 2210 人，一级预备役 1874 人。陆军的装备几乎都是俄国制式，多半已陈旧过时。根据国际武器控制组织的统计，2000 年克罗地亚有 301 辆坦克和 158 辆装甲运输车，它们构成克罗地亚机械化部队的主体，其武器装备包括：作为军队支柱的 T－55 坦克，目前约有 222 辆，其式样比较笨重，内部比较窄小，源于南斯拉夫前总统铁托时代；53 辆 M－84 坦克，它是由前苏联的 T－72 坦克改造的，比 T－55 更具威胁性，携带有 125 毫米火炮，能破坏敌方前线的坦克；3 辆 T－72M 坦克；23 辆 T－34 型坦克。有 17 辆 BRDM－2 装甲侦察车；106 辆 M－80 装甲战斗车（仿造俄罗斯 BMP－1 装甲战斗车）；9 辆 BOV－VP 装甲车，每辆可以携带 3 枚 AT－3 反坦克导弹或者 1 门火炮和运载 6 名士兵；15 辆BTR－50 型装甲运输车和 13 辆 M－60PB 型装甲运输车。此外，还有各种型号的火炮共 1200 门，其中自行炮 8 门、火箭炮 232 门。

二 海军

因克罗地亚海岸线很长，其海军力量较强，因此在整个国防体系中占有重要地位。克罗地亚海军的任务是：（1）保证克罗地亚海域不受外来威胁；（2）管理亚得里亚海及沿海地区，监控外国战舰的活动；（3）加强亚得里亚海的安全条件，保证海上边界的完整；（4）执行“地中海和平伙伴计划”。克罗地亚海军的职责范围包括领海、岛屿、内海以及海底。除了保卫海上领土与主权，克罗地亚海军还负责搜索救援、监控海上交通、禁止从事犯罪及其他非法活动船只的行动、保护自然资源、保护环境、帮助航行船只、当发生火灾或其他灾害时提供救援。

克罗地亚有海军 3000 人，陆战队有 2 个独立步兵分队。岸防部队有 10 个岸防炮兵连，3 个地地导弹连。海军基地 5 处（斯普利特、普拉、希贝尼克、普洛切、杜布罗夫尼克）。海军的主要装备有：3 艘导弹快艇（RTOP－11、RTOP－12、RTOP－21），4 艘巡逻艇（OB－61、OB－62、OB－63、OB－64），1 艘教练艇（BŠ－72 “Andrija Mohorovičić”），21 艘特种舰（2 艘救援舰、2 艘两栖布雷舰、1 艘辅助运输舰、2 艘快艇、2 艘拖船、5 艘攻击艇、1 艘潜水运载艇、2 艘运输艇、1 艘辅助攻击舰、3 艘摩托艇），1 艘潜艇（P－01），1 艘扫雷艇（LM－51），3 台海岸导弹发射器，21 门海岸炮，14 支海岸雷达探测器。

三 空军

克罗地亚空军防空军的任务是：（1）监察和控制克罗地亚领空；（2）在联合军事行动中提供支持；（3）当发生自然或人为灾害时进行支援；（4）提供搜寻和救援。

克罗地亚空军有4600人，防空部队2000人。分为2个集团，下辖91个空军基地，74个军事警察营，25个情报中队，27个信号营、13个后勤旅，42个技术营，2个空中监视旅和4个防空旅，还有空军医学研究所和空军教育训练部。克罗地亚空军的装备包括：10架特种机，21架教练机（PC－9型10架、乌特瓦型11架），5架运输机（安－2型3架、安－32型2架），24架战斗机（米格－21型），8架教练直升机（贝尔206型），9架战斗直升机（米格－24型），19架运输直升机（米格－8型6架、米格－8MTV－1型13架）、空空导弹（AA－2、AA－8型各若干），地空导弹（萨－7、萨－9、萨－10、萨－14、萨－16型各若干）。

俄制“萨姆”导弹是克罗地亚防空作战的主力，“萨姆”地对空导弹防御系统是克罗地亚最具有威胁力的防空武器。“萨姆”－7型又名“格雷尔”，是一种便携式低空近程地对空导弹，用于杀伤低空和超低空慢速飞行目标。可供单兵立姿或跪姿发射。“萨姆”－9型又名“甘斯肯”，是一种自行式晴天候低空近程地对空导弹武器系统，主要用于对付低空亚音速飞行目标，可用于夜间。

四 准军事部队

克罗地亚现有准军事部队4万人，全部为武装警察，归内务部领导。此外，还有预备役部队22万人，其中陆军预备役部队15万人，国土防御预备役部队7万人。

第三节 军事训练与兵役制度

一 兵役制度

克罗地亚宪法第47条规定，服兵役和保卫共和国是所有对此有能力的公民的职责。凡年满18岁的男性公民均应服兵役。在大学学习的新兵可以延期服役直到他们从大学或高等学校毕业，但最晚要在他们年满27岁的那一年的11月底之前服役。年满16岁的男性公民可根据自愿提前服兵役。对那些因自己的宗教和道德观而不准备在武装力量中履行军事职责的人，允许其良心责备，但这些人必须履行法律规定的其他职责。[①] 克罗地亚实行义务兵役制，士兵服役期为6个月。将官最高服役年限为60岁，校官为57岁，尉官为55岁，士官为52岁。

从2005年起，克罗地亚将取消义务兵役，公民可以自由决定是否加入职业化军队或预备役。

二 军衔制度

克罗地亚军队的军衔分为将官4级（大将、上将、中将、少将），校官3级（上校、中校、少校），尉官4级（大尉、上尉、中尉、少尉），士官6级。一般为每3～4年晋升一次。而一定的高级军衔则有特殊要求。晋升到将军则须国防学院毕业，或者是特定专业取得了博士学位。根据总参谋长的建议，总统可以特别提拔一名军官为将军。

---

① 《世界宪法全书》，青岛出版社，1997，第950页。

三 军事教育与训练

克罗地亚军事教育系统分为预备役人员教育和现役军人教育，其中军事研究院、军事学院和学校是主要的教育机构。军事教育体制根据北约标准以及自身的经验，并借鉴其他国家的相关理论和经验而建立在现代科学的基础之上。军官的职业教育分为4个级别：（1）军官基础教育；（2）军官高级教育；（3）指挥参谋学校；（4）军事学校。克罗地亚军官学校已培养了6800名军官，美国为克罗地亚培训了150名军官。

士兵首先接受基础教育，学习结束后开始专业知识和技能的学习，经过考核后继续深造。克罗地亚军事教育中非常重要的一项是外语学习，主要是为了提高同北约的协同工作能力。外语学校开设英语、德语、法语和意大利语课程。位于萨格勒布的一所中学负责此项工作，斯普利特和奥西耶克设有分校。

克罗地亚军事教育和培训中心直接隶属于总参谋部，其主要任务是：（1）进行军种内教育和培训军官；（2）研究军事学说；（3）参与制订军队内教育培训的标准；（4）下达教育培训指令。克罗地亚国际军事行动中心负责为参加北约及其他国际维和行动的克罗地亚士兵提供培训。2004年克罗地亚国际军事行动中心获得了联合国的批准挑选军事观察员，最后有9名军官被选中。

军事学校分为军事中学和学院（军事学院和军事医学科学院）。军事初级中学学制4年，主要教授普通原理，军事动机的形成和发展人的民族特性，以及一个军官应具有的脑力和体力能力。军事高级中学的学生接受高级专业教育3年或4年，其中职业训练2年，职业训练1年，毕业后的特殊高级训练1年。专业有步兵、炮兵、工程团、空军防空军、通信、海军、技术服务、空军技术服务、海军技术服务、军需服务、医疗和运输服务。学生完成学业后，直接晋升为军士。优秀的军官可以在部队里参加军事学院的战略或科技等专业的研究生学习。经过科学的高级教育，军官可以从事教学和研究工作。通过不同形式的高级训练，军官便有资格去司令部、参谋机构或其他部门效力。

克罗地亚军事研究院是一所教育和科学研究的机构，拥有较强的师资力量。未来的职业军人在这里接受教育和训练。他们学习军事科学，可获得博士或硕士高级学位，并且从事军官的专业训练，进行基础的、应用的和开发研究，这里也培训师资。军事研究院中的基础学习持续4~5年。步兵、炮兵、空军、防空军、预警控制和发布系统学、航空学、工程兵和海军课程，学制4年；信号通信、电子侦察、技术服务、空军技术服务、海军技术服务、军需服务、运输控制服务、财经服务、情报服务和测量学课程，学制5年。学习结束后，学生们被提升为军士，并被承认服了兵役。克罗地亚军事医学研究所是一个治疗和研究的机构，具有高水平的诊断手段和治疗水平，培养硕士和博士，进行职业军医的高级培训。此外，还有基础的、应用的、临床的研究，目的是提高医学、药学、口腔病学、生物化学、分子生物学、兽医学、物理化学和心理学领域的教学和研究水平。

预备役军官的训练。军事研究院同样为克罗地亚军队提供预备役军官的训练。训练分为两部分：除了医学和兽医学为期4个月外，高等学校的学习为期6个月；第二部分是在克罗地亚军队和军事组织的训练，为期6个月。学习结束后，学生被提升为预备队的中尉。

毕业后的高级训练。军事研究所从事以下毕业生的高级训练：（1）指挥和参谋机构训练为期2年，是为大的战略指挥单位如司令部，培养指挥人才，经过学习可获得指挥官的职业资格；（2）总参谋部高级训练为期1年，为指挥操作、战略机构和参谋机构培养人才，通过学习可获得总参谋官的职业资格。

研究生学习。高级军事学校（军事研究所和军事医学研究所）也提供军事学和其他对国防有重要意义的科学领域的研究生学习。军事研究所的研究生学习在战略和技术学方面设有硕士学位。在医学、药学和口腔病学专业设有硕士和博士学位。

第四节　军事工业

克罗地亚作为南联邦的共和国之一，没有独立的军事工业体系，由南联邦统一规划管理。南联邦的军事工业自第二次世界大战后开始发展，1975～1990 年间不断发展扩大并实现现代化。南联邦时期的军事工业相当发达，军事工业是盈利最多的部门之一，曾排名世界第 9 名。

南联邦解体后，原有的军工体系被打破，多年的危机使科研人员流失严重，再加上资金不足阻碍新技术的发展，1991 年又爆发了长达 5 年的国内战争，使克罗地亚与国际技术发展潮流相脱节，生产停滞，科研工作难以为继，还失去了宝贵的世界市场。克罗地亚在军事体系现代化和新技术引进方面是落后的。1996 年实现全面和平后，克罗地亚根据实际需要迅速对军事工业作出了调整，几乎所有的军工技术都得到恢复，但是生产规模有所缩小。克罗地亚不仅保留了这些军工厂，而且加大对它们的投资，并且十分重视军事技术更新和新技术的运用。

克罗地亚目前还没有生产某些重要军事设备的能力。以前南联邦能够生产的轻型炮、轻型摩托车等等，当前尚无能力生产，而且在短期内恢复生产能力也不太可能。克罗地亚通过与国外签订的军事合作协定（美国、德国、乌克兰、俄罗斯、土耳其、保加利亚、捷克、巴西、阿根廷、智利等），购买武器装备，获得军事援助（无偿或无息贷款等）和生产许可证、知识和经验，进行合作生产、共同开发和培训等。同时，克罗地亚努力发展本国的军事工业。在战争期间有 300 多个企业参与军工生产，国防部与51个企业签订了临时生产合同。目前，克罗地亚已能自行生产各种枪支弹药、重型武器和火箭系统，还向阿拉伯国家、亚、非、拉美和东欧地区出口。克罗地亚生产的射击武器和弹药，质量优良。还生产成套的士兵装备。克罗地亚自行生产的RT－20型狙击步枪，口径达20毫米，威力大，发射的子弹既能打穿装甲车和轻型坦克，也能打落直升机和小型飞机。RT－20型狙击步枪是由克罗地亚RH-Alan公司在1990年研制出来的，20世纪90年代后期开始装备克罗地亚陆军。它全长1.33米，枪管长920毫米，采用单发手动装弹，最大有效射程1800米。RT－20发射的20毫米子弹就是在防空炮弹的基础上改进而来的，这种子弹每发重130克，步兵战车、装甲运兵车和轻型坦克的装甲遇到它都不堪一击。在实战中，RT－20型狙击步枪还可用来打击"高价值"军事目标，如停机坪上的飞机、空中盘旋的直升机、轻型装甲车辆、通信站、油罐、雷达以及掩体和机场设施等，还能有效地封锁交通要道、桥梁和渡口。目前许多国家的特种部队准备采购这种步枪。

第五节 对外军事关系

克罗地亚重视同世界各国和组织发展双边和多边的军事关系，并签署了多种国际协定，如：《武器控制条约》（尤其是跨边界的武器控制）、《联合国打击有组织跨国犯罪公约》、《全面禁止核试验条约》、《天空开放协定》等。克罗地亚与希腊、罗马尼亚、保加利亚、匈牙利等国的军队已经建立了联系，同邻国就打击恐怖活动和有组织犯罪、售卖武器、保障边界安全等问题签订了军事条约。此外，克罗地亚还参加中东欧地区的防御倡议，包括中欧合作倡议（CENCOOP）、美国—亚得里亚海宪章、四方倡议、东南欧国防部长会议（SEDM）、亚得里

亚海—爱琴海倡议。克罗地亚与德国联合提议建立武器控制执行与审查地区援助中心，其目的是实现军事安全领域的透明、公开和可预见性，以及21个《稳定公约》参与国之间的合作和更广泛的对话。克罗地亚在所有北约国家及邻国都设立了军事外交代表处。

20世纪90年代中期国内战争结束。随着和平时期的到来，克罗地亚进一步加强和发展国家的防卫安全体系，使之能应付未来的挑战，保卫国家边界，同时开始向欧洲大西洋一体化靠拢。1996年克罗地亚正式把加入北约作为最重要的外交目标之一。同年，克罗地亚提出申请加入北约"和平伙伴关系计划"。2000年2月15日克罗地亚总理访问北约，标志着克罗地亚正式开始加入"和平伙伴关系进程"。随后北约秘书长对克罗地亚进行了回访，并于2000年5月邀请克罗地亚加入"和平伙伴关系计划"。2000年5月25日克罗地亚签署"和平伙伴关系计划"框架文件，成为该计划成员国，从而迈出了加入北约的第一步。2000年6月21日克罗地亚与北约签订安全协议，7月底同北约安全办公室建立了联系。2001年北约启动同克罗地亚的强化对话机制。强化对话机制是1997年北约马德里首脑会议决定接纳波兰、匈牙利和捷克三国加入北约之后开始采用的。强化对话机制在北大西洋理事会和其他国家的领导人（总理、外长和国防部长）之间通过会晤的方式进行，会谈的主要内容是与加入北约相关的政治、军事、金融和安全问题。强化对话的目的是帮助候选国确定不足及需改进的地方。1999年北约华盛顿首脑会议提出"加入行动计划"，该计划是北约为吸收中东欧国家而制订的专门计划，向候选国提出十分严格的要求，主要是每个候选国每年要制订加入北约、逐步与北约接轨的年度计划，计划内容为政治经济体制、国防与军事体制、军费、保密、立法共5个方面，在一年内如何按北约要求争取逐步达到北约的标准。当时参加强化对话机制的 9 个国家自动加入成员国行动计划。2002 年秋北约邀请克罗地亚参加成员国行动计划，从而结束克罗地亚与北约之间的强化对话进程。2002 年 5 月 15 日克罗地亚被邀请参加“加入行动计划”，进一步确认了北约的门户开放政策。2004 年 6 月 29 日，马其顿、克罗地亚、阿尔巴尼亚签署加入北约宣言，表明三国将继续朝着北约政策、倡议和行动的方向努力。阿尔巴尼亚、克罗地亚和马其顿三国以 1998 年“美国—波罗的海宪章”为样板，曾在 2002 年 11 月北约布拉格峰会上向美国总统布什提出签署“美国—亚得里亚海宪章”，希望美国像帮助波罗的海三国那样，也帮助它们加入北约。为了拉拢“新欧洲”并保持它们的稳定，美国总统布什根据美国关于北约争取使所有申请国于 2010 年前“入约”的既定战略，派国务卿鲍威尔于 2003 年 5 月在阿尔巴尼亚签署了这一宪章。宪章规定，美国支持北约的“门户开放”，支持三国尽快加入北约的要求；三国将根据北约的标准，努力加强军事等各领域的改革，打击腐败和有组织犯罪，加强巴尔干地区的双边和多边合作，保持地区稳定。2004 年 3 月，美国国会还通过了支持三国于 2007 年之前加入北约的决议，同时建议北约研究、筹划三国“入约”事宜。这表明，这三国将极有可能成为北约下一轮东扩的对象。2004 年 11 月 12 日克罗地亚、马其顿和阿尔巴尼亚三国签署了加强同北约合作的联合声明。联合声明说，克罗地亚、马其顿和阿尔巴尼亚三国将积极参加以北约为主体的国际维和行动，加强与北约的合作，以便早日实现加入北约的愿望。

为达到北约标准，克罗地亚对军队进行了改革。2002 年 3 月 19 日克罗地亚议会通过《防御法》和《武装力量服役法》，这些法规包含了全面防御改革内容，确定了政府、总统和议会的职权，明确了军队受议会指挥的原则。计划缩减军队人数，到 2005 年减少至 2.5 万人。为了安置剩余人员，克罗地亚制定了

《剩余人员特殊福利计划》，计划把这些人安排到民事部门，增加就业岗位。

加入“和平伙伴关系计划”后，克罗地亚与北约组织及其成员国的军事往来与军事合作增多，尤其是积极参加北约、北约部分成员国及其“和平伙伴关系计划”参加国的联合军事演习。

2001 年 11 月 28 日，北约在波兰举行演习，克罗地亚军队参加了此次演习。

2002 年 3 月，克罗地亚同北约成员国及和平伙伴关系国参加了北约在挪威和波兰举行的近年来规模最大的军事演习——“坚强决心 2002”。

2005 年 1 月 26 日至 2 月 1 日，克罗地亚、亚美尼亚、阿塞拜疆、奥地利、芬兰、爱尔兰、瑞典、瑞士和马其顿 9 个北约伙伴国联合举行 2005 年度危机处理模拟演习。演习旨在提高北约的危机处理能力，并使北约伙伴国熟悉危机处理程序。演习并不涉及实际部队的部署，而是通过模拟形式在北约总部、北约两个战略司令部和各参与国首都同时进行。

2005 年 9 月 13 日，克罗地亚、阿塞拜疆、格鲁吉亚、阿尔巴尼亚、约旦等北约和平伙伴关系国与法国、希腊、意大利、罗马尼亚、斯洛文尼亚、土耳其、德国、西班牙、英国等北约成员国在阿尔巴尼亚举行了代号为“协作行动－2005”军事演习，举行这次军事演习的目的是要通过共同完成反恐、打击武器走私、阻止非法入境等假定的任务，提升各国军队在联合行动中的协作能力。

与此同时，克罗地亚努力加强与周边国家和世界各国的军事联系与军事合作。

2000 年，克罗地亚与美国共举行了 4 次联合军事演习。克罗地亚空军出动了数架米格战斗机，美国海军出动了数架 F－

14、F－18 和 S－3 军用飞机。

2002 年 5 月，在北约的指导下，克罗地亚同来自 20 多个国家的 2000 多名消防队员和急救队员，在达尔马提亚举行联合演习。这次演习的主要目的是建立一个独特的多国紧急援救队，以便处理发生在这个区域的任何灾难。

2002 年 10 月 1 日，克罗地亚海军和美国海军在亚得里亚海中心海域举行为期 4 天的军事演习。200 名克罗地亚海军、2000 名美国海军及若干艘舰艇和数架直升机参加了这次军事演习。演习的目的是改善海上通道的安全，加强对敌人通信系统的封锁以及打击海上走私活动。

2005 年 10 月 4 日，克罗地亚、马其顿、阿尔巴尼亚、希腊和意大利五国在阿尔巴尼亚西部沿海举行海陆搜救联合军事演习。参加此次代号为“搜救之鹰－05”联合军事演习的有上述国家的 300 名特种部队官兵和直升机、舰艇等军事装备。演习旨在通过海陆搜救任务的联合演练，增强巴尔干南部地区国家和意大利军队展开联合搜救行动时的协调能力。

2004 年，克罗地亚参加联合国维和行动的人员分布情况大致是：联合国驻塞拉利昂军事观察团（UNAMSIL）6 名观察员、联合国驻埃塞俄比亚/厄立特里亚代表团（UNMEE）7 名观察员、联合国驻印度和巴基斯坦军事观察部队（UNMOGIP）5 名观察员、联合国派往西撒哈拉全民公决代表团（MINURSO）2 名观察员、联合国驻利比里亚代表团（UNMIL）3 名指挥官、联合国海地稳定特派团（MINUSTAH）1 名指挥官、联合国科特迪瓦行动（UNOCI）3 名军事观察员、联合国驻塞浦路斯部队（UNFICYP）2 名指挥官。作为对反恐联盟的直接支持，克罗地亚向国际安全救援部队（ISAF）在阿富汗的维和行动派遣了一个排的军事警察，并且每 6 个月定期轮换一次。

2005 年，克罗地亚更多地参与了北约的军事行动。

2005年克罗地亚和阿尔巴尼亚、马其顿共同组成军事医疗小组参与国际安全救援部队的行动。另外还参加了联合国驻格鲁吉亚观察团（UNOMIG）、联合国驻黎巴嫩临时部队（UNIFIL）、联合国驻苏丹代表团（UNMISUD）、戈兰高地—联合国脱离观察部队（UNDOF）的行动，科索沃维和部队（KFOR）和欧盟驻波黑多国稳定部队（EUFOR）的维和行动。

第六章

教育、科学、文艺、卫生

第一节 教育

一 简史

教育作为欧洲文化和文明的重要支柱之一，在克罗地亚有着千年的历史。克罗地亚有历史记载的最早学校是公元 925 年创办于斯普利特的神职学校。早期的学校通常与修道院联合。从特尔皮米尔时期（约 850 年）直到 13 世纪末，克罗地亚的学校是由本笃会的修道士建立的。一开始，本笃会学校要求严格使用拉丁文，后来随着克罗地亚本土学生的增多，克罗地亚文和克罗地亚字母也开始被使用。格拉果尔文字在学校里存在了许多年，1527 年在威尼斯印刷的第一本初级读物使用的就是这种克罗地亚文字。[①] 从 13 世纪开始，有大量的克罗地亚人在国外的大学求学。13 和 14 世纪（在扎达尔是 1282 年、杜布罗夫尼克是 1333 年、萨格勒布是 1362 年）[②] 第一次成立了世俗学

① 杜布拉夫科·霍尔瓦蒂奇：《克罗地亚》，萨格勒布，1992，第 113 页（Dubravko Horvatić，Croatia，Turiskomerc，Zagreb，1992. p. 113.）。

② 杜布拉夫科·霍尔瓦蒂奇：《克罗地亚》，萨格勒布，1992，第 110 页（Dubravko Horvatić，Croatia，Turiskomerc，Zagreb，1992. p. 110.）。

校，当时称为市镇学校，因为它们是由市镇委员会资助的。圣芳济会的修道士和圣多明尼克教修道士建立了许多学校。1503 年本笃会会员在克罗地亚列波格拉瓦成立了第一所中学和第一所大学，后者一直到1786 年被约瑟夫二世关闭。1669 年9 月23 日耶稣会士在萨格勒布建立了第一所在克罗地亚有着长期影响的耶稣学院，这后来成为萨格勒布大学的前身。克罗地亚东南部高等教育的多样化（杜布罗夫尼克的耶稣会士大学，扎达尔、马卡尔斯卡和杜布罗夫尼克的圣芳济会神学院，扎达尔的圣多明尼克教神学院）为克罗地亚人提供了一种彻底而广泛的人文主义教育，这些学校的讲师都是国内外优秀的人文主义学者。与克罗地亚北部和国外的大学不同，这些学校没有权力授予学位。法国占领时期（1806 ~1815 年）设立的扎达尔高等学校具有大学的所有特征，特别是它能授予学位，有 7 个系可供学生选择：医学、外科学、药学、工程学、测量学、建筑学和法学。

克罗地亚在社会主义时期十分重视教育事业，每年把国民收入的 4% 以上用于教育，致力于“培养有能力的、符合国家需要的专业干部”。作为南斯拉夫的共和国之一，克罗地亚遵循南斯拉夫的教育方针：（1）加强对学生的马克思主义的思想教育，不仅开设马克思主义的教育课程，而且要把这种教育贯穿于整个教育工作中；（2）制订新的教学大纲实行定向教育，主要对中学教育进行改革，其目的是“为了更快地满足社会各部门对专业干部的需要，使人员的培养与社会发展计划更紧密地结合起来，克服教育与生产劳动相脱节的现象，同时使学生各尽其才，充分发挥自己的能力和特长，从而提高整个教育工作水平”；（3）教育部门职工同生产部门职工密切合作，使生产部门的劳动者参加对教育的管理，实行教育管理的社会化。①

① 江春泽等编《南斯拉夫》，上海辞书出版社，1982，第 146 页。

1952年开始，克罗地亚实行8年制义务教育，20世纪70年代以来，克罗地亚的中等教育（指8年义务教育后的教育）经历着一个不断改革的过程，目的是使中等教育更好地为社会和经济建设服务。1974年后，教育制度改革的出发点是：为青年及成人建立一种指导就业并为进一步提高、深造和自学打下基础的统一教育体制。1978年前后国家对中等教育做了调整，实行定向分流，将原来中等教育系统的各类学校（4年制普通中学、中等专业学校、职业技校）改为统一类型的中等定向教育学校，全国约有200所。定向学校是4年制，采取分阶段施教的做法，前两年以普通教育为主，后两年进行职业训练。学生在4年学习过程中，取得某一级的职业训练后，可就业，亦可继续学习，升入大学。同时可通过在职学习（半日工作，半日学习）接受高一级的训练，也可以在就业后再回到学校继续学习。中等教育明显体现出把以升学为主变为以定向职业教育为主，兼顾升学，使普通教育与职业教育相互渗透、统一的趋向。① 同时进行的高等教育改革为培养同时具有广泛专业知识的专门人才创造条件。高校允许有才能的学生跨系学习一门以上的专业。同时，允许在职人员和待业青年作为非正规大学生在大学学习。

二　教育制度的原则

《克罗地亚共和国宪法》明确规定：基础教育是义务和免费教育，在同样的条件下，根据每个人的能力向其提供中等教育和高等教育。所有公民都享有受教育的权利，不论其性别、年龄、肤色、种族、宗教信仰等。克罗地亚深知教育与经济发展的密切关系，在各级教育机构中都十分重视实

① 张文武、赵乃斌、孙祖荫主编《东欧概览》，中国社会科学出版社，1991，第572页。

践的训练，从中学开始就要学习一定的专业技术，并参加社会实践。同时非常注重学生德、智、体的全面均衡发展，使理论与实际相结合，脑力劳动与体力劳动相结合。由于克罗地亚当前最大的目标就是加入欧盟，所以其教育体制及水平也要向欧盟标准看齐，为此，克罗地亚政府2002年11月28日决定，在接下来的8年内，每年对教育的投资预算比上年增加10%，以更新教学设备、充实教师队伍。

三　教育体系

克罗地亚文化教育程度较高，具备较为完整的教育体系，包括学前教育、初等教育、中等教育、高等教育、成人教育、少数民族教育和特殊教育等。1998年国家教育经费预算为24.26亿库纳，约占国家财政总预算的6.1%。2000年成人文盲率为1.7%，其中男性0.6%，女性2.7%。

1. 学前教育

包括3~7岁的儿童。可以进托儿所、幼儿园接受学前教育，也可在家接受教育。

2. 初等教育

克罗地亚全国普及实施八年制小学义务教育，初等教育分为低年级和高年级两个阶段，各占4年。学生一般从7周岁入学，15周岁毕业。初等教育从小学五年级起实行理化、生物、数学和技术教育。重视外语教学，教学计划规定从五年级起学外语，实际上许多小学从三年级就开设外语课。

3. 中等教育

中等教育包括中学、职业学校和艺术学校，学制均为4年。中学又可分为普通学校、语言学校、文科学校和理科学校。普通中学教育分两个阶段进行，各为两年。第一阶段为普通教育，以一般性综合教学为主，适量的专业教育为辅，使学生掌握广泛的

综合性基础知识，达到一至二级技术水平以参加简单工作。第二阶段按不同专业进行教学，以学习专业课为主，一般性知识课程为辅。同时设有额外教育和补习性教育。前者为成绩优秀并对扩大和深入了解某些专业感兴趣而又有精力和能力学习的学生开设的；后者是专为学习较差的学生开设的。学生毕业后既可立即参加工作，亦可报考高校。艺术学校包括音乐、舞蹈、视觉艺术和设计。

4. 高等教育

1991 年克罗地亚成为独立主权国家，相应的要求对教育体制、课程内容以及教育机构的行政管理进行改革。1991 年之前所有的教育机构都是由国家建立、管理的，现在大多数的教育机构仍是如此，但也建立了一些新的私立学校。根据 1996 年通过的高等教育法规，克罗地亚科技、教育、体育部（以下简称科技部）决定将大学教育同职业教育分开，职业教育向学生们提供以实践为主的专业知识。大学教育的工作是由 5 所综合性大学承担，而职业教育包括 7 所公立和 8 所私立的高等教育学校，它们均受科技部的监督管理。它们的结构设置极为分散，各机构几乎可以对所有问题作出决定。高等学校（大专）学制两年，学生毕业后亦可进本科继续学习。一般来说，大学的学习时间都是 8 个学期，个别专业或长或短，研究生学习时间分 4 个学期、6 个学期不等。各系都设有硕士和博士学位，报考硕士或博士的资格是大学的每门课程平均得分在 3.5 分以上，[①] 并有 2 份大学教授的推荐信，通晓 2 门外语。毕业时完成毕业论文，通过答辩，有些专业需要进行实践，才能取得学位。尽管克罗地亚独立后在高等教育改革、学科建设方面取得了一定的成绩，但总体来说，居民受教育水平低于欧洲标准，仅有约 15% 的劳动人口受过高

① 满分 5 分，5 分优秀，4 分好，3 分良好，2 分及格，1 分不及格。

等教育。[①]

克罗地亚有5所综合性大学：萨格勒布大学、里耶卡大学、斯普利特大学、奥锡耶克大学和扎达尔大学，第六所大学——杜布罗夫尼克大学即将开始运行。这些大学共设59个学院(系)[②]、4个艺术学院[③]和35所两年制的学院。在校学生8万多名，每年有1.5万名大学生毕业。约有700名研究生攻读硕士学位，300人攻读博士学位。除此之外，还有7所高等宗教学院。萨格勒布大学是克罗地亚最古老的大学，也是欧洲最古老的大学之一。萨格勒布大学图书馆始建于1606年，藏书250万册。如今的萨格勒布大学包括30个系、3个艺术学院、2个研究中心和2个高等学校。共有3500多名教师、约2000名行政人员和6万名学生（1938年仅有5400名学生）在这里工作学习，在欧洲乃至世界享有较高的声誉。下设：法学院、经济学院、哲学院、数学和自然科学院、工业学院、采矿地质石油学院、农学院、机械制造和造船学院、医学院等，各种专业齐全。20世纪初，萨格勒布大学的一些学科达到欧洲最高水平。其中法律系历史最为悠久，同时也最著名。法律系被看成是克罗地亚国家精神和自由思想的源泉，中欧法律传统中心之一，并在国内外都享有盛誉。该系主要教授法律、行政管理和别国政治经济制度方面的知识。该校的研究成果被应用到克罗地亚的法制、行政管理、政治经济制度建设之中。该系设有如下专业：国际法和比较法，行政管理，刑法、犯罪学和被害者研究，商法、国际金融贸易法、民法和家庭法、法律史和国家史以及社会服务研究中心。萨格勒布大学已

---

① 克罗地亚科学和技术部：《克罗地亚国家报告》（National Reprot-Republic of Croatia，Ministry of Science and Technology.）。

② 萨格勒布大学有30个，里耶卡大学有10个，斯普利特大学有9个，奥锡耶克大学有9个，扎达尔大学有1个。

③ 萨格勒布大学有3个，斯普利特大学有1个。

经和国外多所院校及组织建立了密切的合作，但是合作广度和深度有限。目前的状况是，只走出去，而没有引进来。萨格勒布大学培养的大批学生、教授、专家，如今大都在西方各大学和研究机构工作。这些走出去的学生学者极少愿意回到克罗地亚工作。尽管每年都有一些外国学生、学者来到这里学习或进行研究，但是这些学生主要来自发展中国家，极少数是来自西欧北美等发达国家的。

里耶卡大学成立于1973年，在校学生8000多人。主要有机械工程、造船、城市建设、经济、法律、语言、旅游、航海和海运交通等专业。

斯普利特大学成立于1974年，设有法学院、经济学院、电机和机械工程学院、造船学院、化工学院、航海学院、哲学院。

奥锡耶克大学成立于1975年，设有服装、农业、木材加工、医疗卫生、建筑、师范等十几个专业。

5. 成人教育

成人教育的对象是具有中等文化程度的成年人，分为正式和非正式的两种。政府只对正式的成人教育负责，并监督相关机构的工作。克罗地亚就业服务局对那些失业者，或由于工业结构改革而产生的可能失业者提供培训和指导，但由于国家财政预算困难，这些措施非常有限。最重要的成人教育和培训机构包括：成人中等学校、高等教育学院、成人教育学院、被授权的私人教育机构、提供管理培训和学习新技术的在职培训的企业。

6. 少数民族教育

在少数民族聚居地，设有少数民族中、小学，少数民族用本民族语言进行教学，在需要的地方还设立了两种语言教学的学校。这些学校或班的课程包括有关该民族的历史和文化的教材。

7. 特殊教育

聋哑人和盲人基本上都能在专门的学校学习。

表 6-1 2000~2003 年克罗地亚各级学校数量

	2000/2001 年度	2001/2002 年度	2002/2003 年度
		教育机构(所)	
幼儿园	1036	151	1067
小学	2141	2134	2139
中学	634	645	650
高等学校*	93	96	102
		学生(人)	
幼儿园	86202	87592	89107
小学	405682	400100	395702
中学	195120	195000	196147
高等学校	96798	100297	107911
硕士	686	679	676
博士	338	280	255
		教师(人)	
幼儿园	6374	6566	6783
小学	27147	27502	27905
中学	19325	19718	19733

资料来源：Republic of Croatia Central Bureau of Statistics，Statistical Information，Zagreb，2003，p. 64.

* 包括高等教育学校、理工学院、系、艺术学院和宗教学院。

四 国际交流

克罗地亚的科研活动主要由各高等教育机构、科学艺术院以及专门的科研机构负责。在高等教育机构中教师除了承担教学任务外，还要承担科研任务，某些大学还设有专门的研究中心，教育科研活动同教学密切结合。

克罗地亚在教育领域的国际交流活动是以各项双边和多边国际条约为基础的。2003 年与克罗地亚在文化教育方面保持最紧密合作关系的国家是：奥地利（20 个合作计划）、德国（19 个）、法国（11 个）、美国（10 个）、斯洛文尼亚（83 个）、英国（17 个）。除了同世界上许多国家发展双边交流活动之外，克罗地亚还积极参加国际多边合作计划。克罗地亚同欧盟的主要合作项目有：TEMPUS（高等教育改革资助计划）、CARDS（重建、发展和稳定的共同体援助计划）、EUREKA（经济部门、发展研究中心、大学合作计划）、COST（科技合作计划）、INTEREG（边境地区合作发展的地区计划）。除此之外，克罗地亚参加了地区合作计划，如中欧倡议、亚得里亚海—爱琴海倡议、阿尔卑斯—亚得里亚海工作共同体计划、四方合作（克罗地亚、匈牙利、意大利、斯洛文尼亚）等等。为了更快地融入一体化进程，克罗地亚政府的重要任务是实现学生、教师及科研工作者的自由流动。2002/2003 年度克罗地亚获奖学金的留学生共 92 人，同时有 604 名外国留学生在克罗地亚学习，其中美国学生最多，占总留学生人数的 52%。

第二节 科学技术

一 自然科学与技术

克罗地亚在自然科学方面紧跟欧洲发展的步伐，早期卓越的科学家有：杜布罗夫尼克的数学家马林·盖塔尔迪奇（Marin Getaldić，1568～1626），他首创性地把代数学运用到几何学；希贝尼克的福斯特·弗兰契奇（Faust Vrančić，1551～1617），他在《新机器》一书（1595）中，提出自己的各种发明创造（降落伞、透平、潮汐磨）；杰若·巴戈里维（Đuro

Baglivi, 1668 ~ 1707）是同时期最杰出的内科医生，他的著作《临床医学和解剖学全书》在医学界备受推崇；天文学家和哲学家鲁杰尔·博什科维奇（Ruđer Josip Bošković, 1711 ~ 1781）在整个欧洲都享有盛名。他在意大利米兰兴建了天文台，任教于多所欧洲大学。他用拉丁语出版了多部著作，内容涉及力学、光学、地球物理学、大地测量学、气象学、数学、天文学和哲学，他的代表作《自然哲学理论》（1758）为原子物理学的发展奠定了基础。

19 ~ 20 世纪克罗地亚科学技术领域取得极大进步，涌现出许多著名的科学家，其中最为有名的是尼古拉·特斯拉（Nikola Tesla, 1856 ~ 1943）。他出生于克罗地亚的史密里安，后加入美国籍。早年在巴黎欧洲大陆爱迪生公司任职，因创造性的劳动，被转送到美国的爱迪生电器研究中心，与爱迪生（1847 ~ 1931）共同工作。他发明了交流发电机。后来，他开创了特斯拉电气公司，从事交流发电机、电动机、变压器的生产，并进行高频技术研究，发明了高频发电机和高频变压器。1893 年，他在芝加哥举行的世界博览会上用交流电做了出色的表演，并用他制成的“特斯拉线圈”证明了交流电的优点和安全性。1889 年，特斯拉在美国哥伦比亚大学实现了从科罗拉多斯普林斯至纽约的高压输电实验。从此，交流电开始进入实用阶段。此后，他还从事高频电热医疗器械、无线电广播、微波传输电能、电视广播等方面的研制，注册的专利权超过 700 项。为表彰他早在 1896 ~ 1899 年实现 200 千伏、架空 57.6 米的高压输电成果，以及制成著名的特斯拉线圈和在交流电系统的贡献，在他百年纪念时（1956）国际电气技术协会决定用他的名字作为磁感强度的单位。其他享有国际声誉的科学家还有安德里亚·莫霍罗维奇（Andrija Mohorovčić, 1851 ~ 1936），他发现的地壳深处的某个地层被用他的名字“莫霍”命名；斯拉沃留布·彭卡拉（Slavoljub Penkala,

1871～1922）发明了钢笔，至今克语的钢笔一词仍使用他的名字（Penkala），1909 年他还制造了第一架克罗地亚飞机，因此被誉为“克罗地亚航空之父”；拉沃斯拉夫·卢日契卡（Lavoslav Ružička，1887～1976），获得 1939 年诺贝尔化学奖。

克罗地亚在南联邦时期，研究机构的专职研究人员很少，研究课题除自行决定外，凡涉及共同的或自身无力承担的，则通过协商和签订契约，由其他单位或个人承担。南斯拉夫科学与艺术科学委员会、南斯拉夫科技发展委员会或是某个大学的研究中心，根据社会需要拟出研究课题计划，采取招标形式确定承担者，并通过社会契约加以实现。联邦不设统一的领导机构，科研工作的领导权分属各共和国和自治州的有关机构。联邦各组成单位均设有自己的科学与艺术科学院，它们联合成立“南斯拉夫科学与艺术科学委员会”，协调全国的科研工作和处理同国外的学术联系与合作。各科学院的院长是该委员会的主要成员，并轮流担任主席。1986 年 6 月成立了联邦执委会下属的“南斯拉夫科技发展委员会”，负责组织制定科技发展规划以及政策和协调工作。

1945 年之后，克罗地亚成立了一大批科研机构。研究工作首先是侧重于农业和农机，其次是地理、地质、物理、化学，以及生物学与医学等方面，并取得了较显著的成果。1991 年实现独立后，克罗地亚政府对科学技术的发展十分重视，大力加强科研工作，并且重视培养科研人才，使科学技术取得了较大的进步。克罗地亚各大学也是科研工作的中心。克罗地亚科学艺术院成立于 1867 年，由数学物理部、自然科学部和医学部组成。由全国最杰出的科学艺术院士组成。除此之外，全国还有 13 个独立的医学和科学技术研究机构，多数研究机构的研究课题受国家科技部监督。克罗地亚科学艺术院与各研究所没有直接从属关系。建立于 1924 年的自然科学博物馆位于斯普利特，分别建立于1846年和1954年的自然历史博物馆和科技博物馆位于萨格勒布。

克罗地亚现有的科技机构分下列几类：（1）公共（国有）研究所，这类机构在克罗地亚共23家。（2）隶属于高校的研究所，科研力量和基础设施雄厚、齐备。这类机构在克罗地亚共66家。（3）企业内设立的研究所，共13家。（4）其他研究机构，共有71家。全国有约8000人从事研究工作，其中52.9%的研究人员在高校隶属的研究所内工作，12%就职于公共研究所，6.3%服务于企业的研究机构，其余的则在其他研究机构工作。克罗地亚每年用于科学研究的资金约为6.985亿库纳，占国内生产总值的0.83%，其中59%的资金由政府预算提供，其余资金主要来源于商业部门（36%），国外投资占总资金的4%，1%来自于非营利部门。①

目前克罗地亚科技发展还存在下列问题：

（1）投入科技发展的预算资金相当少，科研工作者待遇低，尤其是企业部门对科研活动的投资相当有限，其主要原因是在经济转轨期间，许多高科技研究中心和应用研究所被迫缩小规模，或者干脆被关闭，有些被国外公司收购，所有的研究机构处境都十分艰难。

（2）研究人员配置不合理，大部分的研究人员都在公共研究机构工作，只有4%就职于企业研究机构，致使大部分的科技成果不能应用于实践。

（3）科研机构同企业部门之间缺少合作交流，公司企业对科研活动不感兴趣，而科研机构，特别是高校也不愿迎合企业的

---

① J. 施瓦尔茨：《克罗地亚高等教育研究和工业》，克罗地亚科技部（J. Švarc, Higher Education Research and Industry in Croatia, Ministry of Science and Technology, Croatia）。

需要，研究经费还是主要由政府提供。

（4）缺乏职业教育。职业教育机构的不足和师资水平不高，致使克罗地亚的专业技术人才相当匮乏。

（5）科学不受尊重，科研不受重视，在向市场经济转轨的过程中，由于经济发展水平不高，科研和实践不挂钩，人们还没有充分认识到科学研究的重要性和必要性，科研机构资金不足，实验室设备落后，科研工作条件恶劣，专家学者大量流失，形成恶性循环，使科研工作无法蓬勃地开展起来。

二　社会科学研究

在社会科学领域，克罗地亚从15世纪起哲学思想理论发展迅速，各种哲学流派著作繁多。来自杜布罗夫尼克的本科·科特鲁里奇（Benko Kotruljić）成为克罗地亚第一位具有国际知名度的社会科学家。他的代表作是《关于贸易和商人》。他可以用拉丁语和意大利语写作，曾在那不勒斯担任外交官。他的哲学和神学著作《美好生活的制度》被15次翻印，并译成意大利语、法语、葡萄牙语、德语和捷克语。他是第一个使用“心理学”这一术语的人，并把它作为“心灵的科学”，这个词后来出现在所有欧洲语言中。著名法学家、外交家弗拉诺·贡杜利奇（1539～1589）完成了杜布罗夫尼克市议会的法律汇编，并加了自己的评述。多恩·弗朗诺·布里奇（Don Frano Bulić，1846～1934）和弗利阿尔·卢约·玛鲁纳（Friar Lujo Maruna，1857～1939）是克罗地亚考古学的奠基者，他们发现了大量的考古地址，这些发现尤其是布里奇的考古研究证实了克罗地亚的起源。语言学方面，关于克罗地亚语的学习起步较早。1595年福斯特·弗兰契奇（Faust Vrančić，1551～1617）在威尼斯出版了拉丁语—意大利语—德语—克罗地亚语—匈牙利语词典，名为《五种最高贵的语言词典》。随后在克罗地亚南部又出版了几本

词典。克罗地亚北部的尤拉伊·哈布德里奇（Juraj Habdelić，1609～1678）于1670年编撰了克罗地亚语—拉丁语字典。1604年巴尔图尔·卡希奇（Bartul Kašić，1575～1650）在罗马出版了第一本关于克罗地亚语语法的著作。

克罗地亚在历史学研究方面颇为发达。杰出的历史学家卢多维克·图贝隆·茨里耶维奇（1459～1527），曾留学法国，对历史事件持冷静的批评态度。在《评论》一书中，他叙述了1490～1522年间南部斯拉夫人的各种事件及其原因。他认为，南部斯拉夫人的祖先不是伊里利亚人，而是从俄罗斯迁移来的斯拉夫人。来自特洛吉尔的伊万·卢茨奇（Ivan Lucić，1604～1671）是第一个对克罗地亚历史作系统研究的学者，他于1666年在阿姆斯特丹发表了名为《关于克罗地亚和达尔马提亚王国的六本书》的著作。尽管此前尤拉伊·拉特卡伊（Juraj Ratkaj，1612～1666）已经发表过著作《达尔马提亚、克罗地亚和斯拉沃尼亚王国往事》，但卢茨奇仍被看做是克罗地亚历史学研究的鼻祖。赫瓦尔人、多明我会教士文科·普里博耶维奇用拉丁文出版了《论斯拉夫人的起源和发展》一书，认为伊里利亚人是斯拉夫人的祖先，斯拉夫人的名字来源于“光荣”一词。杜布罗夫尼克的本笃会教士马弗罗·奥尔宾（？～1614）的巨著《斯拉夫人的帝国》（1601）是又一部流行的关于斯拉夫人历史的著作。该书对南部斯拉夫人中世纪历史作了概要的论述，提供了有关南部斯拉夫人主要历史的基本知识。

19世纪末，马克思主义开始传入。20世纪40年代末和50年代，克罗地亚理论界的研究重点是关于建设社会主义道路的不同形式、国际共运与工运的内部关系、马克思关于自治的思想、政党与国家的职能的相互关系、社会主义制度下的商品经济、价值规律、计划与市场的关系等等问题，并取得了意义深远的巨大成就。

第三节　文学艺术

据考古发现，克罗地亚早期艺术作品呈现出斯拉夫文化的传统特征。从17世纪开始，克罗地亚文化融入了西欧文明的发展潮流，但由于克罗地亚处于东西方的交接地带（后来又处于基督教和伊斯兰教的分界线上），所以来自拜占庭和伊斯兰教的东方文明的影响仍然十分明显。各种不同的文化在此融会交流，克罗地亚人民从多种文化中吸取营养，创造了具有自己民族特色、丰富多彩的文化艺术，由此产生了许多享誉世界的杰出的作家、艺术家和艺术作品。

一　文学

1. 古代文学

克罗地亚文学创作有超过两千年的悠久历史。希腊人和罗马人的拉丁语碑文和文件早在中世纪时就已经存在了。克罗地亚的历史上充满了被奴役、反抗和斗争。人民大众反抗异族侵略、向往自由、热爱祖国、英勇斗争的精神，通过民间的口头文学得到了充分的反映。民间文学包括诗歌和散文两大类。诗歌中既有反映人民反抗占领者英勇斗争的英雄史诗，也有反映人民日常生活习俗，描写婚礼、节日、丧葬、劳动和爱情的抒情诗。民间散文包括传奇、神话、寓言、故事和笑话等。9～10世纪，在克罗地亚流行用格拉戈尔字母拼写的古斯拉夫语，现存最早的文献写于1080年。16世纪前，克罗地亚作家大多翻译欧洲流传的有关特洛伊、亚历山大的故事。

欧洲文学艺术的发展大都源于宗教，克罗地亚民族最初的文学活动只是翻译和抄写经文、编写圣徒生平传记等。克罗地亚中世纪的文学从属于欧洲文艺复兴的发展潮流。开始兴起以宫廷、贵族和教会为中心的宗教文学，从民间创作中汲取题材和表现手法的宗教剧也开始产生。天主教会垄断了文学创作活动。他们用古斯拉夫语为教徒抄写了许多经书和伪经书中深含寓意的道德说教的作品，以对话的形式向人们宣传基督教教义和做人的道理，其中有《卢奇达尔》、《道德二行诗》、《灵魂和躯体的争论》等。斯普利特祭师托马什（1201～1268）撰写的《萨洛特历史》，是一部斯普利特的编年史，内容丰富；有关达尔马提亚各城市的大量资料，是13世纪最重要的历史著作。14世纪历史著作不断增加，其中有《亚得里亚编年史》、《扎达尔编年史》。许多寺院和教堂的图书馆，收藏有珍贵的古代手稿。

达尔马提亚的港口城市杜布罗夫尼克，在中世纪先后受拜占庭和威尼斯统治。15世纪成为城市共和国，由于其所处的独立地位，使它在15至18世纪的人文主义和文艺复兴时期成为文学发展的中心。这一时期在克罗地亚出现了用拉丁语写作的作家，他们大多生活在克罗地亚南部，同时也用克罗地亚语写作。他们的作品表达了克罗地亚人的爱国主义精神，揭露了奥斯曼对世界的威胁。克罗地亚的拉丁文学传统一直持续到19世纪，对欧洲拉丁文学的发展作出了重要的贡献。

乔雷·德尔日奇（约1500年）和希什科·门切蒂奇（1457～1527），仿照意大利人文主义诗人彼得拉克·法朗西斯哥（1304～1374）的诗歌，用民族语言创作了许多爱情诗歌，散发出民歌的气息，为杜布罗夫尼克爱情诗歌创作开了先河。杜布罗夫尼克人伊利亚·茨里耶维奇（1463～1520），是意大利人文主义者莱托·波姆波尼亚的学生，用民间语言写作情诗。16世纪，诗歌创作趋于繁荣，本笃会教士马夫罗·韦特拉诺维奇（1482年以后～1576年）写了许多关于当时政治事件和自己孤独生活的诗篇（《隐士》）。马林·德尔日奇（Marin Držić，1508～1567）是杜布罗夫尼克文艺复兴文化最杰出的代表，除抒情诗和田园诗，他还创作了喜剧《顿多·马罗耶》、《吝啬人》、《曼德》等。他的作品植根于古典文学传统，但表现形式多种多样。他从艺术上再现了他所生活的环境，抨击了时代的弊端，向人们指明一些典型人物的性格：富商的贪婪，教师的自大，市民的愚昧，农民的保守。季沃·贡杜里奇（Ivan Gundulić，1589～1638）是17世纪杜布罗夫尼克最杰出的巴洛克诗人。他出身于贵族世家，受过良好的教育。他的田园诗《杜布拉夫卡》，揭露了贪官污吏，宣扬政权应由有道德的人掌管；叙事长诗《奥斯曼》是反映塞尔维亚和黑山人民英勇抗击并战胜奥斯曼侵略的爱国主义佳作。

扎达尔和斯普利特等沿海城市的教师、学者和艺术家把意大利文艺复兴的新文化带到克罗地亚。斯拉沃尼亚的伊万·切斯米奇基（1434～1472）是用拉丁语写作的最杰出的诗人。他在意大利受过良好教育，受到匈牙利国王马蒂亚·科尔文（1442～1490）的青睐，在教会等级制的阶梯上，步步高升，很快就当上了匈牙利大主教。他的作品以充满激情和幻想、渗透深邃的古典教育精神而驰名。希贝尼克人尤拉伊·希什戈里奇（约1420～1529）于1447年在威尼斯出版了他的诗集。这是克罗地亚最早的印版书。斯普利特人马尔科·马鲁利奇（Marko Marulić，1450～1524）是一位深谙古典文学的杰出诗人，被称为“克罗地亚文学之父”。他的作品早在莎士比亚和莫里哀时期就被译成各种世界文字。他的作品充满了道德说教和基督教的教义，代表作有：《大卫传》、《尤迪塔》。他的史诗《大卫传》，把圣经中关于大卫的传说加以改编，详细介绍了这位国王的历史。他的另一部史诗《尤迪塔》（1521）被认为达到了他诗歌创作的巅峰，被誉为“克罗地亚宗教诗歌”。诗中描述了勇敢的克罗地亚人民保卫家园的英雄事迹，鼓励他们与土耳其人作战，告诉他们在上帝的帮助下克罗地亚人将战胜一切困难。《尤迪塔》是第一部克罗地亚语印刷的文学作品，引起了极大的反响，两年内再版三次。在接下来的作品中，马鲁利奇并没有简单模仿拉丁诗歌的形式，而是运用自己的写作技巧创造了新的诗歌类型，运用现实主义手法描绘了自己同时代的人物事件。为了纪念这位伟大的文学家，梅什特罗维奇 1924 年在斯普利特修建了马鲁利奇纪念碑。

2. 近代文学

从 19 世纪 20 年代起，克罗地亚人民发动了声势浩大的民族复兴运动——伊里利亚运动，其目的是建立统一的南斯拉夫国家。1842 年文学团体——伊利里亚文学协会（1874 年改名为克罗地亚文学协会）成立。伊利里亚运动促进了浪漫主义文学的发展，在民族文化的形成过程中起到了重要作用。这一时期最主要的文学流派是：史诗，代表作家是伊万·马茹拉尼奇（Ivan Mažuranić，1814～1890）；戏剧，代表作家是迪米特里耶·德梅特尔（Dimitrije Demetar，1811～1872）和伊万·库库列维奇（Ivan Kukuljević，1816～1889）；游记，代表作家是安顿·奈姆契奇（Antun Nemčić，1813～1849）和玛蒂亚·马茹拉尼奇（Matija Mažuranić，1817～1881）。

其他著名作家还有：斯坦科·弗拉兹（1810～1851）、佩塔尔·普雷拉多维奇（1818～1872）、米尔科·博戈维奇（1816～1893）和奥古斯特·舍诺阿（1838～1881）。弗拉兹出生于农民家庭，深受波兰浪漫主义诗人密茨凯维奇的影响。他运用民歌形式和十四行诗体写诗，代表作《红苹果》描写年轻姑娘爱情的甜蜜和痛苦，体现了作者热爱祖国和人民的感情。普雷拉多维奇受德国浪漫主义诗歌影响，初用德文，后用克罗地亚文写诗，代表作有《王子马尔科》。德梅特尔既是诗人，又是剧作家，代表作有《坟地》，他的作品表现了对异族统治者的反抗和南部斯拉夫各族人民的团结友爱和兄弟情义。博戈维奇是伊里利亚主义者、小说家和剧作家。舍诺阿是现实主义的代表作家，同时是一位爱国主义作家和克罗地亚现代小说的创始人，主要小说有《农民起义》、《迪奥根思》、《诅咒》等，他主张文学应该成为民族解放斗争的工具，他的文艺理论对克罗地亚的文学发展产生了重大影响。

19 世纪 80 年代，现实主义成为文学中的主要流派，现实主义文学以小说为主，作品大多取材于资产阶级和小资产阶级的生活。作家们对自己生活的社会持批判态度，他们的作品以新的题材和艺术形式在克罗地亚文学史上写下了新的一页。主要作家有叶夫根尼·库米契奇（Eugen Kumičić，1850～1904）、安特·科瓦契奇（Ante Kovačić，1854～1889）、伊沃·沃伊诺维奇（Ivo Vojnović，1857～1929）、克萨韦尔·尚多尔·贾尔斯基（Ksaver Šandor Gjalski，1854～1935）、扬科·莱斯科瓦尔（1861～1949）、约西普·科扎拉兹（Josip Kozarac，1858～1906）、文采斯拉夫·诺瓦克（Vjenceslav Novak，1859～1905）、西尔维耶·斯特拉希米尔·克拉尼切维奇（Silvije Strahimir Kranjčević，1865～1908）、以及诗人奥古斯特·哈拉姆巴希奇（August Harambašić，1861～1911）等。库米契奇是克罗地亚第一位自然主义者，他的小说受到法国自然主义文学家左拉（1840～1902）的影响，强调资料考证和客观描写，从科学的哲学观点去全面解释人生。贾尔斯基和沃伊诺维奇既是诗人又是剧作家，他们紧跟文学发展的潮流，其作品风格属于现代主义，沃伊诺维奇的作品中还含有超现实主义的元素。莱斯科瓦尔是克罗地亚现实主义小说家，善于写人类共性的问题。科扎拉兹被认为是最优秀的现实主义作家。诺瓦克是克罗地亚近代著名小说家，写作诗歌、小说、戏剧、散文和评论，他的作品主要描写商人的生活，也反映城市贫民和农民的生活。哈拉姆巴希奇和克拉尼切维奇是克罗地亚现实主义最杰出的代表，他们对社会和民族问题非常关注。

19 世纪末 20 世纪初，随着外国资本的渗入，克罗地亚各地的资本主义经济得到发展。与此同时，西方各艺术流派也先后传入克罗地亚，在文学创作中出现了新浪漫主义、象征主义、颓废派、现代派、超现实主义、表现主义等各种流派激烈斗争的局面，其中以表现主义影响最大。现实主义在斗争中不断巩固和发展，弗拉迪米尔·纳佐尔（Vladimir Nazor，1876～1949）是这一流派的代表，他出身于达尔马提亚，第一次世界大战后出版的小说《童年的故事》，描绘达尔马提亚农民和渔民的艰辛生活。他的诗歌创作主要在第二次世界大战期间和战后，有《游击队之歌》和《关于铁托同志的故事》等。其他的杰出作家还有维·察·埃明（1870～1963）、约·科索尔（Josip Kosor，1879～1961）等，他们致力于描写社会题材，揭示了现实生活中的矛盾和冲突。安东·古斯塔夫·马托什（Antun Gustav Matoš，1873～1914）是一位诗人、评论家和散文家，他用现实主义的象征主义精神，写了一些短篇小说和中篇小说，最擅长写抒情诗。与此同时，无产阶级文学开始萌芽，它以诗人米·丹科（1876～1950）和散文作家武科耶维奇（1882～1913）为代表。

3. 现代文学

1918 年第一次世界大战结束后，成立了塞尔维亚—克罗地亚—斯洛文尼亚王国。统一的南斯拉夫国家的形成，促进了各兄弟民族之间的文化交流，为文学的发展创造了有利条件。同时，由于统治集团对人民的压迫，阶级矛盾和民族矛盾日益加深，文艺界也呈现复杂的局面，作家队伍不断分化，各种流派进行着激烈的斗争。

汀·乌耶维奇（Tin Ujević，1891～1955）和弗拉迪米尔·彻林那（Vladimir Ćerina，1891～1932）是当时表现主义和超现实主义风格的代表。乌耶维奇被称作是语言魔术师，是 20 世纪最重要的诗人之一，他的晚期作品融合了古典主义和现代主义。

在十月社会主义革命的影响下，克罗地亚的革命运动迅速发展，随之产生了现代的革命文学。米罗斯拉夫·克尔莱扎（Miroslav Krleža，1893～1981）是革命文学的代表，他与奥·采萨雷茨（August Cesarec，1893～1941）主编的《火焰》和《文学共和国》杂志，成为革命文学的中心。社会现实主义是20世纪30年代的重要流派，它的成员之中有共产党员作家和接近工人运动的作家如采萨雷茨、哈·基基奇（Hasan Kikić，1906～1942）等。他们出版《文学》、《文化》、《文学现代人》等杂志，他们的作品描写重大的社会题材，表现了工农群众在政治上的觉醒。当时的文学刊物还有《生活》、《桂冠》、《现代人》。著名的现代主义诗人有米兰·贝戈维奇（1876～1948）、德拉古廷·多米尼亚奇（1875～1933）、安特·特雷西奇·帕维奇（1867～1949）。贝戈维奇除写诗歌外，还创作小说、戏剧，其剧本《瓦列斯卡女士》（1905）、《温顺的人》（1924）和《门口的冒险家》（1924）等均译成意、德、英、法、俄等多种文字。他的剧本《没有第三个》曾在巴黎、布达佩斯、柏林和魏玛上演。

在第二次世界大战期间，克罗地亚的许多作家都参加了人民解放战争，他们在游击队中发表作品或在群众集会上朗诵，有些作品直到解放后才出版。这时在文学中占据主导地位的是诗歌，代表作家是马代伊·博尔。

战后克罗地亚文坛百花齐放，文学创作蓬勃发展，当代著名的散文家有：弗拉丹·代斯尼查（Vladan Desnica，1905～1967）、武耶科斯拉夫·卡莱博（Vjekoslav Kaleb，1905～1996）、佩塔尔·舍盖丁（Petar Šegedin，1909～1998）、朗科·马林科维奇（Ranko Marinković，1913～2001）、伊万·拉沃斯（Ivan Raos，1921～1987）、斯洛博丹·诺瓦克（Slobodan Novak，1924～）、安顿·索良（Antun Šoljan，1932～1993）。著名的诗

人包括：马克·迪兹达尔（Mak Dizdar，1917～1971）、尤莱·卡什代兰（Jure Kaštelan，1919～1990）、韦斯纳·帕仑（Vesna Parun，1922～）。

诺瓦克是克罗地亚著名的诗人、小说家和散文家。早年在斯普利特神学院学习，后来由于第二次世界大战的爆发而中断了学业。随后他加入了民族解放运动（游击队）。战后他进入萨格勒布大学哲学系学习。1948 年诺瓦克和其他文学青年一起创办了文学期刊《源泉》。两年后出版自己第一本诗集，并参加克罗地亚作家协会。1951 年他发起创办另一本文学刊物《圆圈》，这是一本对克罗地亚青年作家非常重要的刊物，它提出了现代主义的思潮，摈弃了陈腐的教条，刊物将西欧的先进理念介绍到克罗地亚。

二　戏剧电影

1. 戏剧

同其他文艺形式相比较，初期克罗地亚戏剧是比较落后的。剧作家的队伍小，戏剧作品的数量也少，不少剧作者写了一个剧本之后，就再也写不出第二个剧本了。许多剧院经常无戏可演。相比之下，克罗地亚沿海地区的戏剧发展较早。14 世纪杜布罗夫尼克就出现了露天演出。15 世纪在扎达尔、斯普利特上演由古斯拉夫文学改编的拉丁语神秘剧和奇迹剧。16 世纪在意大利文艺复兴的影响下，戏剧创作相当活跃，有短小对歌、田园剧、滑稽剧、情节剧和悲剧，而田园剧和喜剧最为优秀，代表作家是马林·德尔日奇（1505～1567），其文学活动从写作爱情诗和话剧剧本开始，转向具有田园诗意的剧本。他的田园剧、喜剧均取材于社会现实生活，反映了杜布罗夫尼克全盛时期的社会概貌。在德尔日奇的作品中喜剧具有特别重要的地位。著名喜剧有《鲍美特的喜剧》、《马洛耶叔叔》、《科尔库林》、

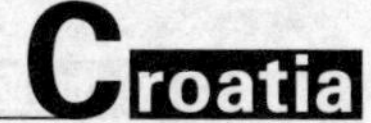

《别林》、《曼黛》等。其中《马洛耶叔叔》最为有名，一直是克罗地亚优秀的保留剧目。该剧反映了16世纪上半叶杜布罗夫尼克和罗马之间的贸易关系，表达了作者渴望自由、民主、平等的思想。

18世纪下半叶，启蒙运动兴起，克罗地亚全国的戏剧文学开始萌芽。蒂托·布莱佐瓦茨基（1757~1825）写作了喜剧《圣阿列克斯》（1786）、《男巫》（1804）、《迪奥金涅什》（1823）。这个时期还建立了戏剧之友协会，在萨格勒布建立了"阿马捷耶夫剧团"，主要以德语演出。直到19世纪上半叶才出现了不少用民族语言创作的优秀剧作家。季·德麦特尔（1811~1872）对克罗地亚戏剧发展作出了重要贡献。他组建克罗地亚人民剧团，充实民族剧目，重视培养观众审美情趣，撰写戏剧评论，还创作了克罗地亚第一部歌剧脚本《爱与恨》（1846）及其他一系列优秀剧作。19世纪下半叶克罗地亚戏剧文学以历史正剧、悲剧和讽刺喜剧为主。Q. Y. 尤尔科维奇（1827~1889）的著名文章《论戏剧》（1855）为现实主义戏剧文学奠定了基石。这时期还涌现了许多业余戏剧表演团体，19世纪下半叶逐渐建立了正规的职业剧团和戏剧学校。1861年由德麦特尔和剧作家约·弗罗伊登莱赫（1827~1881）发起，创建了克罗地亚王国人民剧团。从此至今该剧团从未间断过演出。该剧团除了表演克罗地亚国内剧作家创作的戏剧，也表演国外著名剧作家的作品。剧团在斯捷潘·米莱蒂奇的管理下不断繁荣。米莱蒂奇在威尼斯获得博士学位后，游历了欧洲众多音乐中心，在此基础上他对剧团进行了改革并成立了表演学校，后来成为戏剧、电影、电视学院。

19世纪初，在克罗地亚南部地区来自意大利的戏剧非常流行，而在北部地区则主要上演德国戏剧。

第一次世界大战以后，克罗地亚戏剧文学受到现代主义和自然主义思潮的影响。伊沃·沃伊诺维奇（1857~1927）是这一时期克罗地亚最杰出的剧作家。他来自达尔马提亚，是杜布罗夫尼克王公的后裔。《杜布罗夫尼克三部曲》是他的代表作。它由《法国的健儿们，前进!》、《黄昏》和《在别墅里》三个独幕剧组成，描写杜布罗夫尼克市的陷落和贵族们的沉沦。他的剧作还有《尤戈维奇母亲之死》和《拉扎尔的复活》。

随着俄国十月社会主义革命的胜利，克罗地亚戏剧舞台上出现了无产阶级新型戏剧和大量批判现实主义的社会剧。米罗斯拉夫·克尔莱扎被认为是克罗地亚现代文学最杰出的代表，两次世界大战期间克罗地亚最杰出的戏剧作家。他的戏剧作品有《米凯兰杰罗·布奥那罗迪》（1919），《加利齐亚》（1922）、《苦难》（1923）、《格列姆巴伊老爷们》（1928）、《垂死挣扎》（1928）、《丽达》（1931）等。前三部描写第一次世界大战给人民造成的灾难和奥匈帝国对克罗地亚人民的压迫。后三部剧作以格列姆巴伊家族的发家史为题材，反映了克罗地亚资产阶级兴衰的过程，对资产阶级展开了猛烈的批判。《格尔姆巴伊老爷们》一剧最为著名，被推崇为两次世界大战期间克罗地亚戏剧的顶峰。其他著名的戏剧家还有法·哈吉奇（1922~）、兰·马林科维奇、安—索良（1932~）、伊·布莱桑（1936~）等。其中布莱桑的《哈姆莱特在下默尔都舍村的演出》曾轰动全国剧坛，1972年，在诺维萨德戏剧节上获一等奖。多年来，这出戏不仅在克罗地亚各家大剧院里保持着强大的生命力，而且还被译成波兰文、俄文，搬上华沙和莫斯科的戏剧舞台。随着戏剧舞台的不断繁荣，克罗地亚还成立了一批上演革命剧目的职工业余剧团和戏剧学院的实验剧团。1954年“布朗科·加韦拉”话剧院在萨格勒布成立。这些剧院面向广大观众，不仅演出了诸如布莱希特、托尔斯泰、莎士比亚、莫里哀等的世界古典名剧，而且也上演克罗地亚著名剧作家的剧本。

在克罗地亚共有12个专业剧团，10个儿童剧团，杜布罗夫尼克夏季戏剧节闻名于国内外。

2. 电影

1896年萨格勒布首次放映电影，随后几年克罗地亚各大城市陆续开始放映电影。在1907年建立第一座固定电影院之前，克罗地亚的电影人已经开始拍摄新闻短片了。第一次世界大战后，克罗地亚新闻记录电影有了很大发展。1917年，在萨格勒布成立了克罗地亚电影公司，摄制了《布尔茨柯在萨格勒布》(1917，导演A. 古隆德）和历史片《玛季雅·古贝茨》(1919，导演A. 比尼奇基)。《玛季雅·古贝茨》是克罗地亚电影史上第一部长片。

第二次世界大战爆发前，克罗地亚电影事业发展迟缓，尽管曾有过几次振兴本国电影生产的尝试，但均告失败，主要原因是缺少资金和技术设备，而且得不到政府方面支持，因而克罗地亚电影没有能力同在本国上映的德国和美国影片相竞争。在反法西斯战争年代克罗地亚电影进入新的发展阶段。1942年游击队的新闻电影工作者们拍摄了前线战斗场面、地下工作者的活动、游击队的日常生活和解放区建立政权的情景。同期，米莱蒂奇拍摄了反映克罗地亚伟大作曲家生平的影片《利辛斯基》(1943)。第二次世界大战后，克罗地亚建立了自己的电影工业。1946年亚德兰制片厂在萨格勒布成立，1946年开始定期生产新闻片。1954年在普拉举办了首届国家电影节，它对克罗地亚进一步建立民族电影起了重要作用。从20世纪50年代开始，大批导演提出电影题材的多样性问题，此后克罗地亚电影的题材范围逐渐扩大，开始陆续创作了反映现实生活中迫切问题的影片。许多著名导演如安特·巴巴亚（Ante Babaja)、尼科拉·巴比奇（Nikola Babić)、兹沃尼米尔·拜尔科维奇（Zvonimir Berković)、佐兰·塔迪奇（Zoran Tadić）的作品在国际电影节上都获得了好评。同期还出现了第一批较成功的喜剧片。这也增强了与进口的美、法、意大利和联邦德国等国家影片的竞争能力，但在克罗地亚电影生产中占主要位置的还是战争题材的影片。如导演V. 波加契奇的《照片上的人》（1963）等。V. 波加契奇（1919～）在创建与发展克罗地亚民族电影事业方面作出重大贡献。此人早年在萨格勒布研究艺术史，第二次世界大战后到电台工作并创建了萨格勒布大学生剧院，自任导演、演员。1947年转入电影界，1949年自编自导影片《工厂的故事》。以后将克罗地亚经典文学作品搬上银幕，其中有《暴风雨》（1952）、《安妮卡的时代》（1954）。1955年拍摄了反映人民解放战争的《大与小》（1956年曾在卡罗维发利电影节上获奖）。其他故事片作品还有《最后一天》（1951）、《照片上的人》（1963）等。曾任国际电影资料馆联合会主席。

在克罗地亚的电影发展史上，有一个名字不得不提，那就是布朗科·加韦拉（1885～1962）。加韦拉是克罗地亚著名导演、戏剧活动家、戏剧理论家。1914年开始导演工作，1922～1926年任萨格勒布话剧团经理，1926年后领导贝尔格莱德民族剧院。第二次世界大战期间，他主要从事戏剧理论研究，解放初期，在捷克歌剧院任导演。1947年回国，1954年在萨格勒布创建了话剧院（现以加韦拉命名）。加韦拉的导演艺术融会了斯坦尼斯拉夫斯基、梅耶赫、荷德、戈登·戈雷、布莱希特等人的导演理论和技巧。他导演过约300部话剧和歌剧，还写有不少戏剧美学专著。他导演的剧目，如克尔莱扎的《果尔果达》、《在兵营里》、《狼谷》、《格尔姆巴伊老爷们》、《丽达》等，能够充分反映剧本中的规定情境，表达剧作家的思想，获得观众的好评。加韦拉导演的戏剧形式多样，节奏鲜明，完整协调，自然朴实，是多种艺术的有机综合，对克罗地亚民族戏剧的发展作出了很大贡献。

在20世纪60年代里涌现出的新一代电影导演越来越多地致

力于拍摄现代题材的影片。其中重要的作品有V. 米米察的《普罗米修斯》(1964)、《星期一或星期二》(1966) 等。V. 米米察(1923～) 自1950年起任萨格勒布雅得朗电影制片厂艺术指导。他导演的作品主要有《暴风雨》 (1952)、《普罗米修斯》(1964)、《星期一或星期二》 (1966)、《卡雅，我打死你》(1967)、《事件》(1969)、《养胖了的人》(1970)、《地狱里的马其顿部分》(1972)、《1573年的农民起义》(1975)、《奥布拉科中尉的最后功勋》 (1978)、《巴诺维奇·斯特拉辛尼亚》(1981) 等。也拍摄一些美术片，如《稻草人》(1957)、《一个人》(1958)、《在照相师那里》(1959)、《蛋》(1959)。

克罗地亚制作动画片的历史悠久，一直颇受好评。第一部动画片摄制于1922年。从20世纪50年代兴起的萨格勒布学派动画片在国际上享有盛名。1956年萨格勒布电影公司成立了动画片制作工作室。著名的代表人物是恩·科斯泰里奇、杜尚·乌科蒂奇等。其中较成功的美术片有：《盛大的集会》(1951)、《小红帽》(1954)、《孤独的人》(1958，在威尼斯电影节获动画片一等奖) 等。60年代杜尚·乌科蒂奇的作品达到了萨格勒布学派动画片艺术的高峰，他的作品有《游戏》、《代用品》(1962，曾被誉为世界最佳动画片，获得"奥斯卡"奖) 等。从1972年起在萨格勒布举办世界优秀动画片电影节。该工作室的负责人杜尚·乌科蒂奇 (Dušan Vukotić) 凭借其制作的动画片《代用品》于1962年荣获奥斯卡奖。

三　音乐舞蹈

克罗地亚的音乐有着悠久的民族传统，来自东西方的不同影响使克罗地亚民间音乐丰富多彩。伊斯特拉和达尔马提亚地区流行的民间音乐非常独特，不同于欧洲其他地方的音乐。常用的民间乐器有拨弦乐器古斯莱（一种单弦琴)、坦布拉，管乐器特鲁巴、舒佩卡、卡瓦尔等，这些乐器与中亚的乐器极为相似，音乐学家认为克罗地亚人在移居到现在这片土地之前就已经掌握这些乐器。克罗地亚保存下来最早的音乐产生于11世纪，这些用纽姆符号记载的手抄本如今被收藏在图书馆、档案馆、教堂和修道院中。历史上第一位有名字记载的作曲家是16世纪的尤利叶·斯拉威蒂奇（Julije Slavetić），他于1564年在威尼斯发表了18首圣歌。圣芳济会的修道士伊万·卢卡契奇（Ivan Lukačić，1587～1648）是克罗地亚古代音乐史中最重要的作曲家，他是斯普利特大教堂唱诗班的指挥，1620年他创作了27首圣歌，他创作的赞美诗受到意大利早期巴洛克音乐风格的影响。

最流行的器乐是舞曲科罗，流传地域很广。在亚得里亚海沿岸南部的科尔丘拉岛（Korčula）上至今流传着一种名为莫雷什卡（Moreška）的民间舞蹈，据记载该舞蹈源于18世纪，舞蹈表现了克罗地亚武士们同阿拉伯人战斗的场面，舞蹈者身着中世纪服装表演剑舞。Moreška是克罗地亚最独特和著名的士兵舞，能与之相媲美只有锡尼城（Sinj）的阿尔卡（Alka）舞。这种舞蹈中骑士必须将长矛穿过一个离地12英尺的金属环，舞者身穿与1715年保卫锡尼免遭土耳其人侵略的战士的军服类似的服装。劳动人民常在民族乐器的伴奏下跳着科罗舞，这些传统的民间音乐流传至今。

克罗地亚民间音乐受德、奥民歌的影响很深，南部地区音乐发展的步伐显然快于北部地区。15世纪以后，随着专业音乐艺术的出现，克罗地亚的专业音乐文化也有所发展，如在克罗地亚的古代寺院中保存着当时的弥撒曲等宗教音乐作品。18～19世纪克罗地亚音乐获得蓬勃发展。卢卡·索尔科彻维奇（Luka Sorkočević，1734～1789）是18世纪克罗地亚最杰出的作曲家，作有8首交响乐、一首小提琴钢琴协奏曲和若干音乐作品。索尔科彻维奇的朋友尤利耶·巴亚蒙蒂（Julije Bajamonti，1744～1800）致力于收集民间歌曲和从事音乐研究。同时期著名的音乐人还有伊万·马奈·亚尔诺维奇（Ivan Mane Jarnović，1745～1804），他是18世纪在欧洲享有盛名的克罗地亚著名的小提琴家和作曲家，作有小提琴协奏曲、奏鸣曲等，他演出的足迹遍布整个欧洲，他的作品深受莫扎特的影响，同时又保持了民族特色。要勾画18世纪的音乐画面，就不能不提到圣芳济会修道士佩塔尔·纳基奇（Petar Nakić），他生于1694年，死于1760～1770年间，是一位手风琴制造师，在扎达尔、斯普利特等南方城市他制造的手风琴沿用至今。

19世纪的民族运动对克罗地亚音乐文化的发展产生了很大影响，萨格勒布成为克罗地亚音乐中心，相继成立了各种音乐协会、音乐学校和演出团体。1827年在萨格勒布创办了音乐协会，负责组织音乐会和传播音乐文化。1829年协会成立了音乐学校，并于1870年发展为萨格勒布高等音乐学院（1922年改名为音乐学院）。当时音乐协会的组织者是瓦特罗斯拉夫·利辛斯基（Vatroslav Lisinski，1819～1854），他是19世纪上半叶克罗地亚音乐界的领军人物，他最伟大的成就在咏叹调方面，创作了克罗地亚第一部歌剧——《爱与恶》（1846）。他希望通过音乐复兴克罗地亚的民族精神，常常使用民间音乐元素，他的作品对克罗地亚后来的音乐产生了直接影响。19世纪后半期萨格勒布音乐界的组织者是作曲家伊万·扎伊茨（Ivan Zajc，1832～1914），尽管他已经在维也纳获得了极高的声望，但他还是回到克罗地亚，并成立了克罗地亚歌剧团。他作品颇丰，共计19部歌剧、26部小歌剧、50部清唱剧、19首弥撒曲、200首合唱曲和170首独奏曲，代表作是爱国歌剧《尼古拉·舒比奇·兹林斯基》。

在第一次世界大战后，克罗地亚的音乐文化又有了新发展。萨格勒布音乐学院在其他城市设立了音乐学校，各大城市还成立

了合唱音乐团、大型和小型乐队，开办了音乐厅。一些作曲家开始结合现代音乐的各种流派进行创作，如古典浪漫主义作曲家布·别尔萨（Blagoje Bersa，1873~1934）和印象派作曲家布·孔茨（Božidar Kunc，1903~1964）。雅科夫·戈多瓦茨（Jakov Gotovac，1895~1934）巧妙地把古典与现代融合起来，他创作的交响乐和滑稽歌剧《来自另一个世界的埃罗》在克罗地亚久演不衰。第二次世界大战后，各种音乐团体在各大城市纷纷建立，克罗地亚作曲家协会也随即成立。大批音乐家创作了各种题材和各种形式的乐曲。如F. 洛特卡（1883~1962）写的舞剧《村鬼》；克莱什米尔·巴拉诺维奇（Krešimir Baranović，1894~1975）写的《剪好了，割好了》。当代著名作曲家还有：米尔科·克莱门（Milko Kelemen，1924~）、伊沃·马莱茨（Ivo Malec，1925~）、鲁本·拉迪查（Ruben Radica，1931~）等。

除了国内外知名的作曲家外，克罗地亚还有许多优秀的演奏家和歌唱家，如：小提琴家弗拉尼奥·克莱尔玛（Franjo Krežma，1862~1881）和兹拉特科·巴洛科维奇（Zlatko Baloković，1895~1965）；指挥家罗弗洛·马塔契奇（Lovro Matačić，1899~1985）；钢琴家伊沃·博戈莱维奇（Ivo Pogorelić，1958~）；男中音歌唱家约瑟普·卡什曼（Josip Kašman，1850~1925）和弗拉迪米尔·鲁日贾克（Vladimir Ruždjak，1922~1987）；女高音歌唱家米尔卡·特尔尼娜（Milka Trmina，1863~1941）、玛娅·斯特罗兹·拜契奇（Maja Strozzi Pečić，1882~1962）和津卡·库恩茨（Zinka Kunc，1906~1989）；女中音歌唱家茹拉·波斯比什·巴尔丹妮（Ruža Pospiš Baldani，1942~）。

马克西姆是当代克罗地亚的钢琴演奏新星，曾经在中国举办过演奏会。他的演奏风格以及全情投入的演奏状态迄今为止无人能及，与以往我们对钢琴演奏的理解完全不同。他将所有现代的音乐元素都融入到了钢琴演奏中，呈现出一种新鲜的魔幻色彩，这也就是人们把他称为钢琴玩家的原因。

克罗地亚除经常举行联欢节活动外，还举办各种国际性的音乐活动。著名的“杜布罗夫尼克夏季音乐会演”（从1950年开始)、“萨格勒布比耶纳莱”联欢节（从1961年开始）都享誉世界。当代克罗地亚的著名作曲家有那·戴夫契奇、伊·布尔科诺维奇等。

四 美术

建筑 克罗地亚的文化受西欧文化影响较大，在建筑艺术和风格上最为明显。在沿海地区从伊斯特拉到杜布罗夫尼克，接受邻国意大利的艺术模式。罗马式艺术在这里根深蒂固，局部地区一直延续到16世纪。9~12世纪在亚得里亚海沿岸的达尔马提亚建造了不少石头砌成的教堂，约300座之多。其中15座至今保存完好，也有的在1991~1995年战争期间被完全摧毁。最杰出的代表是8世纪建于尼恩的罗马式礼拜堂，曾在1887年被英国建筑师托马斯格雷厄姆称为“最小的基督教堂”。另一座享誉欧洲的罗马式建筑是建于9世纪的扎达尔大教堂。罗马人建造的普拉圆形竞技场和奥古斯都神殿、斯普利特的戴克里先皇宫、索林附近9公里长的地下排水管直到今天还在使用。12世纪末出现了罗马式的宗教和世俗建筑物，最古老的城堡拱门，市政厅大厦和许多教堂（扎达尔的圣斯托希亚教堂和圣克尔舍万教堂、特洛吉尔大礼拜堂、1667年地震时破坏了的旧杜布罗夫尼克大礼拜堂）基本上都属于这种艺术风格的三堂厅式建筑，此外，还有单堂厅式的建筑（在姆列特的圣玛利亚教堂）或者八角形建筑（在罗维尼的圣特洛伊察教堂）。这类教堂还建有钟楼，单独建的或者是与教堂连在一起的。这些建筑呈现出不规则的特点：倾斜的墙壁、单数的顶角、不统一的房柱，一开始，人们认为这是由于克罗地亚缺乏建筑技巧的缘故，但后来科学研究表明，古代克罗地亚人这么做有其特定的含义。人们发现在这种教堂内放置一盆水，最后一束阳光照到这盆水上的日子每年都是固定的一天，而这一天正是这所教堂代表的圣徒的生日，所以克罗地亚修建的这种教堂是一个时钟、一个日历，这种古建筑在欧洲是十分独特的。至今在克罗地亚的沿海地区还有约100座保存完好的古教堂。

从13世纪起，方济各会和多米尼查派僧团开始修建自己的寺院，修道士们大多要求单堂厅教堂，并增添哥特式艺术成分。位于萨格勒布的圣马克天主教堂始建于13世纪，是一座哥特式建筑，线条垂直、尖顶拱券，使人产生腾空飞向天国之幻。历史嬗变，教堂已被数次翻修。其内部雕刻精美、图形各异。本地的工匠们在这些教堂旁还修建了具有晚期罗马式艺术风格的回廊。希贝尼克大教堂和斯普利特的石雕则属晚期哥特式艺术风格。从14世纪起，随着威尼斯影响的增加，也传来了哥特式的艺术风格，并且运用到那种原来非常单调的墙壁表面装饰上，出现了体现威尼斯建筑艺术的三角形、正方形的正门。方济各会和多明我会的修道士们在克罗地亚修建了大量哥特式教堂。宽敞明亮的窗户和玲珑剔透的雕刻，使人们不再沉溺于罗马式艺术形式之中。最著名的哥特式建筑是希贝尼克、特洛吉尔和科尔丘拉的三座大礼拜堂。最初的建筑师想增添一些哥特式的成分，但未能建成，经过后来的建筑师们的手所建成的这三座大礼拜堂，具有文艺复兴时代最显著的特点。15～18世纪，克罗地亚进入了文艺复兴时代，沿海地区的艺术中心之一是杜布罗夫尼克，而在内地由于土耳其人的入侵，后来又遭到哈布斯堡王朝的统治，建筑并未得到很大的发展。为了抵御外敌入侵，克罗地亚沿海城市开始修建城墙和城堡，其中最为著名的是杜布罗夫尼克古城墙。杜布罗夫尼克城墙由一座正方形哥特式城堡和围绕四周的文艺复兴式壁垒组成，耗时数十年方得以建成，是建筑史上一个奇迹。杜布罗夫尼克城墙内的海关办公室和贵族宫（1435～1460 年修建）号称是克罗地亚文艺复兴时代最美丽的建筑。另一座著名的文艺复兴建筑是希贝尼克教堂（1431～1536 年修建）。以上两座建筑物的设计者都是尤拉伊·达尔马基涅茨（Juraj Dalmatinac，1400～1473），他在建造圆形屋顶时，用八角形柱间墙把圆形屋顶连接到正方形的地基上。他也是一位雕塑家，他在希贝尼克教堂的东正面上方雕刻了一系列尺寸很大的人物头像，有男女青年、老人等 72 个真人大小的头像。

面对文艺复兴时代的艺术风格，哥特式风格逐渐地从沿海城市消失。17 世纪起，在意大利、奥地利等国影响下兴起了巴洛克风格。著名的巴洛克建筑物有：杜布洛夫尼克的巴洛克教堂和萨格勒布的圣叶卡特林娜教堂（1620～1632 年修建），后者被视为“最东部的欧洲式教堂”。

19 世纪萨格勒布成为克罗地亚文化和政治中心，同时也汇聚了大量优秀的艺术家，巴日托尔·费尔宾盖尔（Bartol Felbinger，1785～1871）是其中之一。他在萨格勒布修建了许多具有古典主义风格的房屋宫殿，其中耶拉契奇皇宫最为著名。马克西米尔是萨格勒布最大最美的公园，园内古典主义和彼德麦式样的花园建筑随处可见。马克西米尔建于 18 世纪末，完工于 1843 年，森林、草地、人工湖使马克西米尔成为浪漫主义园林的典范。

同 19 世纪一样，萨格勒布在 20 世纪仍是克罗地亚建筑艺术成就的一面镜子。与此同时，费尔宾盖尔引领了克罗地亚 19 世纪建筑艺术潮流，维克托·科瓦契奇（1874～1924）则是 20 世纪建筑业的领袖，萨格勒布的圣布拉热伊教堂是他的杰作。他的建筑风格具有新古典主义的倾向，形式多变，圣布拉热伊教堂具有威尼斯拜占庭特点，而弗兰克宫又有佛罗伦萨文艺复兴的特点。

雕塑　雕塑是作为建筑艺术的组成部分而发展起来的。中世

纪时期的各种教堂、寺院的建筑装饰成分显示了雕塑艺术之美。在教堂的祭坛、圣匣、门、窗、柱头和房檐上都雕有丰富多彩的花纹，其中的图案有编织花纹、动物图像，也有宗教内容的圣像和克罗地亚王公的名字。最宏伟的文物是萨格勒布的圣马尔科大教堂的南门，门上刻有哥特式的圣徒人物雕像。另外斯普利特大教堂的两扇刻有 28 块精致木雕的大门和特罗吉尔大教堂正门的浮雕也堪称中世纪雕塑艺术的典范，具有早期哥特式艺术元素，描绘了圣经和神话传说中的场景。伊·杜克诺维奇和弗·拉乌尔纳是当时克罗地亚杰出的雕塑大师。14 世纪萨格勒布出现了大量的哥特式雕塑作品，主要出自一位葡萄牙大师之手。希蒙·博格普里玛茨（Šimun Bogoprimac）雕刻的黄金石棺是中世纪金制品的杰作。从 15 世纪到 18 世纪许多克罗地亚艺术家到国外工作，并且留下了大量优秀的作品，如建筑师卢齐扬·乌拉良宁（Lucijan Vranjanin，1420～1479）、雕塑家弗拉尼奥·乌拉良宁（Franjo Vranjanin，1420～1502）、画家尤拉伊·楚里诺维奇（Juraj Čulinovič，1435～1504）、尤里耶·克洛维奇（Julije Klović，1498～1578）、安德里亚·梅杜里奇（Andrija Medulić，1500～1563）和费得日科·班科维奇（Federiko Benković，1677～1753）。与此同时，许多国外优秀的艺术家在克罗地亚工作，他们带来了先进的工艺技巧，并且留下了大量珍贵作品，促进了克罗地亚雕塑艺术的发展。

19 世纪克罗地亚发展了世俗艺术，出现了古典派、浪漫派和现实主义派。第一次世界大战后，西方各流派相继传入克罗地亚。各流派的艺术家把西方流派的艺术手法与本民族的特点相结合，批判君主政权统治下的社会现象，表现人民对民主和自由的向往。伊万·梅什特罗维奇（Ivan Meštrovič，1883～1962）是 20 世纪克罗地亚最为著名的雕塑家。他从罗马式、哥特式、文艺复兴式的艺术中吸取滋养，创造出独特的雕塑风格。他年青时就已享誉世界。他的作品富于坚忍不拔的精神和民族英雄主义的气概。他的最著名的作品《圣维多夫节群雕》，再现了科索沃战役的英雄场面。1912 年第一次巴尔干战争以后，他又创作了《寓言群雕》，纪念奥斯曼帝国统治的结束。这一纪念碑竖立在贝尔格莱德市中心的特拉齐亚广场，在第一次世界大战中被毁。其他代表作有：斯普利特的格尔古尔·宁斯基主教纪念碑、贝尔格莱德卡莱梅戈丹的感谢法国纪念碑、什特罗斯马耶尔主教纪念碑、贝尔格莱德附近阿瓦拉山上的无名英雄纪念碑。同时期其他杰出的雕塑家还有：布拉尼斯拉夫·德什科维奇（Branislav Dešković，1883 ~ 1939）、杜伊莫·班尼奇（Dujmo Penić，1890 ~ 1946）、弗拉奈·科尔什尼奇（Frane Kršinić，1897 ~ 1982），当代的著名雕塑家有：布兰科·茹日奇（Branko Ružić，1919 ~ 1997）、斯坦科·亚恩契奇（Stanko Jančić，1932 ~）、玛丽娅·乌耶维奇（Marija Ujević，1933 ~）。

第二次世界大战中反法西斯的民族解放战争和解放后的社会主义建设，为当时的雕塑家提高了丰富的素材。为了纪念在反法西斯战争中牺牲的烈士，在克罗地亚各地修建了许多综合性纪念碑、英雄人物塑像和群像等。弗·拉达乌什是这一时期克罗地亚雕塑家的代表。

绘画　克罗地亚的绘画艺术同样具有悠久的艺术传统，绘画风格受威尼斯影响较大。在中世纪 8 ~ 15 世纪期间，绘画得到了一定的发展。杜布罗夫尼克是当时的绘画中心之一，形成了自己的流派。在这里有许多画家创作出大量颇有世俗情趣的作品，其中有一幅《圣母子》的三联祭坛画很生动，它的作者是 L. 道布里切维奇。许多艺术家都是从拜占庭艺术观点转为文艺复兴时期观点的。他们大多在意大利受过训练。布拉日·尤尔耶夫（Blaž Jurjev，1390 ~ 1450）是克罗地亚最著名的早期绘画大师，他的作品具有晚期哥特式风格，保存于扎达尔、希贝尼克、斯普利特和杜布罗夫尼克。尼古拉·博日达列维奇、米哈伊洛·哈姆齐、伊·丘里诺维奇和阿·麦杜利奇等也是这一时期的绘画大师。克罗地亚的小型彩画在13世纪主要受到意大利卡西诺山本笃会教士的影响，从13世纪末到14世纪，意大利博洛尼亚学派具有决定性影响。不少圣像画被保存下来，其中大多数是来自达尔马提亚的拜占庭风格的圣像画。①

克罗地亚壁画非常发达，但保存下来的却很少。扎达尔圣玛利亚修道院内有早期罗马式壁画。扎达尔圣克尔舍万教堂的壁画具有罗马—拜占庭的混合式风格。在伊斯特拉半岛上有丰富多彩的壁画，带有浓郁的拜占庭式的成分。这一类壁画大多是意大利本笃会教士倡导的。在内陆地区，只有萨格勒布大教堂还保留了出自一位13世纪中期罗马工匠之手的壁画残迹。14世纪，哥特式风格的壁画出现在一些小教堂中，特别是伊斯特拉的一些小城镇的教堂。1474年卡斯托夫的维采特创作了著名的晚期哥特式壁画《恐怖的舞蹈》。在哥特式盛行时期，来自意大利各地的画家为许多大教堂绘制了壁画。

19世纪最后25年是克罗地亚艺术繁荣时期。绘画走出教堂，摆脱了宗教影响，出现了古典派、浪漫主义和现实主义派。此时随着争取民族独立斗争的发展，具有民族特色的肖像画、风俗画、风景画、历史画开始流行。维科斯拉夫·卡拉斯（1821～1858）被称为克罗地亚“第一位伊里利亚美术家”。第二代美术家有费尔多·克维凯雷兹（1845～1893）、采莱斯廷·梅多维奇（1857～1919）、弗拉霍·布科瓦茨（1855～1922）。约西普·拉契奇（1885～1908）和米罗斯拉夫·克拉列维奇（1885～1913）的作品体现了克罗地亚绘画的最高成就。在萨格勒布，由什特罗斯马耶尔主教出资建立的艺术画廊，对于绘画艺

① 刘祖熙主编《斯拉夫文化》，浙江人民出版社，1993，第372页。

术的发展，是一种巨大的推动。20 世纪初，许多画家力求掌握欧洲文化的最新成果，探索新的艺术创作手法。此后，印象主义、表现主义、超现实主义等西方流派的作品竞相出现。第二次世界大战期间，克罗地亚的许多画家都参加了解放战争，创作了反映这一斗争的写生画。人民政权建立后，画家们以民族历史、解放战争和社会主义建设为题材进行了创作。在社会主义现实主义艺术发展的同时，也出现了一批抽象派、象征派、幻想主义、印象派、客观主义、超现实主义等流派的作品。克罗地亚国内的绘画界，基本上有两大潮流：一派是主张学习西方各流派；另一些则主张学习民间艺术，于是产生了很有特色的稚拙派艺术。在萨格勒布有一个三人派，它由 F. 别采奇、J. 米舍依和 L. 巴比奇组成。其中巴比奇最为突出，他的作品大多是描绘克罗地亚风光，强调土生土长的艺术。

20 世纪克罗地亚著名的画家除埃玛奴爱尔·维多维奇（Emanuel Vidović，1873～1953）外大多来自萨格勒布。维多维奇是克罗地亚现代绘画的奠基人之一，他的作品属于后印象派。20 世纪初杰出的印象派画家有：约西普·拉契奇（Josip Račić，1885～1908）、弗拉迪米尔·拜茨奇（Vladimidr Becić，1886～1954）、柳博·巴比奇（Ljubo Babić，1890～1974）、奥迈尔·穆亚季奇（Omer Mujadžić，1903～1991）。米尔科·拉赤基（Mirko Rački，1879～1982）和加布里耶尔·尤尔基奇（Gabrijel Jurkić，1886～1974）是象征主义的重要代表。克罗地亚当代的代表画家有：弗拉诺·西蒙诺维奇（Frano Šimunović，1908～1995）、奥托恩·格里哈（Oton Gliha，1914～1999）、伊沃·杜尔契奇（Ivo Dulčić，1916～1975）、艾多·穆尔蒂奇（Edo Murtić，1921～2005）、柳博·伊万契奇（Ljubo Ivančić，1925～2003）、伊沃·盖汀（Ivo Gattin，1926～）、奥尔丹·拜特莱夫斯基（Ordan Petlevski，1936～）、比塞尔卡·巴莱蒂奇（Biserka Baretić，

1933～)、米罗斯拉夫·舒代伊（Miroslav Šutej，1936～2005）和伊万·盖奈拉利奇（Ivan Generalić，1914～1992）等。

五　文化设施

位于萨格勒布的国家图书馆是克罗地亚最大，藏书最多的图书馆。国家图书馆建于1606年，现有藏书250万册，其中包括从1094年萨格勒布主教区成立和大教堂建成后的珍贵宗教图书。在克罗地亚，建立最早的图书馆是修道院图书馆，即位于杜布罗夫尼克的圣芳济会图书馆（Franciscan libraries）和多明我会图书馆（Dominican libraries），以及萨格勒布的圣芳济会图书馆，这些图书馆都建于13世纪。目前克罗地亚共有公共图书馆248家，总藏书量为460万册，其中萨格勒布的公共图书馆藏书28万册。

克罗地亚的博物馆种类繁多，首都萨格勒布的博物馆数量名列全国第一，其中具代表性的有：历史博物馆、萨格勒布城市博物馆、民族博物馆、建于19世纪的动物博物馆、矿物博物馆和古生物博物馆、学校博物馆、科技博物馆、通讯博物馆、盲人博物馆、艺术和手工艺博物馆、实用美术博物馆、当代艺术博物馆、什特罗斯马耶尔画廊、现代画廊等，其中民族博物馆规模最大，也最负盛名，它的展品不仅与克罗地亚民族文化相关，也包括欧洲以外的民族文化。

除此之外，几乎每个城市都有自己的特色博物馆。建于1820年的斯普利特考古博物馆是克罗地亚最古老的博物馆。里耶卡和斯普利特的海军博物馆，赫瓦尔岛上的捕鱼博物馆，上斯杜比察的农民起义博物馆都颇为知名。马卡尔斯卡圣芳济会修道院内的软体动物博物馆是世界上最有价值的贝壳类动物博物馆之一。在克拉比纳古人类居住的洞穴旁兴建了人类进化博物馆。萨莫博尔的城市博物馆中陈列有克罗地亚登山史的相关展品。还有许多博物馆是为了纪念某位科学家和艺术家而建的，如卢科夫多尔（Lukovdol）的伊万·戈兰·科瓦契奇博物馆、斯米良（Smiljamžn）的尼古拉·特斯拉博物馆、弗尔博列（Vrpolje）的伊万·梅什特罗维奇博物馆、武科瓦尔（Vukovar）的拉沃斯拉夫·茹日奇卡博物馆。

表 6－2　克罗地亚文化设施

	1999 年	2000 年	2001 年	2002 年	2003 年
剧　院	14	16	16	26	28
观众(千人)	634	658	815	879	1024
电影院	141	142	147	146	142
观众(千人)	2295	2743	2935	2766	2343
博物馆	151	140	140	140	140
公共图书馆	243	243	248	248	248
动物园	4	4	4	4	4
水族馆	3	3	3	3	3
植物园	5	5	5	5	5
国家公园	8	8	8	8	8
自然公园	6	6	6	6	6

资料来源：http：//www. dzs. hr/

第四节　医疗卫生

一　医疗保健制度

克罗地亚自独立以来对医保制度进行了一系列改革，目标是改变前南斯拉夫时期实行的高度集中的医保体系。南斯拉夫时期公有部门的职工和退休人员以及他们的家属都享有医疗卫生保险。从事自由职业的人和农民只要按规定向卫生

保险自治利益共同体缴纳捐款，也享受免费医疗。此外，在校学生和15岁以下少年儿童全部享受免费医疗。另外，对结核病、性病和其他流行性传染病的防治，对糖尿病、精神病、恶性肿瘤等的治疗以及妇女妊娠和生育的检查和治疗，也全部实行免费。克罗地亚保持了前南斯拉夫的医疗和健康保险制度，所有居民都享有医疗和健康保护的权利。

在中东欧国家中克罗地亚医疗水平和保障体系都比较成熟，有一支训练有素的医疗队伍和一套相对完善的医保体系。1993年出台的《克罗地亚医疗保障法》规定医疗经费由克罗地亚医保协会统筹管理，主要来自税收收入。卫生部的职责是：（1）制定政策计划和进行评估；（2）对全国的健康状况、食品药品安全和环境卫生实施监督；（3）组织政府发起的医学研究。财政部负责规划政府预算，并对给予医保协会和卫生部的预算进行批准。地方政府掌握和管理大部分初级和二级医疗机构。这些机构通过它们与医保协会之间的协议获得经费。私人医疗机构通常属于初级保健机构或专科医院，有些私人诊所同医保协会之间存在条约关系。

克罗地亚医保制度的主要原则是发动全社会的集体力量，每个公民人尽其责，按需享受医疗保险，同时承认私营部门在提供居民健康保障方面的作用。医保政策的基本目标是不仅要增加公民寿命，还要提高生命质量，减少和消除潜在的健康威胁。2000年6月，克罗地亚卫生部发表了名为《克罗地亚医保制度改革战略》的全面政策计划，宣布改革的目标是：（1）降低公共基金开支增长的速度；（2）通过对第二、三级医疗单位的重组提高服务效率；（3）扩大克罗地亚医保协会的权力范围；（4）把更多的责任下放到地方，提高各级医疗机构服务的连续性；（5）对全民实施公平合理的健康保障政策，改善弱势群体的健康状况。

二　医疗保健水平

克罗地亚的保健机构组织上分为三级，但这种划分并不是那么明确和严格。

1. 初级——基本的医疗保健

负责儿童、妇女、成年人、老年人的保健工作，包括医疗教育活动，流行病应对措施，紧急医疗救护，家庭治疗，X光和实验室诊断等等。这一保健机构属区级，包括卫生所和有自己网点的医务中心：门诊部、药房、咨询处、家庭治疗等。初级保健机构的基本特点是：有相当数量的医生、保健服务项目不全、提供保健服务方面缺乏连续性。

2. 第二级——专业医疗保健

二级健康保健包括专业和咨询职能，以及住院病人的治疗和康复工作。这一机构是建立在一个或一个以上的区的，包括专业的诊疗所、有住院部的医院和专业卫生机构。20世纪90年代医院活动的基本特点是：低效率、医疗信息系统不健全、缺乏市场竞争、药品供应困难突出、设备老化等等。

3. 第三级——高级医疗保健

三级医保负责地方或全国的高级专业保健工作。执行机构有医学科学院附属医院、治疗中心以及研究所。

保健机构的基本种类为：卫生所、保健中心、公共医院、专科医院、医学科学院附属医院、治疗中心、保健局、其他研究所、疗养院、药房。

卫生所：作为独立的保健机构或是保健中心的组成单位，负责一个或一个以上的区的基本保健措施。

保健中心：承担包括卫生所和医院的所有职能，并继续卫生所的诊断、治疗和康复工作。

公共医院：对所有患者提供治疗保健。

医学科学院附属医院：从事某一医学分支的专业的治疗工作，如口腔学，以及科学研究和教学工作；

治疗中心：从事多个医学分支的治疗工作。

保健局：负责流行病和社会医疗保护方面的专业机构，并承担保健工作的规划方面的研究工作。

其他机构从事医学、药学和口腔学一个或多个分支的保健工作。包括输血所、专业康复所、工人保健所、肿瘤治疗所、急救中心、皮肤病性病研究所、家庭治疗所、药品研究及管理所、口腔病研究所、运动医学研究所、精神健康保健所、学生健康保护所与血清和疫苗生产所。

研究所是从事某一个或多个医学领域专业科学研究及治疗的机构。

疗养院是利用自然资源（天然气、矿泉等）进行治病和康复的地方。

教学医院、临产医疗中心和国家医学研究所属国家所有，保健中心、综合医院、专科医院、药店、急救中心、家庭保健机构和地方公共医疗研究所属地方所有。2003 年克罗地亚有 75 家医疗机构，包括 2 家临床医疗中心、12 家诊所、23 家综合医院、26 家专科医院、3 家私人医院和 7 家疗养所等。截至 2003 年底，克罗地亚有全职医疗从业人员 66286 人，其中医生及其相关人员 48262 人，行政人员 4884 人，技术人员 13140 人。另外还有 7050 名兼职医疗工作者。

克罗地亚目前用于医疗保健的经费超过 GDP 的 9.1%，这笔经费中 15% 来自政府预算，80% 来自个人和社会的医疗保险基金。克罗地亚医疗开支占 GDP 的比例高于其他中东欧国家，主要原因是克罗地亚人口老龄化严重，据 2001 年人口普查结果，65 岁以上的老年人占人口总数的 15%，这一比例与许多西欧国家相当，因此克罗地亚面临着日益加大的医疗开支压力。2001

年每个公民平均用于医疗保健的费用大约为460美元，明显高于同等收入国家的花费，然而在医师和床位的人均占有数方面克罗地亚却低于其他欧洲国家的水平。

20世纪90年代克罗地亚医疗保健处于十分困难的境地。社会经济状况的恶化导致居民的发病率、病期的持续和死亡率均大幅度上升。医疗设施的老化和不足、药品的极端匮乏与医疗服务的需求极不相称。克罗地亚人的健康状况随着医疗卫生条件的变化而变化，所患最多的疾病由传染病变成慢性非传染病，这是现代发达国家的普遍特征。那些同居民的健康状况息息相关的传染病（疟疾、地方性梅毒、沙眼、斑疹伤寒、白喉）已经得到完全控制或只是偶尔发生。小儿麻痹症也极少发生，副伤寒也越来越少了。

1. 儿童和青少年的健康状况

除了1993和1996年略有增长外，婴儿死亡率自20世纪70年代开始就一直下降。围产期（一般包括产前5个月和产后1个月）是婴儿最危险的时期，这期间死亡的婴儿比例是最高的。2003年婴儿死亡251例，死亡率6.3‰（2002年分别为282例和7‰），相当于发达国家水平。死亡的基本原因是早产和先天不足。据统计，2001年学龄前儿童最易患的5种疾病依次是：呼吸系统疾病（52.0%）、传染性疾病（8.6%）、耳鼻喉疾病（6.0%）、皮肤和皮下组织疾病（5.1%）和眼部疾病（3.2）。

从1998年开始，克罗地亚在学校配备校医，对青少年采取专门的和预防性的医疗看护。2003年共有校医153名。导致青少年死亡的主要原因是意外伤害和中毒。青少年最易患的疾病依次是：呼吸系统疾病、皮肤和皮下组织疾病、传染性疾病、耳鼻喉疾病和中毒，这些疾病一共占到所有青少年疾病的85%。由于各种原因，青少年感染性病、吸毒、酗酒和抽烟的人数正在增加。

2. 成年人的健康状况

吸烟、酗酒、不规律的饮食和缺乏体育锻炼等不健康的生活方式以及恶劣的外部环境（污染的空气、食物和水）都威胁到现代人的健康。2003年成人死亡率（15～59岁）男性为173‰，女性为70‰。[①] 除疾病之外，导致死亡的原因首推交通事故，其次是自杀和被杀。妇女的健康状况尤其不容乐观。她们在经济上不独立，同时受到不同形式的性别歧视，政府的卫生政策也没有对妇女的健康状况予以足够的重视。1991、1992年接受体检的妇女人数大幅度下降，1995年恢复到1990年的水平。失业率和贫困的加剧、临时工和黑工、私人企业的增多（因为私企对职工的健康保障没有足够的保证）也影响到妇女的健康。所有这些都导致了职业病的增加，越来越多的人暂时或长期失去了劳动能力。克罗地亚非常重视传染性疾病的防治和监督工作，由于采取了种种得力措施，传染性疾病的发病率控制到很低的水平，其中艾滋病患者极少，是欧洲艾滋病患者最少的国家之一。

3. 老年人的健康状况

同大多数欧洲国家一样，克罗地亚65岁以上老年人中，因恶性肿瘤和心血管疾病死亡的人占总死亡人数的2/3以上。2003年克罗地亚预期平均寿命为74.85岁，其中女性78.40岁，男性71.21岁，高于中东欧国家的平均预期寿命。[②] 近些年，人口的预期寿命没有明显增加，主要是由于死亡率的提高，心血管疾病和癌症的增多，而这两种疾病的诊断和治疗都十分昂贵，也导致了医疗费用的不断增加。

---

① http：//www3. who. int/whosis/country/indicators. cfm? country = hrv.

② http：//www. hzjz. hr/publikacije/hzs_ ljetopis/introduction. htm.

第五节　体育

一　体育制度、体育机构

克罗地亚的体育传统历史悠久，古代的贵族们都非常热衷于各种体育项目，如骑马、剑术和狩猎等，所以各种体育协会就应运而生。射击协会成立于1786年，克罗地亚索科尔体育协会成立于1874年，克罗地亚登山协会成立于1875年。塞尔维亚人—克罗地亚人—斯洛文尼亚人王国成立后，几乎所有的南斯拉夫体育协会都设在萨格勒布，其中包括1919年成立的南斯拉夫奥林匹克委员会。

克罗地亚科技、教育和体育部负责研究制定体育工作的政策法规和发展规划并监督实施。除此之外，克罗地亚还设有如下体育机构：(1) 克罗地亚奥林匹克委员会。该委员会遵循国际奥委会《奥林匹克宪章》规定，是以发展体育和推动奥林匹克运动为任务的全国群众性、非营利性体育组织，代表国家参与国际奥林匹克事务；(2) 全国性的单项或多项体育协会；其成立的目的是：发扬和传播奥林匹克精神；努力发展体育事业；协调协会会员活动；为取得优异的体育成绩创造条件；参与提高体育工作者的研究工作；鼓励全民体育运动，尤其是青年、少年、儿童的体育活动；组织和举办国家体育竞赛。体育协会的最高机构是议会，议会由协会成员代表组成，负责制订章程、通过年度结算和工作报告、解散协会、选举和撤除领导班子。

克罗地亚现有25个国家级协会，分别是：汽车协会、拳击协会、摩托车协会、登山协会、网球协会、垒球协会、象棋协会、篮球协会、手球协会、垂钓协会、皮划艇协会、田径协会、自行车协会、击剑协会、足球协会、潜水协会、射箭协会、健身协会、羽毛球协会、赛艇协会、冰球协会、体育舞蹈协会、网式足球协会、排球协会、铁人三项赛协会。

克罗地亚的学校体育活动主要通过各校的体育俱乐部开展。根据 1997 年通过的《体育条例》，所有的初等和高等学校都建立了体育俱乐部，俱乐部的活动内容由各校根据自己的经费状况和学生兴趣自行制订。

二　体育水平

克罗地亚历史上最早记载的体育事件是 1767 年在斯普利特附近举行的龙舟赛。1907 年克罗地亚参加了第一场国际足球比赛。1909 年体育协会成立，以后，克罗地亚开始参加各类体育比赛，并曾获得不错的战绩。1911 年克罗地亚国家队参加了在意大利举行的欧洲锦标赛。1912 年弗拉尼奥·格莱戈尔（Franjo Gregl）在自行车比赛中获得欧洲冠军。弗拉尼奥·米哈利奇（Franjo Mihalić）在 1956 年墨尔本奥林匹克运动会上获得男子马拉松比赛亚军。

克罗地亚有许多优秀的拳击运动员，如轻量级拳击手马特·帕尔罗夫（Mate Parlov）等等。伊沃·普莱拜戈（Ivo Prebeg）1969 年获得欧洲轻量级拳击冠军。马里扬·拜奈斯（Marijan Benes）获 1979 年欧洲次中量级拳击冠军。布兰科·茨卡蒂奇（Branko Cikatić）是著名的泰拳选手，多次获得国际比赛冠军。日利科·马弗洛维奇（Zeljko Mavrović）从 1995 年起多次在欧洲重量级拳击比赛中夺得冠军。

由于有着绵长的海岸线，克罗地亚发展水上运动有着得天独厚的优势，尤其是游泳和水球都具有世界一流水平。水球队曾获得 1996 年奥运会银牌。杜尔蒂察·比耶多夫（Durdica Bjedov）获得过 1968 年墨西哥奥运会的游泳金牌。玛蒂娅·柳拜克（Matija Ljubek）是克罗地亚最优秀的运动员之一，在 20 世纪

70、80 年代多次夺得奥运会皮划艇金牌。

德拉古丁·苏尔拜克（Dragutin Surbek）和佐兰·普里莫拉茨（Zoran Primorac）是克罗地亚著名的乒乓球运动员。普里莫拉茨曾代表南斯拉夫队两次获男双世界亚军，随着国家的分裂，双打黄金搭档拆散，他转而致力于单打，也取得了辉煌的成绩，两次获得世界杯男单冠军（1993 年和 1997 年）。

亚尼察·科斯代利奇（Janica Kostelić）是克罗地亚家喻户晓的滑雪明星，2002 年盐湖城冬奥会上夺得三金一银。

足球　足球是克罗地亚最流行的体育项目。克罗地亚足球队曾是欧洲一流球队。克罗地亚的足球运动始于 1880 年，然而真正将足球完整地引入该国的却是在 1893 年由留学瑞典归国的布卡尔，在克罗地亚他被冠以足球之父的称谓。20 世纪克罗地亚现代足球运动得到充分发展。克罗地亚足球协会成立于 1912 年。克罗地亚球员德拉日恩·耶尔科维奇（Dražen Jerković）获得 1966 年世界杯的最佳射手称号。克罗地亚足球队是南斯拉夫队的支柱。1948 年，当时的南斯拉夫队取得了 1948 年伦敦奥运会亚军，其中有 11 名球员来自克罗地亚，1956 年在墨尔本奥运会再次取得亚军和 1960 年罗马奥运会冠军的南斯拉夫队中还有 5 位克罗地亚球员。1991 年克罗地亚宣告独立后成立了他们自己的球队，并在 1998 年成功地打进了法国世界杯决赛阶段的比赛。他们的首次亮相就给世人一个惊奇，在一路过关斩将之后半决赛惜败于东道主法国，三四名决赛中他们又战胜荷兰从而最终排名第 3。许多克罗地亚足球明星，如兹沃尼米尔·博班（Zvonimir Boban，曾效力于 AC 米兰）、阿伦·博克西奇（Alen Boksić，曾效力于拉齐奥）、达沃·苏克（Davor Suker，曾效力于皇家马德里）等也在欧洲俱乐部踢球。不过，1998 年世界杯之后克罗地亚足球的水平每况愈下，无法参加 2000 年的欧洲杯赛。不过，克罗地亚队还是在 2002 年韩日世界杯的欧洲区预选赛中艰难地第二次取得了入场券。

如今克罗地亚国内共有 30 个足球俱乐部，其中斯普利特的哈伊杜克（Hajduk）和萨格勒布的迪纳摩（Dinamo）总是名列前茅。哈伊杜克曾三次打入欧洲冠军联赛八强，一次进入欧洲联盟杯半决赛。迪纳摩曾于 1967 年获城市锦标赛（欧洲联盟杯的前称）冠军。

篮球 篮球是另一项在克罗地亚非常普及的运动项目，也是获得最多荣誉的项目。克罗地亚有 16 个篮球俱乐部，其中最著名的两大篮球俱乐部萨格勒布的契博纳（Cibona）和斯普利特的南普拉斯蒂卡（Jugoplastika）早在南斯拉夫联赛中就常常独领风骚，1982 ~ 1991 年的 10 届联赛中克罗地亚曾夺得 8 次冠军。它们在欧洲和世界级比赛中也取得了不俗的战绩，其中契博纳获得了 1985 和 1986 年欧洲锦标赛的冠军，而南普拉斯蒂卡也曾于 1989、1990 和 1991 年获得欧洲锦标赛的冠军。克罗地亚独立后于 1992 年建立了自己的篮球联赛，同年成立了国家队，并在当年举行的奥运会上打进决赛，创下历史最好成绩。后来克罗地亚队又分别在 1993 年慕尼黑欧洲锦标赛、1994 年多伦多世界锦标赛和 1995 年雅典欧洲锦标赛上都夺得第 3 名。

克罗地亚著名的篮球运动员有：克莱西米尔·索西奇（Kresimir Cosić）、德拉赞恩·佩特洛维奇（Drazen Petrović）、托尼·库科奇（Toni Kukoć）和蒂诺·拉贾（Dino Radja）。佩特洛维奇出生在希贝尼克，曾被认为是欧洲最好的球员，被称作“欧洲的迈克尔·乔丹”。他从 18 岁开始其篮球生涯，曾效力于皇家马德里，后来去了 NBA 并获得最佳得分手称号。1993 年在一次交通事故中他不幸遇难，他的雕像被放置在瑞士洛桑的奥林匹克公园内。

手球 克罗地亚手球队一直是世界上最优秀的手球队之一。当 1972 年手球运动第一次作为奥运会项目时，南斯拉夫队（以克罗地亚队员为主）就摘得金牌，1984 年洛杉矶奥运会南斯拉夫队又夺得冠军，1986 年世界锦标赛再次夺冠。独立后，克罗地亚获得过 1995 年葡萄牙欧洲锦标赛的铜牌、冰岛世界锦标赛的银牌、1996 年亚特兰大奥运会金牌。巴代尔 1862 俱乐部两次成为欧洲冠军（1992 年和 1993 年），三次获得银牌。著名的手球运动员有：巴特里克·查瓦尔（Patrik Čavar），伊尔凡·斯马伊拉吉奇（Irfan Smajlagić），兹拉特科·沙拉柴维奇（Zlatko Saracević），瓦尔代尔·马托瑟维奇（Valter Matosević），戈兰·佩尔科瓦茨（Goran Perkovac），伊兹托克·布奇（Iztok Puć），斯拉夫科·格卢扎（Slavko Goluza），拉特科·托姆良诺维奇（Ratko Tomljanović），奈纳德·克良伊奇（Nenad Kljajić）等。

网球 克罗地亚向来盛产优秀的网球运动员，博洛·约万诺维奇（Boro Jovanovi ć）、日利科·弗朗努洛维奇（Zeljko Franulović）、尼古拉·皮利奇（Nikola Pilić）都是 20 世纪 70 年代著名的网球手。布鲁诺·奥尔沙尔（Bruno Orešar）和戈兰·佩尔皮奇（Goran Prpić）是 80 年代的网坛英雄，而戈兰·伊万尼塞维奇（Goran Ivanisević）则称雄 90 年代，他的最好排名是世界第二，从 1992 年至 1996 年一直名列前 10 位。他获得过 20 多次比赛冠军；3 次进入温布尔登网球公开赛决赛，2001 年 7 月终于夺冠。

女子网球运动员也十分出色，1998 年年仅 21 岁的伊娃·马约莉（Iva Majoli）已是世界前 10 位的常客，另一位仅有 16 岁的天才运动员米尔雅娜·卢契奇（Mirjana Lucić）也是一位非常有前途的新星。目前克罗地亚优秀的女网选手有：杰莉娜·科斯坦尼奇、卡罗里娜·斯普雷姆、伊凡娜·科斯雅克。

三 体育设施

克罗地亚非常重视体育的普及和推广，大小体育场馆共 28 座，遍布全国。这里除了举办国内外各种体育比赛外，也可供普通群众使用。克罗地亚最大的体育场是位于斯普利特的“波留德体育场”（Poljud），它于1979年建成，能容纳39941名观众（全坐席），举办足球及田径比赛，它同时也是哈伊杜克俱乐部的主场。其他大型的体育场还有位于萨格勒布的国家体育场——“马克西米尔体育场”，能容纳38923名观众（全坐席），是克罗地亚最古老的体育场，建于1912年。

第六节　新闻出版

一　报纸、通讯社

克罗地亚印刷业始于1834年。印刷品发展之初仅是作为向公众传递信息的工具。1989年克罗地亚有8种日报，602种其他报纸、周刊和杂志等出版物。1990年出版报刊共572种。1990年国家减少对新闻媒体的控制之后出现了大量新的报刊，特别是独立的商业性杂志和各种专业性和娱乐性的报纸相继面世。到1996年克罗地亚出版的大小报纸就达1378种之多，杂志多达1622种。

克罗地亚语的全国性报刊共有两种：《晚报》日发行量20.5万份和《信使报》4.2万份；地方性日报共有9种，总发行量超过400万份：如《自由达尔马提亚报》12万份、《新报》6万份、《体育新闻》5.5万份等；其他报纸563种（包括60多种周报）；约400种期刊。

克罗地亚目前拥有4家通讯社，包括克罗地亚通讯社（HINA）、克通社影像社（FAH）、天主教信息通讯社（IKA）和斯普利特私人新闻通讯社（STINA）。其中以克罗地亚通讯社为国家通讯社，成立于1990年7月，总社设在萨格勒布，通讯社的主要任务是收集发布国内外政治、经济、文化、体育及其他重要新闻，社长由政府任命，同时由议会选出通讯社的10名委员会委员。

二　广播、电视

克罗地亚第一家电台从1926年5月15日开始播音，萨格勒布电视台建于1956年11月底，开始时每晚20：00至22：30播出新闻和音乐节目。1973年开始播发彩色节目。1989年克罗地亚电视台开始播发3套节目，后来由于战争爆发被迫终止，直到1994年秋才得以恢复。

克罗地亚国家电视台（HTV）共有3套节目向全国播出，全年播出时间约为17215小时，其中一套节目6613小时（平均每日18小时，1995年以前每日17小时），二套节目5223小时（平均每日14小时，1995年以前11小时），三套节目5379小时（平均每日近15小时，1995年前11小时）。第一套是新闻时事频道，主要播出重要的政治、教育和文化事件。第二套是娱乐频道，主要播出综艺节目和电视连续剧。第三套同样是娱乐频道，主要播出体育和音乐节目。克罗地亚国家电视台还通过卫星向全球克罗地亚人播放节目，每日约7个小时。

除国家电视台外，克罗地亚全国目前有10家省市级商业电视台，覆盖了克罗地亚90%的土地。另外，克罗地亚全国现有电台108家，其中国家级3家、省级12家和市级93家。

三　期刊、网站

克罗地亚共有1760家出版单位，出版刊物约3000种。规模较大的出版社有62家。克罗地亚全国性的期刊共有57种，主要有：《全球》（Globus），是一份政府主办的周刊；《光环》（Gloria），是阅读人数最多的女性杂志；《民族》（Nacional）；《蓝色信使》（Plavi Oglasnik），是成立于1989年的一家私营企业，最初从事新闻出版工作，创建了克罗地亚第一份私营刊物。

几乎所有的克罗地亚媒体和重要的机构都有网站。如克罗地亚政府的主要网站是：http：//www. vlada. hr/；总统的网站是：http：//www. predsjednik. hr/；议会的网站是：http：//www. sabor. hr/；外交部的网站是：http：//www. mup. hr/；财政部的网站是：http：//www. mfin. hr/；国防部的网站是：http：//www. morh. hr/；内务部的网站是：http：//www. mup. hr/；司法部的网站是：http：//www. pravosudje. hr/；经济、劳动和企业部的网站是：http：//www. mingorp. hr/；海运、旅游、交通和发展部的网站是：http：//www. mppv. hr/；农业、林业和水利经济部的网站是：http：//www. mps. hr/；环保、建筑和房管部的网站是：http：//www. mzopu. hr/；科技、教育和体育部的网站是：http：//www. mzos. hr/；文化部的网站是：http：//www. min-kulture. hr/；欧洲一体化部的网站是：http：//www. mei. hr/。

克罗地亚通讯社的网站是：http：//www. hina. hr/；克罗地亚国家电视台的网站是：http：//www. hrt. hr/；《信使报》的网站是：http：//www. vjesnik. hr/；《晚报》的网站是：http：//www. vecernji-list. hr/；《新报》的网站是：http：//www. novilist. hr/；《自由达尔马提亚报》的网站是：http：//www. slobodn-adalmacija. hr/；《斯拉沃尼亚之声报》的网站是：http：//www. glas-slavonije. hr/；《伊斯特拉之声报》的网站是：http：//www. glasistre. hr/。

第七章

外　交

第一节　外交政策

克罗地亚的地缘政治地位十分重要，处于欧洲的中心。如今欧洲一体化进程又赋予了克罗地亚新的价值。克罗地亚的地缘政治地位对于东南欧实现长久的和平、稳定与发展非常重要。

克罗地亚独立至今，其外交政策可分为两个阶段：第一阶段从独立到 1996 年战争结束。第二阶段从战争结束至今。

第一阶段克罗地亚外交政策的基本宗旨和主要任务是：巩固业已获得的主权和独立；保持受大塞尔维亚侵略威胁下的领土完整；争取国际承认和加入国际组织；争取国际社会对克罗地亚现有边界及其领土完整和主权的确认，使塞族区和平回归克罗地亚，使克罗地亚在国际承认的边界内的全部领土上行使主权，同时在执行华盛顿协议和代顿协议的基础上解决波黑问题；在维护本国利益的前提下促进和发展与邻国及其他国家的政治、经济及其他方面的合作。为此克罗地亚制定了具体的外交方针，首先是争取国际社会对本国的同情、承认和支持。克罗地亚政府对内和对外都实行了“明智和谨慎”的政策，并“随时准备使克罗地

亚的民族利益去适应世界和平的利益”。经过外交努力，1992 年 1 月 15 日欧共体率先承认克罗地亚独立，美国于同年 4 月 7 日宣布承认克罗地亚，1992 年 5 月，克罗地亚正式加入联合国，并且成为欧安组织、欧洲委员会、中欧倡议组织等的成员国。到 1996 年，克罗地亚已与 120 多个国家建立了外交关系。1996 年，在进一步与美加强“友好和伙伴关系”、促进与欧盟国家、俄罗斯、中国等国友好关系的同时，克罗地亚把回归中欧文明和经济圈、参加欧洲—大西洋一体化作为外交政策中“最重要的任务”。同年 11 月 6 日，克罗地亚经过 4 年努力终于加入了欧洲委员会，克罗地亚还积极与中欧自由贸易协议国发展合作，希望通过加入该协议，为进一步加强与欧盟的关系和加入北约和平伙伴关系计划创造条件。

第一阶段克罗地亚外交政策的第二大目标和任务是，争取实现波黑境内和平。克罗地亚一面接受国际社会的调解，欢迎联合国派驻维持和平部队，接受了万斯—欧文计划。但另一方面，却对波黑境内作战的一方——波黑克罗地亚武装给予巨大的人力和物力支持。1994 年 3 月 18 日，在美国主持下，克罗地亚与波黑穆、克双方代表签订华盛顿协议，组成波黑穆克联邦并与克罗地亚结成邦联关系，该协议为后来建立波黑一个国家、两个政治实体、三个主体民族的国家体制奠定了基础，也使克罗地亚与波黑穆克联邦结成了联盟。随后，通过军事与外交努力，克罗地亚获取了国际社会对其现有边界的确认，使收复境内宣布独立的塞族区成为克罗地亚的内部事务。1995 年 11 月 12 日在代顿谈判期间与塞族区代表签订了“埃尔杜特协议”，年底又签订了“代顿协议”，1996 年塞族区和平回归进程开始顺利进行。

这一阶段克罗地亚外交政策的第三大目标和任务是，争取同前南斯拉夫各共和国关系正常化。这一时期克罗地亚同斯洛文尼亚（1992 年 2 月 6 日）、马其顿（1992 年 3 月 30 日）和波黑

（1992 年 7 月 21 日）建立了外交关系，并开始谈判经济合作。1992 年 9 月，克罗地亚同南斯拉夫联盟共和国建立了联络委员会，并在对方首都设联络处。同年 10 月 1 日，克罗地亚总统图季曼同当时的南联盟总统多布里察·乔西奇签订了重要协议，其中包括保证不以武力改变边界、在相互承认的基础上实现两国关系正常化、保证难民重返家园、保证为波黑冲突的和平解决而施加积极影响等等。两国总统还同意成立一个混合委员会，具体研究两国之间经济与外交关系正常化问题。[①] 1996 年 9 月双方正式建立外交关系。

克罗地亚第二阶段外交政策的基本宗旨和主要任务是加入欧盟和北约，融入欧洲经济安全一体化；重视发展同大国的友好合作关系；在坚决维护国家利益和平等互利的基础上，同所有国家发展政治、经济、文化等领域的全面关系；重视同邻国的关系。1999 年底，图季曼总统因病逝世，2000 年初克罗地亚新政权成立后，克罗地亚与西方国家的关系得到极大改善。2000 年 5 月 10 日，北约决定接纳克罗地亚为北约和平伙伴关系计划成员国。5 月 25 日，克政府总理拉昌和外长皮楚拉在布鲁塞尔签署了北约和平伙伴关系计划的框架文件，从而使克成为该计划的第 26 个成员国和欧洲大西洋委员会的第 46 个成员国。2000 年 6 月 14 日，克罗地亚与欧盟就克加入 WTO 问题最终达成协议，11 月 30 日成为该组织的第 140 个正式成员国。同时克罗地亚进一步向国际及地区组织靠拢，成为稳定公约、中欧倡议、亚得里亚海—爱琴海倡议（JJI）、东南欧合作倡议、克罗地亚—匈牙利—意大利—斯洛文尼亚四方、ALPA-JADRAN（阿尔卑斯—亚得里亚）合作共同体、多瑙河地区工作共同体、多瑙河流域合作进程和多瑙河委员会的成员。克罗地亚还是东南欧合作进程的观察员。

① 高放等编著《万国博览·欧洲卷》，新华出版社，1998，第 536 页。

2002年6月克罗地亚被接纳为中欧民族合作协调委员会成员。经过多边及双边谈判，克罗地亚同中欧自由贸易区协议的所有成员国签订了基本条约。2003年3月1日克罗地亚正式成为中欧自由贸易协定（CEFTA）成员，加入CEFTA的意义不仅在于贸易自由化，加强贸易关系，使克罗地亚经济参与更广泛的地区及欧洲经济潮流，加入CEFTA市场还有助于提高出口，减少赤字和使贸易均衡，最终实现经济繁荣。截至2004年4月，克罗地亚已同世界上152个国家建立外交关系。①

克罗地亚外交政策的基本点是保持和加强国家间和民族间的和平与谅解，巩固克罗地亚的国际地位，为加入欧洲大西洋的政治、安全和经济一体化创造条件，遵守已承担的国际义务，解决由于南斯拉夫解体而遗留下来的悬而未决的问题，在平等和互信原则指导下同所有邻国建立睦邻友好关系和发展合作，同世界重要国家发展友好关系，提高克罗地亚的经济地位，树立克罗地亚的整体形象。②

当前克罗地亚的外交政策总的发展趋势是使社会、政治、经济全方位地适应当代全球化的要求。为了适应全球化发展趋势的要求，克罗地亚在政治、法律、经济等方面努力达标。政治法律标准首先要求高度民主化，即自由选举、尊重人权、法治国家以及新闻自由，反对有组织犯罪和腐败的有成效的斗争。经济标准指要实现经济自由化，从而达到令人满意的经济发展和稳定。克罗地亚的外交政策目标实际上是与内部的一整套改革计划联系在一起的，这些改革将确保经济发展、国家行政管理体制重建、完全执行欧洲所有民主标准、实现法治、保障公民和信仰自由、人人平等。

---

① http：//www. mvp. hr/，2004年4月。

② 同注①。

具体来说，现阶段克罗地亚外交政策的基本目标是：

1. 加入欧盟

成为欧盟全权成员国是稳定、和平、民主自由和经济发展的核心，也是克罗地亚的基本目标。克罗地亚政府认为欧洲的概念就是所有欧洲民族和国家基于共同的价值和原则，同时又保持各自国家、民族、政治、文化和经济特性，平等地合作与发展，共同建设未来的共同体。关于这一战略目标，克罗地亚各政党和民众有着广泛的共识。2002 年 12 月通过的议会宣言表明，当时议会的所有党派都赞成克罗地亚加入欧盟，2003 年群众对于加入欧盟的支持率也高达 73.6%。在全球化的进程中，克罗地亚作为一个小国，和其他类似的欧洲转轨国家一样，认为加入欧盟是一条通往发展、繁荣、实现民族利益的最恰当的道路。认为欧盟的价值体系最大程度上维护了克罗地亚社会和国家建设的利益。克罗地亚将从加入欧盟中获得长期好处，将更有利于经济、政治、科学文化的全面发展。

2. 加入北约

克罗地亚把自己的国际安全地位建立在加入北约，成为北约成员国的基础上。克罗地亚正为加入北约积极做准备，并愿意承担和履行相应的责任和义务。克罗地亚大多数公民和政党都认为北约是维护克罗地亚主权和安全的最佳保证。

3. 促进同邻国的关系

同邻国关系的良好发展对克罗地亚有着双重意义， 方面是稳定和联系协议的要求，另一方面，邻国可以对克罗地亚加入欧盟和北约起有利作用。在其邻国中有欧盟成员国意大利、斯洛文尼亚、匈牙利，他们是克罗地亚加入欧盟和维持地区关系稳定的战略伙伴。在周围国家中，克罗地亚和波黑及南联盟有许多悬而未决的问题。这些问题包括：关系正常化，边界问题，对少数民族态度，清算，经济合作等等。东南欧实现长期稳定和民主、保持长久的和平与发展、在平等互信的基础上建立睦邻合作关系、通过政治途径和根据国际法解决前南斯拉夫遗留下来的问题对于克罗地亚具有特殊重要的意义。克罗地亚同邻国发展关系的原则是睦邻友好，互相尊重主权、独立、领土完整，平等，通过坦率的谈判、根据国际法的原则并借助于国际法律援助用政治手段解决相互间悬而未决的问题。

4. 发展双边及多边国际合作

克罗地亚作为一个民主开放的国家，希望在主权平等的原则下同世界上所有民主国家发展政治和经济关系。在双边关系中，发展同美国的关系对克罗地亚具有特殊重要的意义。加强同美国的伙伴关系可以对克罗地亚的整体国际地位和具体外交政策的实现产生积极影响。克罗地亚希望同其他世界大国发展全面的经济和政治关系，尤其是有着传统友好关系的俄罗斯和中国。参加国际组织的工作也是克罗地亚外交政策的重要任务，克罗地亚特别看重对自己具有重要意义的国际组织的作用，如欧盟、北约、联合国、欧洲委员会、欧安组织。地区合作作为发展睦邻关系和实现地区繁荣的组成部分，将继续在克罗地亚的外交活动中占据重要位置。克罗地亚将积极参加和推动地区组织、论坛和倡议的活动。

5. 促进克罗地亚经济发展

在经济发展战略中，提高克罗地亚的商品出口和引进外资是目标之一。克罗地亚特别重视同世界其他国家发展经济关系。

6. 树立克罗地亚新形象

克罗地亚政府采取了一些措施来树立克罗地亚的形象和加强民族特性。主要的措施之一就是传播克罗地亚文化。政府把克罗地亚的形象定位为一个现代的、有活力的、民主的、宽容的地中海和中欧国家。

第二节 同美国的关系

克罗地亚外交战略重点之一是同具有战略意义的国家建立联系，这些国家在国际关系中具有强大的影响力，是地缘政治核心，特别是美国。美国是全球唯一的超级大国，对世界上一切组织机构、一体化进程都有举足轻重的影响，在东南欧地区有军事存在和战略利益，其重要性不仅针对克罗地亚，而且包括整个东南欧地区。

1991 年 6 月 25 日，克罗地亚宣布脱离南斯拉夫而独立。当时美国由于担心将会导致战争，所以反对克罗地亚单方面宣布独立。1991 年秋，克罗地亚同南人民军之间爆发战争。几个月后，即 1992 年 1 月 15 日，欧盟率先承认克罗地亚。同月，在美国前国务卿赛勒斯·万斯（Cyrus Vance）的调停下，克罗地亚同南斯拉夫签署了和平协议从而结束了大规模的战争。1992 年 4 月 7 日美国承认克罗地亚。承认之初，双方并没有什么实质上的外交往来。直到同年 8 月 6 日，克美才正式建交。而首任美驻克大使皮特·加尔布雷思（Peter Galbraith）1993 年 6 月才到任。在 20 世纪 90 年代初，美国在欧洲领导的和平进程中扮演了支持辅助的角色。美国直接干预波黑问题后，克美关系日益密切。在美国主持下签订华盛顿协议后，克美签订了经济、技术和援助协定，防务和军事协定等，两国在政治、军事等方面建立了“友好和伙伴关系”。但克罗地亚作为小国，其外交政策的实现在很大程度上受到国际环境和大国政策的制约，克美的密切关系实质上是美国援助克罗地亚，而克罗地亚帮助美国实施其对波黑等的地区政策。美国对克罗地亚在执行代顿协议、支持波黑选举、取消克族政权、交出克族战争罪行嫌疑犯、遣返难民等问题上表示不满，尤其是难民遣返问题，1995 年克罗地亚发动两场闪电战收复了境内大片塞族区并实现了余下塞族区的和平回归。战争使大批塞族难民出逃，让难民返回家园是执行代顿协议的重要内容，但几年来进展缓慢，美国认为克罗地亚在以各种原因拖延难民的遣返，并以停止贷款、建议欧洲委员会停止其成员国资格等对克施加强大压力。1997 年 10 月克交出 10 名克族战争罪行嫌疑犯后，美国才恢复了对克罗地亚贷款。1996 年底美国提出东南欧地区合作倡议[①]后，克罗地亚也是在美国施压后表示同意参加经济合作的。美国在克罗地亚的多瑙河地区（包括克拉伊纳、东斯拉沃尼亚、巴拉尼亚、西斯列姆）的和平重建工作中起到了主导作用。为寻求解决该地区问题的和平手段，美国和克罗地亚政府在各个级别进行了密切的接触。美国对克罗地亚及该地区的政策主要是促进现存国家的领土完整，使难民返回家园，消除种族歧视，保护私有财产。1998 年 2 月美国提出了名为“路线图”的和平伙伴关系计划，旨在加强代顿协议的执行、民主化、难民返回和和解。满足这些条件可以为克罗地亚加入西方的政治、安全和经济结构铺平道路。代顿协议和难民重返问题制约了克罗地

① 东南欧合作倡议组织是在美国和联合国欧洲经济委员会倡导下，于 1996 年 12 月 6 日在日内瓦成立的地区性经济组织，其宗旨是促使成员国之间加强合作，推动该地区在经济、环保和交通领域的合作，使该地区跟上欧洲其他地区的发展。美国在马其顿和波斯尼亚派有驻军，但不能永远留在那里。因此，美国希望鼓励该地区国家在经济领域进行合作，以便建立该地区的稳定。该组织得到了联合国欧洲经济委员会的技术援助，现有阿尔巴尼亚、波黑、保加利亚、克罗地亚、希腊、匈牙利、摩尔多瓦、罗马尼亚、斯洛文尼亚、马其顿和土耳其 11 个成员国。东南欧合作倡议不是一个经济援助项目，而是一个自我援助项目。它不仅依靠公共财政承诺支付建设项目费用，国际金融机构也可以通过为这些项目放贷来支持东南欧合作倡议。在支持国的支持下，项目参加国将合理地配置使用本国和国际资源。同时，东南欧合作倡议不干预现有的各种倡议，而是对它们的一个补充。此外，东南欧合作倡议为私营企业进入这一地区的经济和环境项目提供指南，帮助建立鼓励转移专利和投资私营部门的环境，为理顺贸易法和政策提供帮助等。

亚同美国关系的发展。1998 年克罗地亚在上述领域取得了明显的进步。美国通过东南欧经济发展计划来向克罗地亚提供支持。1998 年该计划资助克罗地亚共 2325 万美元。一半以上的资金用于帮助难民返回。1/3 的资金用于进行民主化改革，5% 的资金用于财政机构的重建。

克罗地亚重视发展对美关系，注重美国在维护东南欧地区稳定方面所发挥的作用。1995 年和 1996 年，克罗地亚总统图季曼两次访美。1996 年，美国总统克林顿访克。1997 年，克罗地亚总理马泰沙访美。1999 年 4 月，美国总统克林顿签署命令取消对克罗地亚的武器禁运。2000 年 8 月，克罗地亚总统梅西奇和总理拉昌访美。2001 年 6 月和 11 月，克罗地亚外长皮楚拉和总统梅西奇分别访美。

克罗地亚同美国建交后，克罗地亚希望从美国那里获得经济支持及援助，但由于发生了内战，使双方的经贸往来一直处于较低的水平。自 1995 年代顿协议签署后，克罗地亚同美国的贸易关系稳步发展，美国是克罗地亚的主要贸易伙伴之一。2003 年，美国是克罗地亚第 7 大出口国和第 9 大进口国，同时还是克罗地亚第 3 大投资国，占克罗地亚吸引外资总额的 19.38%。[①] 1993~2003 年美国在克罗地亚的投资居克外国总投资的第 3 位，共计 14.6 亿美元，占外国总投资的 16.9%。克罗地亚向美国出口享受最惠国待遇。主要出口商品有原油、矿物油、首饰、量具、控制工具、水泥、药品、有机—无机产品、武器、肥料、建筑材料、食品（调料、面包）、家具等。主要进口商品包括材料自动加工设备、通信设备、量具、控制装置、私人轿车、建筑设备、食品、药品等。双方签署了鼓励投资条约（1993 年 1 月 15 日）、科技合作条约（1994 年 3 月 18 日）、经济、技术及类似援

① http：//www. hnb. hr/，2004 年 5 月。

助协定（1994年5月6日）、促进及相互保护投资协定（1996年7月13日）等多个协定。在克罗地亚有80多家美国企业，9家克罗地亚企业在美国开设了分公司或代表处。2000年11月9日至12月2日美国同克罗地亚举行了联合军事演习。

另外，美国是拥有克罗地亚移民最多的国家，这些移民成为美国与克罗地亚之间联系的纽带。从1526年第一批克罗地亚人从杜布罗夫尼克移居到美洲大陆开始，越来越多的克罗地亚人来到这里淘金和寻找发展的机会。19世纪80年代开始大批的移民从克罗地亚抵达美国，在路易斯安那州和加利福尼亚州的密西西比河三角洲建立了美国的第一个克罗地亚人聚居地。这些移民主要是克罗地亚海边的渔民和农夫，他们来到和克罗地亚有着类似气候的美国西部，定居下来并开始耕种。第二批克罗地亚移民主要定居在美国的工业中心，如匹兹堡、芝加哥和底特律，在工厂和矿山打工谋生。两次世界大战期间，克罗地亚向美国的移民逐渐减少，而二战结束后，由于不满塞尔维亚统治的经济和政治政策，克罗地亚移民人数又再度增加。克罗地亚人在美国建立了数百个社团和文化政治组织。1857年在旧金山建立了第一个克罗地亚人团体，名为斯拉沃尼亚—伊利里亚互助社会。而1894年在匹兹堡成立的克罗地亚兄弟会（CFU）至今仍是美国和加拿大最大的克罗地亚人社团。1895年发行了第一份克语报纸。在美国还开设有克罗地亚学校，如美国克罗地亚学院、克罗地亚民族学院等。

第三节　同欧盟的关系

克罗地亚和欧洲共同体（欧盟）之间最初的联系始于南联邦时期。1970年，欧共体同南斯拉夫签订了贸易协定，给予南斯拉夫最惠国待遇，建立欧共体—南斯拉夫联合委员会。1971年，欧共体同南斯拉夫签订了第二个贸易协定，向南提供了更多的关税减免和降低进口关税。1980 年南斯拉夫同欧共体签订新的合作协定，给予南斯拉夫更多的优惠，并且扩大了双方合作的范围。由于克罗地亚与欧盟没有直接的契约关系，克罗地亚作为南斯拉夫的一个成员共和国参加了南联邦和欧共体的 1980 年合作协议，因此事实上同欧共体已有一些联系。

在 1991 年南斯拉夫的分裂进程中，为了制止冲突和找到解决持续危机的办法，欧共体起到了非常重要的作用。1991 年 6 月 25 日克罗地亚宣布脱离南斯拉夫成为独立国家后，欧共体立即派出“和平使团”赴南斯拉夫调解。出于对南斯拉夫分裂会对欧洲及整个世界造成不良影响的担心，欧共体主张保留南斯拉夫统一和外部边界不变。经过调解，克罗地亚和斯洛文尼亚同意推迟 3 个月独立，但是由欧共体主持的海牙谈判并未取得结果。1991 年 10 月 8 日，克罗地亚议会决定，6 月 25 日议会作出的关于克罗地亚共和国独立和主权的决定生效。1992 年 1 月欧共体（欧盟）承认克罗地亚为主权国家，也是最早承认克罗地亚的国际组织。在此基础上，克罗地亚同欧盟开始正式发展外交关系。

虽然克罗地亚实现了独立，但其境内塞族同时在克宁宣布成立“克拉伊纳塞族自治区”，该区包括了达尔马提亚、里耶卡和斯拉沃尼亚的几乎所有塞族聚居区，约有 1.39 万平方公里土地，人口 40 万，其中 88% 为塞族人，7% 为克族人，5% 为其他民族。从面积上来说，克拉伊纳占克罗地亚领土总面积的 1/4；从地理位置上来看，克宁位于克罗地亚首都萨格勒布通往其出海口斯普利特的铁路与公路的交通线上。克罗地亚自亚得里亚海至萨格勒布的输油管道也自克宁经过。所以说克罗地亚的领土并未实现完全的统一。1995 年 5 月和 8 月，克罗地亚政府发动了名为“闪电”和“风暴”的武装行动，出动 10 多万兵力，迅速“收复”了克拉伊纳主控区。塞尔维亚克拉伊纳共和国垮台，95% 的克罗地亚领土被解放。

由于战争的关系，1996年以前克罗地亚同欧盟的关系基本上处于停滞状态。然而，同一时期，其他中东欧国家已大踏步地向欧盟靠拢。鉴于中东欧国家希望密切同欧盟联系的愿望日益迫切，过去双方的合作协定显然已不合时宜，为了规范相互间的关系，欧共体同部分中东欧国家签订了“欧洲协定”，给予这些中东欧国家以联系国地位，作为对它们政治和经济转轨的支持。“欧洲协定”取代了原有的东西欧贸易协定，鼓励欧共体同中东欧国家开展更广泛的合作。克罗地亚也非常希望签订类似的双边协定，但事与愿违，1991年11月25日欧共体部长理事会决定终止1980年同南斯拉夫签订的合作协议，并规定到签署新的合作协议的这段时间内，前南地区国家和欧共体的贸易关系由欧共体单方面行动文件来确定。这样就仅仅包括贸易方面，而不包括其他领域的合作。而由于克罗地亚国内爆发了战争以及欧共体内部对前南问题立场不一致，欧盟方面一直拖延与克罗地亚签订合作协定。

除了签订合作协定外，欧共体还启动了多项旨在帮助中东欧国家政治和经济转轨的援助计划，“法尔计划”（PHARE）[①] 便是其中重要的一项。“法尔计划”的援助范围不仅涵盖整个中东欧地区，还包括波罗的海三国。尽管如此，克罗地亚仍是极少数几个在20世纪90年代未能从这一基金中受益的国家之一。尽管克罗地亚方面做了精心的准备，和欧盟专家进行了有效的合作，并和欧洲委员会签署了备忘录，最终却没有执行。当克罗地亚和欧盟就签订合作协定进行了几轮谈判，只剩下协定附录中的商品目录问题时，由于克罗地亚采取了针对南斯拉夫的“闪电”和“风暴”军事行动，欧盟部长委员会1995年8月4日决定，冻结

① 法尔计划原本为“协助波兰及匈牙利经济复兴”的简称（Poland and Hungary Assistance for the Reconstruction the Economy，PHARE），其开始是由西方24国提供支持中东欧国家经济改革上的援助行动，委托欧盟执委会负责协调与实施。

“法尔计划”在克罗地亚的执行，并推迟关于合作协定的谈判。

结果克罗地亚只在1995年6月12日至1995年8月4日这短短的时间内，在军事和警察行动领域成为法尔基金的受益国。欧盟提出，克罗地亚要成为“法尔计划”的援助对象，必须显示其进行民主改革的可信的意图，在遵守人权和少数民族权利公认标准方面取得进展，满足和平协议的义务，与国际战争法庭合作，遵守代顿协议，尊重人权和少数民族权利，为难民回归创造真正的可能性，进行经济改革，与邻国合作建立开放关系（包括人员和商品的自由流动）。克罗地亚同欧盟关系的滞后以及被“法尔计划”排除在外使得欧盟一体化及其相关的其他来源的预算资金很少流入克罗地亚。1991～1995年间，欧盟对克罗地亚的财政援助与其他的转轨国家不同，不是主要用于推动经济改革，而是主要集中于人道主义援助。克罗地亚从1991年至1995年从欧盟获得的人道主义援助，占欧盟对整个前南地区援助的21.4%。

在收复克拉伊纳，基本实现领土统一后，克罗地亚1996年正式提出，在进一步与美国加强“友好和伙伴关系”、促进与俄罗斯、中国等国友好关系的同时，把回归中欧文明和经济圈、参加欧洲—大西洋一体化作为外交政策中“最重要的任务”，正式把融入欧洲经济安全一体化作为国家的战略目标。但克罗地亚的呼声并未得到欧盟的积极回应，欧盟又以克罗地亚的民主化、尊重人权以及少数民族权利、法治等方面仍存在不足为由，拒绝向克罗地亚提供援助、发展全面的关系。克罗地亚人则认为这是欧盟对其发动收复克拉伊纳的战争不满，而对克罗地亚作出的惩罚。

1999年对于克罗地亚及整个巴尔干地区（尤其是西巴尔干地区）都是具有特殊意义的一年。这一年，独掌克罗地亚权力10年之久的图季曼总统逝世，2000年1月克罗地亚举行议会选

举，中左翼亲欧洲的六党联盟赢得了胜利。同年2月梅西奇当选为国家总统，这一系列政治事件被欧美大国视为“打开了克罗地亚历史的新篇章”，标志着克罗地亚历史新的里程碑，无论是在内政方面，还是在对外关系，尤其是同欧盟的关系方面。新政府的主要纲领之一就是深化同欧盟的关系，从而使克罗地亚逐步回归欧洲大家庭，在解决一系列重要政治问题，如尊重人权和少数民族权利、媒体民主化、完全遵守代顿协议和埃尔杜特协议、同前南国际法庭合作、改善同邻国关系等方面取得了快速而重要的进展。克罗地亚政府在2000～2004年工作计划中强调，稳定与联系协议是加入欧盟最重要的一步，执行稳定与联系协议是满足欧盟全权成员国标准的保证。

1999年爆发的科索沃战争对该地区所有国家的经济都造成了毁灭性的打击，所以战争刚刚结束，经济重建就成了这些国家急迫而又艰难的任务。和平与稳定要求经济复苏，而经济复苏的前提是和平与稳定。欧盟此时也认识到，东南欧稳定与否对欧洲一体化进程有直接关系，因而认为有必要制定一个一揽子计划，综合解决东南欧地区的稳定（安全）问题。在此背景下，欧盟于1999年5月决定，在1997年欧盟通过的“地区立场”文件的基础上，通过与西巴尔干5国（阿尔巴尼亚、波黑、克罗地亚、马其顿和塞黑）签订稳定和联系协议，与这些国家建立一种协议关系和帮助恢复该地区的稳定和经济发展。协议将与5国根据各自的不同情况分别谈判和签订，采取所谓量体裁衣立场。该协议是欧盟专门为稳定与联系进程国家制订的新型协议，它包括欧盟同现在的候选国所签协定，即欧洲协定的一切要素，如总的原则、政治对话、商品、服务、工人和资本的自由流动、立法协调、司法和内务合作、政治合作、财政合作等。除了上述方面，稳定与联系协议还提到了政治稳定方面，特别是地区合作这一部分。稳定涉及稳定与联系进程国家局势的进一步正常化以及它们之间相互合作的发展。通过签订稳定与联系协议，克罗地亚成为欧盟的联系国，同时确定了其潜在候选国的地位。协议还强调了个体的独特性，联系的过程完全取决于各国自身接受欧洲标准的能力、实现地区稳定和履行联系国义务而定。

欧盟把克罗地亚并入西巴尔干5国的做法，受到了某些克罗地亚媒体的猛烈批评，把一个刚刚遭受过战争，遭受了人民和物质财产的巨大损失的克罗地亚和曾经侵略过他们的国家归在一起，舆论反应非常强烈，感到好像是在把克罗地亚推向巴尔干。从克罗地亚宣布独立的那天起，其官方政策就尽力试图表现出克罗地亚坚决地离开了南斯拉夫，以割断和巴尔干的一切联系，其目标是欧洲。克罗地亚当局认为，稳定和联系协议是欧盟为这些国家实现与欧盟一体化提供帮助的第一个文件，也是加入欧盟的前提条件，其特殊性在于公约针对每个国家的特殊需要个别协调，反映了个别的解决方法和每个国家同欧盟的关系。但克罗地亚仍然强调，克罗地亚的命运不能与这些国家联系在一起，特别是南联盟（塞黑）。

双方经过一段时间的准备与协调之后于2001年5月14日在布鲁塞尔草签了稳定与联系协议，该协议同年10月29日正式签署，同时开始为期两年的批准过程，然后才能正式生效。

稳定与联系协议的签订在克罗地亚与欧盟之间第一次建立起了条约关系，同时是克罗地亚与欧盟关系的法律基础，也是克罗地亚与欧盟建立制度化关系迈开的第一步。签订了这一个协议，意味着克罗地亚确定了其作为欧盟潜在候选国的身份。签订稳定与联系协议不仅仅在于协调克罗地亚与欧盟之间的关系，首先是它通过提高各国家机构的效力来理顺克罗地亚国内的种种关系，而且有助于进行经济和制度的全面改革。该协议必须得到如下各方的批准：克罗地亚议会、欧洲议会及其所有成员国议会。批准过程持续两年。目前，所有国家的批准程序都已结束：克罗地亚议会（2001年12月5日）、欧洲议会（2002年12月12日）、奥地利（2002年2月21日）、爱尔兰（2002年4月17日）、丹麦（2002年4月30日）、德国（2002年7月12日）、西班牙（2002年9月19日）、瑞典（2003年2月19日）、法国（2003年3月4日）、卢森堡（2003年6月3日）、希腊（2003年6月5日）、葡萄牙（2003年7月1日）、比利时（2003年12月11日）、芬兰（2003年12月19日）、荷兰（2004年4月30日）、英国（2004年9月3日）、意大利（2004年10月8日）。

在签署稳定与联系协议的同时，克罗地亚还与欧盟签订了关于贸易及其相关问题的临时协议。协议于2002年3月1日生效。临时协议包括稳定与联系协议中有关商品贸易、市场竞争的条款。根据临时协议在协议各方之间建立了自由贸易区。这样从2000年11月开始采用独立的贸易标准，从而保证克罗地亚几乎所有产品都能自由进入欧盟市场，葡萄酒、小牛肉和某些水产品有特惠的关税限额。临时协议是一项不对称协议，对克罗地亚特别有利，逐步实现转轨时期从欧盟进口的自由化。到2007年1月1日，克罗地亚将取消所有进口工业品、某些农产品和水产品的关税，同时对某些敏感农产品和水产品保持关税和限额。

希腊担任欧盟轮值主席国后，立即宣布西巴尔干是欧盟政策中的主要优先点，提出要对该地区国家采取区别对待的政策。由于战争，克罗地亚在加入欧洲一体化的过程中落后于其他转轨国家十来年，为了迎头赶上，克罗地亚必须比这些候选国进步更快。克罗地亚于2003年2月21日提出了入盟申请。欧盟理事会根据《欧盟条约》第49条①有关规定于同年4月14日决定接受

① 《欧盟条约》第49条规定，“每一个遵守《条约》第6条第1款的欧洲国家都可提出加入欧盟的申请。理事会收到申请后应向欧盟委员会征询意见，方能作出决定。”《条约》第6条第1款规定，“欧盟建立的基础是自由、民主、尊重人权、基本自由和法治，这些是所有成员国的共同原则。”

克罗地亚的申请。5月，欧盟向西巴尔干5国提出了“欧洲一体化伙伴关系”计划，该计划将中东欧国家作为欧盟候选国的成功经验引入到同西巴尔干国家的关系中来。6月，在希腊萨洛尼卡召开的欧盟首脑会议批准了这一计划，会后发表了《西巴尔干萨洛尼卡议程声明》，第一次明确说明稳定与联系进程的终极目标就是欧盟成员国资格。一方面，欧盟将这5个国家归为同一类别，来规范它们的入盟进程，另一方面，《西巴尔干萨洛尼卡议程声明》强调：“西巴尔干国家向欧盟靠拢的速度完全掌握在自己手中，取决于每个国家为达到哥本哈根标准以及稳定与联系进程条件而进行的改革的情况”，采取根据每个国家单个评价的原则，以打消克罗地亚等国恐怕会同巴尔干国家紧紧拴在一起，必须作为一个整体加入欧盟的担忧。

欧盟公共事务和对外关系部长委员会2003年4月14日决定启动对克罗地亚入盟要求的评估，并要求欧盟委员会就克罗地亚的申请提出意见。同年7月10日欧盟委员会主席普罗迪向克罗地亚总理拉昌递交了调查问卷。同年11月2日克罗地亚顺利完成问卷，9日提交欧盟委员会主席。2004年4月20日，欧盟委员会对克罗地亚的入盟申请作出肯定的意见。欧盟首脑会议于2004年6月17~18日在布鲁塞尔宣布，克罗地亚已经满足了哥本哈根标准的政治条件，承认了克罗地亚“候选国”的地位，并且将启动入盟进程。12月17日，欧盟峰会决定把与克罗地亚的入盟谈判时间定于2005年3月17日。但在2005年3月16日，由于欧盟认为克罗地亚在与海牙联合国前南斯拉夫罪犯国际法庭的合作等方面还不够充分，因此决定推迟该谈判。与海牙法庭充分合作是欧盟向巴尔干国家提出的入盟前提条件，也是克罗地亚申请入盟过程中比较敏感的问题之一。由于海牙法庭提出调查和起诉的一些克罗地亚高级军官在内战期间被认为是“为克罗地亚主权和独立奋斗的英雄”，因此海牙法庭的要求在克罗地亚政坛引起了强烈震动。到目前为止，海牙法庭共起诉了5名克罗地亚人，其中3人已先后向海牙法庭自首，1人去世，头号战犯安特·戈托维纳也已于2005年底在西班牙被捕，从而为克罗地亚入盟扫清了障碍。基于克罗地亚在同海牙法庭合作方面取得了实质性的进展，2005年10月初欧盟决定开始同克罗地亚的入盟谈判，但并未确定克罗地亚入盟的时间表。

第四节　同俄罗斯的关系

克罗地亚独立之后，把融入欧洲政治和经济主流作为其外交政策的首要目标，因此自然忽视了同俄罗斯关系的发展。1996年克罗地亚境内实现全面和平，克罗地亚政府提出，要在保持加入北约和欧盟的基本外交政策不变的前提下，强调同俄罗斯恢复和保持正常的国家关系和经贸关系，这表示克罗地亚重视俄罗斯在国际关系中的地位和作用。此后双方高层互访逐渐频繁。1996年克罗地亚副总理兼外长格拉尼奇首次正式访俄。1998年3月，俄罗斯外长普里马科夫正式访克。同年12月，克罗地亚总统图季曼首次正式访问俄罗斯，双方签署了《克俄友好与合作宣言》及其他有关经济、军事、文化、安全等领域合作的双边协议。2000年12月，克罗地亚外长皮楚拉访俄。2001年俄罗斯国家杜马主席谢列兹尼奥夫访克。2002年3月，克罗地亚副议长兼议会外委会主席托马茨访俄，4月18日克罗地亚总统梅西奇访问俄罗斯。他高度评价俄在稳定巴尔干地区局势方面发挥的作用。5月，克罗地亚议长托姆契奇访俄。

克罗地亚同俄罗斯之间不存在任何公开的政治问题，在大部分的国际和欧洲问题上有着相似的立场。两国关系发展态势良好，尤其是经贸关系。俄罗斯同克罗地亚的贸易额是所有前南地区国家中最高的。从1992年起，两国共同采取一系列措施试图改善双边贸易关系，签署了多项重要经贸协定，如：经贸合作协定（1992 年 8 月 6 日）、俄罗斯向克罗地亚输送天然气协定（1992 年 11 月 10 日）、成立政府间经贸与科技合作委员会的协定（1993 年 2 月 23 日，目前已召开三次会议）、避免对收入及财产进行双重征税条约（1995 年 10 月 2 日）、促进和保护投资协定（1996 年 5 月 20 日）、俄罗斯向克罗地亚提供石油议定书（1998 年 2 月 24 日）、两国贸易自由化备忘录（1998 年 12 月 18 日）、旅游合作协定（2002 年 10 月 1 日）、农业经济科技合作协定（2003 年 6 月 3 日）等。

俄罗斯是克罗地亚特别重要的外贸伙伴。2003 年商品贸易额达到 7.5 亿美元，其中克罗地亚出口 7100 万美元，进口 6.71 亿美元。出口比 2002 年减少了 12%，进口减少了 5%。2003 年俄罗斯在克罗地亚出口伙伴排行榜上列第 13 位，进口列第 5 位。克罗地亚向俄罗斯出口最多的商品为机械、药品、食品和化学制品。进口最多的商品是石油、天然气、铝、钢铁制品和化学制品。两国在造船业、机器制造业、金属加工业、动力技术、电信、电力工业、药品工业、儿童食品工业、化学及食品工业长期合作。两国在旅游方面的合作在相互关系中具有日益重要的地位。克罗地亚希望能够增加经贸往来并平衡进出口差距，因为在同俄罗斯的经贸关系中最大的问题就是巨额的逆差赤字。

克罗地亚的企业私有化给投资者提供了难得的投资机会。但由于双方都相对资本短缺，致使双方的投资规模不大，且领域有限，相互投资在双方的经贸关系中不占重要地位。俄罗斯从 1993 年至 2003 年 9 月向克罗地亚的直接投资共计 1500 万美元，占克外国投资的 0.17%，名列投资国的第 19 位。俄罗斯的直接投资主要用在天然气管道建设上。

两国旅游业近年来有所发展，但所占比例不高。2003 年克罗地亚接待了56872名俄罗斯游客，比2002年增加了2.7%，仅占外国游客总数的0.77%。

第五节　同中国的关系

克罗地亚虽与中国相距遥远，但把中国视作世界上有影响力的大国之一，认为同中国发展关系具有战略意义。中国也十分重视发展与克罗地亚的关系，是首批承认克罗地亚并与之建交的国家之一。

一　政治关系

1991年6月25日克罗地亚宣告独立，中国政府于1992年4月27日宣布承认克罗地亚为独立国家，5月13日两国建立外交关系。建交联合公报写道，两国政府同意，在相互尊重主权和领土完整、互不侵犯、互不干涉内政、平等互利、和平共处的原则基础上，发展两国之间的友好合作关系。克罗地亚共和国政府承认中华人民共和国政府是中国的唯一合法政府，台湾是中国领土不可分割的一部分。克罗地亚共和国政府确认不和台湾建立官方关系。中华人民共和国政府支持克罗地亚共和国政府加入联合国和其他国际组织的努力。

建交后，双边关系不断发展，在1992年5月22日表决克罗地亚加入联合国时，中国投赞成票。两国实现了各层领导的互访，签订了一系列政府间协议。这些文件为推动两国关系的顺利发展奠定了法律基础。

1993年6月6～10日，应中国国家主席江泽民邀请，克罗地亚总统弗拉尼奥·图季曼对中国进行国事访问，拉开了两国最高层领导人互访的序幕。两国元首签署《中克联合声明》。在联合声明中，双方对两国间的相互友好合作关系的顺利发展表示满意。认为，国家不分大小、强弱、贫富，在国际社会中都享有平等的权利。各国有权根据自己的特点和利益选择社会制度、意识形态、经济模式和发展道路。两国对前南斯拉夫地区的局势深表关切，认为冲突应立即停止，一切问题应通过协商和谈判和平解决，支持国际社会有助于公正、合理、和平解决前南地区危机的一切努力。双方对两国经济关系的发展状况表示满意，并表示愿意在平等互利的基础上扩大和加深两国的经贸合作，并积极促进各种合作形式。双方还签署了《鼓励和相互保护投资协定》、《文化教育合作协定》、《海运协定》和《中华人民共和国外交部和克罗地亚共和国外交部磋商议定书》。图季曼总统对中国的访问，为两国关系长期、稳定、友好的发展建立了良好的开端，彼此增进了相互了解。两国不存在历史遗留矛盾和悬而未决的问题，没有根本的利害冲突，相反，克罗地亚正处于经济转轨时期，对中国的改革开放道路和所取得的成就怀有浓厚的兴趣，认为中国的经验对克罗地亚具有借鉴意义。双方都认为两国有着广阔的合作发展空间。1995 年 1 月 9 ~ 13 日，克罗地亚总理尼·瓦伦蒂奇访华。双方签署两国政府《关于对所得避免双重征税和防止偷漏税的协定》、《关于互免持外交、公务护照者签证的协定》。

上述高层互访推动了两国关系的正常发展。在这些高层接触中，双方领导人就加强双边关系及共同关心的地区和国际问题深入地交换了意见，增进了相互了解和信任，推动了双方在各个领域的交往与合作。中国领导人在会见来访的克罗地亚领导人时表示，中国一向重视同克罗地亚的友好合作关系，尊重克罗地亚人民选择的发展道路和根据本国国情制定的内外政策，支持各国为维护国家的独立、主权和领土完整所做的努力。中国尊重克罗地亚进行的国内改革及谋求同欧洲大西洋机制一体化的愿望。克罗地亚领导人也在各种场合反复表示，他们将奉行“一个中国”

的政策，认为中国在亚太和世界政治经济格局中占有重要地位，愿意与中国发展政治和经济关系。

1995 年 7 月 10 日，中国国家主席江泽民在匈牙利首都布达佩斯首次阐述了中国与中东欧国家发展长期的友好互利合作关系的五项原则。这五项原则是：

第一，尊重各国人民的选择，不干涉别国内政。中国历来主张，选择什么样的社会制度、价值观念、发展道路和模式，完全是一个主权国家的内政，别国无权干涉。

第二，在和平共处五项原则基础上一视同仁地同各国发展友好合作关系。社会制度、意识形态和价值观念的差异不应成为发展国家关系的障碍。

第三，中国同中东欧国家没有根本的利害冲突。我们同中东欧各国发展关系绝不针对第三国，完全基于实现共同繁荣，促进欧洲和世界的和平与稳定的目标。

第四，根据平等互利原则扩大中国同中东欧国家的经贸合作，促进彼此经济的发展，以造福于各自国家的人民。

第五，真诚希望中东欧地区稳定，各国人民友好和睦相处，支持和平解决相互之间的争端，尊重和支持本地区国家加强区域性合作的愿望。

遵循上述原则，中国同包括克罗地亚在内的中东欧国家继续发展正常的国家关系。但是前南斯拉夫地区数年的热战、持续的危机和政局的动荡对落实双方达成的各项协议，对双方关系向更高的水平发展造成了困难。

斯捷潘·梅西奇就任克罗地亚总统后，表示愿意继续推动同中国的友好关系与合作。2000 年 6 月 15 ~ 19 日，中国全国人大常委会委员长李鹏访问克罗地亚，重申中国承认克主权和领土完整，并支持东斯拉沃尼亚等塞族区的和平回归。2002 年 5 月 12 日，中克建交 10 周年。中国国家主席江泽民和克罗地亚总统斯捷潘·梅西奇、中国全国人大常委会委员长李鹏和克罗地亚议长兹拉特科·托姆契奇、中国国务院总理朱镕基与克罗地亚总理伊维察·拉昌以及中国外长唐家璇和克罗地亚外长托尼诺·皮楚拉分别互致贺函。2002 年 5 月 13～19 日，应中国国家主席江泽民邀请，克总统梅西奇对华进行国事访问，两国元首签署《中克关于深化互利合作关系的联合声明》。声明指出，双方对两国建交 10 来中克各领域友好合作关系的不断发展和取得的丰硕成果表示满意，并一致认为，进一步深化两国友好关系和互利合作符合中华人民共和国和克罗地亚共和国及两国公民的共同愿望和根本利益。克罗地亚坚定奉行并将继续奉行一个中国政策及其所涵盖的所有相关立场，认为台湾问题的解决纯属中华人民共和国的内部事务。中国理解和尊重克罗地亚共和国为加入欧洲一体化进程所做的努力，认为克罗地亚共和国奉行睦邻和平政策，努力通过对话解决地区争端，是维护地区稳定的积极因素。

二 经贸关系和经济技术合作

中国与克罗地亚建交后，双方开始经贸合作。1992 年 7 月 21～24 日，中国对外经济贸易部欧洲司司长周可仁访克，双方草签两国经贸合作协定。1992 年 10 月 26～29 日，克罗地亚旅游贸易部长布·米克沙访华，双方签署了两国经贸合作协定，规定互相给予最惠国待遇，并根据两国经贸合作协议成立了政府级的中克经济合作混合委员会，混委会定期举行会议，对两国经贸关系进行评价，研究解决合作中出现的问题，探讨促进两国经贸关系的措施建议。从 1993 年 9 月 14 日召开首次经济贸易合作委员会会议至今已召开了 7 次会议。迄今，两国的石油工业总公司还签订了长期合作协定。两国签署的重要经贸协定还有：《鼓励和相互保护投资协定》、《关于对所得避免双重征税和防止偷税漏税的协定》、《海运协定》。这些协议为双方经贸关系的发展提出了法律保证。

中国与克罗地亚一直保持着良好的经贸关系。早在南斯拉夫时期，辽宁省与克罗地亚就已经建立了友好省份关系。伴随着双方经济体制的转轨，克罗地亚向市场经济和私有化过渡，以及中国改革开放和实行社会主义市场经济政策的进一步推行，中国与克罗地亚的经贸关系在经历了十来年的磨合后，已逐步形成平稳发展、稳中有升的局面。双方经贸部门和企业的接触和往来明显增加，对合作经营、合资经营、技术合作等经济合作方式进行了积极的探讨，多渠道、多层次、多形式的发展格局初步形成。由计划经济下的政府协议贸易向市场经济下的以公司、企业为主体的贸易关系转变。中央、地方、边境贸易多种渠道，国营和私营工商业多元主体，现汇和易货贸易多种形式，大宗买卖和小批经营规模不等，促进了双边贸易快速发展。双方贸易额近几年大幅度上升。但是克罗地亚实行私有化改造后，原有的市场发生了很大变化。大量私有企业的出现使该国的对外贸易出现了许多与过去不同的特点，不少中国出口企业发现当地市场的变化使他们开展对克罗地亚的出口贸易非常困难。

在双边贸易中，中国以出口食品、纺织、服装、鞋类、船舶、电话机、家用电器和一些机电产品为主，产品主要是中低档商品，高附加值和高新技术产品所占份额较小。克罗地亚主要提供船舶、化肥、钢材等产品，近年来中国还从克罗地亚进口了大量药品。除一般进出口贸易外，1998～2001年中国向克罗地亚转口原油，价值分别为0.99亿美元、0.54亿美元、0.77亿美元和1.5亿美元。2002年克计划从中国进口原油100万吨。1992～1998间中国共从克进口39条船和10台船用柴油主机。据克罗地亚统计局数字，2003年中国是克罗地亚第十大贸易伙伴。

表 7－1　1993～2005 年克罗地亚与中国贸易额

年　份	商品交换(百万美元)			与上年相比(%)		
	克罗地亚出口	克罗地亚进口	总　额	克罗地亚出口	克罗地亚进口	总　额
1993	40.58	0.81	41.39	—	—	—
1994	8.26	2.88	11.14	20.35	355.56	26.92
1995	21.23	3.20	24.43	257.02	111.11	219.30
1996	32.21	6.25	38.46	151.72	195.31	157.43
1997	12.03	13.24	25.27	37.35	211.84	65.70
1998	0.40	19.87	20.27	3.33	150.08	80.21
1999	5.30	47.52	52.82	1325.00	239.15	260.58
2000	5.07	79.96	85.03	95.66	168.27	160.98
2001	5.12	142.10	147.22	100.99	177.71	173.14
2002	5.75	112.66	118.41	112.30	79.28	80.43
2003	6.81	169.15	175.96	118.43	150.14	148.60
2004	21.91	344.55	366.46	321.73	203.69	208.26
2005	43.83	573.64	617.47	200.05	166.49	168.50

资料来源：中国驻克罗地亚使馆经商处。

尽管近几年中国与克罗地亚的贸易快速稳步增长，经济合作顺利开展，但是双方的经贸关系一直低于双方经济的实际潜力，经济合作仍处在较低的水平，这同双方视为重点的部分存在很大差距。2001 年中国与中东欧地区的贸易额仅占中国外贸总额的 0.77%，而中国同克罗地亚的贸易额又仅占其中的 3%。当前，中国与克罗地亚经贸关系还存在下列主要问题：（1）中国同克罗地亚的进出口贸易不平衡、贸易形式单一。中国向克罗地亚出口逐年增加，而中国的进口则逐年减少，双方贸易逆差增多；（2）国家高层互访的成果在“基层”的具体成果中没有充分地体现出来；（3）经济实体的相互了解差，缺乏畅通的沟通渠道和必要的经济信息，往往不是直接联系，传统出口产品和质量好的拳头产品还不为对方的买主和消费者所知，也未能长期进入市场；（4）经济合作的形式比较单一。目前，双方合作大多集中在贸易交换领域，经济技术合作项目很少，相互投资、合作生产等其他贸易方式尚停滞在研究、探索阶段；（5）在相互商品交换中所包括的产品品种相当狭窄；（6）双边经贸合作规模和档次有待扩大和提高。中国国营大公司、大企业未能发挥主渠道作用，而地方企业和个体经营者却十分活跃。

中克两国领导人都认为两国经贸合作前景广阔，目前的双边贸易额和相互投资与两国经贸合作发展潜力不相适应，两国政府都表示将鼓励和支持双方企业开展灵活多样的合作方式，加大对对方市场的开拓力度，提高产品的综合竞争力，改善进出口商品结构，增加进出口商品的技术含量，扩大相互投资的规模，使双边经济合作向更高的层次发展。

三 其他领域的交流与往来

中国与克罗地亚虽然地域相隔遥远，社会制度和文化习俗不同，但都具有悠久的文化传统，两国可供交流的文化资源丰富，互为借鉴的东西很多，这些是两国开展文化交流与合作的坚实基础。双方的部分高等学校已建立校际交流关系，教授、学者之间的交往及合作研究与讲学增多。中国已同克罗地亚签订了教育交流协议，主要内容有：互派教育代表团、互换留学人员、互聘教师、交流经验、发展高校间直接合作等。目前，中国已选派中文教师，在克罗地亚的萨格勒布大学执教汉语。克罗地亚也已派遣教师在北京外国语大学执教。双方为有关教师提供短期进修的机会，并互派一些教育代表团组进行访问、考察，促进相互的了解和交流。双方还经常举行画展、工艺品展、学者讲学、名人纪念活动，进行语言研究和书刊翻译等。1998 年 11 月 15～25 日，克弦乐四重奏小组在北京等地演出；1999 年 5 月，《克罗地亚现代版画展》在北京和上海举行，获得成功；2002 年 5 月，克罗地亚铜管乐五重奏小组来华参加第三届“相约北京”联欢活动。1996 年 9 月 6～10 日，“丝绸之路中国古代艺术展”在克罗地亚举办；1999 年 10 月，长春市杂技团和北京京剧团在克罗地亚首都萨格勒布进行商业性演出；2002 年 9 月，中国京剧团一行 30 人赴克访演；2002 年 9～10 月，《中国现代艺术展》在克展出等等。这些演出、展览都给当地观众留下深刻记忆和美好印象。

中国同克罗地亚民间文化交流亦日趋活跃，并逐渐成为国家间文化交往的重要渠道和方式。

中国与克罗地亚一直保持着稳定的科技合作关系。1994 年 4 月 11 日，克罗地亚科技部长布·耶伦率领克罗地亚科技代表团访问中国，双方签署了《中华人民共和国政府和克罗地亚共和国政府科学技术合作协定》。自签订科技合作协定后，1997 年 10 月 5～12 日，克罗地亚副总理兼科技部长科斯托维奇率克科技代表团访华，双方签署了成立中克科技合作委员会协议。该委员会每年举行一次会议，确定双方合作项目，从此双方的科技合作具有政府协定的法律基础，走上了制度化轨道。在此协定的推动下，许多科研和企事业单位建立了直接的对口合作关系，形成了多层次、多渠道、多部门、多形式的合作关系。

除此之外，中克两国还签署了《中华人民共和国政府和克罗地亚共和国政府卫生合作协定》以及《两国政府旅游合作协议》。2003 年 2 月，中克两国政府签署了旅游备忘录。克罗地亚成为中国公民的旅游目的地国家

自建交以来，中国与中东欧国家逐步建立了地区性的关系。这对推动国家间合作也有重要意义。截至 2000 年，中东欧 12 个国家的地方和地区的自治政府已与中国的地方和地区建立了 44 对友好省（市）关系。①

① 《中国外交辞典》，世界知识出版社，2000，第 828～840 页。

第六节　同周边国家的关系

同邻国建立睦邻关系是克罗地亚对外政策的重要内容。东南欧地区的持续稳定与发展对克罗地亚具有特殊重要的意义。克罗地亚希望与邻国在平等互信的基础上发展友好的睦邻关系，通过政治途径以国际法为依据解决前南斯拉夫分裂遗留下来的问题。克罗地亚作为一个中欧和地中海国家，既与巴尔干及多瑙河流域国家接壤，又同欧盟和北约成员国相连，出于自身安全和发展的考虑，克罗地亚把对邻国的政策看做是其外交政策的重要组成部分。克罗地亚同邻国发展关系的原则是：睦邻友好，相互尊重主权、独立和领土完整，平等，通过政治手段根据国际法或在国际法律帮助下以直接谈判的方式解决悬而未决的问题。

一　同意大利的关系

意大利是最早承认克罗地亚的国家之一。意大利政府于1992年1月15日宣布承认克罗地亚为独立国家，1月17日两国建立外交关系。由于意大利是欧盟和北约成员国，克罗地亚希望在实现其争取加入北约和欧盟的过程中得到意大利更大支持，所以发展同意大利的友好关系对克罗地亚具有重要意义，克罗地亚十分重视发展两国关系。

1996年双方就少数民族问题达成协议后，两国关系开始全面迅速发展，克罗地亚加入欧洲委员会得到意支持，商贸旅游等合作加强。克罗地亚十分希望与意大利在亚得里亚海上开展合作，特别是就安全、打击有组织犯罪、非法移民和保护生态环境等问题开展合作。两国关系正朝着建立战略伙伴关系的方向发展。除此之外，两国在一系列地区组织中紧密合作，如：亚得里亚海—爱琴海倡议、中欧倡议、稳定公约、阿尔卑斯—亚得里亚海工作共同体。在两国众多的高层互访中，特别值得一提的是2001年10月9、10日意大利总统卡罗·阿泽利奥·钱皮（CARLO AZEGLIO CIAMPI）对克罗地亚进行国事访问。在这次访问中，钱皮提出要建立更高层次的伙伴关系，特别强调了意大利将帮助克罗地亚加入欧盟。

近年来克意两国的双边关系中的主要争论是关于二战后离开南斯拉夫的意大利人的财产返还和赔偿问题。克罗地亚作为南斯拉夫的继承国，欠意大利3500万美元，克罗地亚方面准备分期偿还这笔款项。为此，克罗地亚与意大利2002年10月成立了克意混合委员会，该委员会2003年4月召开第二次会议，商讨享受赔偿的意大利人名单。克罗地亚方面表示相信意大利将会一如既往地支持克罗地亚加入欧盟，而不会以委员会工作情况为条件。2003年7月意大利议会批准了克罗地亚与欧盟的稳定与联系协议。

克罗地亚境内有约两万名意大利人，占克罗地亚总人口的0.44%。[①] 意大利人在克罗地亚按照欧洲标准享有一切权利，在议会中有自己的代表。意大利语在意大利人聚居区是官方语言，并且开办有用意大利语教学的中小学，这些学校也招收克罗地亚学生。意大利政府从财政上资助自己的同胞。但是在意大利的克罗地亚人并没有如此周密的组织，尽管2001年3月成立了克罗地亚社会联盟。克罗地亚希望意大利能够给予克罗地亚人的文化活动更大的支持。

自建交以来两国始终保持着密切的经贸关系。经济合作对两

---

① 《克罗地亚统计信息（2003）》，克罗地亚中央统计局，萨格勒布，2003年，第18页（Republic of Croatia Central Bureau of Statistics, Statistical Information, Zagreb, 2003, p. 18.）。

国，以及整个地区的稳定都具有战略意义。由于克罗地亚地处中欧和东南欧，又靠近地中海，其地理位置对意大利非常重要。而意大利是克罗地亚重要的出口市场（船舶、天然气、木材、家具、服装、皮革），同时意大利也是克罗地亚加入欧盟及其他国际一体化不可缺少的合作伙伴。近几年，意大利一直都是克罗地亚最大的贸易伙伴。双方贸易额已由1992年的16.7亿美元上升为2000年的23亿美元和2003年的42.09亿美元，占克外贸总额的比重相应为18.44%、18.67%和20.67%。

近年来意大利向克罗地亚的投资大幅度增加，据官方统计数据，1999年底意大利在克罗地亚的投资国中名列第12位，仅仅一年之后，就上升到第7位，2002年列第5位，占外国总投资的4.36%。2003年意大利是克罗地亚第7大投资国，占克罗地亚吸引外资总额的2.42%。[①] 1993~2003年意大利向克罗地亚投资共5.0231亿美元，占外国总投资的5.5%，列第4位。投资领域包括银行业、纺织工业和商业。2003年双方贸易总额大幅度上涨，涨幅达42%，并且进出口增长比例相当，不像前几年克罗地亚存在巨大的逆差，这说明克罗地亚产品已经成功地进入意大利市场。

两国在冶金业、金属加工业、机器制造业（木材和塑料加工机器、食品加工机器）服装、鞋帽、家具、室内装饰等领域密切合作。意大利通常从克罗地亚进口化学制品、某些塑胶、木材和木制半成品以及某些日常消费品。每年都有大量的意大利游客来到克罗地亚度假旅游。据克罗地亚旅游部统计，2003年共接待意大利游客117.87万人，占外国游客总数的12.8%。

双方签订的重要国际条约包括：鼓励和保护投资条约（1998年6月12日）、取消入境签证协定（1997年11月3日）、

---

① http：//www.hnb.hr/，2004年5月。

旅游合作协定（1998 年 8 月 20 日）、科技合作协定（1999 年 10 月 29 日）、防御合作协定（2000 年 5 月 19 日）、地区发展合作协定（2003 年 11 月 4 日）等。

二 同匈牙利的关系

克罗地亚与匈牙利之间有着相同的历史文化传统，两国的双边关系一直保持良好。自独立之日起，克罗地亚一直同匈牙利在睦邻友好的原则下发展双边关系，两国并无任何公开的问题。1992 年 1 月 18 日两国建立大使级外交关系，两国总理多次宣称两国是“战略伙伴关系”，这一关系的主要特征是：高度的政治合作，经济合作（能源、旅游、交通和基础设施建设），文化合作与少数民族保护。克罗地亚实现独立后，匈牙利一直给予了极大的支持，两国的合作领域涉及经济领域及军事方面的协作。克罗地亚在同南斯拉夫人民军的战争中得到匈牙利的支持和帮助，战争初期克罗地亚曾通过匈牙利进口武器，匈牙利还接受了大批克族难民。匈牙利作为北约和欧盟成员国，积极支持克罗地亚加入欧洲大西洋一体化。匈牙利 2002 年明确表示准备把自己加盟北约的经验告知克罗地亚，并愿意提供咨询和建议。克罗地亚与欧盟签署稳定与联系协议后，该国欧洲一体化部马上同匈牙利主管部门就机构组成和准备与欧盟谈判所需文件的制订工作进行协商，以借鉴匈牙利的经验。

2001 年 11 月 21 日两国外长签署了跨边界合作的共同宣言，使合作机制化，宣言规定了在边境地区的经济、交通、环境保护和教育合作的形式。1995 年 3 月签订了关于保护在克罗地亚的匈牙利族和在匈牙利的克罗地亚族的协定，两国在该协定的原则指导下妥善解决少数民族问题。为了使该协定的精神得到贯彻落实，成立了政府级的两国少数民族混合委员会，每年定期召开会议。2002 年 1 月匈牙利总理访问克罗地亚，期间，决定成立混合委员会，定期就发展和深化双边关系进行协商。该委员会的第一次会议于2002年3月25日在布达佩斯召开，第二次会议2003年4月18日在萨格勒布召开。会议的议题是：交通基础设施建设、共同边境通道、加快萨格勒布—布达佩斯的铁路建设、文化教育合作（编写克匈和匈克大字典）。

两国间的经贸联系一直十分密切，2003年匈牙利是克罗地亚最大的投资国，占克罗地亚外资的30.48%[①]，同时也是第9大贸易伙伴。2001年2月22日双方签署了自由贸易协定[②]，进一步确立了两国良好的睦邻关系，该协定于2001年4月1日生效，这也是克罗地亚同前南斯拉夫之外的国家签订的第一个自由贸易协定。双方签订的其他重要经贸协定还有：经贸关系及合作条约（1992年6月5日）、鼓励及保护投资条约（1996年5月15日）、避免双重征税条约（1996年8月30日）、旅游合作条约（1996年5月15日）。匈牙利石油公司（MOL）购买了克罗地亚石油工业公司（INA）25%的股份。2003年克罗地亚接待35.6万名匈牙利游客，比2002年增加12%。从人数上来说，列克罗地亚外国游客的第6位。2003年双方贸易额达到5.05亿美元，占克罗地亚同年外贸总额的2.48%。

三　同斯洛文尼亚的关系

克罗地亚和斯洛文尼亚两国同时脱离南斯拉夫而独立，并且独立后立即相互承认。1992年2月，克斯建交。克罗地亚同斯洛文尼亚各层次的关系都非常紧密，尽管政治关系经常受到由于前南斯拉夫分裂所遗留下来的问题的困扰，但两国

① http：//www.hnb.hr/，2004年5月。

② 由于克罗地亚加入中欧自由贸易协定，所以从2003年3月1日起该协定被中欧自由贸易协定代替。2004年5月1日匈牙利加入欧盟后，双方的贸易协定由欧盟同克罗地亚的贸易协定代替。

在对许多全球及地区问题上的看法基本一致。两国已经成功解决了大部分遗留问题，并在各种地区及多边组织中紧密合作，签署了59个双边协议，其中的39个协议已付诸实施。两国积极发展各领域的合作，特别是文化、科学、教育和经济方面的合作。2002年3月克罗地亚在马里博尔（Maribor）开设荣誉领事馆，7月在科佩尔（Kopru）设领事馆。在加入中欧自由贸易区和加入欧盟问题上，克罗地亚需要斯洛文尼亚支持，因此双方对解决争议问题持积极立场。1999年10月，克罗地亚总理马泰沙访斯。12月，斯洛文尼亚总统库昌出席图季曼总统的葬礼。2000年3月，克罗地亚总统梅西奇访斯。梅西奇总统2003年5月13～15日第二次对斯洛文尼亚进行国事访问。

克斯之间最困难的问题就是前南斯拉夫解体所遗留下来的问题，这些问题包括在海湾和局部领土的边界划分、双方在斯洛文尼亚合建的核电站的产权分配、克罗地亚居民在斯洛文尼亚银行外汇存款的偿还，以及斯洛文尼亚在克领土上的不动产问题，双方正以睦邻友好和相互谅解为原则进行谈判以妥善解决问题。

尽管双方都主张通过对话解决问题，但近两年两国在边境地区冲突不断，使两国关系一度紧张。2002年8月，20余艘斯洛文尼亚渔船进入克罗地亚领海捕鱼。克罗地亚外交部遂向斯洛文尼亚驻克大使馆发出抗议照会，要求斯洛文尼亚政府采取必要措施，制止这种行为。9月，两国政府总理就解决两国在皮兰湾海域纠纷达成临时协议。双方达成的协议有效期限为3个月，如果双方同意还可以延长有效期，任何一方如果愿意可以通过外交途径随时废除协议。事隔不久，克罗地亚宣布，将在亚得里亚海沿岸建立特别经济区。斯洛文尼亚认为，这样一来，斯洛文尼亚通往公海的出海口和渔民的捕鱼区都将被关闭，斯洛文尼亚无疑将为此蒙受重大损失。因此，斯洛文尼亚反对克这一行动。克罗地亚外长皮楚拉2003年9月1日说："克罗地亚不承认斯洛文尼亚

有通往公海的出海口。”此言一出，引起斯洛文尼亚各界强烈不满和抗议。斯洛文尼亚外交部长鲁佩尔当日即发表谈话强调：“皮楚拉的言行完全不能接受。”9月2日，鲁佩尔更激烈地抨击了皮楚拉的谈话。斯洛文尼亚议会主席帕霍尔谴责皮楚拉“蛮横无理”。为抗议克方言行，斯洛文尼亚于1日召回其驻克大使，以示抗议。斯洛文尼亚还警告克罗地亚，斯洛文尼亚2004年5月将成为欧盟成员国，“希望克罗地亚懂得接近欧盟的标准和方式”。否则，克罗地亚加入欧盟进程将受到不利影响。这场外交危机持续了10天，9月12日斯洛文尼亚大使返回克罗地亚。皮兰湾海域位于亚得里亚海最北端，是仅有46.6公里海岸线的斯洛文尼亚的唯一出海口。克罗地亚认为，该海域是其与意大利之间的重要海上通道。斯克1992年2月6日建交后，两国对皮兰湾海域的归属问题一直争执不休。2001年7月20日草签了共同国家边界条约，该条约在所有与斯洛文尼亚相连的克罗地亚各州都引起了广泛的讨论，公共舆论对该条约持反对态度，同时也遭到某些政党的批评。2001年底，斯克两国总理签署了皮兰湾海域划分草案，斯洛文尼亚获得80%的水域，克罗地亚获得20%的水域。斯洛文尼亚议会称这是斯方外交胜利。克方多数政党却对此表示反对，克罗地亚议会迄今也未批准该草案。斯洛文尼亚认为，该草案十分重要，它实际上是未来最终协议的组成部分。克罗地亚却坚持认为，克罗地亚议会没有批准该草案，因此它不具有法律效力。2002年9月10日两国总理会晤时表示两国对于海上边界划分的观点还存在较大的分歧，因此需要开始新的谈判或是寻求仲裁的解决办法。

为解决边界划分问题，1997年4月28日两国签署边界交通及合作协定，并成立长期混合委员会，商讨开放边界通道事宜，迄今共召开6次会议。两国内务部长2002年11月6日签署跨边界警察合作条约，规定了监管共同边界中警察合作的方式，成立混合警察部队，以便改善边境安全。随后又为确定一系列边境制度举行了多次谈判。2003 年 3 月 14 日两国国防部长又签署了防御合作协定，以推动两国在军事领域的合作。

斯洛文尼亚境内的克尔什科核电站的归属也是两国争论的焦点。克尔什科核电站位于斯洛文尼亚和克罗地亚的边境地区，1980 年建成并投入使用，目前的发电量占斯洛文尼亚总发电量的近 40%，斯克两国在该核电站的归属问题上曾长期争论不休，并导致两国关系紧张。克罗地亚一直利用该核电站生产的一部分电力，而斯洛文尼亚方面认为该核电站不安全，希望关闭它。2001 年 12 月 19 日签署了关于克尔什科核电站条约，本来预计 2002 年 7 月 1 日前两国议会批准该条约。克罗地亚议会已于 2002 年 7 月 3 日批准了该条约，斯洛文尼亚议会直到 2003 年 2 月 25 日才予以批准，于是该条约 2003 年 3 月 11 日正式生效。根据协议，两国将平等划分克尔什科核电站的所有权，各自享有该核电站的一半发电量。核电站在今后 20 年内产生的核废料将埋藏在斯洛文尼亚境内。从 2003 年 4 月 1 日开始，克罗地亚电力工业公司将拥有核电站一半的所有权，从而解决了长期困扰两国的问题。

两国财政部关于卢布尔雅那银行欠债问题的谈判处于停滞状态。克罗地亚认为涉及银行与储户的个人法律关系，认为卢布尔雅那银行该付清欠克罗地亚储户的存款。卢布尔雅那银行的储户已经向欧洲委员会人权法庭递交了诉状。

两国之间的经济合作一直非常稳定，贸易往来十分频繁。在克罗地亚境内发生战争期间两国也保持了较好的经贸联系，1992 年斯洛文尼亚曾是克的第一贸易伙伴国。目前斯洛文尼亚是克罗地亚第 3 大贸易伙伴，而克罗地亚是斯洛文尼亚第 5 大贸易伙伴。同时双方在各种地区和多边倡议中加强合作，互相支持。2003 年两国贸易额达到 15.6 亿美元，占同年克罗地亚外贸总额的7.67%。2003年斯洛文尼亚是克罗地亚第六大投资国，占克罗地亚吸引外资总额的4.45%。[①]

四 同前塞尔维亚和黑山的关系

克罗地亚1991年6月25日，宣布成立独立的主权国家后，塞尔维亚共和国不予承认，并在克罗地亚境内的武装冲突和战争中支持塞族一方，而在波黑战争中克、塞则分别支持本民族的一方，使两国关系十分紧张。克罗地亚独立之初，前南国际大会为了制止武装冲突、建立和平以及消除武装斗争造成的灾难，曾敦促两国实现关系正常化。但直到武装冲突停止后，两国才开始建立直接的双边关系。1994年1月，在国际调解下两国签署联合声明，决定开始关系正常化进程。随后克罗地亚在贝尔格莱德，塞尔维亚和黑山（当时称南联盟）在萨格勒布分别开设了代表处。1994年3月10日克罗地亚在贝尔格莱德设立了政府办事处，两个月后南联盟也在萨格勒布设立了政府办事处。办事处的工作主要是建立和加强两国间的联系。代顿协议签署后，两国关系仍很紧张。本来1995年12月14日就应签署的相互承认的协定，由于双方在如何分配前南的外国资产问题上争论不休，该协定被推迟。另外克罗地亚对东斯拉沃尼亚采取军事行动的威胁也是双方关系紧张的源泉。1996年达成开放两国间的交通线的协议，萨格勒布—贝尔格莱德公路以及希德（Šid）—托瓦尔尼克（Tovarnik）铁路得以重新开放，萨格勒布—贝尔格莱德空中走廊也随后开放。两国间还建立了通讯联系，开通了亚得里亚海输油管的支线，使之可直达塞尔维亚和黑山。1996年两国外长会晤。相互承认和建立外交关系。1996年8月23日克罗地亚同南联盟在贝尔格莱德签署了关系正常化协定。

① http://www.hnb.hr/，2004年5月。

该协定的签署标志着双方相互承认，并表示要加强合作共同解决悬而未决的双边问题。1996 年 9 月 9 日，两国建立了完全外交及领事关系。双方同意在交通、邮电等方面继续 1994 年以来的合作，并签订了经济、文化等合作协议。1997 年初双方互派了第一位全权大使。①

在相互承认和建立外交关系后，两国间的联系大大加强了。两国首脑多次会晤以解决相互间存在的问题，特别重视建立和改善经济关系。自相互承认以来，两国签署了各领域的国际条约共 32 项，还有十多项尚在谈判中。南联盟同克罗地亚 2002 年正式恢复了中断 11 年之久的邮政关系，还签署了自由贸易协议。2002 年 6 月 1 日，南联盟方面对克罗地亚公民采取旅行签证制度，从而放宽了对签证制度的限制。同时，克罗地亚方面也通过了关于继续简化和加快对南联盟公民发放签证的决定，并且向在克罗地亚长期逗留的人员发放多次出入签证（首先是公务人员）。2003 年 6 月克罗地亚对塞尔维亚和黑山公民暂时取消签证制度（到 2003 年 12 月 31 日）。同样塞尔维亚和黑山也取消了克罗地亚公民的签证制度，从而使两国公民的往来畅通。

近年来，双方高层互访频繁，政治对话持续进行。2001 年 6 月 8 日，克罗地亚总统梅西奇同南联盟总统科什图尼察会面，并发表联合声明。声明指出必须彻底实现两国关系的正常化，实现人员及货物的自由往来，并表示要消除一切障碍以解决两国间存在的问题，贯彻执行代顿协议。一年后，即 2002 年 6 月 1 日，两国总统再次发表联合声明，认为应该深化各个领域的交往与合

① 2006 年 5 月 21 日黑山共和国就其独立问题举行了全民公决，并于 6 月 3 日宣布独立。克罗地亚政府 6 月 12 日决定承认黑山为独立的主权国家，成为首个承认黑山独立的前南斯拉夫国家，并于 7 月 7 日与黑山建立外交关系。同时，塞尔维亚继承塞黑的国际法主体地位，继续同克罗地亚的大使级外交关系。

作，特别是要按照欧洲标准实现人员货物的自由流动，并指出必须解决历史遗留问题，如难民遣返以及签署相互保护少数民族协定的必要性。2001 年 12 月 14 日南联盟外长斯维兰诺维奇对克罗地亚进行了首次正式访问。访问期间，两国外长签署了避免双重征税条约以及外交部合作议定书，并成立了确定边界混合外交委员会。2002 年 4 月 23 日克罗地亚外长皮楚拉对南联盟进行了回访。两国外长共同表示两国关系已经从实现关系正常化阶段转向了建立睦邻友好关系阶段，并签署了三个文件：文化和教育合作条约、边界划分原则议定书、重新许可条约。两国总统 2002 年 5 月举行会晤（战后第一次），并发表联合声明，重申了两国关系全面正常化和最终免除签证的必要性。2002 年 8 月 28 日两国外长在萨格勒布召开工作会议，就边界问题交换了意见，特别探讨了普雷夫拉卡问题的解决方法。黑山总统武亚诺维奇（Filip Vujanović）2003 年 7 月 22 日对克罗地亚进行了正式访问，梅西奇总统 8 月 22 日对黑山进行了为期一天的访问，同年 9 月 10 日首次正式访问了塞尔维亚和黑山，这是 1991 年前南斯拉夫解体后克总统首次正式访问贝尔格莱德。在会谈中，塞黑总统马罗维奇（Marović）为“塞黑人民向克罗地亚人民所犯的所有罪过”表示道歉，同时梅西奇也对“克罗地亚居民给塞黑人民造成的一切痛苦和损失表示歉意”。这是两国领导人首次公开向对方表示歉意，也标志着双方愿意摈弃前嫌，把双边关系推向一个新的高度。2004 年 5 月 24 日，应克罗地亚总统梅西奇的邀请，塞尔维亚和黑山总统马罗维奇对克罗地亚进行了为期一天的访问。作为访问的重要成果，两国签署了在加入欧盟过程中相互合作的议定书。该议定书规定，两国交流在加入欧盟过程中的信息和经验；共同举行由专业人员参加的会议，就有关问题进行磋商；成立研究欧盟法制的工作小组。

目前两国之间存在的主要争议问题是：

1. 普雷夫拉卡半岛问题

普雷夫拉卡半岛长2600米，宽100～500米，位于克罗地亚和黑山边界地区，是亚得里亚海博尔克托尔海湾的门户，战略地位十分重要。1945年后，该半岛成为南人民军海军基地。自1991年前南地区发生内战和解体以来，该半岛归属问题一直悬而未决。南联盟前总统乔西奇和克罗地亚前总统图季曼1992年9月30日在日内瓦达成协议：南联盟海军当年10月20日撤离普雷夫拉卡，联合国代表团和国际维和部队进驻该半岛。1992年10月，安全理事会第779（1992）号决议授权联合国保护部队（联保部队）负责监督该地区的非军事化情况。此后，联合国军事观察员一直部署在普雷维拉卡半岛这一战略要地。在1995年3月改组联保部队后，这些职责改由联合国恢复信任行动（联恢行动）承担。安全理事会1996年1月15日第1038（1996）号决议授权联合国军事观察员继续监察普雷夫拉卡半岛的非军事化情况，初步为期三个月，如秘书长报告说延长监察期间会继续有助于减轻该地区的紧张，则可再予延长。自那时以后，联合国观察团的任务期限一直定期延长。联合国安理会2002年10月11日通过1437号决议，在普雷夫拉卡的联合国观察使团的任期到2002年12月15日结束。克罗地亚与塞黑双方协商在南部边界和海上边界最终划定之前建立临时管理制度，2002年12月10日两国签署了有关解决该半岛问题的临时方案。2002年12月15日完成移交合作。

2. 难民遣返问题

克罗地亚收复塞族区时大批塞族难民集体逃往南联盟，南斯拉夫要求将这些难民集体返回，克罗地亚为保证安全和稳定要求同意逐步返回。此外据统计，在1991～1995年进行的前南斯拉夫内战中，克罗地亚共和国共有2万余名军人和平民丧生，其中有8147名为克罗地亚族军人、6605名克罗地亚族平民、6222名克罗地亚共和国境内的塞尔维亚族军人和平民。此外，还有1262名军人和平民失踪，下落不明。克罗地亚政府至今仍然在搜寻这些失踪人员。克罗地亚与塞尔维亚和黑山政府定期召开会议互通信息。2002年5月14、15日贝尔格莱德会议上两国商定将尽快把在战争中牺牲的遇难者遗体运回自己的国家，但迄今这一进程仍进展缓慢。塞黑方面坚持要求加快难民遣返的工作，尤其是要解决他们的财产返还问题。为此，克罗地亚通过了难民财产返还及修复的行动计划，这一过程在2003年底结束。

克罗地亚与塞黑的关系对该地区的长久稳定具有至关重要的意义，这些问题的解决将加快关系正常化与睦邻友好，确保难民回归和所有权不受侵犯。

由于存在普雷夫拉卡半岛归属和克境内塞尔维亚族问题，两国关系曾一度紧张。

两国的经贸关系近年来有所提升，特别是日用品交换出现稳步增加的态势。国家与地区级的商业协会多次会晤。2000年起两国间的经贸关系大大提升，克罗地亚向塞黑的出口额创纪录的增加了656%。2001年两国贸易额达1.86亿美元，2002年为2.25亿美元。2002年1月克罗地亚商会在贝尔格莱德开设代表处，后来又在科托尔设立代表处。2002年12月23日两国在贝尔格莱德签署自由贸易协定，这将进一步促进经济合作，扩大贸易往来。

五　同波斯尼亚和黑塞哥维那的关系

波黑的版图犹如一个坐东南朝西北的“楔形”，它的“楔形”尖端部分深深地插入克罗地亚，以致造成波黑2/3的边界在西部和东部同克罗地亚接壤。克罗地亚同波黑的陆地边界超过1000公里，这就决定了两国之间的地缘战略和地缘政治的紧密联系性。除此之外，在波黑的克罗地亚人是波黑三个主体民族之一，克罗地亚是代顿和平协议的签字国之一，在克罗地亚居住有约波黑公民 8 万人，而在波黑有克族居民 70 万人，所有这些都使两国具有非同一般的特殊关系。一个稳定、自力更生、繁荣、三个主体民族享有平等地位的波黑对克罗地亚具有至关重要的民族利益。

在波黑战争中波黑克族曾受到克罗地亚的支持和保护，因此穆克两族之间的敌对情绪难以消除。由于克罗地亚是波黑克罗地亚族的母国，因此波黑局势的发展对克罗地亚的内政外交具有重要影响。克罗地亚主张通过和平方式解决波黑冲突。1994 年 3 月，克罗地亚正式签署了同波黑穆克联邦建立邦联的华盛顿协议。此后，穆克两族成立“波黑联邦”（即穆克联邦），但与克罗地亚结为邦联关系仍是一纸空文。1995 年签订代顿协议后开始重建统一的波黑国家，波黑联邦和波黑的塞族共和国成了统一国家的两个实体，穆克两族在波黑联邦内仍貌合神离。克罗地亚与波黑穆克联邦成立了克罗地亚共和国与波黑穆克联邦合作的共同委员会。代顿协议中规定波黑的两实体可与邻国建立特殊关系，1997 年波黑塞族已与南联盟签订有关协议，但波黑联邦内因穆斯林一方的拖延，直到 1998 年才与克罗地亚签约。

华盛顿协议和代顿协议签订后，克罗地亚同波黑的关系有了实质性的进展。克罗地亚积极开展同波黑中央政权的合作。通过定期及紧密的双边会晤，两国的合作逐渐制度化，以两国副外长为首的克罗地亚和波黑国家间合作委员会每年定期召开两次会议（迄今为止共召开 4 次会议）。两国议会间的合作与磋商也不断深化。克罗地亚人是波黑三个主体民族中人数最少的民族，因而相比其他两个民族它处于十分特殊的地位。克罗地亚一直奉行不干涉邻国内政的原则，同时在宪法中写入了关心境外克罗地亚人的条款，所以完全支持波黑宪法法院关于三个主体民族在波黑全境宪法地位的决定。克罗地亚支持波黑加入欧洲委员会及其他欧洲大西洋一体化组织并将提供帮助。1998 年 11 月，克罗地亚总统图季曼同波黑主席团穆族代表伊泽特贝戈维奇、穆克联邦正、副总统加尼奇、绍利奇正式签署《关于使用普洛切港和开放内乌姆通道协议》和《克罗地亚—穆克联邦特殊关系框架协议》。1999 年 12 月，波黑主席团轮值主席耶拉维奇出席图季曼总统的葬礼。2000 年 3 月，克罗地亚总统梅西奇访问波黑。7 月，克罗地亚总理拉昌访问波黑。12 月，两国签署《克罗地亚—波黑自由贸易协议》。2002 年 10 月 5 日波黑举行选举后，同年 12 月 9 日克罗地亚总统梅西奇同新当选的波黑主席团主席进行了首次会晤。

克罗地亚同波黑间现存的主要问题是边界划分和难民返回问题。1999 年两国草签了边界条约，并成立了国家边界混合外交委员会。2001 年底开始关于条约附件的谈判，附件将确定边界划分的原则及相关文件的制定期限。附件及相关文件制定完成后，条约将提交议会批准，到时两国间的边界问题将得到彻底解决。2001 年 4 月签署了确定边界通道条约，2002 年 6 月 17 日签署关于使用边界通道上共同区域条约。根据该条约 2003 年又开放了 5 个边界通道。为了促进合作以及便于旅客和货物往来，2003 年 3 月 5 日两国签署边界交通与合作条约。克罗地亚战争和波黑战争在两国都造成了大量的难民，处理好难民的返回问题成为两国关系中的重中之重。克罗地亚政府同波黑部长委员会 2001 年 12 月 11 日签署了难民返还条约。克罗地亚政府 2001 年、2002 年、2003 年度每年从国家预算中拿出 2000 万库纳用于从波黑返回的克罗地亚难民被毁房屋的修复和建设计划。两国还于 2001 年 12 月 22 日签署了关于对波黑战争中受难者提供帮助的议定书。预计需要资金 5500 万库纳。克罗地亚还同波黑塞族共和国共同援助名为“回归波斯尼亚萨瓦河领域地区”的计划，共计需 60 万欧元，克罗地亚承担 15 万欧元。

克罗地亚是波黑的重要经济伙伴之一。无论是穆克联邦还是塞族共和国，克罗地亚都是波黑最大的进口国和最大的外国投资者。同时，波黑是克罗地亚第5大贸易伙伴和第2大出口国。整个20世纪90年代克罗地亚同波黑的贸易往来总体呈增长的趋势，后期有所下降。从2001年1月两国开始实行不对称自由贸易制度以来，商品交换增势迅猛，商品贸易的年增长率高达25%。2002年贸易总额为8.7亿美元，进出口之比为1∶4.2。2003年克罗地亚同波黑的贸易额达11.23亿美元，其中出口8.92亿美元，占克罗地亚总出口的14.5%，比2002年增加了26.7%。从波黑进口2.31亿美元，比2002年增加38.9%。克罗地亚向波黑出口的商品主要是石油（占总出口的24%）、烟草、水泥等建筑材料、牛奶及奶制品、食品、药品、含酒精饮料和印刷品。克罗地亚从波黑主要进口木材、铝、家具、电力、钢铁和铝制品、塑料、发电设备和鞋。为进一步加强双方经贸关系，2002年5月24日两国签署了克罗地亚复兴和发展银行与波黑投资保障局合作协定，就相互保护投资、共同进入第三国市场等问题互通信息。两国还签署了经济合作条约（1995年3月24日）、取消签证条约（1995年4月9日）、鼓励及保护投资条约（1996年2月26日）、自由贸易条约（2000年12月19日）等重要条约，为双方更深层次的经贸发展奠定了法律基础。

两国的文化科技合作也十分密切，2002年12月18日签订了文化、教育和体育合作条约及科技合作条约。同2002年一样，克罗地亚从2003年度国家预算中拨出2500万库纳用于波黑的科技、教育、文化和医疗需要。克罗地亚政府还成立了专门的委员会来协调资助波黑项目的计划。

克罗地亚十分重视地区合作，积极参加各种地区倡议。2001年应波黑的倡议，在稳定公约的框架内启动了关于管理萨瓦河流

域的“萨瓦河倡议”。萨瓦河是一条重要的国际通航河流，该倡议的目的是使萨瓦河适于货物和人员交通，通过对萨瓦河进行有效治理、保护并合理利用水资源及其他资源促进萨瓦河流域地区的可持续发展。这是一项重要的东南欧地区计划。2002 年 12 月 3 日克罗地亚、塞尔维亚和黑山、波黑、斯洛文尼亚签订了萨瓦河流域基本协定和通航制度议定书。

附录1

1993~2003年克罗地亚主要经济指标

年　份	1993	1994	1995	1996	1997	1998
产出构成	占GDP百分比					
农　业	11.7	9.6	9.5	9.2	—	—
工　业	30.6	20.8	20.5	20.3	20	29.9
	占劳动力百分比					
失业率	16.8	16.7	16.7	18.2	17.0	14.4
对外经贸	百万美元					
出　口	3904	4260	4633	4512	4171	4541
进　口	4666	5229	7510	7788	9104	8383
贸易平衡	-762	-969	-2877	-3276	-4933	-3842
外资流入	74	113.1	96	509	302	781
国际总储备	1200	2307	2500	2960	2816	3025
债务余额	2822	3336	4808	4634	6700	8000
GDP	10871	14017	18081	19838	20108	21628
人均GDP(美元)	2342.3	3138.6	4028.9	4392.1	4610	4833
按不变价格计算的GDP(百分比变动)	-0.9	5.9	6.8	5.9	6.8	2.5
通货膨胀率(%)	1516.0	98.0	62.1	123.0	1082	5.7

续表附录 1

年　　份	1999	2000	2001	2002	2003
产出构成	占 GDP 百分比				
农　　业	8.6	9.5	11.6	8.5	7.2
工　　业	32	32.8	32.8	31.2	25.7
	占劳动力百分比				
失业率	19.5	21.3	21.8	23.3	19.2
对外经贸	百万美元				
出　　口	4280	4431	4666	4899	6164
进　　口	7777	7886	9043	10713	14199
贸易平衡	-3497	-3454	-4384	-5814	-8035
外资流入	1350	1077	1368	981	1712
国际总储备	4634	5678	8282	8575	8190
债务余额	9930	11002	11316	15248	23672
GDP	19896	18427	19536	22436	28335
人均 GDP(美元)	4480	4179	4476	5050	6377
按不变价格计算的 GDP(百分比变动)	-0.3	2.9	3.8	5.2	4.3
通货膨胀率(%)	4.2	6.2	4.9	2.2	1.5

附录 2

克罗地亚大事记

公元 7 世纪 克罗地亚人迁移到现今的克罗地亚，只有达尔马提亚地区仍归属拜占庭统治。

公元 8 世纪末 克罗地亚人首次建立了自己的国家——克罗地亚公国，其第一位大公为维舍斯拉夫。

公元 845~864 年 特尔皮米尔大公建立了幅员辽阔的强大的克罗地亚国家，使公国成为完全独立的封建制国家。

1060 年 克雷希米尔加冕为克罗地亚和达尔马提亚国王，克罗地亚命名为克罗地亚和达尔马提亚王国，它包括达尔马提亚、波斯尼亚、斯拉沃尼亚和奈雷特瓦公国。

1573 年 马蒂亚·古贝茨在克罗地亚西北部领导大规模农民起义，要求废除封建领主的经济特权，承认农民的政治权利。

1830 年 路德维特·盖伊发表了《克罗地亚—斯拉沃尼亚语正字法概要》，从而改革了克罗地亚文的拼写规则。

1847 年 克罗地亚议会将克罗地亚语确立为官方语言。

1848 年 3 月 25 日 “三位一体”王国——克罗地亚—斯拉沃尼亚—达尔马提亚——代表会议在萨格勒布召开，会议通过 30 点权利宣言。

1848 年 6 月 5 日 克罗地亚—斯拉沃尼亚—达尔马提亚王国举行第一次议会会议，这是克罗地亚第一届选举产生的人民议会。

1868年9月 克罗地亚议会代表团同匈牙利议会代表团签署了克罗地亚—匈牙利协议。根据协议，它们在形式上组成单一的国家，立一个君主，设一个共同的民族代表机构。

1905年10月17日 来自达尔马提亚和克罗地亚的塞尔维亚政治家们在扎达尔集会。通过了扎达尔宣言："克罗地亚人和塞尔维亚人在血统和语言上同属一个民族。"

1917年5月19日 达尔马提亚和伊斯特拉的代表在维也纳议会里建议通过一项决议，要求在哈布斯堡君主的统治下实现克罗地亚人和斯洛文尼亚人的统一，并建立一个与匈牙利平起平坐的新的国家共同体。

1918年10月29日 达尔马提亚政党代表、斯洛文尼亚政党代表和克罗地亚政党代表在克罗地亚议会宣布自己为奥匈帝国境内南部斯拉夫人新的最高国家行政机构，从而中断了同哈布斯堡君主国的一切联系。

1918年12月1日 塞尔维亚摄政王亚历山大宣布正式成立以卡拉乔尔杰王朝为首的"塞尔维亚人—克罗地亚人—斯洛文尼亚人王国"。

1921年6月28日 "塞尔维亚人—克罗地亚人—斯洛文尼亚人王国"通过新宪法，宪法接受国家的中央集权体制，实质上不承认南斯拉夫存在各个民族，尽管承认各个种族之间存在差别。

1932年12月7日 克罗地亚农民民主联盟的代表在萨格勒布开会，他们在一项《五点声明》中谴责亚历山大的独裁统治。

1934年10月9日 亚历山大在马赛被克罗地亚革命组织——乌斯塔什分子刺死。

1941年4月10日 乌斯塔什运动头目之一斯拉夫科·克瓦特尔尼克宣布，克罗地亚独立国成立。

1941年6月22日 克罗地亚反法西斯者在欧洲组建了第一支反法西斯军队——锡萨克游击队。这一天后来被定为克罗地亚

共和国反法西斯战争日。

1945 年 5 月 8 日　克罗地亚游击队进入萨格勒布，宣布克罗地亚独立国的灭亡。

1947 年 1 月 18 日　克罗地亚议会通过了新宪法，确认了自己作为南斯拉夫联邦成员国的地位。

1990 年 2 月 11 日　克罗地亚共盟改名为克共盟—民主改革党，并提出以放弃民主集中制作为留在南共联盟的先决条件。

1990 年 4 月　克罗地亚举行多党议会选举，结果以弗拉尼奥·图季曼为首的克罗地亚民主共同体获胜。

1990 年 5 月 30 日　新当选的议会代表召开首次会议，图季曼被选为克罗地亚主席团主席。

1990 年 7 月 25 日　克罗地亚境内的塞尔维亚民主党在塞尔维亚举行的塞族人大会上发表关于克罗地亚境内塞族的主权和自治的声明。

1990 年 12 月 22 日　克罗地亚通过新宪法，也称“圣诞节宪法”，新宪法规定，议会可以 2/3 多数作出分离或结盟的决定。

同日　居住在克宁的塞尔维亚族人宣布成立“克拉伊纳塞族自治区”。

1991 年 2 月 28 日　克宁地区的塞族代表通过关于独立和脱离克罗地亚的宣言。

1991 年 5 月 19 日　克罗地亚举行全民公决，94% 的投票者同意成立独立的主权国家。

1991 年 6 月 25 日　克罗地亚议会发表《主权和独立宣言》，宣布克罗地亚脱离南斯拉夫联邦独立。后因发生内战，在欧共体建议下克罗地亚同意推迟 3 个月实现独立。克议会于 10 月 8 日正式确定独立生效。

同日　在克罗地亚东部地区的塞族人通过决定，建立“斯

拉沃尼亚、巴拉尼亚和西斯雷姆塞尔维亚自治区”。

1992 年 1 月 15 日 欧共体承认克罗地亚的主权和独立。

1992 年 5 月 22 日 克罗地亚被接纳为联合国成员国。

1994 年 3 月 18 日 克罗地亚总统图季曼与波黑总统伊泽特贝戈维奇在华盛顿正式签订“华盛顿协议”，组成波黑穆克联邦并与克罗地亚结为邦联关系。

1995 年 8 月 4 日 克罗地亚军队开始代号为“风暴”的军事行动，塞尔维亚克拉伊纳共和国垮台。

1995 年 11 月 12 日 克罗地亚政府与克境内塞族区代表签订《埃尔杜特协议》，从而保证了塞族区的和平回归。

1996 年 1 月 15 日 联合国安理会一致通过决议，决定成立“东斯拉沃尼亚、巴拉尼亚和西锡尔米乌姆地区过渡行政当局”。

1996 年 11 月 6 日 克罗地亚成为欧洲委员会正式成员国。

1997 年 5 月 15 日 欧洲议会通过关于“地区立场”的决议，该决议称：除斯洛文尼亚以外，原南斯拉夫联邦另外 4 个构成共和国和阿尔巴尼亚之间的地区合作应该成为与欧盟合作的前提。

1997 年 6 月 15 日 克罗地亚举行总统选举，图季曼获胜。

1998 年 1 月 15 日 联合国驻克罗地亚东斯拉沃尼亚过渡行政当局在行使了两年行政管理权后，正式将权力移交给克罗地亚政府。

1999 年 5 月 26 日 欧盟委员会建议对包括克罗地亚在内的 5 个东南欧国家启动稳定与联系进程

1999 年 7 月 29 日 克罗地亚正式加入《东南欧稳定公约》。

1999 年 12 月 10 日 图季曼总统逝世。

2000 年 1 月 克罗地亚举行议会选举，结果独立以来一直执政的克罗地亚民主共同体在选举中失败，而以社会民主党和社会自由党为主体的六党联盟获胜。

2000 年 2 月 7 日 克罗地亚举行总统选举，梅西奇当选总统。

2000年5月24日　欧盟委员会公布同克罗地亚开始就《稳定与联系协议》进行谈判的可行性报告。

2000年5月25日　克罗地亚加入北约“和平伙伴关系计划”。

2000年7月17日　克罗地亚加入世贸组织。

2000年11月24日　萨格勒布首脑会议召开，开始《稳定与联系协议》的谈判。

2001年3月28日　克罗地亚议会代表院通过宪法修正案，决定撤销议会省院，实行单院议会制。

2001年5月14日　克罗地亚与欧盟签订《稳定与联系协议》。

2001年6月21日　克罗地亚与欧洲自由贸易区签订自由贸易协议。

2001年7月17日　克罗地亚议会通过5项关于同海牙法庭合作的决议。

2002年9月14日　中欧自由贸易区成员国第九次政府首脑会议决定，接纳克罗地亚为该组织成员。

2002年12月18日　克罗地亚议会通过赞同克罗地亚加入欧盟的决议。

2003年2月21日　克罗地亚提交加入欧盟的申请。

2003年5月　美国同克罗地亚、阿尔巴尼亚和马其顿三国联合签署了《亚得里亚宪章》。宪章规定，美国支持北约的“门户开放”，支持三国尽快加入北约的要求；三国将根据北约的标准，努力加强军事等各领域的改革，打击腐败和有组织犯罪，加强巴尔干地区的双边和多边合作，保持地区稳定。

2003年11月23日　克罗地亚举行独立后的第四次议会选举，结果反对党“克罗地亚民主共同体”成为议会第一大党。

2004年6月18日 欧盟首脑会议宣布，克罗地亚已经满足了入盟的政治条件，给予其候选国资格。

2004年12月17日 欧盟首脑会议决定，2005年3月17日启动克罗地亚的入盟谈判。

2005年1月16日 克罗地亚举行独立后的第四次总统选举，结果现任总统梅西奇蝉联克罗地亚总统。

2005年2月2日 克罗地亚等中东欧8国政府领导人签署联合声明，正式启动2005~2015年中东欧“吉卜赛人一体化十年计划”。该计划规定，中东欧国家将共同努力，消除吉卜赛人的贫困化，使吉卜赛人与其他民族享有同等的政治、经济、社会地位和权利。各国将致力于提高吉卜赛人的教育水平，改善他们的医疗和居住条件，缓解他们的失业问题。各国领导人表示，将根据“吉卜赛人一体化十年计划”的原则，制定本国的吉卜赛人发展计划和措施。

2005年3月16日 欧盟决定推迟与克罗地亚启动入盟谈判的日期，且不设定启动谈判的具体日期，其原因是认为克罗地亚在与联合国前南斯拉夫问题国际刑事法庭的合作等方面还不够充分。

2005年5月26日 应中华人民共和国国务院总理温家宝的邀请，克罗地亚总理萨纳德尔对中国进行正式访问。双方签署《中华人民共和国和克罗地亚共和国关于建立全面合作伙伴关系的联合声明》。

2005年10月3日 前南问题国际法庭首席检察官德尔蓬特宣布，克罗地亚与前南问题国际法庭已经进行了充分合作。这一宣布为克罗地亚启动加入欧盟的谈判扫清了道路。

2005年10月4日 欧盟启动同克罗地亚的入盟谈判。

2005年12月7日 克罗地亚头号战犯嫌疑人、前克军将领戈托维纳在西班牙被捕，随后被引渡到海牙。

附录3

克罗地亚共和国历届领导人和执政党一览表

	名　称	任　期
国家元首	弗拉尼奥·图季曼(总统)	1992年8月~1999年12月
	斯捷潘·梅西奇(总统)	2000年2月至今
政府总理	斯捷潘·梅西奇	1990年5月~1990年8月
	约西普·马诺利奇	1990年8月~1991年7月
	弗拉尼奥·格雷古里奇	1991年9月~1992年8月
	赫尔沃耶·沙里尼奇	1992年8月~1993年3月
	尼基察·瓦伦蒂奇	1993年3月~1995年11月
	兹拉特科·马泰沙	1995年11月~2000年1月
	伊维察·拉昌	2000年1月~2003年11月
	伊沃·萨纳德尔	2003年11月至今
执 政 党	克罗地亚民主共同体	1990年5月~2000年1月
	社会民主党、社会自由党、农民党、人民党、自由党、伊斯特拉民主大会	2000年1月~2002年7月
	社会民主党同农民党、人民党、自由党、伊斯特拉民主联盟	2002年7月~2003年11月
	克罗地亚民主共同体、克罗地亚权力党、克罗地亚社会自由党	2003年11月至今

主要参考文献

中文参考书目

李静杰、朱晓中主编《十年巨变——中东欧卷》，中共党史出版社，2004。

周弘主编《欧洲模式与欧美关系·2003～2004欧洲发展报告》，中国社会科学出版社，2004。

吴明新主编《中东欧12国贸易投资指南》，经济科学出版社，2002。

徐葵、张森主编《俄罗斯和东欧中亚国家年鉴》（1992～2002年各卷），当代世界出版社，1992～2002。

赵乃斌、汪丽敏主编《南斯拉夫的变迁》，广东人民出版社，2002。

朱晓中：《中东欧与欧洲一体化》，社会科学文献出版社，2002。

薛君度主编《转轨中的中东欧》，人民出版社，2002。

王正泉主编《剧变后的原苏联东欧国家》（1989～1999），东方出版社，2001。

《中国外交辞典》，世界知识出版社，2000。

郝时远：《帝国霸权与巴尔干"火药桶"》，社会科学文献出版社，1999。

马细谱:《巴尔干纷争》，北京大学出版社，1999。

穆立立:《欧洲民族概论》，中国社会科学出版社，1998。

姜士林等主编《世界宪法全书》，青岛出版社，1997。

〔英〕艾伦·帕尔默著《夹缝中的六国——维也纳会议以来的中东欧历史》，商务印书馆，1997。

刘祖熙主编《斯拉夫文化》，浙江人民出版社，1993。

郝时远主编《南斯拉夫联邦解体中的民族危机》，四川民族出版社，1993。

张文武、赵乃斌、孙祖荫主编《东欧概览》，中国社会科学出版社，1991。

〔克〕杜尚·比兰季奇:《南斯拉夫社会主义联邦共和国史纲》，阿丹等译，天津人民出版社，1985。

〔南〕伊万·博日奇等著《南斯拉夫史》，赵乃斌译，商务印书馆，1984。

〔南〕兰科·佩特科维奇:《巴尔干既非“火药桶”又非“和平区”》，石继成等译，商务印书馆，1982。

江春泽、汪丽敏等编《南斯拉夫》，上海辞书出版社，1982。

外文参考书目

Statistical Information 2005, Republic of Croatia Central Bureau of Statistics, Zagreb, 2005.

Croatian Agriculture at the Crossroads, Ministry of Agriculture, Forestry and Water Management, Zagreb, January 2005.

Bilten o Bankama, 5. studeni 2005. Hrvatska Narodna Banka, Zagreb, 2005.

Živko Jurcević, *Socijalna Skrb u Hrvatskoj od* 2000. *do 2004*.

Analiza Pokazatelja Stanja i Razvoja, Zagreb, Hrvatska, Rujan 2005.

Hrvatska na Putu u Europsku Uniju: od Kandidature do Članstva, Drugo Izdanje, Ministarstvo Europskih Integracija, Zagreb, 2004.

Marija Pejčinović, *Peto Proširenje Europske Unije: 2004*. Agencija za Komrcijalnu Djelatnost, Zagreb, 2004.

Europska Komisija, "*Mišljenje o Zahtjevu Republike Hrvatske za Članstvo u Europskoj Uniji*", Brussels, 2004.

Krešimir Jurlin, *Benchmark Analiza Hrvatske: Konkurentnost 2003 - 2004*. Zagreb, 2004.

55 Preporuka za Povećanje Konkurentnost Hrvatske, Zagreb, 2004.

European Commission, *Opinion on the application of Croatia for membership of the European Union*, Brussels, 2004.

Council Decision on the principles, priorities and conditions contained in the European Partnership with Croatia, Brussels, 2004.

Commission of the European Communities, *The Stabilisation and Association process for South East Europe Third Annual Report*, Brussels, 2004.

Priopćenje Komisije Vijeće i Europskom Parlamentu, *Strateški Dokument Europske Komisije o Napretku u Procesu Prosirenja, Bruxelles, 6. 10. 2004.*

Republic of Croatia Central Bureau of Statistics, *Statistical Information*, Zagreb, 2003.

Nacionalni Program Republike Hrvatske za Pridruživanje Europskoj Uniji 2003. godina.

Godišnje Izvješće o Konkurentnost Hrvatske 2002. Nacionalno

Vijeće za Konkurentnost Zagreb, 2003.

Stjepan Baloban, *Socijalna Budućnost Hrvatske*, Glas Koncila, Zagreb, 2002.

Radovan Vukadinović, *Security in South-Eastern Europe*, naskladno-istraživački zavod, Zagreb, 2002.

Nacionalni Program Republike Hrvatske za Predruživanje Europskoj Uniji 2003. godina, Ministarstvo Europskih Integracija, Zagreb, 2002.

Commission Staff Working Paper, *Croatia Stabilisation and Association Report*, Brussels, 2002.

Vlado Puljiz, Mirovinski Sustav i Socijalna Skrb Projekt: *Strategija Razvitka Republike Hrvatske*: *Hrvatska u* 21. *Stoljeću*, Zagreb, veljača 2002.

Pregled Napretka Republike Hrvatske u Provedbi Obveza Preuzetih na Temelju Sporazuma o Stabilizaciji i PridružIvanju od Njegova Potpisivanja do Studenog 2002. godine, *Zagreb*, 2002.

Hrvatska Politika 1990 – 2000. : *Izbori*, *Stranke i Parlament u Hrvatskoj*/Mirjana Kasapović, Zagreb, 2001.

Hrvatska Povijest, Ivan Vujčić, Zagreb, 2000.

Anđelko Milardović, *Zapadni Balkan*, Pan liber, Zagreb, 2000.

Duško Topalović, *Balkanska Europa*, Diorama, Zagreb, 2000.

Stephan Baier, *Proširenje Europe na Istok*, Pan liber, Zagreb, 1999.

Action plan for European integration, Government of the Republic of Croatia, Office for European Integration, Zagreb, 1999.

Ivo Družić, *Hrvatsko Gospodarstvo*, Politicka Kultura, 1998.

Ljubomir Čučić, *Hrvatska i Europa* (*Europski Identitet i Perspective Europske Integracije-prilog Raspravi*), Europski Pokret

Hrvatske, Zagreb, 1997.

R · Petkovič, *Balkan'97*, Beograd, 1997.

The Challenge of Europeanization in the Region: East Central Europe Hungarian Political Science Association and the Institute for Political Sciences of the Hungarian Academy of Sciences, Budapest 1996.

Moja Hrvatska Zemljom Kroz Proctor i Vrijeme, Zagreb, 1993.

D · Vojnić, *Ekonomija i Politika u Tranziciji* Zagreb, 1993.

Mirjana Kasapovi ć, *Izborni i Stranački Sustav Republike Hrvatske*, Alinea, Zagreb, 1993.

Dubravko Horvatić, *Croatia*, Turiskomerc, Zagreb, 1992.

相关网站

www. hzjz. hr

www. vlada. hr

www. predsjednik. hr

www. sabor. hr

www. mup. hr

www. mfin. hr

www. morh. hr

www. mup. hr

www. pravosudje. hr

www. mingorp. hr

www. mppv. hr

www. mps. hr

www. mzopu. hr

www. mzos. hr

www. min-kulture. hr

www. mei. hr

www. hina. hr

www. hrt. hr

www. vjesnik. hr

www. vecernji-list. hr

www. novilist. hr

www. slobodnadalmacija. hr

www. glas-slavonije. hr

www. glasistre. hr

www. hnb. hr

www. theodora. com

www. svne. fer. hr

www. hrvatska21. hr

《列国志》已出书书目

2003 年度

吴国庆编著《法国》
张健雄编著《荷兰》
孙士海、葛维钧主编《印度》
杨鲁萍、林庆春编著《突尼斯》
王振华编著《英国》
黄振编著《阿拉伯联合酋长国》
沈永兴、张秋生、高国荣编著《澳大利亚》
李兴汉编著《波罗的海三国》
徐世澄编著《古巴》
马贵友主编《乌克兰》
卢国学编著《国际刑警组织》

2004 年度

顾志红编著《摩尔多瓦》

赵常庆编著《哈萨克斯坦》

张林初、于平安、王瑞华编著《科特迪瓦》

鲁虎编著《新加坡》

王宏纬主编《尼泊尔》

王兰编著《斯里兰卡》

孙壮志、苏畅、吴宏伟编著《乌兹别克斯坦》

徐宝华编著《哥伦比亚》

高晋元编著《肯尼亚》

王晓燕编著《智利》

王景祺编著《科威特》

吕银春、周俊南编著《巴西》

张宏明编著《贝宁》

杨会军编著《美国》

王德迅、张金杰编著《国际货币基金组织》

何曼青、马仁真编著《世界银行集团》

马细谱、郑恩波编著《阿尔巴尼亚》

朱在明主编《马尔代夫》

马树洪、方芸编著《老挝》

马胜利编著《比利时》

朱在明、唐明超、宋旭如编著《不丹》

李智彪编著《刚果民主共和国》

杨翠柏、刘成琼编著《巴基斯坦》

施玉宇编著《土库曼斯坦》

陈广嗣、姜俐编著《捷克》

2005 年度

田禾、周方冶编著《泰国》

高德平编著《波兰》

刘军编著《加拿大》

张象、车效梅编著《刚果》

徐绍丽、利国、张训常编著《越南》

刘庚岑、徐小云编著《吉尔吉斯斯坦》

刘新生、潘正秀编著《文莱》

孙壮志、赵会荣、包毅、靳芳编著《阿塞拜疆》

孙叔林、韩铁英主编《日本》

吴清和编著《几内亚》

李允华、农雪梅编著《白俄罗斯》

潘德礼主编《俄罗斯》

郑羽主编《独联体（1991～2002）》

安春英编著《加蓬》

苏畅主编《格鲁吉亚》

曾昭耀编著《玻利维亚》

杨建民编著《巴拉圭》

贺双荣编著《乌拉圭》

李晨阳、瞿健文、卢光盛、韦德星编著《柬埔寨》

焦震衡编著《委内瑞拉》

彭姝祎编著《卢森堡》

宋晓平编著《阿根廷》

张铁伟编著《伊朗》
贺圣达、李晨阳编著《缅甸》
施玉宇、高歌、王鸣野编著《亚美尼亚》
董向荣编著《韩国》

2006 年度

章永勇编著《塞尔维亚和黑山》
李东燕编著《联合国》
杨灏城、许林根编著《埃及》
李文刚编著《利比里亚》
李秀环编著《罗马尼亚》
任丁秋、杨解朴等编著《瑞士》
王受业、梁敏和、刘新生编著《印度尼西亚》
李靖堃编著《葡萄牙》
钟伟云编著《埃塞俄比亚　厄立特里亚》
赵慧杰编著《阿尔及利亚》
王章辉编著《新西兰》
张颖编著《保加利亚》
刘启芸编著《塔吉克斯坦》
陈晓红编著《莱索托　斯威士兰》
汪丽敏编著《斯洛文尼亚》
张健雄编著《欧洲联盟》

相关链接

更多信息请查询：www.ssap.com.cn

世界经济黄皮书

2006~2007 年：世界经济形势分析与预测

（附 SSDB 光盘）

王洛林　李向阳　主编

2007 年 1 月出版　39.00 元

ISBN 978-7-80230-383-6/F·100

由中国社科院世界经济与政治研究所专家学者编写的《世界经济黄皮书》无疑是国内这一领域的权威著作，全书从国别与地区、专题、热点等角度系统地分析了 2006 年世界经济发展状况，并对 2007 年的发展形势做出了预测，书后还附有 2006~2007 年世界经济统计资料。

国际形势黄皮书

2007 年：全球政治与安全报告

（附 SSDB 光盘）

李慎明　王逸舟　主编

2007 年 1 月出版　39.00 元

ISBN 978-7-80230-381-2/D·079

本书在总结 2006 年全球安全形势时，提出了三大现象：超级大国美国的持续受挫、“新两极对抗”的若隐若现、全球范围核扩散危险不断加剧。围绕三大现象全书分别从美国政治、全球武装冲突、地区政治（俄罗斯的强势复兴）核不扩散问题研究、联合国研究等角度展开了深入翔实的分析，在此基础上得出了关于 2007 年的政治形势发展的一系列结论，包括美国的 9·11 后遗症何时解脱？伊朗和朝鲜两场核危机怎样发展？全球范围美国主导的格局与各种反美势力之间的斗争何以进行等等。

相关链接

更多信息请查询：www.ssap.com.cn

俄罗斯东欧中亚黄皮书 2005年：应对挑战（附SSDB光盘）

邢广程　主编

2006年4月　49.00元

ISBN 7-80230-072-X/D·323

本黄皮书所涵盖的27个国家都曾是社会主义国家。这些国家现已严重分化，所面临的发展问题也有很大差异，相互间亦是矛盾重重。危机频仍，是这一多事地区的恰当写照。应对挑战，是这些国家2005年发展的共同特点——或者面临经济转型和发展的艰巨任务，或者面对“颜色革命”的挑战，或者要应付西方的地缘政治挤压。这些国家尤其是俄罗斯等独联体国家的发展仍存较大变数。它们走向何方，不仅对本地区，而且对我国乃至对整个世界都会产生重要影响。

欧盟社会政策与欧洲一体化

田德文　著

2005年4月出版　33.00元

ISBN 7-80190-491-5/D·151

本书对欧盟阶段的共同体社会政策进行了全面的实证研究和理论探讨，从这个特定的角度分析了欧洲一体化的过程、形态与趋势。本书认为，欧盟已经建成了一个新型的“超国家社会政策区域”，使成员国的民族国家形态发生了重要的变化。在福利国家改革的过程中，共同体层面上确立的“欧洲社会模式现代化”的基本原则和协调机制使得欧盟成为一个“福利国家改革的共同体”。作为欧洲一体化进程深化发展的一个方面，“欧盟社会政策体系”在确立“欧洲认同”、建构“欧洲概念”、实施“欧洲治理”等方面都发挥了重要的作用。

图书在版编目（CIP）数据

克罗地亚/左娅编著. —北京：社会科学文献出版社，2007.5
（列国志）
ISBN 978-7-80230-452-9

Ⅰ.克… Ⅱ.左… Ⅲ.克罗地亚-概况 Ⅳ.K954.3

中国版本图书馆CIP数据核字（2006）第160590号

克罗地亚（Croatia） ·列国志·

编 著 者/左 娅
审 定 人/张 森 朱晓中 孔田平

出 版 人/谢寿光
出 版 者/社会科学文献出版社
地 址/北京市东城区先晓胡同10号 （邮政编码：100005）
网 址/http：//www.ssap.com.cn
网站支持/（010）65269967
责任部门/《列国志》工作室 （010）65232637
电子信箱/bianjibu@ssap.cn
项目经理/宋月华
责任编辑/孙以年
责任校对/陈桂筠
责任印制/盖永东

总 经 销/社会科学文献出版社发行部
（010）65139961 65139963
经 销/各地书店
读者服务/市场部 （010）65285539
排 版/北京中文天地文化艺术有限公司
印 刷/北京智力达印刷有限公司

开 本/880×1230毫米 1/32开
印 张/12.25
字 数/292千字
版 次/2007年5月第1版 2007年5月第1次印刷

书 号/ISBN 978-7-80230-452-9/K·060
定 价/30.00元

《列国志》主要编辑出版发行人

出　版　人　谢寿光
总　编　辑　邹东涛
项目负责人　杨　群
发　行　人　王　菲
编辑主任　宋月华
编　　辑　（按姓名笔画为序）
朱希淦　杨　群　宋月华
李正乐　周志宽　范明礼
封面设计　孙元明
内文设计　熠　菲
责任印制　盖永东
编　　务　杨春花
编辑中心　电话：65232637
网址：ssdphzh _ cn@ sohu. com